AF571170

FICTIONS COLONIALES DU XVIIIe SIÈCLE

ISBN : 2-7475-8277-9
EAN : 9782747582773

Textes présentés et annotés par
Youmna CHARARA

FICTIONS COLONIALES DU XVIIIe SIÈCLE

Ziméo

Lettres africaines

Adonis, ou le bon nègre, anecdote coloniale

L'Harmattan
5-7, rue de l'École-Polytechnique
75005 Paris
France

L'Harmattan Hongrie
Hargita u. 3
1026 Budapest
HONGRIE

L'Harmattan Italia
Via Degli Artisti
1510214 Torino
ITALIE

Espaces Littéraires
Collection dirigée par Maguy Albet

Déjà parus

Bernard-Marie GARREAU, *Le Terroir de Margeurite Audoux*, 2005.
Collectif, *Regards croisés sur l'oeuvre poétique et narrative de Ezza Agha Malak*, 2005.
Roland ERNOULD, *Claude Seignolle. Du sacré à l'étrange*, 2005.
Michel CASSAC (sous la dir.), *Littérature et cinéma néoréalistes*, 2004.
Aleksandra KROH, *Jean Potocki*, 2004.
Chantal LACOIN (Textes réunis par), *ZAZA (1907-1929), amie de Simone de Beauvoir*, 2004.
Philippe NIOGRET, *La revue EUROPE et les romans de l'entre-deux-guerres (1923-1939), 2004.*
Richard Laurent OMGBA, *La littérature anticolonialiste en France de 1914 à 1960. Formes d'expression et fondements théoriques*, 2004.
Bernard FOURNIER, *L'imaginaire dans la poésie de Marc Alyn. Les grands infinis*, 2004.
Lisa BLOCK DE BEHAR, *Jules Laforgue ou les métaphores du déplacement*, 2004.
Sylvain BRIENS, *Technique et littérature, train, téléphone et génie littéraire suédois* suivi d'*une anthologie de la poésie suédoise du train et du téléphone*, 2004.
Claudine GIACCHETTI, *Delphine de Girardin, la muse de Juillet*, 2004.
Tania BRASSEUR WIBAUT, *La gourmandise de Colette*, 2004.
Christophe CHABBERT, *F. Parcheminier, poète du dedans*, 2003.
Louis AGUETTANT, *Nos lettres du Sinaï*, 2003.
Frédérique MALAVAL, *Les Figures d'Eros et de Thanatos*, 2003.
Eliane TONNET-LACROIX, *La littérature française et francophone de 1945 à l'an 2000*, 2003.

INTRODUCTION

Nommer « fictions coloniales » des récits dont l'organisation complexe met en concurrence des structures narratives multiples, irréductibles à une désignation exclusive, comporte sans doute une part d'arbitraire ; l'œuvre même qui revendique dans un sous-titre, « anecdote coloniale », une forme de cohérence générique, appelle une remise en question de son unité prétendue. Sans doute faut-il prêter attention à la manière dont se croisent, se concilient, ou se chevauchent dans un même texte le roman colonial, le roman historique, le roman d'amour, le roman sur le roman etc. L'appellation proposée mérite d'être privilégiée, toutefois, dans la mesure où le scénario de la fiction coloniale assure aux différents récits une lisibilité immédiate ; il mérite d'autant plus l'attention qu'il fait l'objet d'un travail de réécriture de la part des trois écrivains présentés ici qui suppose une confiance dans sa fécondité et sa « puissance ». Le volume permet d'observer au fil des textes la formation d'une série de romans dont l'action, située dans les Antilles, offre une image des relations problématiques entre esclaves noirs et propriétaires des plantations

Contemporain du développement de l'esclavage dans les colonies françaises, et de la faillite partielle du système colonial en 1791, suite au soulèvement des noirs de Saint-Domingue, le roman du dix-huitième siècle élabore des représentations singulières de ces mouvements historiques fondamentaux, malgré les obstacles qui auraient pu contrarier son entreprise de fictionnalisation. L'éloignement géographique raréfie, de fait, les informations relatives aux territoires exotiques. L'héritage romanesque classique offre peu de modèles de personnages d'esclaves. La coalition des forces politiques et économiques intéressées au maintien de l'institution esclavagiste est de nature à décourager le romancier qui ambitionne de traiter un tel sujet. Aussi l'apparition des fictions coloniales suppose-t-elle de la part des écrivains l'opération de choix très personnels dans les ressources offertes par la tradition.

Saint-Lambert publie *Ziméo* en 1769 ; Jean-François Butini compose les *Lettres africaines* en 1771 ; les deux auteurs, qui n'ont pas fait le voyage aux îles, sont les témoins indirects de l'expansion des colonies et des problèmes éthiques, politiques, économiques que pose le mode d'exploitation esclavagiste. Auteur d'*Adonis*, paru en 1798, Jean-Baptiste Picquenard a séjourné à Saint-Domingue ; la plus prospère des îles à sucre, qui recourt à la traite de manière intensive, et compte cinq cent mille esclaves noirs pour soixante mille Européens ou « libres », devient le théâtre d'une insurrection qui débouche sur l'abolition de l'esclavage et sur l'indépendance politique de Saint-Domingue, nommée depuis Haïti ; le roman prend pour sujet central les commencements de cette révolution.

Les textes historiques

Le référent colonial impose le recours à des sources documentaires : descriptions géographiques, histoires des colonies, tableaux de la population et des mœurs. Avec ces documents, les romans entretiennent deux types de relations intertextuelles, l'une « utilitaire », l'autre critique. Les ouvrages sur l'Afrique et les Antilles sont des réservoirs d'informations relatives à l'esclavage. La fiction adopte toutefois à l'égard des textes-sources une distance qui se manifeste, à un premier niveau, dans le *choix thématique* de l'esclavage des noirs : l'évocation des esclaves occupe une place proportionnellement réduite dans des sommes sur l'univers colonial consacrées principalement à la présentation de la topographie, du climat, des richesses naturelles, et à l'histoire de l'expansion européenne. Les romans abandonnent dans les livres sur les Antilles le discours « monumental » sur les guerres coloniales entre pays européens, ou sur les conflits entre gouvernement et colons, pour ne retenir que le discours sur les révoltes d'esclaves, en marge de la grande Histoire, auquel la plupart des textes sur les Antilles confèrent un statut anecdotique.
En second lieu, le parti pris critique des romanciers se traduit dans des *choix axiologiques* relatifs aux populations noires, différents, en règle générale, de ceux des textes-sources. Trois types de représentation du noir se dégagent des œuvres historiques. La représentation politique, tout d'abord, met l'accent sur le statut d'esclave du noir, assujetti au pouvoir européen. Les descriptions de la première moitié du siècle s'inscrivent dans un cadre axiologique conservateur, et considèrent l'esclavage comme une institution éternelle, qui se passe de justification, et se soustrait à la critique. Le changement se manifeste dans un texte de 1751, l'*Histoire de la Jamaïque* de Charles Leslie (1739 pour l'original anglais) : héritier de deux révolutions, l'auteur anglais regarde l'esclavage civil des noirs, victimes des

planteurs, comme l'équivalent réduit de l'esclavage politique d'un peuple soumis à un tyran ; il accorde une place unique dans les récits de voyages au marronnage[1], qu'il traite comme un problème politique, nécessitant un remède autrement plus radical que la chasse aux fugitifs (voir Annexe II, texte 5). La critique des rapports de domination entre colons et esclaves tend à se développer dans les textes historiques des années 1770-1780, comme en témoigne l'*Histoire des deux Indes* de l'abbé Raynal (1770, diffusée en 1772) qui tient, cependant, des discours politiques contradictoires, selon qu'elle s'adresse au public colonial ou au public philosophique : le noir est l'esclave par nature dans les pages consacrées à la Martinique, qui préconisent l'importation de trois mille Africains supplémentaires par an, pour conjurer le déclin de la production agricole de l'île ; mais les noirs sont aussi les victimes d'un système inhumain ; l'*Histoire* élabore un projet d'abolition progressive de l'esclavage, et appelle simultanément les noirs à se révolter en vue de reconquérir leur liberté naturelle (voir Annexe II, texte 7). La remise en question de l'esclavage s'énonce également dans le *Voyage à l'île de France* (1773) de Bernardin de Saint-Pierre, l'*Essai sur l'histoire naturelle de Saint-Domingue* (1776) du père Nicolson (voir Annexe II, texte 8), et le *Voyage d'un Suisse dans différentes colonies d'Amérique* (1785) de Justin Girod de Chantrans. Pendant la Révolution de Saint-Domingue, la représentation politisée du noir se radicalise, produisant deux types de discours antagonistes, l'apologie de l'esclavage, et la justification de l'abolition immédiate, considérée comme la seule réponse appropriée au soulèvement des noirs.

Les fictions coloniales privilégient, par définition, la représentation politique du noir ; les romans de Saint-Lambert et de Butini se distinguent par des évaluations axiologiques singulières, qui tendent à « dénaturaliser » l'esclavage, à « problématiser » la situation coloniale, et à prononcer des jugements antiesclavagistes fondés, dans certains cas, sur les informations recueillies dans des textes-sources à dominante esclavagiste. Le roman de Picquenard composé en 1798 occupe une position axiologique plus excentrique encore : il se différencie aussi bien des textes d'historiens révolutionnaires de la métropole que de l'interprétation coloniale des événements proposée par les habitants esclavagistes de Saint-Domingue.

Le deuxième type de représentation, ethnographique, inscrit le noir dans une société organisée par des rites religieux, des rapports économiques, des

---

1. Le marronnage est le fait pour un esclave de s'enfuir pour vivre en liberté. Dans les colonies où le phénomène avait pris de l'ampleur, le nombre des noirs fugitifs, dits « nègres marrons », était de plusieurs centaines, quelquefois de plusieurs milliers.

lois politiques, des mœurs ancestrales etc. ; les variations axiologiques portent sur le degré de civilisation des noirs, jugés barbares par certains observateurs, semblables aux Européens, ou meilleurs que les Européens, par d'autres. L'*Histoire de l'île espagnole ou de Saint-Domingue* (1730) du père Charlevoix illustre le discours de dénigrement systématique de l'altérité africaine. A rebours, la figure idéalisée du nègre primitif, échappant à la corruption des civilisés, constitue les noirs en gardiens de qualités « naturelles » telles que le courage, la fidélité, la santé physique, la fécondité etc. ; elle apparaît chez des missionnaires comme le père Dutertre, auteur d'une *Histoire générale des Antilles* (1667) où l'évocation des danses, des chants, de la gaieté des nègres semble ramener aux premiers âges heureux de l'humanité. La valorisation laïque du nègre primitif, dérivée indirectement de l'œuvre de Rousseau, est particulièrement sensible dans le *Voyage à la Martinique* (1763) du scientifique Thibault de Chanvalon qui attribue aux noirs, amants passionnés, des dons pour la musique et la poésie. L'évocation de noirs civilisés, comparables aux Européens, est le fait principalement de voyageurs en Afrique, dont les descriptions distinguent sur le continent des sociétés plus « avancées » que d'autres.

Dans la fiction les emprunts aux représentations ethnographiques du noir sont diffus et relativement secondaires. A travers la mise en scène des personnages se révèlent les images du noir primitif dans *Ziméo* et *Adonis*, du noir civilisé dans les *Lettres africaines*, sans que ces qualités « ethniques » définissent pourtant de manière essentielle les héros romanesques.

Le troisième type de représentation, marginal dans les récits de voyages, exclu des romans du dix-huitième siècle, s'incarne pleinement dans la fiction coloniale de Victor Hugo, *Bug-Jargal*, consacrée au soulèvement des noirs de Saint-Domingue ; c'est la représentation magique du noir. En décalage par rapport au rationalisme de l'époque, quelques historiens des Lumières prêtent à l'Africain un énigmatique pouvoir de séduction, diabolique ou érotique selon les cas. Le *Nouveau Voyage en Amérique* (1722) du père Labat associe négritude et sorcellerie ; une négresse condamne ses ennemis à une mort lente, par la seule action de la pensée ; un jeune nègre fait tomber la pluie. Le châtiment terrible que le père Labat inflige à un marabout (trois cents coups de fouet) suggère les interférences possibles entre représentation magique et représentation politique du noir : l'étrangeté supposée de l'Autre incite à un renforcement de la répression. Girod de Chantrans auteur du *Voyage d'un Suisse dans différentes colonies d'Amérique* évoque le charme fatal que les noires exercent sur les maîtres blancs, lieu commun de la littérature des voyages, mais explique aussi la cruauté des blanches envers les esclaves par le refoulement d'une attirance sexuelle irrésistible.

L'originalité des textes historiques du dix-huitième siècle, qui contribuent à modeler la fiction, réside dans la politisation du discours sur le noir. Le propos ethnographique prend pour sujet privilégié les Indiens d'Amérique, non les Africains. Le langage irrationnel de la fascination paraît archaïque quand il invoque des forces démoniaques, ou en avance sur l'époque, lorsqu'il pressent l'activité de l'inconscient[2].

Les frères d'Oronoko

Les écrits documentaires, descriptions, récits de voyages, enquêtes constituent une source d'information précieuse, et pour les romanciers sédentaires un matériau indispensable ; mais les tableaux de mœurs collectives permettent difficilement d'embrayer sur l'élaboration d'une fiction conforme aux normes du dix-huitième siècle, qui requièrent l'individualisation du héros romanesque et une narration événementielle obéissant à une succession chronologique. Il est vrai que l'abbé Prévost, dans un roman intitulé les *Voyages de Robert Lade*, reprend de manière quasi exclusive des récits de voyageurs en Afrique et dans les Antilles ; mais

2. Tzevan Todorov dans *La Conquête de l'Amérique. La question de l'autre* propose une typologie des relations à autrui extrêmement éclairante, et à laquelle nous sommes dans une large mesure redevable, comme à l'ensemble de l'ouvrage de cet auteur, mais dont nous nous écartons sur quelques points. La problématique de l'altérité peut se situer sur trois axes fondamentaux, si l'on suit l'analyse de Todorov : sur le plan axiologique (les jugements de valeur), le plan praxéologique (l'action de rapprochement ou d'éloignement par rapport à l'autre), le plan épistémologique (la connaissance ou la méconnaissance de l'identité de l'autre) ; « triade » condensée dans cette formule : « aimer, conquérir, connaître ». Les représentations « politiques » et « ethnographiques » que nous avons dégagées rejoignent, en les restreignant un peu, les deuxième et troisième plans, « praxéologique » et « épistémologique ». La différence entre la typologie de Todorov et celle que le corpus des œuvres du dix-huitième siècle nous amène à élaborer concerne le plan axiologique (« aimer », terme auquel Todorov donne le sens de « juger » : « l'autre est bon ou mauvais, je l'aime ou je ne l'aime pas, ou, comme on dit plutôt à l'époque, il est mon égal ou il m'est inférieur », *La Conquête de l'Amérique. La question de l'autre*, Seuil, 1982, p.233). D'une part, le plan axiologique est distribué dans nos trois types de représentation, politique, ethnographique, magique ; il ne forme pas une catégorie séparée, il est partout, puisqu'il est responsable de l'ambivalence constitutive de chaque catégorie (je domine l'autre / je condamne les rapports de domination ; je connais l'autre, qui m'est inférieur / je connais l'autre, mon égal). D'autre part, la représentation « magique » introduit un plan subjectif (ou affectif), qui donne à « aimer » son sens précis : désirer (/ haïr).

cette fiction était tellement atypique qu'elle fut classée par erreur pendant deux siècles parmi les ouvrages historiques. Les récits de Saint-Lambert, Butini et Picquenard, en revanche, sont beaucoup mieux intégrés dans le paysage romanesque contemporain. En outre, ils forment une série remarquable par la présence de répétitions et de variations formelles et thématiques. Cette double homogénéité, dans le contexte du roman du dix-huitième siècle et dans les limites de la série, s'explique par le travail de réécriture opéré par les trois auteurs à partir d'une même œuvre matricielle, la nouvelle anglaise *Oroonoko, or the Royal Slave* publiée par la romancière Aphra Behn en 1688, traduite en 1745 par Antoine de La Place.

Aphra Behn (1640-1689) a séjourné en 1663-1664 dans la colonie de Surinam, qui sert de cadre à l'action d'*Oronoko*[3], et où elle a pu découvrir directement les rapports entre planteurs et esclaves. Les œuvres littéraires du dix-septième siècle qui mettent en scène l'Amérique ignorent généralement l'esclavage des noirs ; elles placent l'action au seizième siècle dans les royaumes aztèque et péruvien, où princesses indiennes et conquistadors espagnols rivalisent de noblesse ; telle est par exemple *The Indian Queen* (1664), de Dryden, dont les composantes dramaturgiques se perpétuent dans *Alzire, ou les Américains* de Voltaire. *Oronoko* se distingue en comparaison par le réalisme de sa représentation du Nouveau Monde : l'action toute récente est située dans une colonie anglaise ; un esclave nègre, de sang royal, y joue le premier rôle ; les planteurs, parfois cruels et sans scrupules, sont en infraction avec le code de l'honneur aristocratique[4].

Première romancière anglaise à vivre de sa plume, auteur polygraphe, Aphra Behn a d'abord commencé par composer des pièces de théâtre et des recueils de poèmes avant d'aborder le domaine de la nouvelle. Imprégnée de culture française, elle est la traductrice du *Voyage à l'île d'amour* de Paul Tallemant (1684), ouvrage alternativement en vers et en prose où domine la thématique amoureuse, des *Maximes* de La Rochefoucauld (1685), des *Entretiens sur la pluralité des mondes* (1688) et de l'*Histoire des oracles* (1688) de Fontenelle. *Oronoko* révèle une admiratrice de Mlle de Scudéry et de La Calprenède, sensible à l'idéal amoureux et héroïque des romanciers français. La vie d'Aphra Behn est consacrée principalement à la littérature, mais fait une place aussi à la politique. La romancière qui aurait été espionne pour le compte de Charles II pendant une courte période, en 1666-1667,

3. Nous adopterons dorénavant l'orthographe française du héros éponyme, choisie par La Place.

4. Voir l'introduction très complète de Catherine Gallagher et Simon Stern dans *Oroonoko, or the Royal Slave* (1688), Boston, New York, Bedford / St. Martin's, 2000.

affiche jusqu'à la fin de sa vie sa fidélité aux Stuart, notamment à Jacques II, frère de Charles II, converti au catholicisme, détrôné au moment de la deuxième Révolution d'Angleterre.

Oronoko, l'œuvre d'A. Behn la plus connue aujourd'hui, rencontre un succès immédiat, dont témoignent de nombreuses rééditions et une adaptation au théâtre par Thomas Southerne en 1696 ; quatre autres adaptations suivent au dix-huitième siècle : *Oroonoko, a Tragedy* (1759) de John Hawkesworth, *Oroonoko, or the Royal Slave* (1760) de Francis Gentleman, *Oroonoko* (1760, d'un auteur anonyme, jamais représentée), et *The Prince of Angola, a Tragedy, Altered from the Play of Oroonoko* (1788), de John Ferriar[5]. Traduit par La Place, le roman est apprécié par un public français littérairement anglophile, amateur des productions de Daniel Defoe, Jonathan Swift et Samuel Richardson. Il faudrait parler d'une réécriture, là aussi, puisque le traducteur, conformément aux pratiques du dix-huitième siècle, s'approprie l'œuvre étrangère ; les modifications introduites dans l'intrigue lui valent les éloges de la presse : « [l'*Oronoko* de La Place] n'est pas une traduction servile, mais une imitation libre de l'anglais de madame Behn », annonce l'*Année littéraire*[6]. Cinq éditions de la version française se succèdent entre 1745 et 1796. L'adaptation théâtrale de Th. Southerne est traduite par Mme du Bocage en 1751.

Oronoko est l'histoire pathétique d'un prince africain, guerrier valeureux, amant fidèle, peu différent des héros du roman baroque du dix-septième siècle, victime de la traîtrise des négriers européens qui le déportent en Guyane. L'action principale a pour théâtre Surinam, où la narratrice a pu côtoyer cet esclave à l'allure aristocratique, et où se noue un double drame, politique et passionnel. D'une part, la révolte collective des noirs, dirigée par Oronoko, héros magnanime, incapable de supporter la servitude, échoue en raison de la lâcheté des esclaves, séduits par les promesses d'amnistie, et donne lieu à des châtiments atroces. D'autre part, l'amour pour Imoinda, la « Vénus noire », inspire au prince un deuxième plan de vengeance, qui prévoit le meurtre de la bien-aimée, le massacre des maîtres blancs, et le suicide du héros. Mais le nouvel Othello reste rivé, sans force, au cadavre de l'amante, incapable de mener l'entreprise jusqu'à son terme ; il est pris, mutilé, brûlé, et meurt héroïquement sous la torture.

Ziméo, les *Lettres africaines* et *Adonis* s'inscrivent dans un contexte littéraire de reprise inlassable d'un texte canonique ; ils n'entretiennent avec leur modèle aucun rapport codifié et peuvent donc s'autoriser toutes les au-

5. Voir Jane Spencer, *Aphra Behn's afterlife*, New York, Oxford University Press, 2000.
6. *Année littéraire*, 1756, t.8, p.188.

daces. A la fiction de 1688 ils doivent d'une part, *la promotion romanesque du noir*, personnage individualisé qui a un nom, un caractère exceptionnel, et le privilège de vivre une histoire d'amour ; d'autre part, *la biographie du noir*, qui comprend le passé africain, l'expérience de la traite et, surtout, deux moments fondamentaux, l'esclavage dans les Antilles, et la révolte contre l'esclavage. Des transformations peuvent déguiser ce schéma narratif, en particulier dans le roman de 1798, mais les éléments structurels restent repérables au-delà des altérations apparentes.

La traduction et les réécritures de l'œuvre déplacent la signification du texte initial en l'adaptant à la sensibilité contemporaine, condition de la survie du texte plus de soixante ans après le moment de sa composition. La première modification est opérée par La Place qui réconcilie *Oronoko* avec *un idéal du bonheur individuel* très éloigné du pessimisme d'A. Behn, et remplace le dénouement sanglant par l'image du bonheur conjugal des amants noirs, substitution euphorisante qui fait école, puisqu'elle se retrouve dans les romans de 1769, 1771 et 1798. Ces réécritures introduisent deux autres transformations : *l'abaissement du statut du héros*, personnage royal chez A. Behn, qui garde son rang de façon purement nominale chez Saint-Lambert, personnage noble chez Butini, esclave ordinaire chez Picquenard ; l'introduction d'un *idéal de bonheur collectif et d'une utopie de la liberté*, les héros parvenant à se délivrer au terme d'une action violente ou pacifique, et s'inscrivant dans le Nouveau Monde au sein d'une communauté d'hommes libres qui répudie la servitude. Le scénario d'échec, si fréquent dans les récits de voyages, qui montrent des esclaves marrons capturés et suppliciés, consacré par A. Behn dans *Oroonoko*, où la scène finale de démembrement du personnage est d'une violence insoutenable, cède la place à un scénario de réussite. En outre, la réflexion politique se révèle beaucoup plus cohérente dans les romans français que dans le texte du dix-septième siècle, où le statut princier du héros africain tend à recouvrir et à masquer la question de l'esclavage.

La culture politique

Le roman colonial est partiellement tributaire d'une culture politique qui se constitue en dehors de lui et le précède. La représentation littéraire du système esclavagiste ne peut surgir *ex nihilo* ; pour qu'advienne une fiction *coloniale* qui ne soit pas seulement une fiction exotique, dépourvue d'enjeux idéologiques, l'apport des textes d'idées paraît indispensable. Ce n'est pas à dire que le roman illustre les œuvres spéculatives : il établit avec elles des relations complexes, met en concurrence différents systèmes idéologiques, absorbe la pensée politique pour l'éprouver, la remodeler, la déconstruire quelquefois.

Les textes inspirateurs peuvent être consacrés à l'esclavage des noirs ou, à défaut, développer des principes généraux de philosophie politique, applicables à l'univers colonial. L'adaptation des concepts politiques, élaborés à l'usage de la métropole, au cas particulier du système esclavagiste, semble particulièrement nécessaire jusque dans les années 1770, en raison de la minceur du corpus de textes politiques consacrés spécifiquement à la condition des esclaves noirs : l'*Esprit des lois* parle abondamment de l'esclavage, mais assez peu des nègres ; dans l'*Encyclopédie* seul l'article « Traite des nègres » propose une réflexion sur l'injustice du système esclavagiste, qu'on chercherait inutilement dans les articles « Esclavage », « Esclave », ou « Nègres ». La rareté des textes impose aux romanciers un double transfert, du contexte monarchique vers le contexte colonial, et des textes d'idées vers le texte romanesque.

Au dix-huitième siècle, la réflexion sur le despotisme, qui se fonde sur les œuvres de Montesquieu et de Rousseau notamment, et dont nous n'avons pas à faire l'histoire ici, fait intervenir *l'esclavage politique du peuple* soumis à un pouvoir injuste, qui entretient des rapports étroits avec l'esclavage civil, tel qu'il s'est réalisé par exemple dans les Antilles. Dans l'*Esprit des lois*, les différences établies entre les structures des gouvernements républicain, monarchique et despotique, l'analyse des effets destructeurs de la tyrannie, opposée aux formes saines du pouvoir, retentissent nécessairement sur la perception du système esclavagiste. L'ouvrage de Montesquieu établit entre les deux formes de servitude une relation d'analogie, que renforce un rapport de causalité : l'esclavage politique entraîne l'esclavage civil ; dans les régimes despotiques, les hommes se vendent facilement, parce que la condition de l'esclave, au sens strict du terme, se distingue à peine de celle de l'homme libre. Dans le cadre d'une réfutation du discours absolutiste le *Contrat social* développe l'analogie entre les deux types d'esclavage, politique et individuel, tous deux illégitimes, fondés sur un prétendu « pacte de soumission ». L'équivalence s'institue si bien dans la culture politique contemporaine que l'*Histoire des deux Indes* cite un discours de justification de l'esclavage des noirs selon lequel « en Europe les peuples sont esclaves » ; à ce sophisme l'auteur répond qu'une différence de degré sépare tout de même la situation du sujet opprimé et celle de l'esclave africain [7].

Des textes de réflexion traitent explicitement du « problème noir » ; peu nombreux vers le milieu du siècle, ils se multiplient dans les années 1780.

7. *Histoire des deux Indes*, Genève, J.-L. Pellet, 1780, t.6, p.223-224.

Deux tendances idéologiques s'y affirment, l'une *conservatrice*, l'autre *critique*. Dans le premier cas, l'humanisation de l'esclavage figure comme une priorité : la pensée conservatrice remet en cause les modalités de l'esclavage dans les Antilles, non la nature même de l'institution, et se fonde dans ses recommandations relatives à la nourriture des esclaves, aux soins médicaux, aux châtiments corporels etc., soit sur une exigence éthique, soit sur une argumentation de type utilitariste, qui présente la douceur comme un moyen efficace de prévenir les révoltes, et d'abaisser le taux de mortalité de la main-d'œuvre. Ce langage peut se trouver sous la plume d'auteurs critiques à l'égard de l'esclavage, qui appellent à une amélioration de la condition des noirs dans l'attente d'une réforme complète des colonies serviles. Dans l'*Esprit des lois* Montesquieu présente une liste de « règlements à faire entre le maître et les esclaves » (livre 15, ch.17), et l'*Histoire philosophique et politique des deux Indes* (1770) de Raynal conseille de mitiger les peines, de diminuer la charge de travail etc.

Dans le deuxième cas, la condamnation de toute forme d'asservissement l'emporte sur la recherche de correctifs. L'antiesclavagisme procède principalement de deux traditions intellectuelles, *la pensée juridique et morale* d'une part, *la pensée économique* d'autre part. La pensée morale, d'inspiration religieuse dans les écrits antiesclavagistes anglo-saxons, dans les textes importants des quakers, surtout, rompt en France avec les sources chrétiennes. Elle combat l'argumentation théologique qui invoque la Bible pour autoriser l'esclavage, et qui fait passer la déportation dans les Antilles pour un moyen providentiel de christianisation des Africains. Elle acquiert un fondement philosophique grâce à l'œuvre de Montesquieu : la servitude s'oppose au droit international, au droit civil, et au droit naturel. Le droit des gens autorise le meurtre et l'utilisation de la contrainte durant le combat, mais exige le respect des personnes une fois le danger passé. Le droit civil ne permet pas l'achat d'un homme, ni même la vente volontaire de soi-même, qui entraînent la perte d'un membre pour la communauté politique. L'institution de l'esclavage est incompatible avec le droit naturel parce qu'elle nuit à l'esclave sans jamais le favoriser, contrairement aux lois pénales par exemple, qui condamnent à mort le criminel, après avoir assuré sa sécurité durant toute sa vie. L'*Esprit des lois* justifie les évasions des esclaves – c'est-à-dire le marronnage, en l'absence même de référence aux nègres – : privé de tous les droits, l'esclave n'est tenu de remplir aucun devoir, la servitude rompant toutes les relations de réciprocité politique.

L'antiesclavagisme d'inspiration morale peut déboucher sur une perspective politique concrète, l'abolition de l'esclavage, mais cette connexion entre la pensée normative et sa traduction dans les faits ne se produit pas toujours, et ne devient commune qu'à partir des années 1770-

1780. De Jaucourt, auteur de l'article « Traite des nègres » de l'*Encyclopédie*, affirme bien la nécessité de l'abolition de l'esclavage, condamné au nom du droit naturel, mais en reste à une proclamation de principes coupée de la réalité politique. En 1781 les *Réflexions sur l'esclavage des nègres* de Condorcet associe, mieux que tous les écrits antérieurs, un discours anti-esclavagiste fondé sur des raisons juridiques et morales, et un programme d'abolition circonstancié. L'abolition progressive dirigée par le haut, étalée sur des décennies, prolonge, il est vrai, la servitude d'une partie des noirs mais elle préserverait, selon Condorcet, l'intérêt des noirs et des blancs, en initiant les anciens esclaves à la liberté, et en évitant la ruine des plantations. La Société des Amis des Noirs, fondée en 1788, où Condorcet joue un rôle de premier plan, reprend ce projet de « destruction de l'esclavage par degrés »[8].

La pensée économique apporte également à l'antiesclavagisme une contribution fondamentale. La doctrine physiocratique, telle qu'elle s'exprime dans les textes de François Quesnay notamment, subordonne la richesse de l'Etat à la production agricole, et travaille à une promotion de la classe paysanne, considérée comme la catégorie la plus utile de la population, et la plus digne par conséquent de l'attention de l'autorité politique. En pratique, les physiocrates recommandent l'augmentation des salaires, la suppression des corvées, l'allègement des impôts etc., dans une perspective purement économique, non philanthropique ou égalitariste, en vue de favoriser l'esprit d'entreprise dans les campagnes. Le désir de richesse doit être le principal levier de la politique économique ; la productivité augmente en proportion des profits que le travailleur espère réaliser. Les esclaves noirs, dont dépend la prospérité des colonies françaises, bénéficient de ce renversement de valeurs qui place les laboureurs au premier rang de la nation. Dupont de Nemours, qui dirige les *Ephémérides du citoyen*, journal consacré à la diffusion des idées physiocratiques, organise une campagne d'opinion en faveur de l'abolition de l'esclavage ; deux articles se distinguent par leur qualité : ce sont les comptes rendus des romans de Saint-Lambert et de Butini (voir Annexe I). Selon Dupont de Nemours, l'oppression est contre-productive ; les noirs rémunérés et intéressés au travail augmenteraient le revenu des planteurs ; à rebours, la misère des esclaves entraîne la stagnation de l'économie coloniale, en vertu de cette corrélation établie par la doctrine physiocratique entre la richesse des cultivateurs et celle de la collectivité. Les économistes

8. Voir l'ouvrage de Marcel Dorigny et Bernard Gainot, *La Société des Amis des Noirs, 1789-1799. Contribution à l'histoire de l'abolition de l'esclavage*, Editions UNESCO, « Mémoires des peuples », 1998.

réfléchissent en outre à une alternative à l'emploi de la main-d'œuvre noire, qui aplanirait le chemin vers l'abolition : la culture de la canne à sucre en Afrique éviterait la déportation des noirs dans les colonies ; le recours à des cultivateurs blancs dans les Antilles pallierait le manque de travailleurs noirs ; enfin, le métissage assurerait la croissance démographique en l'absence même d'« approvisionnement » extérieur.

Les argumentaires abolitionnistes des années 1780, comme les *Réflexions* de Condorcet, ou le *More-Lack*, de Lecointe-Marsillac, et la démarche des Amis des Noirs doivent beaucoup à la pensée économique, à laquelle il faut reconnaître un rôle de primordial dans la définition d'une action antiesclavagiste maîtrisée. Faute de composer avec les réalités économiques, la défense de la morale se condamne à l'impuissance, ou s'engage dans la justification périlleuse de la violence révolutionnaire. L'*Histoire des deux Indes*, qui hésite entre plusieurs options idéologiques, expose brièvement un projet d'abolition, dont l'insuffisance laisse la voie ouverte, cependant, à un discours de légitimation d'une insurrection des esclaves contre le gouvernement colonial. Le discours sur l'injustice du système esclavagiste hérite manifestement de la radicalisation de la pensée politique qui, dans la deuxième moitié du siècle, cherche son inspiration du côté de la doctrine libérale et révolutionnaire de Locke, et tend à justifier de plus en plus la résistance du peuple contre le souverain. Le style véhément de l'*Histoire des deux Indes*, exaltant la vengeance des esclaves noirs, très différent de la froide évocation dans l'*Esprit des lois*, par exemple, du « danger du grand nombre d'esclaves » (livre 15, ch.13), décèle la culture politique pré-révolutionnaire des rédacteurs (voir Annexe II, texte 7).

La Révolution française promulgue les droits de l'homme mais, sous la pression du lobby colonial, opte pour le maintien du statu quo dans les îles. Les noirs restent esclaves, exclus de l'humanité. L'abolition, décrétée suite à l'insurrection générale des noirs de Saint-Domingue, est imposée, en partie, par un rapport de force favorable aux révoltés, et par un contexte international de rivalité entre puissances coloniales, qui expose Saint-Domingue à une invasion militaire anglaise. Les noirs, qui auraient pu s'allier aux Anglais, deviennent naturellement, après le décret d'abolition, les défenseurs de la République. Yves Benot dans *La Révolution française et la fin des colonies* (1988) défend de manière très convaincante la thèse, à laquelle nous souscrivons, selon laquelle le discours antiesclavagiste des Lumières, jugé sévèrement par certains historiens comme de la déclamation pure, a préparé en réalité l'abolition de l'esclavage en 1793-1794 : « si l'idéologie anticolonialiste, écrit Y. Benot, ne pouvait pas remplacer l'action des esclaves, elle n'en a pas moins pesé sur le cours des événements, permis de comprendre le soulèvement et d'en tirer des conséquences que cette minorité [d'écrivains des Lumières] avait prévues »[9]. Entre l'idée d'une continuité qui situe l'abolition de l'esclavage dans le prolongement de la pensée politique des Lumières, et celle d'une rupture absolue attribuant la décision de la Convention à un pragmatisme calculé, il y a place sans doute pour une position médiane.

L'idéologisation du roman

Pour emprunter aux œuvres spéculatives, le roman n'en produit pas moins une pensée originale ; il stimule à coup sûr, par sa séduction littéraire, le travail de réflexion politique ; il peut arriver, comme pour les récits de Saint-Lambert et de Butini, qu'il prête à son tour des arguments au débat sur l'esclavage ; une page du roman de Louis-Sébastien Mercier, *L'An 2440*, qui célèbre par anticipation le « vengeur du Nouveau Monde », chef noir d'une grande révolte des esclaves, est intégrée par Raynal dans l'*Histoire philosophique et politique des deux Indes*. Dans le cadre des relations intertextuelles entre romans et textes d'idées, la circulation de la pensée se fait dans les deux sens.

La part d'idéologisation du roman varie d'une œuvre à l'autre, et, dans un même récit, certaines zones textuelles présentent une plus forte densité idéologique. Deux éléments apparaissent dans les fictions coloniales comme des « embrayeurs » de la pensée politique : d'une part, la mise en scène d'*acteurs politiques* – le groupe des esclaves noirs, ou un esclave porte-parole du groupe, dont le rôle ne se réduise pas à celui de simple individu – ; d'autre part, un *jugement de valeur* porté sur la domination coloniale et sur les différentes réponses à cette domination.

Oronoko d'Aphra Behn amorce la politisation du roman à personnage africain, mais l'idéologie y est ambiguë, partiellement cohérente, et la lecture de ce texte comme point de départ du roman antiesclavagiste repose dans une large mesure sur un malentendu. Il semble que les réécritures d'*Oronoko* en Angleterre, celle de John Ferriar (1788) en particulier, aient contribué à forger cette réputation d'un modèle d'une fiction critique à l'égard de l'esclavage. C'est avec Saint-Lambert, Butini, et Picquenard que le roman colonial fait preuve d'une véritable maîtrise des enjeux idéologiques.

Dans le célèbre récit d'Aphra Behn, Oronoko, personnage aux faces multiples, est un individu (l'amant d'Imoinda), et un acteur politique qui se dédouble puisqu'il joue à la fois le rôle de *prince* et celui d'*esclave* ; dans cette discordance entre les deux statuts politiques se loge toute la polysémie

9. Y. Benot, *La Révolution française et la fin des colonies*, Editions La Découverte, 1988, p.19.

du roman historique ; là aussi se situe le point de plus grande fragilité de la fiction coloniale. Oronoko peut apparaître comme le représentant des esclaves, qu'il incite à la révolte, dans le cadre d'un récit réaliste fondé sur une connaissance documentée du système esclavagiste. Mais le prince Oronoko possède des esclaves dans son royaume africain ; à Surinam, il se voit attribuer le nom d'un empereur, César ; son maître blanc l'exempte de tout travail, par égard pour son sang royal ; enfin, César-Oronoko s'élève au-dessus du troupeau des esclaves lâches et serviles qui l'abandonnent dans la révolte. L'idéologie aristocratique et monarchiste fait concurrence à l'antiesclavagisme ; nous sommes parfois du côté des Scudéry et de La Calprenède, bien plus que de *La Case de l'oncle Tom.* Les romans français du dix-huitième siècle, en revanche, procèdent à l'occultation ou à la suppression pure et simple du statut princier du noir, pour mieux mettre en lumière la situation de l'esclave.

Les jugements de valeur portés sur le pouvoir esclavagiste s'énoncent de manière privilégiée dans un lieu textuel fortement investi par l'idéologie, *le discours éloquent sur la révolte* « inventé » par Aphra Behn, révélateur des équivoques politiques associées dans l'œuvre de 1688 au traitement de l'esclavage, repris dans les fictions coloniales françaises qui en modifient la signification. Le discours tenu par Oronoko, adressé à la masse des noirs, mérite d'être longuement cité :

> « And why, said he, my dear Friends and Fellow-sufferers, shou'd we be Slaves to an unknown People ? Have they Vanquish'd us Nobly in Fight ? Have they Won un in Honourable Battel ? And are we, by the chance of War, become their Slaves ? This would not anger a Noble Heart, this wou'd not animate a Souldiers Soul ; no, but we are Bought and Sold like Apes, or Monkeys, to be the Sport of Women, Fools and Cowards ; [...] shall we render Obedience to such a degenerate Race, who have no Human Vertue left, to distinguish'em from the vilest Creatures ? Will you, I say, suffer the Lash from such Hands ? » They all Reply'd, with one accord, No, no, no. (Aphra Behn, *Oroonoko*, 1688).

> « Et pourquoi, dit-il, mes chers amis et compagnons de souffrance, devrions-nous être les esclaves d'un peuple inconnu ? Nous ont-ils vaincus noblement au combat ? L'ont-ils emporté sur nous dans une bataille honorable ? Et sommes-nous devenus leurs esclaves par les hasards de la guerre ? Ceci ne porterait pas la colère dans un noble cœur, ceci n'exciterait pas l'âme d'un soldat. Non, on nous achète, et on nous vend comme des chimpanzés ou des singes pour amuser les femmes, les faibles et les couards. [...] Devons-nous obéissance à une race aussi dégénérée, chez qui ne subsiste aucune vertu humaine pour les distinguer des créatures les plus viles ? Souffrirez-vous,

> dis-je, de recevoir le fouet de telles mains ? ». Ils répondirent tous d'une seule voix : « Non, non, non ! » (traduit par B. Dhuiq).

La condamnation très dure des maîtres européens placée dans la bouche d'un héros noir, pour novatrice qu'elle soit, sur le plan thématique et formel, n'embraye pas sur une critique cohérente de l'esclavage, la véritable ligne de partage idéologique séparant non les esclaves noirs et les colons, mais les hommes d'honneur et les êtres vils, en fonction d'un système de valeurs qui ne ressemble en rien à l'humanisme universaliste, et qui légitime l'asservissement des vaincus.

Le scénario de la révolte est d'origine aristocratique et royaliste. Aphra Behn dispose, comme l'a montré la critique anglo-saxonne, de deux modèles historiques qui se chevauchent dans le texte, les révolutions d'Angleterre et les révoltes des marrons. Saint-Lambert, Butini, Picquenard effacent les traces du paradigme politique anglais et, de l'œuvre de Behn, retiennent exclusivement la référence aux insurrections noires. La romancière du dix-septième siècle fait intervenir en effet le souvenir de monarques « opprimés », Charles Ier, exécuté en 1649, et Jacques II, détrôné, contraint de s'exiler en 1688, au moment même de la rédaction d'*Oronoko*. L'évocation de la lâcheté du peuple qui abandonne son prince, la description du supplice, la célébration de la grandeur d'âme du martyr, tout cela est d'une bourgeoise sensible au drame de l'esclavage des noirs, mais aussi d'une romancière fidèle à la cause des Stuart. Le nom même de « César » attribué à Oronoko est celui-là par lequel l'auteur désignait Charles II et Jacques II. Le modèle d'interprétation royaliste qui informe le texte permet le dévoilement d'aspects méconnus de la réalité coloniale, la dénonciation de la cruauté des blancs, la valorisation du noir, mais il dessine aussi les limites de la compréhension de l'esclavage, et conduit à l'occultation des masses noires, du travail, de l'injustice quotidienne.

Parmi les réécritures d'*Oronoko* certaines sont à dominante royaliste, celles de Southerne et de La Place, d'autres développent la mise en scène antiesclavagiste – *Bug-Jargal* de Victor Hugo empruntant manifestement aux deux lignées idéologiques.

Le morceau d'éloquence attribué à Oronoko connaît de nombreuses métamorphoses au cours du dix-huitième siècle ; si dans le texte-source, le destinateur et le destinataire sont noirs, les auteurs de réécritures varieront les combinaisons, transformeront le contenu du message : chez Saint-Lambert, un noir s'adresse à des blancs, pour expliquer sa révolte, et chez Picquenard, un planteur blanc s'adresse à un noir révolté, pour se justifier lui-même, dans une inversion presque complète par rapport aux œuvres antérieures. Le succès de cette trouvaille rhétorico-politique dépasse même les bornes du genre romanesque ; un article du *Pour et le contre* (1735) de Prévost reproduit un discours attribué à un chef de marrons, Moses Bom Saam (traduction d'un article de presse anglais), Le Monnier publie le *Discours d'un nègre marron qui a été repris et qui va subir le dernier supplice* (1759), mis en vers par Camus en 1790, Doigny du Ponceau compose un texte poétique, le *Discours d'un nègre à un Européen* (1775), qui comporte la prosopopée d'un noir appelant à la vengeance.

Les fictions coloniales françaises comparées à *Oronoko* opèrent une extension de l'axiologisation à de multiples lieux textuels ; nous nous contentons d'indiquer ici les exemples les plus spectaculaires, ceux de *Ziméo* et des *Lettres africaines*, où sont insérés des textes d'idées – les « réflexions sur les nègres » dans un cas, un « mémoire » abolitionniste dans l'autre ; les jugements portés explicitement sur le système esclavagiste contribuent à éclairer l'intrigue proprement dite, mais aussi à en infléchir et en difracter le sens.

« Les sources de Bug-Jargal »

Servais Etienne a indiqué le premier dans *Les Sources de Bug-Jargal* la relation hypertextuelle[10] qui unit le roman de Victor Hugo, *Bug-Jargal* (1826) et les fictions coloniales que nous publions ici, elles-mêmes dérivées d'*Oronoko*[11]. Comme *Adonis*, dont il est, partiellement, une réécriture, *Bug-Jargal* raconte les débuts de l'insurrection des esclaves de Saint-Domingue. Par delà les ressemblances évidentes avec les fictions coloniales antérieures, une différence importante liée à l'idéologie du roman éclaire par contraste la spécificité des textes du dix-huitième siècle. *Bug-Jargal* traitant des questions de l'esclavage et de la légitimité de la révolte apparaît à beaucoup d'égards comme un roman sceptique, qui empêche la formation d'un jugement stable sur les problèmes politiques, et refuse délibérément toute forme d'engagement. Il n'y a pas hésitation entre plusieurs options idéologiques, ni même équivoque, mais nivellement axiologique systématique. La technique utilisée procède par multiplication des jugements de valeur aux contenus contradictoires, émanant de personnages discrédités, de sorte que la hiérarchisation des énoncés idéologiques devient

10. G. Genette définit la relation hypertextuelle dans laquelle un texte (hypertexte) est dérivé d'un texte préexistant (hypotexte), au terme d'une opération de transformation (*Palimpsestes. La littérature au second degré*, Paris, Editions du Seuil, 1982).
11. Servais Etienne, *Les Sources de Bug-Jargal*, Bruxelles, Publications de l'Académie royale de langue et de littérature françaises, 1923.

extrêmement problématique, sinon impossible. Les colons blancs écrasent les esclaves de leur mépris ; les noirs insurgés torturent et assassinent ; personne n'a raison.

Bug-Jargal se caractérise par une tension extrême entre des normes politiques opposées, mais aussi par l'introduction de nouvelles évaluations idéologiques relatives aux races. Dans les romans du dix-huitième siècle la question de la « négritude » n'apparaît pas, et si elle est traitée, c'est avec la plus grande discrétion ; le statut politique du noir sature le personnage ; sans doute faut-il un reflux des préoccupations politiques, esclavagistes ou antiesclavagistes, pour que se manifeste la singularité culturelle du noir. Le noir du dix-huitième siècle n'est pas l'Autre ; il est le Même, à une variante près – la naïveté, le penchant pour l'amour. Dans le roman de 1826 le noir acquiert un pouvoir de fascination qui s'accompagne d'un vertige identitaire : l'Etranger absolu, que séparent du blanc les barrières rassurantes de l'apparence physique et de la culture, peut investir mon Moi le plus intime. Séduction érotique de Bug-Jargal, charisme politique de Biassou, frissons d'horreur que suscite le sorcier Habibrah : le risque de l'envoûtement est constant. De façon symptomatique, le roman réserve les mises en scène humiliantes et les jugements les plus dévalorisants aux métis, aux « sang-mêlé », qui incarnent la menace d'une confusion du Même et de l'Autre. Dans ce roman qui n'évite pas toujours l'écueil du racisme, la proximité établie avec le noir est paradoxalement bien plus grande que dans les fictions du dix-huitième siècle.

La délimitation des structures du roman colonial libère l'attention, qui peut se porter sur d'autres structures narratives « coprésentes » dans le texte. Il va sans dire que les œuvres de Saint-Lambert, Butini, Picquenard n'illustrent pas un genre, ou un microgenre – pas plus qu'aucune œuvre n'est un condensé homogène de propriétés génériques. Elles s'écartent des lois de la série coloniale, notamment parce qu'elles sont attirées par d'autres modèles, et qu'elles intègrent des scénarios étrangers à leur schème narratif fondamental. Elles répondent à des sollicitations immédiatement contemporaines, d'ordre textuel, mais aussi d'ordre personnel ou historique. Elles sont faites de ce travail d'association, d'imbrication, de montage, que décèlent de légères irrégularités, et dont le lecteur peut entrevoir la nécessité secrète.

Note sur la présente édition

C'est toujours l'édition originale qui a servi à l'établissement des textes : pour *Ziméo*, celle contenue dans les *Saisons, poème*, Amsterdam, 1769 (in 8°, 369 pages) ; pour les *Lettres africaines*, l'édition unique de 1771, parue à Londres et Paris, chez Fétil (et chez Delalain, texte identique) ; pour *Adonis*, nous avons retenu l'édition de l'an VI, 1798, parue à Paris, Imprimerie de Didot jeune, et indiqué les variantes introduites dans les éditions ultérieures.

L'orthographe est modernisée. La ponctuation et la syntaxe sont respectées. Nous avons choisi de conserver, sans les uniformiser, les marques de dialogue, dont le dix-huitième siècle fait un usage peu systématique qui peut présenter cependant un intérêt stylistique ; les propositions au discours direct sont quelquefois entre guillemets, et introduites comme aujourd'hui par deux points, mais il arrive qu'elles soient en italiques, ou précédées seulement par une virgule, ou par un point-virgule. Les italiques sont remplacés par des caractères normaux quand ils signalent les noms des personnages romanesques, et respectés dans tous les autres cas (indication de nom de pays, discours direct, discours indirect libre, vocabulaire spécialisé etc.).

Chaque texte est pourvu d'un système de notes autonome. Les notes des auteurs sont appelées par des astérisques et situées en bas de page. Les notes de l'éditeur sont appelées par des chiffres et situées à la suite de l'œuvre (sauf dans les Annexes, où elles se trouvent en bas de page). Enfin dans *Adonis* les notes de l'éditeur appelées par des lettres renvoient aux variantes.

JEAN-FRANÇOIS DE SAINT-LAMBERT

ZIMÉO

(1769)

Introduction

> Les beaux-arts, qui donnèrent tant de supériorité à la France sur les autres nations [au dix-septième siècle], sont bien dégénérés ; et la France serait aujourd'hui sans gloire dans ce genre, sans un petit nombre d'ouvrages de génie, tels que le poème des *Saisons*, et le quinzième chapitre de *Bélisaire*, s'il est permis de mettre la prose à côté de la plus élégante poésie (Voltaire, *Précis du siècle de Louis XV*).

Saint-Lambert au dix-huitième siècle était l'auteur des *Saisons*, un des plus grands poètes de son temps ; il est aujourd'hui connu comme le rival heureux de Rousseau auprès de Mme d'Houdetot, évoqué dans les *Confessions*. Il ne mérite sans doute ni le triomphe qui lui a été décerné, ni l'oubli auquel est vouée son œuvre. La réédition de trois contes de Saint-Lambert, dont *Ziméo*, par Roger Little en 1997, témoigne cependant d'un renouveau d'intérêt et d'une réévaluation liée à un déplacement des hiérarchies littéraires : pour un public moderne, le conteur en Saint-Lambert, comme en Voltaire, vaut mieux que le poète.

La biographie rigoureuse que lui a consacrée Roger Poirier en 2001, à laquelle nous empruntons l'essentiel de notre propos sur la vie de Saint-Lambert, éclaire en particulier les réseaux de relations qui ont permis à un noble pauvre de province de conquérir la reconnaissance publique de la société parisienne[1].

Saint-Lambert est d'abord un Lorrain ; né à Nancy en 1716, élevé par les jésuites de Pont-à-Mousson, il s'engage très tôt dans les Gardes lorraines du roi de Pologne Stanislas Leszczynski, qui tient sa cour à Lunéville. Son origine sociale explique, si elle ne l'impose pas, le choix d'une carrière militaire : l'armée procure une couverture honorable à un noble sans fortune et, à condition de bénéficier de protections actives, des possibilités de promotion ; c'est un autre Lorrain, le maréchal de Beauvau, qui soutient Saint-Lambert, lui permet d'obtenir la croix de Saint-Louis, après plusieurs

---

1. Roger Poirier, *Jean-François de Saint-Lambert (1716-1803). Sa vie, son œuvre*, Sarreguemines, Editions Pierron, 2001.

campagnes, puis le titre de chevalier de Saint-Louis en 1756, avant qu'une attaque de paralysie ne contraigne l'officier à se retirer du service en 1757. Le réseau de sociabilité lorrain amène le jeune Saint-Lambert, poète en herbe, à se lier à Mme de Graffigny, une Lorraine elle aussi, bien introduite à la cour de Lunéville, qui le présente à Voltaire dès 1735. Amant de Mme de Boufflers, sœur du prince de Beauvau et maîtresse en titre du roi Stanislas, Saint-Lambert devient en 1748 le rival heureux de Voltaire auprès de Mme du Châtelet, quand le couple philosophique se produit à Lunéville. Mme du Châtelet meurt en couches en 1749 en donnant naissance à la fille de Saint-Lambert ; le départ de Saint-Lambert pour Paris, directement lié à ce scandale, marque un tournant biographique décisif.

L'entrée dans les salons de la capitale se fait sous les auspices de Mme de Graffigny, toujours, et de Voltaire ; le titre de marquis, associé au nom de Saint-Lambert, fait son apparition lors de cette deuxième naissance mondaine et parisienne, conférant un semblant de légitimité au nouveau venu. La liaison avec Sophie d'Houdetot, destinée à durer jusqu'à la mort de l'auteur, commence en 1751. Introduit dans le salon de Mme Geoffrin, Saint-Lambert fait la connaissance de Marmontel, Helvétius, d'Alembert etc. ; il se lie avec Diderot, fournit sa contribution à l'*Encyclopédie* dès 1756, fréquente la coterie holbachique où il rencontre Raynal et, un temps, Jean-Jacques Rousseau.

La rupture entre Diderot et Rousseau conduit notre auteur, solidaire du maître d'œuvre de l'*Encyclopédie*, à mettre un terme à toute relation personnelle avec le Genevois dès 1758 ; le dialogue littéraire et philosophique se poursuit pourtant avec Rousseau, comme en témoignent la plupart des écrits de Saint-Lambert.

La collaboration de Saint-Lambert à l'*Histoire des deux Indes* (1770) de l'abbé Raynal a pu être établie par Muriel Brot à partir d'une lettre de Raynal datée vraisemblablement de 1766 – peut-être de 1765 ou 1764. Le passage sur Siam notamment, qui traite des ressources économiques, du gouvernement et des mœurs de ce pays dans le quatrième livre de l'*Histoire* a été rédigé ou du moins remanié par Saint-Lambert[2].

Les *Saisons* paraissent en 1769 dans un volume qui rassemble le texte poétique et plusieurs textes narratifs, dont *Ziméo*. Le poème fait l'objet d'un compte rendu fleuve divisé en trois articles dans les *Ephémérides du citoyen,* qui consacre en outre un long article au seul *Ziméo*. L'ouvrage est

2. Muriel Brot, « La collaboration de Saint-Lambert à l'*Histoire des deux Indes* : une lettre inédite de Raynal », in *Raynal, de la polémique à l'histoire*, *Studies on Voltaire and the Eighteenth Century*, éd. G. Bancarell et G. Goggi, Oxford, Voltaire Foundation, 2000, p.99-107.

également commenté dans la *Correspondance littéraire*. L'auteur jouit déjà d'une solide réputation d'homme de lettres au moment de la publication des *Saisons*, immédiatement suivie de l'élection à l'Académie française en 1770.

Comme l'a montré Michèle Duchet, Saint-Lambert entretient certainement des relations avec les administrateurs chargés des colonies en France, peut-être grâce à l'abbé Raynal : il participe en 1787 à l'élaboration des projets de réforme du Comité de législation relatifs aux noirs et aux hommes de couleur de Saint-Domingue, et aurait joué à cette occasion le rôle de « conseiller » du ministre[3]. L'adhésion à la Société des Amis des Noirs, fondée par Brissot en 1788, qui milite en faveur d'une abolition progressive de l'esclavage dans les colonies, apparaît comme un signe fort d'engagement, étant donné la faiblesse des effectifs de la Société, et se situe dans le sillage tracé par *Ziméo*, même si le problème colonial est posé dans des termes très différents par Brissot et par Saint-Lambert conteur.

Député de la noblesse pour le bailliage de Nancy, avec le chevalier de Boufflers, Saint-Lambert représente la Lorraine à la réunion des Etats Généraux. Sans sympathie pour les révolutionnaires, il se tient ensuite à l'écart des événements, à Eaubonne ; il meurt en 1803.

L'œuvre de Saint-Lambert

Parfaitement représentative d'un dix-huitième siècle qui ne sépare pas la poésie, le roman, et la philosophie, l'œuvre de Saint-Lambert manifeste les échanges entre différents types d'écriture qui ont tendance, par la suite, à se refermer sur eux-mêmes en affirmant leur spécificité.

Le poème bucolique des *Saisons*, de longue date sur le métier, est considéré comme un chef-d'œuvre du genre. *Ziméo* publié à la suite d'un des ouvrages poétiques les plus célèbres du siècle, enveloppé dans ce succès de librairie, connaît autant de rééditions que les *Saisons* – dix-sept entre 1769 et 1797. Le volume réunit le grand poème divisé en quatre chants, des fables orientales, des poésies fugitives, et trois contes où nouvelles, *L'Abenaki*, *Sara Th.*, déjà parus en 1765 dans la *Gazette littéraire de l'Europe*, et *Ziméo*, inédit. En 1770 paraît séparément *Les Deux amis, conte iroquois*, dont la forme et la thématique sont proches des récits précédents.

La bibliothèque choisie de l'héroïne de *Sara Th.* indique les sources

3. Michèle Duchet, *Anthropologie et histoire au siècle des Lumières* (1971), postface de C. Blanckaert, Albin Michel, « Bibliothèque de l'Évolution de l'Humanité », 1995, p.177-193.

d'inspiration de Saint-Lambert poète ; elle comporte les *Eglogues* et les *Géorgiques* de Virgile, les *Saisons* (1726-1730) de James Thomson, les *Idylles* (1756) de Salomon Gessner ; elle compte aussi des ouvrages moins célèbres, mais aux titres évocateurs, les *Délices de la vie champêtre* de Cowley, ou *le Poème des Alpes* de Haller. La célébration des beautés de la nature, de l'innocence des habitants de la campagne, des travaux agricoles fait revivre la poésie pastorale et bucolique, et rencontre la sensibilité « rousseauiste » des années 1760-1780.

La publication simultanée des contes et des *Saisons* rend plus évidentes les correspondances qui unissent ces œuvres. L'opposition structurante dans les *Saisons* entre la nature et la ville informe également *Sara Th.*, où le bonheur amoureux, la « loi de la nature » se heurtent aux convenances sociales, l'idylle des personnages ne trouvant son accomplissement que dans le cadre champêtre d'une métairie écossaise. *L'Abenaki* et *Ziméo*, centrés sur des héros « sauvages », témoignent de la même recherche que les *Saisons* d'une naïveté perdue, et d'une tentative analogue de recréation d'une primitivité qui renfermerait l'essence de la poésie. Enfin, *Ziméo* a été lu comme une œuvre politiquement engagée, à l'instar des *Saisons*, poème reçu très favorablement par les physiocrates, dans la mesure où il travaille à une revalorisation de la classe paysanne.

Collaborateur de l'*Encyclopédie*, Saint-Lambert a notamment rédigé un article de théorie esthétique, « Génie », en rapport avec ses préoccupations de poète, des articles politiques, « Législateur » et « Luxe », et l'article « Intérêt » qui témoigne de son ralliement à la philosophie matérialiste de Helvétius. En 1772 il publie un *Essai sur la vie et les ouvrages de M. Helvétius*, qui sert de préface au *Bonheur, poème en six chants* de ce philosophe ; il y justifie l'alliance du langage poétique et de la pensée spéculative, et y expose les principes d'un système de valeurs laïque qui prenne en compte le désir universel de bonheur. Les *Œuvres philosophiques* de Saint-Lambert (1797-1800) entreprises dès les années 1750, sont en dialogue constant avec la pensée des Lumières : le *Catéchisme universel*, qui rappelle le genre du traité d'éducation, rivalise avec l'*Emile*, dont il imite la forme, tout en posant des prémisses antirousseauistes telles que la sociabilité naturelle de l'homme ; l'*Analyse historique de la société* – achevée avant la Révolution – où la monarchie apparaît comme une structure politique capable de favoriser le progrès, le développement des sciences, des arts et du commerce, est d'un disciple de Voltaire historien.

Ziméo

La lecture des récits de voyages

> L'étude qui détruit le plus les préjugés, c'est l'étude des nations ; la lecture des voyageurs et les voyages nous ont plus éclairés dans un siècle, que toutes les universités et la lecture des Anciens n'avaient fait jusqu'alors (Saint-Lambert, *Les Saisons*, note).

La forme de *Ziméo*, où le narrateur anglais rapporte des événements dont il a été témoin en Jamaïque, imite les relations de voyageurs négociants, missionnaires, naturalistes, qui mêlent récit biographique, histoire politique, description des populations locales. Le choix de l'espace américain et de héros sauvages dans l'*Abenaki* et les *Deux Amis, conte iroquois* atteste l'intérêt que le romancier porte, comme un grand nombre de ses contemporains, aux récits de voyages, intérêt renforcé et développé sans doute par la collaboration de Saint-Lambert à l'*Histoire des deux Indes* de l'abbé Raynal, qui remonte vraisemblablement, selon M. Brot, à 1766.

« J'ai voyagé et je sais l'histoire », écrit le narrateur dans les « réflexions sur les nègres » finales, où il se prévaut d'une connaissance directe de l'Afrique et des Antilles. Ziméo, le héros nègre déporté en Jamaïque, évoque dans un récit rétrospectif le royaume du Bénin dont il est originaire[4]. Le choix du Bénin comme point de départ de la biographie du héros s'explique par le traitement très favorable réservé dans l'*Histoire des voyages* à ce pays, transformé en terre semi-utopique où règnent la justice, la modération, l'amour de la paix, la bienfaisance envers les pauvres, malgré le maintien de quelques usages inhumains. Saint-Lambert trouve dans cet ouvrage de Prévost une caution scientifique pour la représentation d'une Afrique « civilisée », politiquement structurée, socialement équitable.

L'auteur a certainement consulté les textes-sources de Prévost, la *Description de l'Afrique* (1686) de Dapper, le *Voyage de Guinée* (1705) de William Bosman, le *Nouveau voyage de Guinée* (1751) de William Smith. Dans l'ouvrage de Bosman s'amorce la promotion du Bénin comme sujet d'observation ethnographique ; le *Voyage de Guinée* consacre à ce royaume près de cinquante pages, qui font la part de la complexité des institutions et des usages. Ainsi, la forme du gouvernement est en apparence la monarchie absolue, proche du despotisme, trois seigneurs assistant seulement le

4. Le Bénin du dix-huitième siècle se situe dans L'Etat moderne du Nigeria ; l'ancienne capitale du Bénin correspond à la ville de Benin City au Nigeria. Le Bénin actuel recouvre l'ancien royaume du Dahomey.

souverain dans ses fonctions, « mais je crois, écrit le voyageur, que le roi n'a que le nom, et les autres toute l'autorité »[5]. La religion béninoise est déiste en principe, « sauvage » en pratique, le peuple croyant en un Dieu créateur de l'univers, invisible et bienfaisant, mais traduisant dans les rites sa relation ambivalente avec le divin : « dans un temps ils font des sacrifices à Dieu devant une image, et dans un autre temps ils en feront au Diable devant la même image, de sorte que la même chose leur sert à des usages fort contraires », et leur intention seule décide de la signification du symbole[6].

Le livre de Dapper a pu fournir la possibilité d'une réécriture idéalisante – « ces nègres [habitants du Bénin], écrit Dapper, sont beaucoup plus civilisés que les autres de cette côte. Ce sont des gens qui ont de bonnes lois et une police bien réglée, qui vivent en bonne intelligence »[7] – mais de façon générale, l'Africain y est assimilé au barbare, et le sacrifice des victimes humaines, le despotisme politique, l'idolâtrie figurent comme les traits les plus saillants de la société béninoise. Le récit de Smith juge le Bénin, puissant et organisé, très comparable aux monarchies européennes, réduisant ainsi le sentiment d'étrangeté que pourrait éprouver le lecteur. Prévost va plus loin que Dapper et Smith dans la valorisation du Bénin en mettant en avant les institutions et les coutumes conformes à l'idéal humaniste, en rationalisant les conduites. Saint-Lambert procède pour sa part à une idéalisation quasi intégrale du royaume africain. Il occulte par exemple les abus du pouvoir politique et la pratique de l'esclavage entre Africains : l'efficacité argumentative du conte, dirigé contre la cruauté du système esclavagiste européen, exige une sélection des cibles, une hiérarchisation des espaces et des acteurs qui évite un brouillage excessif des évaluations.

L'usage des informations fournies par les documents sur l'Afrique reste dans l'ensemble assez discret, l'exotisme bien tempéré, comme le veut l'esthétique classique, qui cherche la réduction des particularités nationales et privilégie l'exemplification. Certains noms africains, en particulier celui d'« Orissa », le Dieu des Béninois, sont repris dans le conte, mais l'emploi de termes génériques masque souvent les différences géographiques et culturelles.

L'action principale située en Jamaïque implique le recours aux récits de voyages dans les Antilles, les textes des missionnaires, Dutertre, Labat, Charlevoix, et les ouvrages des naturalistes, en premier lieu l'*Histoire de la Jamaïque* de Ch. Leslie, et, plus récent, le *Voyage à la Martinique* de

---

5. Bosman, *Voyage de Guinée*, Utrecht, Antoine Schouten, 1705, p.477.
6. *Ibid.*, p.482-483.
7. Dapper, *Description de l'Afrique,* Amsterdam, Wolgang, 1686, p.309.

Thibault de Chanvalon.

Deux espaces paradigmatiques se font concurrence dans les discours sur la résistance des noirs à l'esclavage, Surinam et la Jamaïque ; le marronnage y revêt des formes très analogues : les montagnes accueillent des milliers de nègres fugitifs, qui s'organisent en bandes ou en communautés, se donnent des chefs, font des incursions dans les plantations, où ils se livrent au pillage et massacrent les colons. Dans les deux cas, les autorités finissent par conclure avec les marrons un traité de paix.

Ziméo, qui représente un soulèvement d'esclaves, pouvait renvoyer indifféremment à l'un ou l'autre référent colonial. En 1688, la nouvelle anglaise d'Aphra Behn, *Oronoko*, situe la tentative d'évasion des nègres à Surinam. L'*Histoire des deux Indes* en 1770 présente cette colonie comme le théâtre de révoltes d'esclaves toujours renaissantes (voir Annexe II, texte 7 a). Le choix de Saint-Lambert se porte sur la Jamaïque, non pour des raisons historiques, mais parce que des réseaux textuels préexistants associent les marrons de Surinam à la défaite, et inscrivent les nègres de la Jamaïque dans un scénario de réussite. *Oronoko* raconte la capture et le supplice du nègre « rebelle » ; *Candide* met en scène, au même endroit, un marron amputé. La Jamaïque, en revanche, rappelle le discours d'un chef de marrons, Moses Bom Saam, identifié à Moïse, dans un article de *Le Pour et le Contre* (1735), et le récit d'une victoire militaire des marrons confrontés aux troupes coloniales dans les *Voyages du capitaine Robert Lade* de Prévost.

La source privilégiée de *Ziméo* est l'*Histoire de la Jamaïque* qui consacre aux soulèvements d'esclaves une place plus importante, quantitativement, que les récits de voyages antérieurs ; l'ouvrage autorise la remise en cause de la tyrannie coloniale et l'héroïsation des noirs révoltés – même si Ch. Leslie reproduit des jugements dépréciatifs relatifs aux esclaves. « J'allais me fixer – écrit le voyageur, justifiant sa nostalgie de l'Angleterre – dans un pays encore à demi désert [la Jamaïque], en proie à des dissensions intestines, où l'esclavage était établi, et où le pauvre malheureux travaillait sans cesse au milieu d'une chaleur étouffante, sans jamais avoir goûté les douceurs de la liberté, ou recueilli le moindre avantage d'une laborieuse industrie ; enfin dans un pays qui n'avait rien de remarquable que la verdure de ses campagnes »[8]. Il arrive à ce républicain d'éprouver de l'admiration pour les marrons « résistants », au lieu du mépris habituellement voué aux « brigands » : « Que ne peut point l'amour de la liberté sur le cœur des hommes ! Ces fugitifs souffraient depuis près de cent ans plus de misère, que peut-être aucun peuple n'ait jamais éprouvé. Toujours aux mains avec des ennemis supérieurs, ils vivaient nus, exposés à toutes les injures de l'air, se

8. Ch. Leslie, *Histoire de la Jamaïque*, Londres, Nourse, 1751, t.1, p.29-30.

nourrissaient de racines et de fruits sauvages, et se voyaient réduits à risquer tous les jours leur vie pour conserver leur liberté. Trouve-t-on des exemples d'une plus grande constance chez les Romains même ? »[9]. Alors que les récits de voyages, privilégiant les scénarios d'échec, montrent les nègres marrons traqués, capturés et torturés, l'*Histoire de la Jamaïque*, qui reflète également cet aspect de la réalité coloniale, insiste sur le caractère structurel du marronnage, phénomène nullement marginal ou anecdotique, et sur l'impossibilité d'une victoire définitive du gouvernement contre les nègres fugitifs.

La description des conditions de vie des noirs dans les Antilles est sensiblement la même dans tous les écrits documentaires de l'époque, qui diffèrent par les jugements portés sur la conduite des planteurs. La nourriture, les cases, les vêtements, les travaux des noirs, les châtiments, sont systématiquement passés en revue. Alors que Aphra Behn, dans la nouvelle de 1688, procède à une occultation complète du travail des esclaves, et fait du personnage nègre, Oronoko, un captif, ou un assigné à résidence, traité par les maîtres sur un pied d'égalité, plutôt qu'un esclave, Saint-Lambert fait intervenir la représentation de l'oppression quotidienne. Il reste que le roman classique, en quête de lettres de noblesse, a une prédilection pour le récit d'actions spectaculaires telles que les révoltes. Les mêmes raisons qui s'opposent à la mise en scène de certaines réalités de la vie populaire dans la fiction des Lumières expliquent dans *Ziméo* l'exploitation très sélective des textes d'information relatifs au fonctionnement des plantations.

La réécriture d'*Oronoko*

Le succès dès 1745 de la traduction d'*Oronoko*, nouvelle de la romancière anglaise Aphra Behn, pourrait être à l'origine de la rédaction de *Ziméo*[10]. Dans les deux œuvres le récit à la première personne est pris en charge par un narrateur anglais (une narratrice, chez Aphra Behn) de passage dans une colonie du Nouveau Monde, inséré dans l'univers des planteurs, mais vouant à un héros noir des sentiments d'estime et d'amitié. Ce narrateur non propriétaire est « hors système », dans le cadre du récit colonial qui tend à

9. *Ibid.*, t.2, p.134-135.

10. Saint-Lambert est anglophone et a pu accéder au texte original. Témoignent de sa connaissance de l'anglais ses références à des poètes anglais non traduits, et les indications précieuses fournies par Roger Poirier évoquant la rencontre de Saint-Lambert et de Thomas Jefferson en mission à Paris : Jefferson demande à Saint-Lambert de lui traduire *The Act for Establishing Religious Freedom.*

une distribution dualiste des rôles – les maîtres d'un côté, les esclaves de l'autre. Le personnage central, un prince noir déporté dans une colonie européenne, a deux noms, conformément aux usages onomastiques des sociétés esclavagistes : Oronoko est appelé César, dès son arrivée à Surinam ; Ziméo reçoit le nom de John ; l'amante africaine Ellaroé occupe la place d'Imoinda dans le texte-source. Le « bon maître » d'*Oronoko*, Trefry, est remplacé par Paul Wilmouth, dont la générosité se traduit par des mesures concrètes d'« humanisation » de l'esclavage ; le rôle du « mauvais maître » – le gouverneur adjoint Byam, qui ordonne le supplice d'Oronoko – est tenu par l'Espagnol qui mutile l'esclave Matomba.

L'enchaînement syntagmatique très comparable dans les deux textes, fait commencer le récit *in medias res*, dans l'espace colonial, pour procéder ensuite à un retour en arrière qui rappelle la vie heureuse du nègre en Afrique, la capture, la traite. La séquence de la révolte de l'esclave est reprise par Saint-Lambert, antéposée, et amplifiée ; reléguée dans la dernière partie du roman d'Aphra Behn, elle forme en revanche la matière principale de *Ziméo*.

Un conte politique - la plantation coloniale et la république montagnarde

> L'article 22e [du Code noir] page 40 ne me paraît pas ordonner aux maîtres d'accorder assez de nourriture à leurs esclaves (Saint-Lambert, « Réflexions sur les moyens de rendre meilleur l'état des nègres ou des affranchis de nos colonies », inédit publié par Michèle Duchet).

> Lorsqu'on croit que la politique et l'humanité doivent toujours agir d'accord, il faut si l'on veut être conséquent se proposer de tendre à l'affranchissement des nègres (Saint-Lambert, *ibid*).

Une des différences séparant *Ziméo* et *Oronoko* réside dans la politisation bien plus marquée du conte de Saint-Lambert. Les « réflexions sur les nègres » finales, par la généralisation à laquelle elles procèdent, par leur référence au droit naturel et les jugements explicites qu'elles portent sur l'injustice européenne, invitent à rechercher des points de rencontre entre le discours proprement philosophique et la partie narrative qui précède. Des « points de rencontre », autrement dit une convergence partielle, qui ménage la possibilité de trajectoires multiples, et il faudra bien évidemment explorer aussi ces parcours quelquefois indépendants de l'écriture romanesque et de la pensée spéculative. La réception de *Ziméo* dans les *Ephémérides du citoyen* (voir Annexe I, texte 1), organe de presse des physiocrates, et par

Benjamin Frossard dans *La Cause des esclaves nègres* (1789)[11], qui mobilisent le conte dans le cadre de la campagne antiesclavagiste, suggèrent l'inscription dans le texte de signes d'un engagement moral et politique. Les articles politiques de Saint-Lambert, « Luxe » et surtout « Législateur », rédigés pour l'*Encyclopédie*, confirment l'intérêt que l'auteur prêtait, avant même la composition de *Ziméo*, aux questions de l'organisation sociale, de l'interdépendance de l'économie et des mœurs, des rapports entre le peuple et l'autorité monarchique.

Ces mises en relation intertextuelles qui s'imposent renforcent la légitimité d'une lecture politique de la fiction sans préjuger de la signification du conte : il ne saurait y avoir adéquation parfaite entre texte narratif et textes d'idées ; des tensions entre plusieurs positions idéologiques travaillent le récit, qui ne peut se réduire à l'expression d'une thèse unique, pas plus d'ailleurs que les textes politiques eux-mêmes parcourus par des courants de pensée d'origines diverses.

Ce qui frappe dans *Ziméo*, c'est la manière dont l'histoire est intensément investie par des jugements de valeur. Si le roman peut réserver des zones de neutralité dans lesquelles la pénétration de l'idéologie est faible, d'autres lieux narratifs névralgiques signalent l'intrication de la pensée et de la fiction. Tout d'abord, le micro-*roman d'éducation du prince* centré sur Ziméo, réécriture partielle des *Aventures de Télémaque* (1699) de Fénelon, constitue un emprunt à un genre littéraire essentiellement monarchiste et conservateur. Ziméo joue le rôle de Télémaque, Matomba celui de Mentor dans l'espace utopique du Bénin, du village d'Onébo en particulier, terre de simplicité et d'harmonie. La reprise, toutefois, manifeste des écarts polémiques par rapport au texte-source ; la moralisation et la limitation du pouvoir monarchique se traduisent par l'effacement de tous les attributs visibles de l'autorité royale, en particulier de la gloire militaire, qui est l'apanage du prince fénelonien et, avant lui, d'Oronoko ; le prince de Saint-Lambert s'insère dans le monde humble des laboureurs plutôt que dans celui des souverains et des généraux ; à ces nouveaux traits indiciels associés au héros s'ajoute un déroulement séquentiel totalement irrégulier, puisqu'au lieu de monter sur le trône pour incarner le pouvoir monarchique, le prince devient le symbole de la révolte contre le pouvoir, au nom des valeurs supérieures de la morale. Il n'y a pas seulement purification de l'image du

11. *Ziméo* a « le mérite d'être une des plus pathétiques réclamations contre l'esclavage des noirs », B. Frossard, *La Cause des esclaves nègres*, Lyon Imprimerie d'Aimé de la Roche, 1789, t.1, p.68-69.

souverain mais, en cohérence avec l'idéal d'une monarchie vertueuse, contestation active de l'injustice politique.

En deuxième lieu, l'opposition entre l'espace modèle, quasi utopique, de *la plantation esclavagiste* de Paul Wilmouth, opposé à l'espace dysphorique des plantations environnantes, espace d'oppression, de violence et de conflit, reproduit un dualisme qui informe les romans d'éducation du prince du dix-huitième siècle et la littérature monarchiste en général, où le parallèle est constant entre le royaume bien gouverné et le royaume décadent – le roi-père et le roi despote, le ministre sage et le ministre infâme etc. Cette antithèse est l'indice d'une idéologie conservatrice, modérément critique à l'égard de l'ordre établi, puisqu'elle attend de l'absolutisme royal la réalisation du bonheur collectif. Elle bloque toute perspective de sortie du système monarchique. L'initiative politique revient entièrement au maître. Il n'y aurait donc pas de troisième terme, hors de l'alternative du bon roi et du mauvais roi, et dans le contexte colonial, pas de dépassement possible de l'antithèse entre l'« esclavage à visage humain » – si on ose employer cette expression – de Wilmouth, et la tyrannie environnante.

Pourtant, ces représentations monarchistes se révèlent déviantes et mêlées de références républicaines, à considérer *le discours de Wilmouth* adressé aux esclaves armés pour la défense de l'habitation. L'image du « peuple en armes », animé par l'amour de la patrie, provient des textes républicains de Rousseau et de Mably, relayés par Marmontel romancier dans *Bélisaire* (1767) ; la tradition monarchique, quant à elle, répudie l'armée citoyenne, susceptible de renverser le chef politique, et privilégie l'armée mercenaire, dont la fidélité rémunérée est beaucoup plus sûre. L'acceptation d'un contre-pouvoir populaire, la soumission du maître à la sanction des « gouvernés », constituent autant de signes d'hétérodoxie politique qui préparent le lecteur à l'apparition de nouveaux acteurs et à un changement de la scène idéologique.

Le moment narratif et politique le plus intense de l'œuvre est sans doute le récit de *la révolte des esclaves*. Le personnage du chef des révoltés, qui fait l'objet d'une constante valorisation, auquel le texte accorde une biographie, une amante, des adjuvants nombreux, concurrence vivement le maître de la plantation, Paul Wilmouth, s'il ne l'efface pas, même, de l'esprit du lecteur. La représentation oxymorique et « sublime » de la beauté terrible de l'incendie ravageant les plantations constitue une promotion esthétique de l'action insurrectionnelle, étrange au regard de la culture politique de Saint-Lambert, qui n'est pas celle d'un révolutionnaire, mais incontestable. La réussite relative du soulèvement conforte la position de Ziméo et des noirs, devenus maîtres de leur propre destin ; sans être déconsidéré Paul Wilmouth subit la perte de trois esclaves, que les marrons entraînent à leur suite.

Le discours de Ziméo adressé aux blancs peut être lu comme une réécriture « morale » du discours aristocratique d'Oronoko appelant les noirs à un sursaut d'honneur. Il applique à la situation des esclaves noirs des éléments d'une apologie du droit de résistance du peuple contre la tyrannie, dont Locke pourrait être l'inspirateur lointain. La justification du soulèvement au nom de la justice, qui s'inscrit dans le contexte de radicalisation de la pensée politique durant les années 1760-1780, procèderait ainsi de la tradition de l'école du droit naturel invoquée dans les « réflexions sur les nègres ».

Au système fermé du début du conte, qui contraint à opter entre la servitude douce ou dure, se substitue donc une nouvelle alternative, indiquant les deux voies de la servitude *et de la résistance*. L'espace de *la république marronne*, situé dans des montagnes inaccessibles, espace de liberté séparé du reste de l'île, ne donne pas lieu à une évocation bien ample, mais investi par le héros nègre, visité même par le narrateur, il acquiert un prestige symbolique équivalent, sinon supérieur à celui des plantations esclavagistes – indistinctement oppressives ou « idéales ».

Le texte ne décide pas en faveur de la solution conservatrice ou du radicalisme. Les textes politiques de Saint-Lambert trahissent parfois des hésitations comparables à celles de *Ziméo* : l'article « Législateur » renvoie ainsi à l'idéal d'une monarchie paternaliste, mais juge admirables les républiques vertueuses de l'Antiquité et le régime de communauté des biens dans l'ancien Pérou ; la confiance dans l'autorité royale coexiste avec des valeurs pré-révolutionnaires. Les « Réflexions sur les moyens de rendre meilleur l'état des nègres ou des affranchis de nos colonies » proposent des amendements limités dans le cadre du système esclavagiste, tels que la modération des châtiments ou l'augmentation de la ration de nourriture, mais soulignent aussi la nécessité d'une abolition totale de l'esclavage, le texte oscillant cette fois entre le conservatisme et le *réformisme*, position novatrice, non représentée dans la partie narrative de *Ziméo*, mais esquissée dans le texte philosophique de clôture.

Les « réflexions sur les nègres »

Les « réflexions » font apparaître un double décalage par rapport au récit : les considérations *ethnologiques*, peu favorables aux sociétés noires, semblent démentir l'image idéalisée de l'Afrique dans la fiction ; les considérations *politiques*, en revanche, vont au-delà du récit dans la condamnation du système esclavagiste.

Ce texte qui s'attaque à un des fondements de l'esclavagisme, la pensée pré-raciste du dix-huitième siècle, sauve les individus noirs, non les cultures africaines, dont Saint-Lambert, comme tous ses contemporains, est loin de comprendre la richesse et la complexité, et qu'il juge attardées par rapport aux normes européennes. Les connaissances ethnographiques diffusées par les voyageurs qui avaient fait l'objet dans le cours du récit d'une « épuration » et d'une élision partielle apparaissent ici sans déguisement : « arts grossiers », « opinions absurdes », « sortilèges », « lois atroces ». Elles justifient l'idéal d'une colonisation humaniste, qui se veut simultanément antiesclavagiste. La condamnation du système esclavagiste à partir des principes universels de justice forgés par les penseurs politiques, Locke, Burlamaqui, Montesquieu, à l'usage du peuple, dans ses rapports avec les gouvernants, semble imposer dans les colonies *la solution abolitionniste*, et radicalise le message politique du conte. Au terme de l'ouvrage se pose la question délicate des rapports entre le récit fictionnel et le texte philosophique final : y a-t-il adéquation, complémentarité, contradiction entre les deux parties du conte ?

Le récit de la révolte peut servir, à la rigueur, une position abolitionniste, dans la mesure où il figure les dangers du statu quo ; la description de la plantation idéale paraît incompatible en revanche avec la profession de foi antiesclavagiste de la conclusion.

Un apologue ?

Entre la fiction et les « réflexions sur les nègres », il ne faut pas supposer d'osmose. La narration se réservant une part d'autonomie ne saurait constituer la figuration anticipée d'un enseignement philosophique. L'ouvrage ne recherche donc pas l'homogénéité des textes didactiques tels que la fable, fondée idéalement sur la concordance entre la narration événementielle et la moralité ; il laisse ouvertement subsister la multiplicité des orientations idéologiques à l'intérieur du récit, ainsi que la discontinuité entre le récit et les « réflexions » philosophiques.

La partie narrative de *Ziméo*, quant à elle, fonctionne dans une certaine mesure comme un apologue, dont les significations mouvantes, problématiques et multiples seraient produites par la dynamique même du récit, et y resteraient incluses, au lieu d'être explicitées dans un fragment textuel séparé, puisque le conte interdit de penser sur le mode du redoublement la relation entre l'histoire et la « morale ». Il est certain que la forme de l'apologue a exercé un attrait puissant sur Saint-Lambert, auteur de fables, auteur d'une utopie également (*De la Raison, ou Ponthiamas*), et d'ouvrages philosophiques dans lesquels il insère des anecdotes, des portraits, des nouvelles en rapport étroit avec le discours théorique. L'écrivain attribue une fonction d'éveil à ce type de textes, une fonction aussi de diffusion et de démocratisation de la pensée au-delà du cercle fermé des philosophes. Dans son analyse de l'œuvre d'Helvétius, il loue le style de ce penseur qui pare les vérités des richesses de son imagination, et justifie la présence de la fiction dans *De l'Esprit* : c'est pour rendre les vérités sensibles, écrit Saint-Lambert, « qu'il [Helvétius] répand dans son livre tant de contes plaisants ou intéressants. Ces contes sont des apologues ; s'il les a un peu prodigués, il faut se ressouvenir qu'il écrivait en France, et qu'il parlait à un peuple enfant ». A un discours sur les périls politiques les plus imminents, le peuple préfère le divertissement, les contes faits à plaisir, « Peau d'âne » par exemple. Romancier philosophe, Saint-Lambert tient qu'il est possible de réunir la création littéraire et la pensée politique.

Un roman sensible - le village africain et l'île montagneuse

> … cette disposition que nous avons tous à partager le sentiment des autres … (Saint-Lambert, *Saisons*, note).
>
> Les signes forts et énergiques des passions tyrannisent nos organes, ils entraînent cette espèce d'imagination passive, que les sens subjuguent souvent, et qui subjugue la raison même (*ibid*).

Les structures du conte politique dans *Ziméo* sont concurrencées par celles du roman sensible ou sentimental, non sans que l'enchevêtrement de ces deux types d'écriture, dont les thématiques, les scénarios, et les fonctions perlocutoires diffèrent dans une large mesure, ne provoque parfois quelques dysfonctionnements.

Deux foyers narratifs privilégiés, où se concentrent les *topoï* du roman sensible du dix-huitième siècle, rayonnent sur l'ensemble du conte : le moment de bonheur idyllique des amants, Ziméo et Ellaroé, à Onébo, dans le décor champêtre de ce village africain protégé contre les influences néfastes de la cour ; le bonheur familial au dénouement, après des retrouvailles émouvantes, pour Ziméo, Ellaroé, leur fils et Matomba, dans la montagne où ces personnages se retirent, à l'écart de la société européenne esclavagiste. Dans les deux cas, un espace naturel, associé à l'amour, au bonheur et à la vertu, est délimité en fonction de sa capacité de se différencier d'un espace social peu harmonieux.

L'espace de l'habitation de Paul Wilmouth apparaît dans cette perspective comme une tentative de synthèse de la nature et de la civilisation européenne ; il n'est pas sans rappeler Clarens dans la *Nouvelle Héloïse*, les esclaves noirs occupant ici le rôle des domestiques, liés aux maîtres par des relations à la fois hiérarchiques et affectives ; toutefois cette synthèse est faiblement soulignée dans la structure du roman sensible, en l'absence du couple d'amants, qui n'habite pas cet espace.

La valorisation de la sensibilité, considérée comme un instinct naturel, se traduit par les mentions fréquentes d'émotions fortes, et des manifestations physiques de ces affects, telles que les larmes, les cris, la voix étouffée, les sons inarticulés etc. Elle s'accompagne chez Saint-Lambert d'un traitement également valorisant et sérieux de la sexualité ; c'est vrai dans *Ziméo*, mais aussi dans *Sara Th...* et dans les *Deux Amis, conte iroquois* du même auteur, qui intègre ainsi l'épicurisme, dont il se réclame par ailleurs, et la philosophie matérialiste d'Helvétius, dans la composition de ses contes ou nouvelles. Ziméo et Ellaroé font l'amour sans se marier, comme les deux amis iroquois forment un ménage à trois avec la femme aimée, la vertu résidant alors dans la continuité des sentiments, mêlés à la sensualité, non dans l'obéissance extérieure aux conventions sociales. *Sara Th...* où l'héroïne, issue d'une famille aristocratique, épouse son laquais, avec qui elle mène une vie heureuse, loin de la société des hommes, doit être lue comme une réécriture épicurienne de la *Nouvelle Héloïse*, et il n'est pas impossible de considérer certaines pages de *Ziméo* et des *Deux Amis* comme une reprise sensualiste du roman de Rousseau. Saint-Lambert écrit à propos d'Epicure : « *Il voit l'espèce de bonheur auquel la nature nous invite ; il n'enseigne pour ainsi dire qu'à jouir et à faire jouir* » (*Œuvres philosophiques*, Discours préliminaire) ; le romancier fait sienne cette doctrine ; lorsqu'elles traitent la thématique amoureuse ses nouvelles s'écartent, en raison de cette pénétration d'un intertexte philosophique dans le récit, des règles de bienséance qui régissent habituellement le roman sentimental.

L'affectivité, toujours située du côté de la nature, s'affirme *contre les lois sociales*. Elle autorise le plaisir sexuel ; elle réunit des personnes issues de classes différentes (la mésalliance dans *Sara Th...*) ; elle rapproche des personnes appartenant à des civilisations ennemies : l'amitié entre le héros nègre et le narrateur blanc, malgré la violence du combat entre les deux partis, dans *Ziméo*, comme l'amour paternel du vieux sauvage pour un officier anglais de l'armée adverse, dans *L'Abenaki*, constituent, avec la transgression sexuelle, des témoignages d'un sentiment essentiellement asocial.

L'opposition de la sensibilité naturelle et de la société structure toutes les œuvres romanesques de Saint-Lambert, mais elle se distingue dans *Ziméo* par sa forme hautement conflictuelle : les amants Ziméo et Ellaroé, nègres proches de la nature, innocents et sincères dans leurs amitiés, sont victimes de la perfidie de marchands portugais corrompus ; le père vertueux d'Ellaroé, mutilé, fait l'épreuve de la cruauté des colons espagnols ; l'amour de Ziméo s'impose malgré les obstacles, par le moyen de la révolte et du massacre des blancs. L'exacerbation de l'antagonisme est liée à la contamination du scénario privé par le scénario politique : les héros sensibles se heurtent au système esclavagiste, dans ses multiples composantes – marchands négriers, colons inhumains, code législatif –, d'où le caractère dramatique de la différence entre nature et civilisation, traitée dans d'autres nouvelles de Saint-Lambert sur un mode plus apaisé.

Il peut arriver que le chevauchement du roman sentimental et du roman politique conduise à un conflit de structures et provoque de légères anomalies dans le récit ; ainsi, le départ d'Ellaroé et de Matomba au dénouement, avec son cortège de déclarations d'amitié, de larmes, de regrets etc. imite l'épisode des séparations dans le roman sentimental, entre gens libres ; le texte pratiquant ici l'élision du rapport de force favorable aux rebelles, qui, dans les pages précédentes, libéraient les esclaves contre le gré des maîtres, la lecture n'est possible, à cet endroit de la narration, qu'au prix de l'oubli du roman politique. C'est là une trace discrète, qui a de bonnes chances de passer inaperçue, de la coprésence de deux types de textes et de la nécessité d'adopter quelquefois deux régimes de lecture différents.

La prose poétique - le jardin cultivé et les montagnes sauvages

> Le goût est souvent séparé du génie (Saint-Lambert, *Encyclopédie*, article « Génie »).
>
> il ne voulut pas entrer dans la maison ; il s'étendit sur une natte à l'ombre des mangliers (Saint-Lambert, *Ziméo*).
>
> je m'étais retiré dans une maison située au penchant des montagnes, vers le centre de l'île ; l'air y était plus frais et le terrain plus sec qu'aux environs de la ville ; plusieurs ruisseaux serpentaient autour de la montagne qui était revêtue de la plus belle verdure ; ces ruisseaux allaient se rendre à la mer, après avoir parcouru des prairies émaillées de fleurs et des plaines immenses couvertes d'orangers, de cannes à sucre, de cassiers, et d'une multitude d'habitations (*ibid*).
>
> Vous savez que cette montagne est au centre de l'île, qu'elle est presque inaccessible et qu'elle environne des vallées fécondes, où des nègres révoltés se sont autrefois établis (*ibid*).

Romancier, philosophe, Saint-Lambert est aussi poète. La prose

« nombreuse », pour parler comme au dix-huitième siècle, et « mesurée » de *Ziméo*, qui trahit une prédilection en particulier pour les rythmes binaires et quaternaires, et manifeste généralement une recherche de l'harmonie musicale, autorise à parler de prose poétique, justifiant pleinement la place du conte dans le volume des *Saisons*. La tension entre les contraires, le rapprochement de réalités, de valeurs, de principes esthétiques éloignés, sinon inconciliables en apparence, contribuent plus encore à créer un sentiment d'intensité poétique. Il serait possible de montrer dans le détail comment se décline l'écriture oxymorique de *Ziméo*, mais nous nous contenterons de relever l'opposition et l'alliance dans le texte de deux paradigmes dont l'un renvoie au goût cultivé, l'autre au génie sauvage.

Saint-Lambert théoricien de la littérature fait l'éloge du génie, dans l'article de l'*Encyclopédie* consacré à cette notion, l'associe à l'enthousiasme, aux passions héroïques et à l'énergie du langage ; les productions du génie ont « l'air irrégulier, escarpé, sauvage », par opposition à celles du « goût » qui obéissent à une beauté de convention. D'un côté, Racine, Virgile, d'une gracieuse élégance ; de l'autre Shakespeare, Homère, dont le génie « étonne encore par ses fautes ».

Les espaces antinomiques de la plantation idéale et de la communauté de marrons peuvent évoquer un conflit politique, mais aussi une hésitation entre des choix esthétiques. La lecture de *Ziméo* comme récit autoréférentiel implique une redistribution des jugements affectant les acteurs et les lieux. Dans cette perspective, le village africain d'Onébo, par exemple, espace virgilien par excellence, favorable à l'inspiration bucolique, se range dans la même série que les plantations de la Jamaïque, et les plaines couvertes de cannes à sucre ; la régularité, la fécondité, les traces visibles de la civilisation caractérisent ces « jardins » qui pourraient figurer une écriture disciplinée par les règles du goût. Poussée à l'extrême, cependant, la civilisation produit la contrainte, l'enfermement, l'esclavage ; telles sont parfois les maisons des planteurs, où l'exercice de la domination atteint son paroxysme, telle est aussi une poésie exsangue qui trahit une excessive soumission aux normes littéraires.

L'espace escarpé des montagnes, qui entoure de fécondes vallées, associé à la liberté politique des nègres marrons, renvoie également à l'indépendance du génie, pratiquant une écriture sauvage, abrupte, éminemment originale. Le marron réfugié dans les montagnes, révolté contre les maîtres, n'est pas sans évoquer l'écrivain secouant le joug des conventions.

Poème en prose avant la lettre, *Ziméo* parvient à cette « exaltante alliance des contraires » dont parle René Char[12], élaborant des gradations insensibles

---

12. René Char, *Seuls demeurent* (1938-1944), XVII, *Œuvres complètes*, Gallimard,

qui permettent l'union dans des lieux mitoyens de ce qui est habituellement disjoint. La fiction donne les moyens de recréer, dans des moments privilégiés, une continuité entre les exigences du goût et les audaces du génie.

Le narrateur qui occupe le point de rencontre entre maîtres blancs et noirs libres, « dans une maison située au penchant des montagnes, vers le centre de l'île », est un personnage de la *concordia discors*, d'autant plus qu'il rend visite à Ziméo, après avoir été l'hôte d'un propriétaire d'esclaves, traçant ainsi un chemin entre la plantation et le refuge des marrons. La traduction, dans l'enchaînement syntagmatique du récit, de cette alliance des contraires, c'est sans doute l'échange entre le civilisé Wilmouth et le sauvage Ziméo. Le maître de maison, l'homme d'ordre, reçoit l'homme de passion et d'enthousiasme, dans un espace de compromis, au seuil entre l'intérieur et l'extérieur. Les aspirations contradictoires du poète semblent réconciliées provisoirement par la vertu de cette scène emblématique.

Réception et fortune

Dupont de Nemours dans les *Ephémérides* forge la réputation « antiesclavagiste » de *Ziméo*, en 1771, à l'occasion d'une réédition de ce conte à la suite des *Saisons*. « Poème touchant et chaud, écrit le commentateur, dont le fond est historique, et qui peut donner une juste idée de ces nègres que nous avilissons par des chaînes honteuses et cruelles ». Le compte rendu privilégie dans la fiction la position de Ziméo, en occultant celle, esclavagiste, du planteur Wilmouth. Il opère en outre un double glissement idéologique : il passe en premier lieu de l'antiesclavagisme *insurrectionnel* du personnage nègre vers un antiesclavagisme *pacifique*, abolitionniste, dirigé par le haut, totalement absent de la fiction, suggéré seulement dans les « réflexions sur les nègres » ; et en second lieu, du discours essentiellement *moral* de Ziméo, à un discours *économique* sur le caractère contre-productif de l'esclavage. Dupont de Nemours est parfaitement conscient de cette dernière différence : « ce conte qui montre que l'esclavage des nègres est odieux en lui-même, nous offre l'occasion de développer un calcul par lequel nous nous flattons de prouver qu'il est *en outre* un crime inutile et onéreux pour nous ».

La lettre de Saint-Lambert adressée à Dupont de Nemours, dont un court fragment est cité dans les *Ephémérides*, révèle d'une part que le romancier admet l'interprétation du conte dans un sens exclusivement antiesclavagiste,

---

« Bibliothèque de la Pléiade », 1983, p.159.

et d'autre part, qu'il perçoit nettement la distinction entre l'orientation morale du conte et celle « utilitariste » du journal. « Vous démontrez, écrit Saint-Lambert, qu'il est de l'intérêt de ne s'en pas servir [des esclaves] ; je m'étais contenté de faire sentir qu'il est injuste et barbare de s'en servir ». L'article consacré à *Ziméo* devient un texte de référence au dix-huitième siècle, utilisé par les auteurs antiesclavagistes, notamment par Condorcet[13] (voir Annexe I, texte1).

Les réécritures littéraires de *Ziméo* témoignent de son succès et, par la sélection des éléments narratifs qu'elles effectuent, renseignent sur la manière dont l'œuvre est appréciée par les contemporains. Madame de Staël, jeune écrivain, compose avant la Révolution une nouvelle centrée sur un personnage nommé Ximéo, qui prolonge l'inspiration antiesclavagiste du conte de Saint-Lambert ; publié en 1795, *Mirza* retient du personnage nègre l'amour de la liberté – ainsi que le penchant pour l'amour. Le nouveau roman substitue à la révolte une tentative de réforme pacifique du système esclavagiste. Pour éviter aux noirs la déportation aux Antilles, un gouverneur éclairé conçoit l'idée de cultiver la canne à sucre en Afrique même. Ximéo est le chef de la plantation-pilote dans le royaume de Cayor. *Mirza* intègre ainsi dans la fiction une proposition des physiocrates, notamment de Pierre Poivre (voir Annexe II, texte 6) et de Dupont de Nemours (voir Annexe I, texte 1), mais surdéveloppe par ailleurs la séquence amoureuse, qui tend à masquer le discours politique du roman.

Ecrits après l'abolition de l'esclavage, *Elisca, ou l'habitante de Madagascar, drame lyrique en trois actes* (représenté pour la première fois en 1799, publié en 1812) de Favières et Grétry, où l'époux d'Elisca se nomme Ziméo, et la pièce de Lourdet de Santerre et Martini, *Ziméo, opéra en trois actes* (an IX) élident la question politique centrale du texte-source et manifestent le changement des attitudes idéologiques. La pièce de Favières autorise deux interprétations, l'une « colonialiste », qui assigne aux blancs la mission d'éclairer des nègres superstitieux – conformément au vœu des « réflexions sur les nègres » – l'autre anticléricale, qui assimile les sorciers de Madagascar aux prêtres fanatiques européens. Favières emprunte à *Ziméo* la situation dramatique du nègre en danger de perdre son fils ; mais dans la mesure où la menace vient des sorciers noirs, qui veulent sacrifier l'enfant de Ziméo, et où le gouverneur français sauve cette victime en libérant les Madécasses de l'influence des prêtres, la réécriture

13. Condorcet, *Réflexions sur l'esclavage des nègres, et autres textes abolitionnistes* (1781), présentation de David Williams, L'Harmattan, « Autrement Mêmes », 2002, p. 19, note de Condorcet.

s'accompagne de l'abaissement de Ziméo, guerrier superstitieux, soumis aux injonctions des sorciers, et de la promotion des personnages blancs, civilisateurs bénévoles.

La pièce de Lourdet de Santerre intitulée *Ziméo* situe l'action en Jamaïque, en 1655. Les esclaves noirs, qui apparaissent fugitivement, connaissent le bonheur en dépit de la servitude, représentation qui en l'an IX a valeur de protestation contre l'émancipation des esclaves consécutive à l'insurrection des noirs de Saint-Domingue en 1791. Ziméo est un chef indien hostile aux colonisateurs espagnols qui occupent l'île. Plutôt qu'une négation du drame de l'esclavage des noirs, l'« indianisation » de Ziméo permet sans doute un travestissement des violences commises par les noirs révoltés de Saint-Domingue : certaines situations dans la pièce rappellent en effet les événements historiques récents. La captivité du Français Valcour, tombé aux mains de Ziméo, renvoie à celle de colons de Saint-Domingue prisonniers des insurgés, à partir de 1791. Cette action théâtrale s'inspire aussi, peut-être, de la séquence centrale le roman de Picquenard, *Adonis* (an VI), les fictions coloniales fonctionnant pleinement, si on admet cette interprétation, comme une série, où les réécritures communiquent entre elles autant qu'avec le texte-source.

Bibliographie

Œuvres de Saint-Lambert

Poésie, contes, nouvelles

Les Saisons, poème, Amsterdam, 1769 ; comprend *L'Abenaki*, *Sara Th...*, *Nouvelle traduite de l'anglais* (première publication dans *La Gazette littéraire de l'Europe*, respectivement le 3 février 1765 et le 15 août 1765), *Ziméo*, des « Pièces fugitives », des « Fables orientales ».

Les Deux Amis, conte iroquois, s.l., 1770.

Philosophie

Encyclopédie, articles : « Fantaisie », « Familiarité » (1756) ; « Fragilité », « Frivolité », « Génie » (1757) ; « Honnête », « Honneur », « Intérêt » (1764) ; « Législateur », « Louange », « Luxe » (reprise de l'*Essai sur le luxe*, 1764), « Manières », « Transfuge » (1765).

Préface ou Essai sur la vie et les ouvrages de M. Helvétius, dans Helvétius, *Le Bonheur, poème en six chants*, Londres, 1772.

« Réflexions sur les moyens de rendre meilleur l'état des nègres ou des affranchis de nos colonies », mémoire inédit publié pour la première fois par

Michèle Duchet dans un article en 1965, repris dans *Anthropologie et Lumières* (1971), Albin Michel, 1995, p.181-193.

Œuvres philosophiques, Paris, Agasse, an VI, 1797 (t.2, 3)-an IX, 1800 (t.1, 4, 5) : *Analyse de l'homme ; De la Raison, ou Ponthiamas* (t.1) ; *Catéchisme universel, Commentaire sur le Catéchisme* (t.2) ; *Analyse historique de la société* (t.3, 4) ; *Essai sur la vie de Bolingbroke, Essai sur la vie d'Helvétius, Les Deux amis, conte iroquois* (t.5).

Réécritures de Ziméo

Milcent, J.-B.-G., *Azor et Ziméo, conte indien*, Paris, Mérigot, 1776.

Mme de Staël, *Mirza*, dans *Recueil de morceaux détachés*, Lausanne, Durand, Paris, Fuchs, 1795.

Favières et Grétry, *Elisca, ou l'habitante de Madagascar, drame lyrique en trois actes*, représenté pour la première fois sur le théâtre de la rue Favart, le 1er janvier 1799, et repris sur celui de l'opéra comique, rue Feydeau, le 5 mai 1812, Paris, Masson, Libraire, 1812.

Butler W., *Zimao the African*, Londres, 1800 (traduction en anglais de *Ziméo*).

Lourdet de Santerre, Martini, *Ziméo, opéra en trois actes*, représenté pour la première fois au Théâtre Feydeau, le 24 vendémiaire an IX. Les paroles sont du citoyen Lourdet de Santerre. La musique est du citoyen Martini. Paris, an IX.

Thomassy E., *Léandre et Ziméo, ou les Phases de la vie, poème*, Paris, Dentu, 1842.

Rééditions modernes d'œuvres de Saint-Lambert

Contes américains de Saint-Lambert : L'Abenaki, Ziméo, Les Deux Amis, présentation de Roger Little, U.K., University of Exeter Press, 1997.

Extrait de *Ziméo*, les « réflexions sur les nègres », dans *Des Chaînes à la liberté. Anthologie de textes sur les traites négrières et l'esclavage de 1615 à 1848*, textes publiés par Jean Breteau, Marcel Lancelin, Editions Apogée, 1998, p.36-38.

L'Abenaki et un extrait des *Deux Amis, conte iroquois*, dans *Nouvelles françaises du XVIIIe siècle*, préface et notes par Jacqueline Hellegouarc'h, Paris, Librairie générale française, Le Livre de Poche, « Bibliothèque classique », 1994, t.2.

Contes de Saint-Lambert [*L'Abenaki, Sara Th., Ziméo*], publiés par le Bibliophile Jacob, Paris, Librairie des bibliophiles, 1883.

Les Saisons, éditées par Luigi De Nardis dans *Saint-Lambert, Scienza e paesaggio nella poesia del Settecento*, Rome, Editzioni dell'Ateneo (1961), 1984.

« Pygmalion », dans *Pygmalions des Lumières*, anthologie présentée par Henri Coulet, Paris, Desjonquères, 1998.

ZIMÉO

Par *GEORGE FILMER*, né primitif[1].

Les affaires de mon commerce m'avaient conduit à la Jamaïque ; la température de ce climat brûlant et humide avait altéré ma santé et je m'étais retiré dans une maison située au penchant des montagnes, vers le centre de l'île ; l'air y était plus frais et le terrain plus sec qu'aux environs de la ville ; plusieurs ruisseaux serpentaient autour de la montagne qui était revêtue de la plus belle verdure ; ces ruisseaux allaient se rendre à la mer, après avoir parcouru des prairies émaillées de fleurs et des plaines immenses couvertes d'orangers, de cannes à sucre, de cassiers, et d'une multitude d'habitations[2]. La jolie maison que j'occupais appartenait à mon ami Paul Wilmouth de Philadelphie[3] ; il était, comme moi, né dans l'Eglise primitive : nous avions à peu près la même manière de penser : sa famille composée d'une femme vertueuse et de trois jeunes enfants, ajoutait encore au plaisir que j'avais de vivre avec lui.

Lorsque mes forces me permirent quelque exercice, je parcourais les campagnes, où je voyais une nature nouvelle et des beautés qu'on ignore en Angleterre et en Pennsylvanie ; j'allais visiter les habitations, j'étais charmé de leur opulence ; les hôtes m'en faisaient les honneurs avec empressement ; mais je remarquais je ne sais quoi de dur et de féroce dans leur physionomie et dans leurs discours ; leur politesse n'avait rien de la bonté ; je les voyais entourés d'esclaves qu'ils traitaient avec barbarie. Je m'informais de la manière dont ces esclaves étaient nourris, du travail qui leur était imposé, et je frémissais des excès de cruauté que l'avarice peut inspirer aux hommes[4].

Je revenais chez mon ami, l'âme abattue de tristesse, mais j'y reprenais bientôt la joie ; là sur les visages noirs, sur les visages blancs, je voyais le calme et la sérénité.

Wilmouth n'exigeait de ses esclaves qu'un travail modéré[5] ; ils travaillaient pour leur compte deux jours de chaque semaine ; on abandonnait à chacun d'eux un terrain qu'il cultivait à son gré, et dont il pouvait vendre les productions[6]. Un esclave qui pendant dix années se conduisait en homme de bien, était sûr de sa liberté[7]. Ces affranchis restaient attachés à mon ami ; leur exemple donnait de l'espérance aux autres et leur inspirait des mœurs.

Je voyais les nègres distribués en petites familles, où régnaient la concorde et la gaieté[8] ; ces familles étaient unies entre elles ; tous les soirs en rentrant à l'habitation, j'entendais des chants, des instruments, je voyais des danses[9] ; il y avait rarement des maladies parmi ces esclaves, peu de paresse, point de vol, ni suicide, ni complots, et aucun de ces crimes que fait commettre le désespoir[10], et qui ruinent quelquefois nos colonies.

Il y avait trois mois que j'étais à la Jamaïque, lorsqu'un nègre du Bénin, connu sous le nom de John, fit révolter les nègres de deux riches habitations, en massacra les maîtres et se retira dans la montagne. Vous savez que cette montagne est au centre de l'île, qu'elle est presque inaccessible et qu'elle environne des vallées fécondes, où des nègres révoltés se sont autrefois établis[11] ; on les appelle nègres marrons : depuis longtemps ils ne nous font plus la guerre, seulement lorsqu'il déserte quelques esclaves : ces nègres font des courses pour venger des déserteurs des mauvais traitements qu'ils ont reçus. On apprit aussitôt que John avait été choisi pour chef des nègres marrons, et qu'il était sorti des vallées avec un corps considérable ; l'alarme fut aussitôt répandue dans la colonie ; on fit avancer des troupes vers la montagne, et on distribua des soldats dans les habitations qu'on pouvait défendre[12].

Wilmouth entra un jour dans ma chambre un moment avant le lever du soleil. Le ciel, dit-il, punit l'homme injuste, et voici peut-être le jour où l'innocent sera vengé[13] ; les nègres marrons ont surpris nos postes, ils ont taillé en pièces les troupes qui les défendaient, ils sont déjà dispersés dans la plaine ; on attend des secours de la ville ; on enchaîne partout des esclaves, et je vais armer les miens.

Nous allâmes rassembler nos nègres, et nous leur portâmes des épées et quelques fusils. Mes amis, leur dit Wilmouth, voilà des armes ; si j'ai été pour vous un maître dur, donnez-moi la mort, je l'ai méritée ; si je n'ai été pour vous qu'un bon père, venez défendre, avec moi, ma femme et mes enfants[14]. Les nègres jetèrent de grands cris ; ils jurèrent, en montrant le ciel et mettant ensuite la main sur la terre, qu'ils périraient tous pour nous défendre ; il y en eut qui se donnèrent de grands coups de couteau dans les chairs, pour nous prouver combien il leur en coûtait peu de répandre leur sang pour nous ; d'autres allaient embrasser les enfants de Wilmouth[15].

Comme John était maître de la plaine, il était impossible de se retirer à la ville, il fallait nous défendre dans notre habitation : je proposai aux nègres de retrancher un magasin qui était à quatre cents pas de la maison ; ce magasin devait être une forteresse contre des ennemis sans artillerie. Les nègres y travaillèrent sur-le-champ, et grâce à leur zèle, l'ouvrage fut bientôt achevé.

Parmi les esclaves de Wilmouth, il y avait un nègre nommé Francisque ; je l'avais trouvé abandonné sur le rivage d'une colonie espagnole : on venait de lui couper la jambe, une jeune négresse étanchait son sang et pleurait de l'inutilité de ses soins. Elle avait auprès d'elle un enfant de quelques jours. Je fis porter le nègre sur mon vaisseau ; la négresse me conjura de ne la point séparer de lui, et de la recevoir avec son enfant ; j'y consentis. J'appris qu'ils étaient esclaves d'un Espagnol, qui avait fait à la jeune Marien, c'est le nom de la belle négresse, quelques propositions mal reçues, et dont Francisque avait voulu lui faire honte. L'Espagnol se vengea ; il prétendit que ces deux esclaves étaient chrétiens, parce qu'on leur avait donné, selon l'usage des colonies, des noms chrétiens. Il avait surpris le nègre dans quelques pratiques religieuses en usage au Bénin ; il le fit cruellement mutiler, et se vanta de lui avoir fait grâce[16]. J'allai trouver cet homme barbare, je lui proposai de me vendre ces malheureux ; il fit d'abord quelque difficulté ; mais la somme que je lui offrais le rendit bientôt facile. J'emmenai ces esclaves et je les donnai à Wilmouth, Marien était devenue l'amie de sa femme ; et Francisque par son esprit, ses connaissances dans l'agriculture et ses mœurs, avait mérité la confiance de Wilmouth et l'estime de tout le monde.

Ils vont nous trouver à l'entrée de la nuit. Le chef des noirs, nous dit-il, est né au Bénin, il adore le grand Orissa, le maître de la vie et le père des hommes[17], il doit avoir de la justice et de la bonté ; il vient punir les ennemis des enfants d'Orissa ; mais vous, dit-il, en regardant Wilmouth et moi, vous qui les avez consolés dans leur misère, il saura vous respecter ; envoyez vers cet homme un des adorateurs d'Orissa, un de nos frères du Bénin ; Wilmouth, qu'il aille dire aux guerriers de quels aliments tu nourris tes esclaves, qu'il leur conte ton amitié pour nous, la paix où nous vivons, nos plaisirs et nos fêtes ; tu verras ces guerriers tirer leurs fusils à la terre et jeter leurs sagaies à tes pieds.

Nous suivîmes le conseil de Francisque ; on dépêcha un jeune nègre vers le chef des noirs, et en attendant son retour, mon ami et moi, nous nous endormîmes d'un sommeil tranquille ; nos esclaves veillaient autour de nous.

Le jour commençait à paraître, lorsque je fus éveillé par des cris et un bruit de mousqueterie qui partait dans la plaine, et de moment en moment semblait s'approcher : j'ouvris ma fenêtre. J'ai dit que la maison de Wilmouth était située au penchant de la montagne, et que la vue s'étendait sur une plaine immense coupée de ruisseaux, couverte de jolies maisons et de toutes les richesses que peut donner une terre féconde et bien cultivée. Le plus grand nombre des maisons étaient en feu[18] ; deux ou trois cents tourbillons d'une flamme rouge et sombre, s'élevaient de la plaine jusqu'au sommet des montagnes ; la flamme était arrêtée à cette hauteur par un nuage long et noir formé des douces vapeurs du matin et de la fumée des maisons incendiées. Mes regards en passant au-dessous de ce nuage, découvraient la mer étincelante des premiers rayons du soleil ; ces rayons éclairaient les fleurs et la belle verdure de ces riches contrées, ils doraient les sommets des montagnes et le faîte des maisons que l'incendie avoir épargnées. Je voyais dans quelques parties de la plaine des animaux paître avec sécurité ; dans d'autres parties, les hommes et les animaux fuyaient à travers la campagne ; des nègres furieux poursuivaient le sabre à la main mes infortunés concitoyens ; on les massacrait aux pieds des orangers, des cassiers, des canneliers en fleurs. J'entendais autour de notre habitation les ruisseaux murmurer et les oiseaux chanter ; le bruit de la mousqueterie, les cris des blancs égorgés et des nègres acharnés au carnage arrivaient de la plaine jusqu'à moi ; cette campagne opulente et désolée ; ces riches présents de la terre, et ces ravages de la vengeance ; ces beautés tranquilles de la nature et ces cris du désespoir ou de la fureur, me jetèrent dans des pensées mélancoliques et profondes ; un sentiment mêlé de reconnaissance pour le grand Être et de pitié pour les hommes, me fit verser des larmes[19].

Je sortis de la maison avec mon ami ; nous envoyâmes les femmes et les vieillards dans le magasin retranché, et nous descendîmes auprès d'un bois de cèdres, qui nous dérobait la vue d'une partie de ces scènes d'horreurs.

Nous revîmes bientôt le jeune nègre que nous avions envoyé chez les ennemis ; il était à la tête de quatre nègres armés ; ses cris, ses gestes, ses sauts nous annoncèrent de loin, qu'il nous apportait de bonnes nouvelles. Ô mon maître, dit-il à Wilmouth, le chef des noirs est ton ami ; voilà ses plus chers serviteurs qu'il t'envoie, il viendra bientôt lui-même.

Nous apprîmes que John égorgeait sans pitié les hommes, les femmes et les enfants, dans les habitations où les nègres avaient reçu de mauvais traitements, que dans les autres il se contentait de donner la liberté aux esclaves ; qu'il mettait le feu à toutes les maisons dont les maîtres s'étaient éloignés.

Nous apprîmes en même temps que le Gouverneur se disposait à faire sortir un nouveau corps de troupes, que tous les colons qui avaient eu le temps de se retirer s'étaient armés avec quelques nègres qui leur restaient fidèles, et que ces forces ne tarderaient pas à fondre sur John. Nous vîmes ces nègres marrons chargés de butin, diriger leur retraite vers la montagne ; ils prirent leur route assez près de notre maison : une trentaine d'hommes se détacha de cette petite armée et s'avança vers nous, le terrible John était à leur tête.

John, ou plutôt Ziméo, car les nègres marrons quittent d'abord ces noms européens qu'on donne aux esclaves qui arrivent dans les colonies, Ziméo était un jeune homme de vingt-deux ans[20] : les statues d'Apollon et de l'Antinoüs n'ont pas des traits plus réguliers et de plus belles proportions[21]. Je fus frappé surtout de son air de grandeur. Je n'ai jamais vu d'homme qui me parût, comme lui, né pour commander aux autres : il était encore animé de la chaleur du combat ; mais en nous abordant, ses yeux exprimaient la bienveillance et la bonté, des sentiments opposés se peignaient tour à tour sur son visage ; il était presque dans le même moment triste et gai, furieux et tendre. J'ai vengé ma race et moi, dit-il ; hommes de paix, n'éloignez pas vos cœurs du malheureux Ziméo : n'ayez point d'horreur du sang qui me couvre, c'est celui du méchant ; c'est pour épouvanter le méchant que je ne donne point de bornes à ma vengeance. Qu'ils viennent de la ville, vos tigres, qu'ils viennent et ils verront ceux qui leur ressemblent pendus aux arbres et entourés de leurs femmes et de leurs enfants massacrés : hommes de paix, n'éloignez pas vos cœurs du malheureux Ziméo... Le mal qu'il veut vous faire est juste. Il se tourna vers nos esclaves et leur dit : Choisissez de me suivre dans la montagne, ou de rester avec vos maîtres.

A ces mots, nos esclaves entourèrent Ziméo et lui parlèrent tous à la fois ; tous lui vantaient les bontés de Wilmouth et leur bonheur, ils voulaient conduire Ziméo à leurs cabanes, et lui faire voir combien elles étaient saines et pourvues de commodités, ils lui montraient l'argent qu'ils avaient acquis. Les affranchis venaient se vanter de leur liberté ; ils tombaient ensuite à nos pieds, et semblaient fiers de nous baiser les pieds en présence de Ziméo. Tous ces nègres juraient qu'ils perdraient la vie plutôt que de se séparer de nous : tous avaient les larmes aux yeux et parlaient d'une voix entrecoupée : tous semblaient craindre de ne pas exprimer avec assez de force, les sentiments de leur amour et de leur reconnaissance.

Ziméo était attendri, agité, hors de lui-même, ses yeux étaient humides ; il respirait avec peine ; il regardait tour à tour le ciel, les esclaves et nous. Ô grand Orissa, dieu des noirs et des blancs ! Toi qui as fait les âmes ; vois ces hommes reconnaissants, ces vrais hommes, et punis les barbares qui nous méprisent et nous traitent comme nous ne traitons pas les animaux, que tu as créés pour les blancs et pour nous.

Après cette exclamation, Ziméo tendit la main à Wilmouth et à moi. J'aimerai deux blancs, dit-il, oui, j'aimerai deux blancs. Mon sort est entre vos mains, toutes les richesses que je viens d'enlever seront employées à payer un service que je demande.

Nous l'assurâmes que nous étions disposés à lui rendre, sans intérêt, tous les services qui dépendraient de nous. Nous l'invitâmes à se reposer : nous lui offrîmes des rafraîchissements. J'envoyai dire à Francisque d'envoyer du magasin des présents et des vivres aux nègres qui accompagnaient Ziméo. Ce chef accepta nos offres de fort bonne grâce ; seulement il ne voulut pas entrer dans la maison ; il s'étendit sur une natte à l'ombre des mangliers, qui formaient un cabinet de verdure auprès de notre habitation[22]. Nos nègres se tenaient à quelque distance de nous, et regardaient Ziméo avec des sentiments de curiosité et d'admiration.

Mes amis, nous dit-il, le grand Orissa sait que Ziméo n'est point né cruel ; mais les blancs m'ont séparé des idoles de mon cœur, du sage Matomba qui élevait ma jeunesse, et de la jeune beauté que j'associais à ma vie. Mes amis, les outrages et les malheurs ne m'ont point abattu, j'ai toujours senti mon cœur. Vos hommes blancs, n'ont qu'une demi-âme ; ils ne savent ni aimer, ni haïr ; ils n'ont de passion que pour l'or ; nous les avons toutes et toutes sont extrêmes. Des âmes de la nature des nôtres, ne peuvent s'éteindre dans les disgrâces ; mais la haine y devient de la rage. Le nègre né pour aimer, quand il est forcé de haïr devient un tigre, un léopard, et je le suis devenu[23]. Je me vois le chef d'un peuple, je suis riche et je passe mes jours dans la douleur : je regrette ceux que j'ai perdus ; je les vois des yeux de la pensée ; je les entretiens et les pleure. Mais après avoir versé des larmes, souvent je me sens un besoin de répandre du sang, d'entendre les cris des blancs égorgés. Eh bien ! je viens de le satisfaire, cet affreux besoin et ce sang, ces cris aigrissent encore mon désespoir ... Hommes de paix, n'éloignez pas vos cœurs du malheureux Ziméo. Vous pouvez lui trouver un vaisseau ; vous pouvez le conduire ; ils ne sont pas loin de cette île ceux qui sont nécessaires à mon cœur.

Dans ce moment deux des plus jeunes esclaves de Wilmouth se prosternèrent devant Ziméo. Ah ! s'écria-t-il, vous êtes du Bénin, et vous m'avez connu. Oui, dit le plus jeune des deux esclaves, nous sommes nés les sujets du puissant Damel[*24] ton père ; celui-ci t'a vu à sa cour, et moi j'ai vu ta jeunesse au village d'Onébo[25]. Des perfides nous ont enlevés à nos parents, mais Wilmouth est notre père. Le nègre avait à peine prononcé ces mots, qu'il sortit avec précipitation ; Ziméo fit un geste pour l'arrêter, et se pencha sur l'autre nègre qui restait auprès de lui et qu'il regardait avec attendrissement ; il semblait porter des yeux plus satisfaits sur les campagnes de la Jamaïque et en respirer l'air avec plaisir depuis qu'il lui était commun avec plusieurs nègres du Bénin. Il nous dit après un moment de silence : Ecoutez, hommes de paix, le malheureux Ziméo, il n'espère qu'en vous, et il mérite votre pitié ; écoutez ses cruelles aventures.

Le grand Damel, dont je suis l'héritier, m'avait envoyé, selon l'ancien usage du Bénin, chez les laboureurs d'Onébo qui devaient finir mon

---

* C'est le nom qu'on donne aux souverains d'une partie de l'Afrique.

éducation[26] ; elle fut confiée à Matomba[27], le plus sage d'entre eux, le plus sage des hommes : il avait été longtemps un de nos plus illustres Kabashirs*[28] ; dans le conseil de mon père il avait souvent empêché le mal et fait faire le bien ; il s'était retiré, jeune encore, dans ce village, où s'élèvent depuis des siècles les héritiers de l'Empire. Là Matomba jouissait de la terre, du ciel et de la conscience. Les querelles, la paresse, le mensonge, les devins, les prêtres, la dureté de cœur n'entrent point dans le village d'Onébo. Les jeunes princes ne peuvent y voir que de bons exemples. Le sage Matomba m'y faisait perdre les sentiments d'orgueil et d'indolence que m'avaient inspirés mes nourrices et la cour ; je travaillais à la terre comme les serviteurs de mon maître, et comme lui-même. On m'instruisait des détails de l'agriculture, qui fait toutes nos richesses. On me montrait la nécessité d'être juste, imposée à tous les hommes, pour qu'ils pussent élever leurs enfants et cultiver leurs champs en paix. On me montrait que les princes entre eux étaient dans la situation des laboureurs d'Onébo, qu'il fallait qu'ils fussent justes les uns envers les autres, afin que leurs peuples et eux-mêmes pussent vivre contents. Mon maître avait une fille, la jeune Ellaroé[29], je l'aimai et j'appris bientôt que j'étais aimé[30] ; nous conservions, l'un et l'autre, la plus grande innocence ; mais je ne voyais qu'elle dans la nature, elle ne voyait que moi, et nous étions heureux. Ses parents faisaient un usage utile de la passion que nous avions l'un pour l'autre ; je faisais tout ce que me demandait Matomba, dans l'espérance de me rendre plus digne d'Ellaroé ; l'espérance de s'attacher mon cœur lui rendait tout facile. Mes succès étaient en elle, ses succès étaient en moi. Il y avait cinq ans que je vivais dans ces délices, et j'espérais obtenir de mon père la permission d'épouser Ellaroé. Tu sais que la première de nos femmes est notre véritable épouse, les autres ne sont que ses domestiques et les objets de notre amusement[31] : j'aimais à penser qu'Ellaroé serait ma compagne sur le trône et dans tous les âges ; j'aimais à étendre la passion sur tout l'espace de ma vie.

J'attendais la réponse du Damel, lorsqu'on vit arriver dans Onébo deux marchands portugais ; ils nous vendaient des instruments de labourage, des ustensiles domestiques, et quelques-unes de ces bagatelles qui servent à la parure des femmes et des jeunes gens ; nous leur donnions en échange de l'ivoire et de la poudre d'or[32] ; ils voulaient acheter des esclaves, mais on ne vend au Bénin que les criminels[33], et ils ne s'en trouve pas dans le canton d'Onébo[34]. Je m'instruisais avec eux des arts et des mœurs de l'Europe ; je trouvais dans vos arts bien des superfluités, et dans vos mœurs bien des contradictions. Vous savez quelle passion les noirs ont pour la musique et la danse. Les Portugais avaient plusieurs instruments qui nous étaient inconnus,

---

* Espèces de nobles.

et tous les soirs ils nous jouaient des airs que nous trouvions délicieux ; la jeunesse du village se rassemblait et dansait autour d'eux ; j'y dansais avec Ellaroé. Souvent les Portugais nous apportaient de leurs vaisseaux des vins, des liqueurs, des fruits, dont la saveur flattait notre goût ; ils recherchaient notre amitié et nous les aimions sincèrement[35]. Ils nous annoncèrent un jour qu'ils étaient obligés de retourner bientôt dans leur pays ; cette nouvelle affligea tout le village, mais personne autant qu'Ellaroé. Ils nous apprirent, en pleurant, le jour de leur départ ; ils nous dirent qu'ils s'éloigneraient de nous avec moins de douleur, s'ils avaient pu nous donner une fête sur leurs vaisseaux ; ils nous pressèrent de nous y rendre le lendemain avec les jeunes gens les mieux faits et les plus belles filles du village. Nous nous y rendîmes conduits par Matomba et par quelques vieillards, chargés de maintenir la décence.

Onébo n'est qu'à cinq milles de la mer ; nous étions sur le rivage une heure avant le lever du soleil ; nous vîmes deux vaisseaux l'un auprès de l'autre ; ils étaient couverts de branches d'arbres, les voiles et les cordages étaient chargés de fleurs. Dès qu'ils nous aperçurent, ils firent entendre des chants et des instruments ; ce concert, cette pompe, nous annonçaient une fête agréable. Les Portugais vinrent au-devant de nous : ils partagèrent notre troupe et nous montâmes à nombre égal sur les deux vaisseaux.

Il en partit deux coups de canon : le concert cessa ; nous fûmes chargés de fers et les vaisseaux mirent à la voile.

Ziméo s'arrêta dans cet endroit de son récit, et reprenant la parole : Oui, mes amis, ces hommes à qui nous avions prodigué nos richesses et notre confiance, nous enlevaient pour nous vendre avec les criminels qu'ils avaient achetés au Bénin[36]. Je sentis à la fois le malheur, celui de Matomba et le mien : j'accablai les Portugais de reproches et de menaces[37] ; je mordais ma chaîne ; je voulais mourir, mais un regard d'Ellaroé m'en ôtait le dessein : les monstres du moins ne nous avaient pas séparés, mais Matomba était sur l'autre vaisseau.

Trois de nos jeunes gens et une jeune fille se donnèrent la mort[38] ; j'exhortais Ellaroé à les imiter ; mais le plaisir d'aimer et d'être aimée, l'attachait à la vie. Les Portugais lui firent entendre qu'ils nous destinaient un sort aussi heureux que celui dont nous avions joui. Elle espéra du moins que nous resterions unis, et qu'elle retrouverait son père. Après avoir pleuré pendant quelques jours la perte de notre liberté, le plaisir d'être presque toujours ensemble, fit cesser les larmes d'Ellaroé et adoucit mon désespoir.

Dans le peu de moments que nous n'étions pas gênés par la présence de nos bourreaux, Ellaroé me pressait dans ses bras, et me disait : Ô mon ami, appuyons-nous fortement l'un à l'autre, et nous résisterons à tout ; contente de toi, de quoi ai-je à me plaindre ? Eh ! quel genre de bonheur voudrais-tu acheter aux dépens de celui dont nous jouissons ? Ces paroles me rendaient une force extraordinaire ; je n'avais plus qu'une crainte, celle d'être séparé d'Ellaroé.

Il y avait plus d'un mois que nous étions en mer, les vents étaient faibles et notre course était lente ; enfin, les vents nous manquèrent absolument. Depuis quelques jours, les Portugais ne nous donnaient de vivres que ce qu'il en fallait pour nous empêcher de mourir.

Deux nègres déterminés à la mort s'étaient refusé toute espèce de nourriture, et ils nous faisaient passer, en secret, le pain et les dattes qu'on leur donnait : je les cachais avec soin dans l'intention de les employer à conserver les jours d'Ellaroé.

Le calme continuait : les mers sans vagues, sans ondes, sans flots, présentaient une surface immense et immobile où notre vaisseau semblait attaché. L'air était aussi tranquille que les eaux. Le soleil et les étoiles, dans leur marche paisible et rapide, n'interrompaient pas ce profond repos qui régnait dans le ciel et sur les mers. Nous portions sans cesse les yeux sur cet espace uniforme et sans rives, terminé par la voûte du ciel, qui semblait nous enfermer dans un vaste tombeau. Quelquefois nous prenions les ondulations de la lumière pour un mouvement des eaux ; mais cette erreur était de courte durée. Quelquefois en nous promenant sur le tillac, nous reprenions pour du vent l'agitation que nous imprimions à l'air ; mais à peine avions-nous suspendu nos pas, que nous nous retrouvions environnés du calme universel.

Bientôt nos tyrans réservèrent pour eux le peu qui restait de vivres, et ordonnèrent qu'une partie des noirs serait la pâture de l'autre[39].

Je ne puis vous dire si cette loi si digne des hommes de votre race, me fit plus d'horreur que la manière dont elle fut reçue. Je lisais sur tous les visages une joie avide, une terreur sombre, une espérance barbare ; je les voyais, ces malheureux compagnons d'un même esclavage, s'observer avec une attention vorace et des yeux de tigres.

Les premières victimes furent choisies dans le nombre de ceux que la faim avait le plus accablés : c'était deux jeunes filles du village d'Onébo. J'entends encore les cris de ces infortunées ; je vois encore les larmes couler sur les visages de leurs compagnes affamées qui les dévoraient.

Les faibles provisions que j'avais dérobées aux regards de nos tyrans, avaient soutenu les forces d'Ellaroé et les miennes, nous étions sûrs de n'être point choisis pour être immolés ; j'avais encore des dattes, et nous jetions à la mer sans qu'on s'en aperçût, les portions horribles qu'on nous présentait.

Le lendemain de ce jour affreux où nos compagnons commencèrent à se dévorer, au moment où le disque du soleil était encore à moitié dans le ciel et dans la mer, nous eûmes un peu d'espérance ; il s'éleva une brume légère qui devait former des nuages et nous donner du vent, mais la brume se dissipa et le ciel conserva sa tranquille et funeste sérénité.

L'espérance avait d'abord ranimé les noirs et les blancs ; on avait vu pendant un moment le vaisseau dans le tumulte d'une joie désordonnée. Mais lorsque la brume fut retombée, il régna parmi nous un morne désespoir ; le découragement avait saisi nos tyrans mêmes, ils n'avaient plus assez de force pour avoir des soins, ils nous observaient moins, ils nous gênaient peu, et le soir, au moment de la retraite, on me laissa sur le tillac avec Ellaroé. Nous y restions seuls, et dès qu'elle s'en aperçut, elle me pressa dans ses bras, je la pressai dans les miens ; ses yeux n'avaient jamais eu une expression si vive et si tendre. Je n'avais point encore éprouvé auprès d'elle l'ardeur, le trouble, les palpitations que j'éprouvais en ce moment ; nous restâmes longtemps sans nous parler et serrés dans les bras l'un de l'autre. Oh ! toi que j'avais choisie pour être ma compagne sur le trône, tu seras du moins ma compagne jusqu'à la mort. Ah ! Ziméo, me répondit-elle, peut-être que le grand Orissa nous conservera la vie, et je serai ton épouse. Ellaroé, lui dis-je, si ces monstres ne nous avaient pas enlevés, le Damel t'aurait choisie pour mon épouse, comme ton père m'avait choisi pour ton époux. Il est vrai, dit-elle. Ô ma chère Ellaroé, dépendons-nous encore des lois du Damel et attendrons-nous ses ordres que nous ne pouvons recevoir ? Non, non, loin de nos parents, arrachés à notre patrie, nous ne devons obéir qu'à nos cœurs. Ô Ziméo ! s'écria-t-elle en couvrant mon visage de ses larmes. Ellaroé, lui dis-je, tu pleures dans ce moment, tu n'aimes pas assez. Ah! me dit-elle, vois à la clarté de la lune cette mer qui ne change plus, jette les yeux sur les voiles du vaisseau ; vois comme elles sont sans mouvement ; vois sur le tillac les traces du sang de mes deux amies ; vois le peu qui nous reste de ces dattes ? Eh bien, Ziméo, sois mon époux et je suis contente.

En me disant ces mots, elle redoubla ses baisers. Nous jurâmes, en présence du grand Orissa, d'être unis quelle que fût notre destinée, et nous nous abandonnâmes à mille plaisirs, dont nous n'avions pas encore l'expérience. Ils nous firent oublier l'esclavage, la mort présente, la perte d'un empire, l'espoir de la vengeance, tout ; nous ne sentîmes plus que les délices de l'amour. Après nous en être enivrés, nous nous retrouvâmes sans illusions sur notre état ; nous revîmes la vérité, à mesure que nos sens redevenaient tranquilles ; notre âme était accablée ; abattus à côté l'un de l'autre, le calme dans lequel nous étions tombés était triste et profond comme celui de la nature[40].

Je fus tiré de cet accablement pas un cri d'Ellaroé ; je la regardai, ses yeux étincelaient de joie ; elle me montra les voiles et les cordages qui étaient agités ; nous sentîmes le mouvement des mers ; il s'élevait un vent frais qui porta les deux vaisseaux en trois jours à Porto-Bello[41].

Je revis Matomba, il me baigna de ses larmes ; il revit sa fille, il approuva notre mariage ; le croiriez-vous, mes amis ? le plaisir de me réunir à Matomba, le plaisir d'être l'époux d'Ellaroé, les charmes de son amour, la joie de la voir échappée à de si cruels dangers, suspendaient en moi les sentiments de tous les maux ; j'étais prêt à aimer mon esclavage : Ellaroé était heureuse et son père semblait se consoler. Oui, j'aurais pardonné peut-être aux monstres qui nous avaient trahis ; mais Ellaroé et son père furent vendus à un habitant de Porto-Bello[42], et je le fus à un homme de votre nation qui portait des esclaves dans les Antilles.

Voilà le moment qui m'a changé, qui m'a donné cette passion pour la vengeance, cette soif de sang qui me fait frémir moi-même, lorsque je reviens à m'occuper d'Ellaroé dont la seule image adoucit encore mes pensées.

Dès que notre sort fut décidé, mon épouse et son père se jetèrent aux pieds des monstres qui nous séparaient, je m'y précipitai moi-même ; honte inutile ! on ne daigna pas nous entendre. Au moment où on voulut m'entraîner, mon épouse les yeux égarés, les bras étendus et jetant des cris affreux, je les entends encore, mon épouse s'élança vers moi : je me dérobai à mes bourreaux, je reçus Ellaroé dans mes bras qui l'entourèrent ; elle m'entoura des siens, et sans raisonner, par un mouvement machinal, chacun de nous enlaçant ses doigts et serrant ses mains, formait une chaîne autour de l'autre, plusieurs mains cruelles firent de vains efforts pour nous détacher. Je sentis que ces efforts ne seraient pas longtemps inutiles : j'étais déterminé à m'ôter la vie, mais comment laisser dans cet horrible monde, ma chère Ellaroé ? j'allais la perdre, je craignais tout, je n'espérais rien, toutes mes pensées étaient barbares : les larmes inondaient mon visage ; il ne sortait de ma bouche que des hurlements sourds, semblables au rugissement d'un lion fatigué du combat[43] ; mes mains se détachant du corps d'Ellaroé se portèrent à son col ... Ô grand Orissa ! ... les blancs enlevèrent mon épouse à mes mains furieuses ; elle jeta un cri de douleur au moment où l'on nous désunit ; je la vis porter ses mains à son col pour achever mon dessein funeste ; on l'arrêta : elle me regarda : ses yeux, tout son visage, son attitude, les sons inarticulés qui sortaient de sa bouche, exprimaient les regrets et l'amour.

On m'emporta dans le vaisseau de votre nation ; j'y fus garrotté et placé de manière que je ne pus attenter à ma vie ; mais on ne pouvait me forcer à prendre de la nourriture. Mes nouveaux tyrans employèrent d'abord les menaces ; bientôt ils me firent souffrir des tourments que des blancs seuls peuvent inventer ; je résistais à tout[44].

Un nègre né au Bénin, esclave depuis deux ans de mes nouveaux maîtres, eut pitié de moi ; il me dit que nous allions à la Jamaïque, et que dans cette île on pouvait aisément recouvrer la liberté ; il me parla des nègres marrons et de la république qu'ils avaient formée au centre de l'île ; il me dit que ces nègres montaient quelquefois des vaisseaux anglais, pour faire des courses dans les îles espagnoles ; il me fit entendre qu'on pouvait délivrer Ellaroé et son père. Il réveilla dans mon cœur les idées de vengeance, et les espérances de l'amour ; je consentis de vivre, vous voyez pourquoi. Je me suis déjà vengé, mais il me faut retrouver les idoles de mon cœur : il le faut, ou je renonce à vivre. Mes amis, prenez toutes mes richesses, équipez un vaisseau... [45].

Ziméo fut interrompu par l'arrivée de Francisque, qui s'avançait soutenu par ce jeune nègre qui le premier avait reconnu son prince. Dès que Ziméo les aperçut, il s'écria : Ô mon père ! Ô Matomba ! Il s'élança vers lui, en prononçant à peine le nom d'Ellaroé. Elle vit et te pleure, dit Matomba, elle est ici. Voilà, dit-il, en me montrant, celui qui nous a sauvés. Ziméo embrassait tour à tour Matomba, Wilmouth et moi, en répétant avec vitesse et une sorte d'égarement : conduis-moi ... conduis-moi ... Nous allions prendre le chemin de la petite forteresse où nos femmes étaient renfermées, mais nous vîmes Marien ou plutôt Ellaroé, descendre et voler vers nous. Le même nègre qui avait rencontré Matomba, était allé la chercher. Elle arrivait tremblante, le visage baigné de larmes, élevant les mains et les yeux vers le ciel, et répétant d'une voix étouffée : Ziméo, Ziméo ! Elle avait remis son enfant entre les mains du nègre de Bénin ; après avoir embrassé son époux, elle lui présenta le jeune enfant. Ziméo, voilà ton fils ; c'est pour lui que Matomba et moi, nous avons supporté la vie. Ziméo prit l'enfant, le baisait avec transport et s'écriait : Il ne sera pas l'esclave des blancs, le fils qu'Ellaroé m'a donné. Sans lui, sans lui, disait Ellaroé, je serais sortie de ce monde, où je ne rencontrais plus celui que cherchait mon cœur. Les discours les plus tendres étaient suivis des plus douces caresses ; ils les présentaient l'un à l'autre. Bientôt ils ne furent plus occupés que de nous et de leur reconnaissance. Je n'ai jamais vu d'homme, même de nègre, exprimer si vivement et si bien ce sentiment aimable.

On vint donner avis à Ziméo que les troupes anglaises étaient en marche ; il fit la retraite en bon ordre. Ellaroé et Matomba fondaient en larmes en nous quittant ; ils voulaient porter toute leur vie le nom de nos esclaves ; ils nous conjuraient de les suivre dans la montagne : nous leur promîmes de les aller voir, aussitôt que la paix serait conclue entre les nègres marrons et notre colonie[46]. Je leur ai déjà tenu parole, je me propose d'aller jouir encore des vertus, du grand sens et de l'amitié de Ziméo, de Matomba et d'Ellaroé.

J'ajouterai à ce récit quelques réflexions sur les nègres.

Mon séjour dans les Antilles et mes voyages en Afrique, m'ont confirmé dans une opinion que j'avais depuis longtemps. C'est que les peuples d'Europe sont comme beaucoup d'hommes en place qui commencent par être injustes, et finissent par calomnier les victimes de leur injustice. Les négociants qui font la traite des nègres, les colons qui les tiennent dans l'esclavage, ont de trop grands torts avec eux pour nous en parler vrai[47].

La première de nos injustices est de donner aux Africains un caractère général. Ils ont la même couleur ; ils ont beaucoup de sensibilité : voilà tout ce qu'ils ont de commun[48]. Les nez écrasés même et les grosses lèvres, ne sont pas plus les attributs des noirs que des blancs. Il y a chez ceux-ci des Lapons, des Tartares, des Esquimaux, des Mogols, des Chinois, qui ont ces deux difformités. Il y a chez les Africains des nations entières où la taille et le visage ont les plus belles proportions[49]. Il n'est pas plus vrai que les nègres en général soient paresseux, fripons, menteurs, dissimulés ; ces qualités sont de l'esclavage et non de la nature[50].

Le vaste continent de l'Afrique est couvert d'une multitude de peuples. Les gouvernements, les productions, les religions qui varient dans ces contrées immenses, ont nécessairement varié les caractères[51]. Ici vous rencontrerez des républicains qui ont la franchise, le courage, l'esprit de justice que donne la liberté. Là, vous verrez des nègres indépendants, qui vivent sans chefs et sans lois, aussi féroces et aussi sauvages que les Iroquois. Entrez dans l'intérieur des terres, ou même bornez-vous à parcourir les côtes, vous trouverez de grands Empires, le despotisme des princes et celui des prêtres, le gouvernement féodal, des monarchies réglées, etc. Vous verrez partout des lois, des opinions, des points d'honneur différents et par conséquent, vous trouverez des nègres humains, des nègres barbares ; des peuples guerriers, des peuples pusillanimes ; de belles mœurs, des mœurs détestables ; l'homme de la nature, l'homme perverti, et nulle part l'homme perfectionné[52].

Nous traitons les nègres d'imbéciles ; il y en a de tels et ce sont des peuples isolés, que leur situation ou leur religion séparent trop du reste des hommes[53] ; mais les peuples du Bénin, de Congo, du Monomotapa[54], etc. ont de l'esprit, de la raison et même des arts.

Tout cela est fort imparfait sans doute : leurs guiriots[55] ne valent pas Horace ou Rousseau ; leurs musiciens ne sont pas des Pergolèses, leurs peintres des Raphaëls, leurs orfèvres des Germains[56].

Mais songez-vous que ces peuples n'ont encore que très imparfaitement l'écriture ? songez-vous qu'ils n'ont pas les modèles des anciens ? Ils sont moins avancés que nous ; j'en conviens : mais cela ne prouve pas qu'ils aient moins d'esprit.

Ils n'ont ni la boussole ni l'imprimerie ; voilà les deux arts qui nous ont donné l'avantage sur presque tous les peuples du globe ; et nous les devons au hasard. La boussole, en facilitant les voyages, nous fait partager les lumières de tous les lieux : et l'imprimerie nous a rendu propre l'esprit de tous les âges. C'est elle qui nous a fait retrouver les traces perdues des Grecs et des Romains, sans que nous ayons encore égalé ni les uns, ni les autres.

Oui, ce sont les circonstances et non pas la nature de l'espèce qui ont décidé de la supériorité des blancs sur les nègres[57]. Il y a quelque apparence que l'intérieur de l'Afrique n'est pas une terre aussi ancienne que l'Asie ; de plus, il est séparé de l'Asie, et même de l'Egypte, par des déserts immenses, les peuples anciennement policés, n'ont eu que leurs seules lumières et trop peu de temps pour se perfectionner ; tandis que les Egyptiens ont formé les Grecs et peut-être les Etrusques ; que ceux-ci et les Grecs ont formé les Romains, et que tous ensemble ont éclairé le reste de l'Europe.

Observez encore que les nègres habitent un pays où la nature est prodigue, et qu'il leur faut peu d'industrie pour satisfaire à leurs besoins ; d'ailleurs, il ne faut ni esprit, ni invention pour se garantir des inconvénients de la chaleur, et il en faut beaucoup pour se garantir des inconvénients du froid. Par conséquent, on exerce moins son esprit sous l'Equateur qu'en deçà du Tropique ; et la raison doit faire des progrès moins rapides chez les peuples du midi, qu'elle n'en fait chez les peuples du nord[58].

Malgré les avantages des circonstances, qu'étions-nous il y a quatre cents ans ? L'Europe, si vous en exceptez Venise et Florence, ne valait peut-être pas le Congo et le Bénin. J'ai voyagé et je sais l'histoire. Oui, les grands peuples chez les nègres sont à peu près ce que nous avons été depuis le neuvième jusqu'au quatorzième siècle. Les mêmes opinions absurdes, les épreuves, les sortilèges, les droits féodaux, des lois atroces, des arts grossiers étaient alors chez nos ancêtres, et sont aujourd'hui chez les Africains.

Portons-leur nos découvertes et nos lumières ; dans quelques siècles ils y ajouteront peut-être, et le genre humain y aura gagné[59]. N'y aura-t-il jamais de prince qui fonde des colonies avec des vues aussi grandes ? N'enverrons-nous jamais des apôtres de la raison et des arts ? Serons-nous toujours conduits par un esprit mercantile et barbare, par une avarice insensée qui désole les deux tiers du globe, pour donner au reste quelques superfluités[60] ?

Ô peuples d'Europe ! les principes du droit naturel seront-ils toujours sans force parmi vous ? Vos Grecs, vos Romains ne les ont pas connus. Avant le *Gouvernement civil* de Locke[61], le livre de Burlamaqui[62] et l'*Esprit des Lois*[63], vous les ignoriez encore ; que dis-je, dans ces livres mêmes sont-ils assez nettement posés sur la base de l'intérêt, commun à toutes les nations et à tous les hommes ? Les Hobbes, les Machiavels et autres, n'ont-ils pas encore des partisans[64] ? Dans quel pays de l'Europe des lois constitutives, criminelles, ecclésiastiques et civiles, sont-elles conformes à l'intérêt général et particulier[65] ?

Peuples polis, peuples savants, prenez-y garde, vous n'aurez une morale, de bons gouvernements et des mœurs, que lorsque les principes du droit naturel seront connus de tous les hommes ; et que vous et vos législateurs, vous en ferez une application constante à votre conduite et à vos lois. C'est alors que vous serez meilleurs, plus puissants, plus tranquilles : c'est alors que vous ne serez pas les tyrans et les bourreaux du reste de la terre : vous saurez qu'il n'est pas permis aux Africains de vous vendre des prisonniers de guerre ; vous saurez que les seigneurs des grands fiefs de Guinée ne peuvent vous vendre leurs vassaux, vous saurez que votre argent ne peut vous donner le droit de tenir un seul homme dans l'esclavage.

NOTES

Page 49.

1. « Primitif » est mis pour « quaker ». Le terme est rare dans cette acception. Voltaire dans l'*Essai sur les mœurs* substitue au « sobriquet odieux » de « trembleurs » (*Encyclopédie*, article « Quaker »), qu'il avait utilisé exclusivement dans les *Lettres philosophiques* (1734), le nom de « primitifs », qui renvoie à la simplicité des premiers disciples de Jésus- Christ, et véhicule aussi une connotation utopique, liée à l'évocation d'un « âge d'or » originel. Guillaume Penn « et ses primitifs, qu'on appelle *Quakers* et qui ne doivent être appelés que du nom de *Justes*, avaient pour maxime de ne jamais faire la guerre aux étrangers, et de n'avoir point entre eux de procès. [...] Ôtez ce nom de *Quaker*, cette habitude révoltante et barbare de trembler en parlant dans leurs assemblées religieuses, et quelques coutumes ridicules, il faudra convenir que ces primitifs sont les plus respectables de tous les hommes » (*Essai sur les mœurs* (1756), éd. R. Pomeau, Paris, Bordas, Classiques Garnier, 1990, t.2, p.383-384).

2. La description du paysage au début de l'*Histoire de la Jamaïque* de Charles Leslie a pu séduire le poète des *Saisons* et contribuer à l'élection de ce récit de voyage comme texte-source : « nous arrivâmes à la vue de la Jamaïque. A une petite distance cette île forme un magnifique coup d'œil. Les hautes montagnes toujours vertes et ombragées de grands bois, les petites plantations qu'on découvre sur leurs pentes ou dans les vallées au-dessous, présentent une perspective sombre, mais agréable ». « Plusieurs belles rivières y prennent leur source, et coulant des deux côtés vers la mer, y forment de jolis canaux qui arrosent en passant les vallées, et fournissent aux habitants une eau douce et fraîche ». « Il fait ici un printemps éternel, et les fleurs naissantes du mois d'avril n'effacent pas les beautés de celui de décembre », *Histoire de la Jamaïque*, traduite de l'anglais, par M***, ancien officier de dragons, Londres, Nourse, 1751, t.1, p.28, 35, 38-39.

3. « Philadelphie, ou la ville des Frères » (Voltaire, *Essai sur les mœurs*, éd. cit., t.2, p.384) ; capitale de la Pennsylvanie, Etat fondé par Guillaume Penn en 1681 ; la plupart des Pennsylvaniens sont des quakers.

4. L'*Histoire de la Jamaïque* de Ch. Leslie donne une image précise des « excès de cruauté » des blancs, à la différence des ouvrages de Dutertre, Labat, ou Charlevoix qui évitent tout discours d'accusation dirigé contre les Européens : « J'ai vu des noirs traités avec la dernière cruauté, uniquement pour satisfaire la barbare fantaisie d'un inspecteur, qui est celui qui d'ordinaire ordonne les punitions », Leslie, *op. cit.*, t.2, p.164-165.

5. Les quakers de Pennsylvanie ont des esclaves noirs ; toutefois, ils prennent conscience progressivement de l'illégitimité de l'esclavage et comptent dès le milieu du dix-huitième siècle parmi les premiers abolitionnistes. Ils sont requis dans ce texte comme des modèles d'humanité, non comme des partisans de l'émancipation des esclaves.

Page 50.

6. « Leurs maîtres mettent à part une petite partie de terre pour chacun d'eux, et leur donnent les dimanches pour la cultiver », Leslie, *op. cit.*, t.2, p.165 ; les textes de Dutertre et Labat sont très analogues. Le quaker fictif accorde un jour de congé supplémentaire aux esclaves.

7. Cette mesure d'affranchissement conditionnel s'inscrit dans le cadre conservateur d'une « humanisation » de l'esclavage colonial, non dans la perspective réformiste d'une abolition graduelle qui supposerait, à terme, l'extinction totale de la servitude.

8. Représentation utopique qui évoque Clarens dans la *Nouvelle Héloïse* ; la « charmante métairie » de *Sara Th.* est décrite dans des termes très comparables par un narrateur anglais séjournant en Ecosse auprès d'un couple : « Je m'éveillai assez matin et je ne me sentais point du tout pressé de partir : j'adorais mes hôtes ; leur demeure, leur genre de vie, l'union des domestiques, la sérénité, la gaieté qui régnaient dans la maison, tout m'enchantait. [...] On se trouve si bien auprès de la vertu heureuse ! », Saint-Lambert, *Sara Th..., Nouvelle traduite de l'anglais* (dans *Gazette littéraire de l'Europe*, 15 août 1765, p.11).

9. Tous les voyageurs dans les Antilles font état du goût des esclaves noirs pour la musique et la danse ; voir notamment le *Voyage à la Martinique* de Thibault de Chanvalon : « J'ai vu sept à huit cents nègres, accompagnant une noce au bruit d'une chanson ; ils s'élevaient en l'air, et retombaient tous en même temps ; ce mouvement était précis et si général, que le bruit de leur chute ne formait qu'un seul son » ; « les organes des nègres sont singulièrement disposés pour la musique », *Voyage à la Martinique...*, Paris, Cl. J. B. Bauche, 1763, p.66-67. Le père Labat décrit longuement les tambours des esclaves et la calenda, principale danse nègre.

10. Charles Leslie raconte de manière circonstanciée des meurtres de planteurs commis par les esclaves. La justification de ces crimes imputés au « désespoir » des nègres, plutôt qu'à une férocité native, distingue le texte de Saint-Lambert de la plupart des récits de voyages. L'*Histoire de la Jamaïque* a pu favoriser ce changement idéologique, dans la mesure où elle désigne, ne serait-ce que fugitivement, la responsabilité des colons dans le déclenchement du cycle de la violence.

11. L'histoire de la communauté des marrons de la Jamaïque remonte au milieu du dix-septième siècle, au moment où les Espagnols chassés par les Anglais laissent dans l'île un grand nombre d'esclaves qui se réfugient dans les montagnes, se donnent un chef, des règlements, pratiquent la culture de la terre et la chasse pour subvenir à leurs besoins. A ces nègres dits « espagnols » s'agrègent par la suite des

noirs des habitations anglaises. Le père Charlevoix évalue à sept mille le nombre de marrons retranchés en 1694 dans les montagnes de la Jamaïque (*Histoire de l'Ile Espagnole ou de Saint-Domingue,* Paris, François Barois, 1730-1731, t.2, livre 10, p.261).

12. Le compte rendu de la révolte des marrons de Jamaïque en 1734 dans les journaux a pu fournir au récit le modèle d'un déroulement séquentiel ; voir notamment celui du *Mercure de France* : « On a appris par une lettre du Gouverneur de la Jamaïque, datée du 31 mars dernier, qu'un nombre considérable de nègres s'était révolté ; qu'après avoir enlevé dans les magasins et dans les vaisseaux qui étaient à la rade, une grande quantité d'armes et de munitions de guerre, ils s'étaient retirés au Nord de l'île du côté de Port Antonio, où ils avaient détruit la plupart des plantations et commis beaucoup d'autres désordres, et qu'il y avait peu d'habitations où il ne s'échappât tous les jours plusieurs nègres. Le Gouverneur ajoute qu'il avait ordonné à tous les habitants de prendre les armes et de marcher contre les rebelles ; mais qu'il avait lieu de craindre, s'il ne recevait promptement du secours, de ne pouvoir apaiser la révolte dont les suites sont d'autant plus à redouter, qu'il y a dans cette île quatre-vingt mille nègres, et qu'on n'y compte qu'environ neuf mille blancs » (juin 1734, Slatkine Reprints, t.26, Genève, 1969, p.1222-1223).

Charles Leslie se fait l'écho également de cet épisode, et des fréquentes irruptions des noirs révoltés qui obligent les Européens à rester sur le pied de guerre : en 1734 « on résolut d'employer contre eux [les marrons] toutes les forces de l'île. L'exercice des lois civiles fut suspendu, et les militaires prirent leur place. On assembla des partis considérables qui avaient chacun leur chef particulier ». « En 1735 et 1736 toute l'île était restée en armes pendant neuf mois, l'exercice des lois civiles avait été suspendu, mais rien d'essentiel d'exécuté contre les nègres », Leslie, *op. cit.*, t.2, p.120-121, 133.

13. Le vocabulaire religieux qui justifie la révolte, et le transfert de la légitimité morale des représentants de l'autorité vers les sujets opprimés suggèrent la présence dans le conte de l'intertexte lockien ; dans le *Traité du gouvernement civil* de Locke, nourri de références bibliques, le peuple soulevé contre le tyran « en appelle au Ciel ».

14. Le discours de Wilmouth aux esclaves évoque le discours que le roi adresse au peuple dans un Etat républicain : « Je vous mets à tous les armes à la main, pour me servir si je suis juste, et pour me résister si je ne le suis pas » ; ainsi s'exprime le chef vertueux, dans le roman politique de Marmontel, *Bélisaire* ; « c'est au prince qui laisse gémir ses sujets dans l'oppression, à craindre qu'ils ne l'abandonnent » (*Bélisaire* (1767), éd. R. Granderoute, Société des Textes Français Modernes, 1994, p.171, 170). Les esclaves en armes dans *Ziméo* apparaîtraient comme un équivalent réduit de l'armée citoyenne, qui peut refouler l'agresseur étranger, ou se retourner contre l'oppresseur domestique, et qui constitue un « test » redoutable pour le gouvernement.

15. Saint-Lambert a pu trouver dans *l'Histoire générale des Antilles* du père Dutertre des exemples d'esclaves noirs fidèles à leur maître dans un contexte de révolte : le soulèvement des nègres en Guadeloupe en 1656 paraît d'autant plus

dangereux que certains habitants ont appris à leurs esclaves à manier les armes ; dans ces circonstances, écrit Dutertre, « on remarqua une grande fidélité dans les nègres du sieur d'Orange, car ils se battirent comme des lions contre les fugitifs et les sauvages, et quelques promesses qu'ils [les fugitifs et les sauvages] leur pussent faire, jamais ils ne leur purent faire quitter sa case, qu'ils leur empêchèrent de brûler » (*Histoire générale des Antilles* (1667), Paris, Edition et diffusion de la culture antillaise, 1978, t.1, ch.19, p.473).

Page 51.

16. Scénario très proche de celui d'*Oronoko*, dans la version française composée par A. de Laplace, où le drame domestique est particulièrement développé. Le gouverneur adjoint Byam fait des propositions à Imoinda, l'épouse d'Oronoko ; il exerce sa vengeance contre son rival noir qu'il fait mutiler et mettre à mort.

17. Divinité des habitants du Bénin. Saint-Lambert utilise *L'Histoire générale des voyages* de Prévost, qui présente la même orthographe altérée, « Orissa » (Paris, Didot, 1747, t.2, p.417) ; Dapper, source de *L'Histoire générale des voyages*, transcrit « Orisa » (les nègres du Bénin « appellent Dieu *Orisa* », *Description de l'Afrique* d'Olfret Dapper, traduit du flamand, Amsterdam, Wolgang, 1686, p.313).

Page 52.

18. Amplification des récits historiques, tel celui du *Mercure de France* consacré à la révolte des marrons de la Jamaïque en 1734 : « Le feu prit le 25 du mois dernier chez M. Cantillon, dont la maison fut entièrement brûlée, et qui périt lui-même dans les flammes ; on a arrêté deux hommes et une femme de ses domestiques qu'on soupçonne d'avoir volé et tué leur maître et d'avoir mis ensuite le feu à sa maison » (article cité). Leslie mentionne également des actions incendiaires.

19. La description de la colonie en feu est en relation étroite avec la poétique de Saint-Lambert, exposée dans le « Discours préliminaire » des *Saisons* : il faut placer, écrit le poète, « mais rarement, des tableaux qui rassembleraient une foule d'images voluptueuses et terribles, qui agiteraient l'âme en sens contraires et la feraient passer rapidement du plaisir à la douleur : tel serait le tableau d'une bataille, livrée dans le printemps et au milieu d'une plaine enrichie et parée de tous les présents de cette saison.

Une suite de descriptions champêtres lasserait l'attention du lecteur le plus amoureux de la campagne, après avoir parcouru votre galerie de paysages, il demandera des tableaux d'histoire ; il s'ennuiera de vous suivre dans vos solitudes ; il voudra voir l'homme et quelquefois le voir en action » (*Les Saisons, poème*, Amsterdam, 1769, p.XVIII-XIX).

Page 53.

20. Le nom de Ziméo peut être lu comme l'anagramme de Moïse, ou comme le

masculin de « Zimé ».

Dans le premier cas, Saint-Lambert s'inspire de l'histoire biblique, ou d'un article de Prévost qui reproduit le discours de Moses Bom Saam, chef des marrons révoltés de la Jamaïque ; le nom de Moses indique clairement une identification au prophète qui libéra le peuple juif de l'esclavage (*Le Pour et le Contre*, 1735, t.6, p.341-353).

Dans le deuxième cas, le texte-source est celui de La Place qui, dans sa traduction libre d'*Oronoko*, introduit le personnage d'une Indienne appelée Zimé, épouse d'un prophète, et dans un but évident de sacralisation des héros nègres, identifie le couple formé par Oronoko et Imoinda d'une part, et celui constitué par le prophète et Zimé d'autre part.

21. La plupart des récits de voyageurs, missionnaires ou naturalistes, évoquent la beauté des noirs ; voir aussi le roman d'Aphra Behn : Oronoko était « d'une taille si bien proportionnée, que le plus habile sculpteur aurait eu peine à imaginer une figure plus régulière, plus élégante » ; « sa bouche était belle, ses lèvres fines et vermeilles », Behn, *Oronoko* (1688), imité par La Place (1745), éd. cit., 1e partie, p.21.

Page 54.

22. Manglier : palétuvier, grand arbre à racines aériennes souvent fixées dans les limons d'une baie (mangrove). Il n'est sans doute pas indifférent que le héros noir soit associé à un arbre sauvage.

23. Le caractère passionné des peuples des pays chauds est un lieu commun de la littérature anthropologique, que Saint-Lambert développe dans son *Analyse de l'homme*, chapitre « Du climat » ; comme le Tahitien, le nègre « est mobile à l'excès » (*Œuvres philosophiques*, Paris, Agasse, an IX, t.1, p.112).

24. « Damel » est un nom de majesté dans plusieurs pays d'Afrique, comme les noms de César ou de Pharaon (*Histoire des Voyages*, éd. cit., t.2, p. 493). Saint-Lambert transpose au Bénin ce que l'*Histoire des Voyages* de Prévost et la *Nouvelle Relation d'Afrique occidentale* du père Labat placent à Kayor, au Cap Verd, en Lybie.

25. Ce nom est forgé en conformité avec la toponymie guinéenne : il entre en consonance avec les noms de villages béninois tels Ooseboe, Loebo , Arebo, ou de pays proches du Bénin, Odobo, Jaboe, Gaboe, mentionnés dans les ouvrages de Dapper, Bosman et Prévost.

Page 55.

26. Dans le sillage du *Télémaque*, tous les récits d'éducation du prince cherchent à préserver le jeune héros de l'influence corruptrice de la cour. Toutefois, la *Description de l'Afrique* de Dapper, qui s'intéresse aux rites d'exclusion et de purification des nouveaux rois, a pu fournir un fondement ethnographique à ce lieu commun de la littérature pédagogique : au Bénin « après la cérémonie [de couron-

nement] le roi va tenir sa cour dans un autre village nommé Ooseboe, parce qu'on ne lui permet pas d'abord de faire les fonctions de la royauté ; on le laisse pourtant entrer dans Bénin, lorsqu'on fait des sacrifices d'hommes et d'animaux sur la tombe de son père, et on fait aspersion sur lui du sang des victimes. Enfin lorsque le nouveau roi a montré par sa conduite, qu'il n'est pas indigne de remplir la place de ses ancêtres, le Général le va quérir, il fait son entrée dans Bénin, et commence à régner en souverain », Dapper, *op. cit.*, p.312.

27. « Matomba » est le nom d'un arbre, et du fil de ses feuilles (Prévost, *Histoire des voyages*, éd. cit., t.4, p.591). Il apparaît dans l'*Histoire des voyages* à l'occasion de la description des végétaux du royaume de Loango (voisin du Congo et de l'Angola). « Metamba », ou « matomba » : « Le tronc fournit d'assez bon vin, quoique moins fort que le vin de palmier. De ses branches on fait des solives et des lattes pour les maisons, et des bois de lit. Les feuilles servent à couvrir les toits, et résistent aux plus fortes pluies. Mais leur grand usage est pour la fabrique d'une espèce d'étoffes, dont tout le monde est vêtu dans le royaume. Cette étoffe y tient lieu aussi de monnaie courante », Prévost, *op. cit.*, p.587.

28. Saint-Lambert a pris la transcription phonétique de ce terme proposée par l'*Histoire des Voyages* : Bosman appelle les chefs guinéens « Caboceros » (*op. cit.*, p.139). Prévost écrit « Kabashirs », « nom que les nègres donnent à leurs chefs » (*op. cit.*, table, t.16) ; ce titre est le même que « Capcheres », et « Capacheres » (*ibid.*, t.3, p.442).

29. Ce nom africain apparaît chez Bosman, à l'occasion de la description du Bénin ; il est repris par Prévost qui modifie, probablement par erreur, le sexe du personnage. La source est ici, sans hésitation possible, l'*Histoire des voyages*.

Ellaroë est un homme dans le *Voyage de Guinée* : « Il arriva dans l'année 1699, que la femme d'un Mercador, nommé Ellaroë, ou communément Mos, accoucha de deux enfants. Le mari les sacrifia avec une esclave au lieu de sa femme » (Bosman, *Voyage de Guinée*, Utrecht, Antoine Schouten, 1705, p.473). L'*Histoire des voyages* en fait une femme : « En 1699, l'auteur [Nyendal] connut la femme d'un marchand, nommée Ellaroë ou Mos, qui avait été rachetée par son mari, mais qui avait vu périr misérablement ses deux fils » (éd. cit., t.4, p.413).

30. L'amour pour la fille du mentor – sorte d'inceste fraternel – est une situation romanesque fréquente. Dans l'*Oronoko* de La Place, le héros nègre épouse la fille de son mentor, Imoinda. Dans le roman d'éducation du prince de Marmontel, *Bélisaire* (1767), le prince Tibère épouse également la fille de son mentor.

31. Les habitants de la Guinée sont polygames selon le rapport de tous les voyageurs. La Place, entraîné par la pente idéalisante du roman, avait tenté de gommer cette réalité : amoureux d'Imoinda Oronoko prête serment « à ses pieds de renoncer, en sa faveur, au privilège des hommes de sa nation, et de n'avoir jamais, pendant sa vie, d'autre femme qu'elle », Behn, *Oronoko*, imité par La Place (1745), éd. cit., 1ère partie, p.28.

32. Selon Bosman, le Bénin est réputé pour être le premier exportateur de défenses d'éléphant (*op. cit.*, p.247) ; la mention de la poudre d'or, en revanche, est une licence poétique, le royaume étant dépourvu de ce métal précieux. Sur les côtes

de Guinée, l'or a deux formes différentes, « le premier s'appelle ici or en poudre, et est presque aussi fin que de la farine ; il est le meilleur et le plus estimé en Europe. L'autre consiste en morceaux de différentes grandeurs » (Bosman, *op. cit..*, p.91).

33. Le Bénin n'exporte quasiment pas d'esclaves, selon Chambon : « Les deux choses que nous ambitionnons le plus, ne s'y trouvent pas, les esclaves et l'or. Le pays n'a point de mines, et il n'est pas permis de vendre les hommes pour l'esclavage. Il est vrai que les femmes ne sont point comprises dans cette défense » (Chambon, *Commerce de l'Amérique par Marseille*, Avignon, 1764, t.2, p.159-160).

34. La description du Bénin dans le *Voyage de Guinée* autorise cette indication utopique : « S'il se commet peu de vols dans ce pays, il s'y commet encore moins de meurtres » (Bosman, *op. cit.*, p 478).

Page 56.

35. « Les habitants de Bénin sont en général de bonnes gens et civils, de qui on peut obtenir tout ce que l'on veut, si on les traite honnêtement ; ils récompensent au double les libéralités qu'on leur fait » (Bosman, *op. cit.*, p.461-462). Même éloge de la douceur de caractère de ce peuple sous la plume de Guillaume Smith : « Les habitants [du Bénin] sont généralement d'un très bon caractère, fort affables et extrêmement polis.

Lorsque les Européens leur font des présents, comme il est d'usage d'en faire en arrivant dans leur pays pour commercer avec eux, ils cherchent toujours à leur en rendre le double » (*Nouveau voyage de Guinée...*, traduit de l'anglais, Paris, Durand, Pissot, 1751, t.2, p.207).

36. Le texte reprend un épisode de l'*Histoire des Antilles* de Dutertre, et une séquence d'*Oronoko*, fidèlement traduite par la Place.

« Des marchands, écrit le missionnaire historien, ont été assez injustes pour enlever les innocents avec les criminels, ravissant la liberté à ceux [...] qui étaient venus à leur vaisseau pour y faire bonne chère. On m'a dit qu'un certain capitaine en ayant attiré plusieurs dans son vaisseau à force de boisson et de présents, or, pendant que ces pauvres gens ne songeaient qu'à se bien divertir, le pilote leva l'ancre, dès que le navire fut sous voile, on les saisit, on les chargea de chaînes, ainsi ils furent amenés aux îles, où ils furent vendus en qualité d'esclaves », *op. cit.*, t.1, p.497.

Aphra Behn s'est probablement inspirée de ce récit dans *Oronoko* : « [Le héros et ses compagnons] furent régalés splendidement dans le vaisseau [...]. Dès que la table fut levée, Oronoko, qui jusque là n'était entré dans aucun vaisseau de cette grandeur, fut curieux d'en examiner toutes les parties. Il descendit à fond de cale avec le capitaine, et tous ceux qui l'avaient suivi.

Le perfide Espagnol qui dès longtemps avait médité son projet, fit alors le signal. Au même instant les Africains furent saisis, chargés de fers ; et le vaisseau mit à la voile », Behn, *Oronoko*, imité par La Place (1745), éd. cit., 1ère partie, p.98.

A la suite d'*Oronoko*, *Ziméo* attire l'attention sur le cas particulièrement scandaleux des Africains « volés » (ni prisonniers de guerre ni criminels) ; ces enlèvements avaient été condamnés par les théologiens de la Sorbonne, selon le rapport de Chambon : « on proposa à cette Faculté [la Sorbonne] les deux cas suivants.

Premièrement : Les capitaines et commis des comptoirs de Guinée peuvent-ils acheter des esclaves qu'ils savent avoir été dérobés ?

Secondement : Les habitants de nos colonies peuvent-ils acheter des esclaves, sans s'informer des capitaines si la première vente en a été légitime ?

La réponse fut qu'il n'était pas permis et qu'il fallait remettre en liberté ceux qui avaient été enlevés contre le droit des gens. On se moqua de cette décision en Amérique » (*op. cit.*, t.2, p.213).

37. L'*Histoire générale des voyages* a pu suggérer le choix des Portugais : les habitants du Bénin « traitent tous les Européens avec politesse, à l'exception des Portugais, pour lesquels ils ont de l'aversion. Mais ils ont une prédilection déclarée pour les Hollandais », éd. cit., t.3, p.410.

38. Tous les récits qui représentent la traite, ceux de Bosman, de des Marchais, de Snelgrave, de Chambon etc., signalent l'importance du phénomène des suicides pendant la traversée ; quand ils ne peuvent se noyer les esclaves déterminés à mourir refusent toute ingestion de nourriture.

Page 57.

39. L'*Histoire des voyages* rapporte le récit de voyages d'un missionnaire italien, Denis Carli, les *Relations curieuses et nouvelles d'un Voyage au Congo*, où sont évoquées la famine à bord d'un vaisseau négrier et la tentation de l'anthropophagie : en raison des calmes fréquents, les provisions viennent à manquer ; « Carli, pénétré jusqu'au fond du cœur, se retira dans sa cabine de nattes, et passa le jour entier sans nourriture, pour encourager tant d'infortunés par son exemple. Tandis qu'il faisait des réflexions amères sur une si cruelle extrémité, il entendit quelques matelots portugais qui proposaient entre eux de tuer des esclaves, et qui s'étonnaient de l'embarras du capitaine, lorsqu'on avait tant de chair humaine à manger. Il leur fit un sanglant reproche de cette odieuse idée » ; la terre se dessine à ce moment à l'horizon, éd. cit., t.4, p.513.

Page 58.

40. Diderot note le procédé du contraste, dont il trouve la justification théorique exposée dans le « Discours préliminaire » des *Saisons* et dont le paradigme pictural serait un tableau de Poussin, « le Tombeau dans un paysage riant » : « c'est en lisant le troisième conte de M. de Saint-Lambert, intitulé *Ziméo*, qu'il faut se rappeler cette théorie du philosophe sur le mélange du terrible et du voluptueux : vous y apercevez à chaque ligne le dessein de l'auteur de vous renvoyer de la terreur à la volupté, et de la volupté à la terreur » ; Diderot juge le contraste trop appuyé chez Saint-Lambert et « sublime » chez Poussin (*Correspondance littéraire*, février 1969, Paris, Longchamps et F. Buisson, t.6, p.299-316). Saint-Lambert avait notamment écrit : « Vous pouvez quelquefois faire contraster la situation du personnage et le lieu de la scène, placer le plaisir au milieu des horreurs, la tristesse dans un jardin des délices,

et vous ferez alors de ces tableaux qui agitent l'âme en sens contraires, qui la touchent et la font rêver » (*Saisons*, Amsterdam, 1769, p.XVII-XXIII)

Le rapprochement délibérément anachronique effectué par Servais Etienne, qui trouve ce passage « d'un goût fort douteux : c'est l'une des scènes les plus choquantes de *Germinal*, en moins long » (*Les Sources de Bug-Jargal*, p.30) peut se comprendre à la lumière de la philosophie sensualiste de Saint-Lambert.

41. Cet épisode valut à Saint-Lambert une accusation de plagiat ; il démarquerait selon Marmontel le chapitre XXII des *Incas*, dont certains extraits avaient été lus dans les salons bien avant la publication de ce roman en 1777. Diderot, dans la *Correspondance littéraire* se fait l'écho de cette querelle et relève les points communs entre les deux textes, sans prendre parti sur le fond de l'affaire : une traversée maritime ; l'absence de vent ; la famine ; à bord du vaisseau, deux amants captifs, mexicains, dans le roman de Marmontel, africains, dans le conte de Saint-Lambert ; la tentation du cannibalisme, dans les *Incas*, et des actes effectifs d'anthropophagie dans *Ziméo* (article cité).

Une note des *Incas* garde la trace du litige : « Dans un conte très intéressant, intitulé *Ziméo*, imprimé à la suite du poème des *Saisons*, se trouve une description assez semblable à celle-ci. Mais j'ai pris soin de constater que cette partie de mon ouvrage était écrite, et connue de mes amis, avant que le conte de *Ziméo* fût fait. L'auteur l'a reconnu lui-même et m'a permis de l'en prendre à témoin » (Marmontel, *Les Incas, ou la destruction de l'Empire du Pérou*, Paris, Lacombe, 1777, t.1, p.300).

La plupart des représentations de la traite négrière sont dramatiques et font état des morts nombreuses qu'entraînent les maladies, la malnutrition, la situation d'enfermement, les révoltes etc.

Saint-Lambert a pu reprendre aux *Incas* les personnages romanesques des amants environnés par l'horreur ; il ajoute la scène sexuelle, absente dans le roman de Marmontel.

Page 59.

42. Portobelo, ville portuaire de Panama qui donne sur la Mer des Caraïbes.

43. Même représentation de la capture du prince nègre dans le roman d'Aphra Behn, fidèlement traduit par La Place : « Un lion, pris dans les toiles, n'est pas plus furieux, et sa rage ne fait pas plus d'efforts pour sa liberté. Ses fers étaient disposés de façon qu'il ne pouvait lever les mains pour sa défense, ni s'en servir pour se donner la mort, qu'on était sûr qu'il craignait moins que l'esclavage », Behn, *Oronoko*, imité par La Place (1745), éd. cit., 1ère partie, p.98-99.

44. Même image d'Oronoko lié sur le vaisseau ; « Epuisé par de vains efforts, et convaincu d'être privé de tout autre moyen de s'arracher la vie, le malheureux Oronoko se détermina à se laisser mourir de faim. [...] Il se coucha la face contre terre, et refusa également et de manger et de parler », Behn, *Oronoko*, imité par La Place (1745), éd. cit., 1ère partie, p.99-100.

Page 60.

45. Le *Voyage à la Martinique de* Thibault de Chanvalon apporte une caution ethnographique à cette mise en scène du nègre passionné : « L'amour, cet enfant de la nature [...] anime toutes les actions et toutes les pensées des nègres ; lui seul adoucit le poids de leur esclavage.

Ils ne sont refroidis ni par les périls, ni par les châtiments. Un nègre part de chez son maître la nuit, traverse les bois, s'expose aux serpents, ne craignant pas d'être arrêté comme fugitif, pour aller voir sa maîtresse » (Thibault de Chanvalon, *op. cit.*, p.61).

46. Un traité de paix conclu avec les marrons à la fin des années 1730 à l'initiative du gouverneur de la Jamaïque Edward Trelaunay (Leslie, *op.cit.*, t.2, p.133-134).

Page 61.

47. Les ouvrages des négriers constituent une des principales sources d'informations sur les Africains dans les années 1700-1730 : voir notamment le *Voyage de Guinée* (1705) de William Bosman, le *Voyage du chevalier des Marchais en Guinée, îles voisines, et à Cayenne* (1730), rédigé par le père Labat qui utilise des matériaux fournis par des Marchais, et la *Nouvelle Relation de quelques endroits de Guinée, et du commerce d'esclaves qu'on y fait* (1735) de Guillaume Snelgrave.

Les textes importants de colons seront publiés à partir des années 1770, soit après la parution de *Ziméo* ; toutefois, les habitants des Antilles contribuent à entretenir un racisme diffus.

48. Saint-Lambert refuse de suivre Voltaire dans la recherche de caractères « raciaux » spécifiques aux Africains, et de reproduire en particulier le stéréotype de l'infériorité intellectuelle des noirs (Voltaire, *Essai sur les mœurs*, éd. cit., t.2, p.306). Chambon consacre une partie du *Commerce de l'Amérique* (1764) à la réfutation des propos malencontreux du philosophe, qui s'égare dès qu'il aborde le chapitre de l'Afrique. Saint-Lambert pense peut-être aussi à l'ouvrage récent de Cornélius de Pauw, où des considérations physiologiques voudraient imposer l'idée d'une unité et d'une infériorité de la race africaine (*Recherches philosophiques sur les Américains, ou Mémoires intéressants pour servir à l'histoire de l'espèce humaine* (1768-1769), Berlin, 1771, t.1, p.182).

49. Buffon, dans les « Variétés dans l'espèce humaine », (*Histoire naturelle, générale et particulière*, 1749), compare les caractères physiques des Africains à ceux d'autres peuples – les Esquimaux, les Tartares etc. – ; il évoque également la beauté des noirs.

50. L'idée est exprimée avec la plus grande netteté dans le *Voyage à la Martinique* de Thibault de Chanvalon : « La plupart des traits que nous y remarquerons [dans les esclaves noirs], ne sont pas sans doute ceux qu'avait tracés la nature, ni ceux qu'auraient formés l'influence du climat, l'éducation et la liberté. Leur état, leur avilissement dans nos îles doit les altérer.

Peut-on connaître le vrai génie d'un peuple opprimé, qui voit sans cesse les châtiments levés sur sa tête, et la violence toujours prête à être soutenue par la politique et la sûreté publique ? peut-on juger de la valeur, quand elle est enchaînée et sans armes ?

J'ai vu des Européens qui avaient été pris et faits esclaves par les Algériens ; ils m'ont dit que dans cet état ils étaient aussi méchants, qu'ils servaient aussi mal leurs maîtres, que les nègres servent les leurs dans nos colonies », éd. cit., p.58.

Voir aussi les *Ephémérides du citoyen*, « Réponse à la lettre d'un Américain sur l'esclavage des nègres », 1766, t.6, p.145-193 : « Le vice est nécessairement le fruit de l'ignorance et de l'oppression. L'homme qui naît victime d'un pouvoir arbitraire, dévoué au travail, soumis au caprice, abruti par les châtiments, n'acquiert d'autre idée que celles de la force [...] ; il est donc plus malheureux que coupable de ne pas s'élever à des connaissances plus exactes et plus étendues, qui le rendraient susceptible de sentiments plus honnêtes et plus délicats ». « Ceux-là sont les vrais criminels qui devraient éclairer les hommes, les rendre libres, justes et heureux, qui étouffent la lumière, qui avilissent, qui abrutissent, qui oppriment leurs semblables ».

L'établissement d'un rapport entre le gouvernement politique et la moralité des individus ou des peuples provient indirectement des œuvres de Montesquieu et de Rousseau.

Les considérations sur les vices des esclaves sont en retrait par rapport à la fiction, qui représente le courage des nègres marrons et la résistance à toutes les tentatives de déshumanisation.

51. L'introduction de facteurs politiques, économiques, religieux s'inscrit dans une stratégie d'élargissement et de dissolution du concept de race ; elle conduit à quitter le terrain de la seule physiologie, et à multiplier les points de rencontre entre Européens et Africains, tous considérés comme des êtres historiques.

52. Principal enseignement des récits de voyages, qui soulignent la diversité des peuples.

Voir par exemple le *Voyage de Guinée* de Bosman : « je ne crois pas qu'il y ait de lieu au monde où les inférieurs soient si soumis et si respectueux envers leurs supérieurs, que dans le royaume de Fida [Ouidah] ; en quoi ils sont directement opposés aux nègres de la côte de Guinée, qui sans faire aucune distinction de personnes vivent comme des bêtes les uns avec les autres ». « Il y a une très grande différence pour la judicature entre les pays gouvernés par un roi et les pays gouvernés en république [...] ; je parlerai seulement des républiques, et surtout de celles d'Axim et d'Ante [Ghana actuel], qui nous semblent les mieux réglées », p.359, 168.

En raison de son caractère encyclopédique, l'*Histoire des Voyages* met en évidence plus que tout autre ouvrage contemporain les différences entre les formes du gouvernement politique et les mœurs sur le continent africain.

53. Ici s'amorce la hiérarchisation des peuples fondée sur des critères culturels, et sur la mesure des progrès en matière de civilisation.

A la différence du récit qui accorde une place à la critique des sociétés européennes, (« je trouvais dans vos arts, dit Ziméo, bien des superfluités, et dans vos mœurs bien des contradictions »), les « réflexions » postulent la supériorité absolue de l'Europe.

Elles s'opposent à la valorisation du sauvage dans l'œuvre de Rousseau, et dans certains textes de Buffon : peut-être un philosophe observant l'âme d'un sauvage, écrit Buffon, « y reconnaîtrait-il plus de douceur, de tranquillité et de calme que dans la sienne, peut-être verrait-il clairement que la vertu appartient à l'homme sauvage plus qu'à l'homme civilisé, et que le vice n'a pris naissance que dans la société » (« Variétés dans l'espèce humaine » (1749), *Histoire naturelle, générale et particulière*, vol.3, fac-similé, éd. Robert Bernasconi, Bristol, England, Thoemmes Press, 2001, p.493).

Les « réflexions sur les nègres » illustrent un courant de pensée anthropologique ethnocentriste dominant au dix-huitième siècle : il y a unité de l'espèce humaine, mais pas vraiment égalité entre les peuples (David Brion Davis, *The Problem of Slavery in Western Culture* (1966), 1967, p.456).

54. L'énumération, qui reproduit la table des matières de l'*Histoire des Voyages*, en respectant la même succession, confirme l'utilisation de cet ouvrage comme source de documentation.

Le Congo recouvre le Zaïre et l'Angola actuels ; le Monomotapa recouvre le Zimbabwe.

55. Les griots, membres de la caste des poètes musiciens, dépositaires de la tradition orale. « Guiriot », absent des dictionnaires de l'époque, est utilisé dans les récits de voyages ; *L'Histoire générale des voyages* de Prévost présente une illustration intitulée : « GUIRIOT ou nègre jouant du balafo [instrument musical] », éd. cit., t.2, p.476.

56. Famille d'orfèvres parisiens ; les plus célèbres furent Pierre (1646-1684), Thomas (1673-1748) et François-Thomas Germain (1726-1791).

Page 62.

57. Les questions abordées par le narrateur rejoignent celles qu'examine Helvétius dans *De l'Esprit*, particulièrement dans le chapitre intitulé « De la supériorité que certains peuples ont eu dans les divers genres de sciences ou d'arts » ; les réponses formulées par les deux auteurs sont également très analogues : « l'inégalité des esprits » est rapportée non à un quelconque déterminisme physiologique mais, principalement, au hasard historique. « La conclusion générale de ce Discours, écrit Helvétius, c'est que le génie est commun, et les circonstances propres à le développer très rares » (*De l'Esprit* (1758), Discours IV, chap.30, Fayard, « Corpus des Œuvres de Philosophie en Langue Française », texte revu par J. Moutaux, 1988, p.417). Toutefois la suite du texte de Saint-Lambert accorde un certain poids aux causes climatiques et géographiques, écartées par Helvétius, qui rejette cette partie du système de Montesquieu et privilégie ce qu'il appelle les « causes morales » – causes principalement politiques liées aux différentes formes de gouvernement.

58. Idée empruntée à Montesquieu et reprise par Saint-Lambert dans son *Analyse de l'homme*, chapitre « Du climat » : « Dans les pays froids, il faut de l'invention et du travail pour se nourrir, se vêtir et se loger » (éd. cit., p.113) ; les capacités de raisonnement seraient moins développées chez les peuples des pays chauds, que caractériseraient une imagination vive, le goût pour l'amour, le chant et les arts.

59. L'expression de la foi dans la perfectibilité humaine constitue peut-être une réponse à de Pauw qui radicalise la théorie de l'influence du climat de Montesquieu et la fige en un déterminisme interdisant toute perspective d'évolution : « Il est des peuples, écrit de Pauw, qui ne sont peut-être jamais sortis de l'enfance et de l'état originel : le ciel et la terre se sont opposés à leurs efforts, et la difficulté de se policer a été chez eux invincible, et l'est encore. Les Esquimaux et les Groenlandais n'auront jamais des villes, ou ce qui est la même chose, ils n'auront jamais des champs labourés, si la position du globe reste la même à leur égard. Les nègres ne se civiliseront point, s'ils demeurent continuellement sous la ligne, exposés à la plus grande chaleur qu'aucun point de la terre éprouve » (*Recherches philosophiques sur les Américains*, éd. cit., t.1, p.98-99).

La confiance dans les progrès de l'esprit humain est très commune au siècle des Lumières ; Saint-Lambert a pu en trouver une formulation particulièrement vigoureuse chez Helvétius, dont il préface un ouvrage en 1772 : « Ce que le commun des lecteurs a le moins pardonné à Helvétius, c'est d'avoir prétendu que tous les hommes naissaient avec la même disposition à l'esprit, et qu'il n'y avait pas d'homme que l'éducation et le travail ne pussent élever au rang de génie », Saint-Lambert, *Préface ou Essai sur la vie et les ouvrages de M. Helvétius*, dans Helvétius, *Le Bonheur, poème en six chants*, Londres, 1772, p.LXXXVI.

60. « L'antiesclavagisme n'est pas un anticolonialisme » : la formule d'Yves Benot trouve dans le texte de Saint-Lambert une parfaite illustration. La Société des Amis des Noirs fondée en 1788, à laquelle s'agrègera Saint-Lambert, étudie la possibilité de fonder des colonies en Afrique, où la culture de la canne à sucre par des nègres libres mettrait un terme à la traite et entraînerait l'abolition de l'esclavage dans les Antilles. « Dans la grande généralité des cas, écrit Y. Benot, l'antiesclavagisme s'inscrivait dans la perspective d'une colonisation, pour ainsi dire, à visage humain. Il a pu, par la suite, s'accorder avec la conquête coloniale de l'Afrique dans laquelle il voyait, ou plutôt imaginait, une croisade humanitaire contre l'esclavage » (*La Modernité de l'esclavage*, Editions La Découverte, 2003, p.188).

Page 79.

61. Locke est invoqué comme défenseur de la liberté politique. Le philosophe anglais ne peut servir de référence cependant, en toute rigueur, pour la condamnation de l'esclavage civil ; certes, le *Traité du gouvernement civil* définit l'esclavage comme « un état de guerre continué » entre un conquérant et un prisonnier (chapitres III et IV) ; toutefois la constitution que Locke a rédigée pour la Caroline du Nord laisse subsister l'esclavage des noirs. Il faut comprendre que les

principes établis au sujet du gouvernement politique, appliqués au gouvernement colonial, devraient conduire à l'abolition de l'esclavage.

62. Burlamaqui (1694-1748) : jurisconsulte suisse, auteur des *Principes du droit naturel* (1747) et des *Principes du droit politique* (1751) ; théoricien de l'école du droit naturel dans la lignée libérale de Locke.

63. Montesquieu est certainement un adversaire de Hobbes et mérite d'être mentionné pour son texte sur l'esclavage des noirs ; toutefois dans l'histoire de l'école du droit naturel, Rousseau occupe une place bien plus centrale ; on note l'absence de toute référence au *Second Discours* et au *Contrat social*. Les *Œuvres philosophiques* de Saint-Lambert expriment de fortes réserves concernant la philosophie politique de Rousseau, jugée trop anti-sociale et antimonarchiste (éd. cit., t.1, p.37-39, t.2, p.121).

64. Hobbes auteur du *Léviathan* et du *Citoyen*, Machiavel auteur du *Prince*, considérés ici comme les figures paradigmatiques des apologistes de la tyrannie.

65. Expression d'une morale intégralement sécularisée, inspirée par Helvétius : « Il faut d'une main hardie [...] découvrir aux nations les vrais principes de la morale ; leur apprendre [...] que le sentiment de l'amour de soi est la seule base sur laquelle on puisse jeter les fondements d'une morale utile » ; « cette connaissance [...] a fait confusément apercevoir au Législateur la nécessité de fonder sur la base de l'intérêt personnel les principes de la probité » ; « l'espoir ou la crainte des peines ou des plaisirs temporels, sont aussi efficaces, aussi propres à former des hommes vertueux, que ces peines et plaisirs éternels qui, considérés dans la perspective de l'avenir, font communément une impression trop faible pour y sacrifier des plaisirs criminels, mais présents », *De l'Esprit*, Discours II, chap. 24, « Des moyens de perfectionner la morale », éd. cit., p.211, 212, 213.

Jean-François Butini

LETTRES AFRICAINES,

OU HISTOIRE DE PHÉDIMA ET D'ABENSAR

(1771)

Introduction

Les *Lettres africaines* sont l'unique roman de Jean-François Butini, auteur d'un ouvrage philosophique, le *Traité du luxe*, et d'une pièce de théâtre, *Othello*, traduction et adaptation en vers de l'œuvre de Shakespeare. Ce patricien genevois, procureur général, membre de l'Assemblée nationale au moment de la Révolution de Genève, réformateur du code pénal, s'est adonné pendant trois années seulement, entre 1771 et 1774, à la littérature. Il s'est consacré principalement à sa carrière juridique et politique, qui l'a conduit à jouer un rôle actif dans la vie de la cité.

Nous ne savons rien de la jeunesse et de la formation de Butini, né en 1747, issu d'une ancienne famille genevoise qui compte aux dix-septième et dix-huitième siècle plusieurs notables au pouvoir, membres du Conseil des Deux-Cents. Il est avocat en 1769. Son œuvre témoigne de l'influence de Jean-Jacques Rousseau, concitoyen très admiré, et d'une ouverture à la culture européenne, française et anglaise. Adaptateur d'*Othello*, lecteur attentif d'*Oronoko*, le jeune écrivain manifeste un goût pour la langue anglaise qu'il partage avec nombre de ses concitoyens, si on en croit ces propos de Sismondi sur Genève, « ville anglaise sur le continent [...] où l'on pense, où l'on sent en anglais ; où l'on parle cependant, où l'on écrit en français »[1]. La culture genevoise privilégie traditionnellement la politique, la philosophie, le droit ; Burlamaqui, auteur des *Principes du droit naturel et politique*, fut professeur de droit à l'Université de Genève ; Rousseau reconnaît sa dette envers la culture républicaine de sa ville natale ; Butini est dans une large mesure l'héritier de cet intérêt pour les problèmes liés à la chose publique.

La parution des *Lettres africaines* suscite un compte rendu dans l'*Année littéraire* et un article important dans les *Ephémérides du citoyen* (voir Annexe I, texte 2). Le *Traité du luxe* reçoit un accueil favorable dans la *Bibliothèque des sciences et des beaux-arts*, qui indique une forme de

---

1. Cité par Anne-Marie Piuz dans *Histoire de Genève*, publiée sous la direction de Paul Guichonnet, Toulouse, Privat, Lausanne, Payot, « Univers de la France et des pays francophones », 1974, p.245.

continuité reliant la fiction et le texte d'idées : « L'auteur de cet ouvrage est déjà connu par ses *Lettres africaines*, dans lesquelles il s'est élevé avec chaleur contre l'esclavage des nègres. Si l'on médite sur les raisons qui peuvent engager l'homme à dégrader son semblable, jusqu'au niveau de la brute, on trouvera que le luxe immodéré est la plus efficace. Sous ce point de vue, l'ouvrage que nous indiquons peut être regardé comme une suite des premières méditations de M. Butini »[2]. De fait, l'argumentation contre le luxe met en garde contre les effets politiques et sociaux d'une excessive inégalité sociale, qui peut prendre la forme plus ou moins institutionnalisée de l'esclavage. Toutefois, l'originalité du *Traité* tient moins, peut-être, à ce discours rousseauiste de condamnation des richesses, qu'à la tentative d'intégration dans le cadre d'une pensée essentiellement morale – sinon moralisante – des acquis récents de la pensée physiocratique ; les *Lettres* et le *Traité* déploient en effet une réflexion sur les conséquences destructrices en termes économiques d'un trop grand écart des fortunes, et sur les effets stimulants pour la croissance d'un luxe modéré, ou d'une répartition moins inégalitaire de la richesse collective.

Jean-François Butini devient membre du Conseil des Deux-Cents en 1775 ; dans le régime oligarchique de l'Ancien Régime, le gouvernement est formé d'un Petit Conseil de vingt-cinq membres, qui réunit les pouvoirs exécutif, législatif et judiciaire, et d'un Grand Conseil de deux cents membres, qui s'élisent réciproquement. En 1777, Butini est châtelain de Peney, et en 1779, de Saint-Victor et Chapitre – fonction administrative et juridique qui fait de lui le représentant du gouvernement dans les territoires ruraux – et procureur général en 1782, puis de 1791 à 1793[3]. Michel Porret qui a étudié les archives criminelles de Genève au dix-huitième siècle analyse dans *Le Crime et ses circonstances. De l'esprit de l'arbitraire au siècle des Lumières selon les réquisitoires des procureurs généraux de Genève* (1995) des réquisitoires rédigés par le P.G. Butini, et relève notamment le plaidoyer de Butini en faveur de l'impartialité sociale des incriminations. Les préoccupations du romancier et celles du magistrat, confronté aux problèmes de l'arbitraire de la justice, de la nature des peines

---

2. *Bibliothèque des sciences et des beaux-arts*, t.41, 1ère partie, La Haye, Pierre Gosse Junior et Daniel Pinet, janvier-mars 1774, p.134 et sq. Voir aussi l'*Année littéraire* 1774, t.5, p.335-354 et le *Journal encyclopédique*, déc. 1774, t.8, 3e partie, p.379-391.

3. *Dictionnaire historique et biographique de la Suisse*, publié sous la direction de M. Godet, H. Turler, V. Attinger, Neufchatel, Administration du dictionnaire historique et biographique de la Suisse, 1924, t.2.

(dont le fouet, en pratique à Genève, ou celle infamante du gibet) se rejoignent manifestement sur certains points.

La fin de l'Ancien Régime en décembre 1792 entraîne en 1793 la formation d'une Assemblée constituante genevoise, appelée Assemblée nationale, élue sans restriction de choix par l'ensemble des Genevois, les anciennes distinctions entre citoyens, bourgeois, d'une part – seuls habilités à siéger dans les Conseils restreints – natifs, habitants, domiciliés etc. d'autre part, ayant été abolies. Sont élus toutefois les citoyens les plus connus, anciens notables ; Butini est de ce nombre. L'historien de la Révolution de Genève Eric Golay montre dans son ouvrage *Quand le peuple devient roi. Mouvement populaire, politique et révolution à Genève de 1789 à 1794* que, dans ce nouveau contexte, l'ancien patricien Butini fait figure de conservateur. L'Assemblée est composée de commissions spécialisées qui s'occupent des objets de législation – instruction publique, finances, agriculture etc. Le procureur travaille au sein du Comité des lois civiles. Il démissionne en août 1793, suite à l'affaire du serment civique – organisée par les patriotes extrémistes dans le but d'exclure les « non patriotes » de la fonction publique –, ou plus probablement, selon Eric Golay, en signe de protestation contre la décision d'amnistier tous les « délits politiques », soit tous les actes de violence perpétrés depuis le début de la Révolution[4].

C'est probablement dans le sillage de son expérience législative qu'il fait paraître, en collaboration avec l'ancien président de l'Assemblée constituante, le modéré Louis Odier, et un des chefs de l'exécutif, le théoricien du droit et patriote Julien Dentand[5], le *Projet de code pénal précédé d'un rapport. Lu au Conseil Législatif [de Genève] le 3 décembre 1795 par le Comité Rédacteur des Lois permanentes* (1796), étudié par Michel Porret. Le *Projet* vise à universaliser les normes de la justice, contre l'esprit de l'arbitraire[6]. Il est déterminé par l'humanisme des Lumières, qui aspire à renforcer les principes de légalité dans le cadre de l'institution judiciaire.

---

4. Eric Golay, *Quand le peuple devient roi. Mouvement populaire, politique et révolution à Genève de 1789 à 1794*, préface de Michel Vovelle, Genève, Ed. Slatkine, « Travaux sur la Suisse des Lumières », 2001, p.135.

5. Sur Odier et Dentand, *ibid.*, p.136-137, 379.

6. Michel Porret, *Le Crime et ses circonstances. De l'esprit de l'arbitraire au siècle des Lumières selon les réquisitoires des procureurs généraux de Genève*, préf. De B. Baczko, Genève, Droz, 1995, p.121-122, 441.

Butini aurait continué à faire partie du personnel judiciaire durant la période d'occupation française de Genève, entre 1798 et 1804, dans le département français du Léman, avant de mourir en 1805[7].

Les Lettres africaines

L'Afrique

L'élection de Juida[8] dans les *Lettres africaines* comme premier espace romanesque, avant le transfert de l'action en Jamaïque se comprend à la lumière des récits de voyages en Afrique, qui livrent des descriptions particulièrement riches de ce royaume. La France, le Portugal, la Hollande et l'Angleterre ont des comptoirs dans ce petit Etat qui relève du royaume d'Ardra, borné à l'est par le Bénin. La France entretient des liens privilégiés avec Ardra, dont témoigne la visite à la cour de Louis XIV en 1670 d'un ambassadeur de ce pays. Un manuel de conversation en langue ardra à l'usage des voyageurs figure dans le *Voyage du chevalier des Marchais en Guinée* paru en 1730 ; la description de Juida, des institutions du royaume, des mœurs des habitants etc. remplit trois cents pages de cet ouvrage, principale source utilisée par Butini, et se taille la part du lion dans les récits de Bosman, Snelgrave, et Smith consacrés à la côte de Guinée. Le trajet accompli par les personnages de la fiction, de Juida à la Jamaïque, est celui que relate William Snelgrave, chef de vaisseau négrier, et celui de milliers d'Africains : plaque tournante de la traite, le royaume fournit chaque année entre seize et vingt mille esclaves.

L'intérêt porté à Juida par les auteurs de récits de voyages est d'ordre commercial, mais il peut déborder de ce cadre étroit et conduire dans certains textes à un exposé ethnographique et sociologique. De façon générale, se dégage des différentes descriptions de ce royaume l'image d'*une Afrique civilisée*. Bosman distingue nettement les nations de la Côte d'or, proches de la bestialité, et le peuple de Juida, auquel il prête un caractère laborieux et des dispositions pour l'agriculture, qui font de cette contrée un paradis verdoyant ; il évoque l'extrême civilité de cette nation, qui se manifeste dans les rapports avec les Européens par des actes de générosité, et dans la vie sociale par le respect des hiérarchies, et l'observation de

---

7. John-Barthélemy-Gaïfre Galiffe, *D'un Siècle à l'autre. Correspondances inédites entre gens connus et inconnus du XVIIIe et du XIXe siècle*, 1878, t.2, « Genève pendant sa réunion à la France sous le Directoire, le Consulat et l'Empire. Restauration de la République », p.4.

8. Ouidah, dans l'actuel Bénin.

cérémonies rigoureusement codifiées. L'attention portée aux spécificités de la société de Juida, à des institutions telles que la polygamie et le polythéisme, ou à certaines coutumes inhumaines témoigne dans le livre de Bosman d'une recherche de connaissance scientifique qui évite les écueils de la simplification et de l'idéalisation. Le *Voyage du chevalier des Marchais en Guinée* fondé sur le récit fourni par des Marchais, capitaine de navire de la Compagnie des Indes, et rédigé par le père Labat, fait coexister de façon plus marquée les aspects « civilisés » et « barbares » du peuple de Juida, qui servent directement, semble-t-il, l'idéologie colonialiste de l'ouvrage. Missionnaires et négociants sont appelés en effet à investir un espace prometteur, où les populations sont suffisamment avancées pour entrer dans les desseins des Européens, et assez perverties pour que leur exploitation soit légitime. Ainsi, l'Afrique plus policée encore que dans la description de Bosman se mue quelquefois en une Afrique corrompue, déchue, quasi infernale, à laquelle manquent la connaissance du christianisme et les compléments indispensables d'une civilisation humaniste. Le polythéisme se dégrade en culte diabolique du serpent ; le défaut de civilisation explique la perpétuation d'usages sanguinaires particulièrement atroces. Une réelle attention ethnographique se déploie pourtant en marge du discours de propagande, et en dépit des visées coloniales du texte (voir Annexe II, texte 1).

Les *Lettres africaines* qui mettent en scène des nègres « civilisés », européanisés, ont la caution des voyageurs. La fiction de Butini est constituée, de façon générale, d'emprunts innombrables aux récits de voyages contemporains. Elle ne laisse pas, cependant, de donner quelquefois un sentiment d'invraisemblance, en raison de la sélection exclusive d'éléments idéalisants qui concordent avec la tradition romanesque classique. La mise en sourdine des réalités proprement africaines telles que l'adoration d'êtres naturels, le recours aux fétiches, la polygamie etc., la concentration d'indications de mœurs analogues à celles de l'Europe produisent un texte qui peut superficiellement évoquer le roman mauresque du dix-septième siècle, malgré une fidélité littérale aux écrits documentaires. Il est possible que le *Voyage du chevalier des Marchais en Guinée* ait subi l'influence de modèles de narration fictionnels, et qu'il s'inspire à l'occasion des topoï du roman héroïque, récupérés et privilégiés par l'auteur des *Lettres africaines*, parce que ces lieux communs ont l'avantage de préserver l'homogénéité du texte romanesque. Selon cette hypothèse le *Voyage de des Marchais* aurait servi quelquefois de relais entre des fictions du dix-septième siècle et les *Lettres africaines*.

L'utilisation des récits de voyages en Afrique est hypersélective, mais surtout très polémique : Butini n'ayant pas recours comme Saint-Lambert à l'*Histoire des voyages* de Prévost qui filtre et « nettoie » les documents, est en contact direct avec les écrits de négriers ou d'employés des diverses Compagnies des Indes – Bosman, des Marchais, Snelgrave – dont il combat l'idéologie, mais où il doit puiser ses informations, parce que ce sont les sources les plus complètes, même si elles sont les plus impures (voir Annexe II, textes 3 et 4). D'où le paradoxe d'un roman antiesclavagiste composé à partir du témoignage d'agents criminels du système esclavagiste.

L'économie - les lettres 25 et 26

Le projet d'abolition de l'esclavage, exposé dans les lettres 25 et 26 de Sir Bevil, est profondément original, en avance sur son temps, et mérite d'être compté parmi les grands textes de combat contre l'esclavage. Il ne surgit pas *ex nihilo* ; de nombreuses œuvres lui ont servi de source mais, constitué de fragments d'origines diverses, il propose une synthèse cohérente et novatrice sur le « problème noir ».

Les *Lettres africaines* héritent tout d'abord des *préoccupations populationnistes* du dix-huitième siècle, qui s'appliquent parfois à la situation démographique alarmante des colonies serviles, où le taux de natalité très faible des noirs, ajouté à un taux de mortalité très élevé, impose des recrutements annuels d'Africains excessivement coûteux. Le calcul démographique apparaît en effet comme un des angles privilégiés par lesquels les Lumières abordent la question de l'esclavage. Ce type de réflexion prépare la voie à l'abolitionnisme, mais dans les textes de David Hume, Benjamin Franklin, Mirabeau, qui établissent le lien entre esclavage et dépopulation, l'intérêt porté aux noirs est très limité, quand le propos ne frise pas le racisme.

En 1752 l'étude de David Hume, « De la quantité de la population dans les nations de l'Antiquité », réfutant le préjugé favorable aux Anciens qui voudrait que l'humanité fût plus nombreuse dans l'Antiquité qu'à l'âge moderne, passe en revue les différents facteurs de variation démographique, tels que la liberté politique, l'égalité sociale, les guerres etc., et réserve une place importante à l'esclavage, grand destructeur de population, massivement pratiqué dans l'Antiquité. Les Anciens ne maintenaient le nombre des esclaves qu'au moyen d'importations sans cesses renouvelées, comme, dans les Antilles, les colonies compensent l'hémorragie démographique par le recours à la traite. D. Hume en conclut que l'engagement de serviteurs rémunérés constitue une pratique plus saine que l'esclavage. Benjamin Franklin en 1755 dans *Observations concerning the increase of mankind, peopling of countries etc.* s'inscrit dans deux perspectives différentes : l'une, étroite, est centrée sur la croissance démographique spectaculaire des colonies anglaises du continent américain, considérée comme un fondement de la puissance britannique ; l'autre, plus générale, recherche les causes de l'augmentation ou de la diminution de la population ; l'esclavage est désigné comme un obstacle à la reproduction, non seulement pour les esclaves noirs, exténués de travail, mais, de façon plus inattendue, pour les propriétaires blancs, amollis par l'oisiveté et le luxe. *L'Ami des hommes, ou traité de la population* (1756) de Mirabeau, évoquant les noirs des Antilles décimés par l'esclavage, en déduit la nécessité de substituer des travailleurs blancs, ouvriers et planteurs, aux Africains, trop coûteux, politique qui devrait entraîner l'extinction progressive de la servitude. Chez Franklin et Mirabeau le jugement porté sur l'inadéquation du système esclavagiste s'accompagne d'un désir d'exclure la population noire des colonies, afin de limiter le mélange des races.

La pensée économique, et plus particulièrement *la théorie physiocratique* nourrit également le roman de Butini. Dans l'œuvre fondatrice de Quesnay, trois principes conçus en faveur des paysans français se prêtent facilement à une transposition dans le contexte colonial : en premier lieu, seules « la propriété et la jouissance assurée de leur gain » rendent les hommes laborieux[9] ; l'absence de toute perspective de profit personnel a pour conséquence la baisse de la productivité et la dégradation de l'agriculture, dans le cas des paysans comme dans celui des esclaves. En second lieu, la consommation assure la reproduction annuelle des richesses ; il faut regarder les paysans comme des consommateurs qui contribuent au maintien de la croissance économique, et les entretenir dans l'aisance, par l'augmentation de leur salaire. Les *Lettres africaines* désignent ainsi les noirs libres et rémunérés comme des acheteurs potentiels. En troisième lieu, un niveau de vie satisfaisant est une condition nécessaire pour préserver la croissance démographique ; principe transposé dans les *Lettres africaines*, qui recommandent d'offrir un revenu aux noirs en vue d'augmenter la population des travailleurs et de développer l'agriculture[10].

Une application immédiate de la doctrine de Quesnay au cas particulier des esclaves noirs est fournie par Pierre Poivre, dans les *Voyages d'un*

9. *Notes sur les Maximes générales du gouvernement d'un royaume agricole* (1758), dans *François Quesnay et la physiocratie*, textes de Quesnay annotés par Louis Salleron, Institut National d'Etudes démographiques, 1958, t.2, p.973.

10. « Ce n'est pas la population qui répare les richesses, écrit Quesnay, ce sont les richesses qui réparent la population ; les hommes perpétuent les richesses ; mais il faut préalablement des richesses pour accroître la population et les richesses », *Questions intéressantes sur la population, l'agriculture et le commerce proposées aux Académies et autres Sociétés savantes* (1758), *ibid.*, t.2, p.633.

philosophe (1768), qui montrent que la canne à sucre des Antilles est vendue à un prix bien supérieur à celui de la canne à sucre cultivée par des hommes libres en Cochinchine, parce qu'un esclave est peu productif, et le système esclavagiste extrêmement coûteux (voir Annexe II, texte 6) – raisonnement qui inspire et corrobore la thèse des *Lettres africaines*.

Un économiste physiocrate, l'abbé Baudeau, principal rédacteur des *Ephémérides du citoyen* avant Dupont de Nemours, propose une application plus lointaine, et plus contestable, de la pensée du maître, à laquelle Butini emprunte toutefois quelques éléments. Baudeau conçoit un plan d'émancipation des esclaves dans les colonies, parce qu'il est fermement convaincu des mérites du travail libre. La mise en valeur de l'île de France, de Bourbon et de Madagascar, ainsi que de la Louisiane, nécessitant une population nombreuse de cultivateurs, cet auteur recommande, en l'absence de volontaires blancs, l'achat d'Africains et d'Asiatiques, et la transformation des captifs en citoyens libres, dès l'arrivée sur le sol colonial. Dans ce plan d'immigration forcée, l'idéal de l'égalité entre les travailleurs blancs, noirs, asiatiques mérite d'être retenu ; il reste que le projet n'apporte pas de remède à la situation des noirs dans les Antilles mais évite seulement la répétition du drame à l'identique dans d'autres territoires.

L'abolitionnisme des années 1780

La comparaison du « mémoire » abolitionniste inséré dans les *Lettres africaines* et des projets d'abolition ultérieurs révèle une évidente communauté d'esprit, et des failles de même nature. Le point fort du texte de Butini réside dans l'abolition immédiate de l'esclavage, qui contraste avec tous les plans d'affranchissement graduel étalés sur de longues années – soixante-dix ans, chez Condorcet, pour que le dernier esclave noir soit affranchi, conformément à des règles de circonspection que partage la Société des Amis des Noirs. Le point faible, c'est le maintien provisoire de la traite, qui ramène à la pratique de l'immigration forcée de l'abbé Baudeau, et qui contraste avec l'injonction de Condorcet et de la plupart des abolitionnistes, d'un arrêt total de l'infâme trafic. Butini est aux prises avec le problème crucial que tentent de résoudre tous les antiesclavagistes, de façon plus ou moins avouée, celui de la hausse des salaires dans un contexte de pénurie de main-d'œuvre. La solution qu'il élabore consiste à approvisionner la colonie en main-d'œuvre étrangère. Les partisans de l'affranchissement graduel maintiennent, à défaut d'un niveau bas des salaires, une main-d'œuvre partiellement gratuite. A moins de démanteler le système des plantations, grand consommateur de main-d'œuvre, il semble que le choix s'impose entre la poursuite de la traite et la gradualité de l'affranchissement.

La somme antiesclavagiste de Lecointe-Marsillac, parue en 1789, *Le More-Lack*, cumule les deux inconvénients : l'ouvrage préconise dans un premier temps l'interdiction immédiate de la traite et l'affranchissement progressif des esclaves, puis quelques lignes plus loin, la traite des négresses, en vue d'assurer le peuplement de la colonie.

Le courant abolitionniste est généralement favorable au métissage, qui soutient la croissance démographique. Il n'est probablement pas fortuit que les *Lettres africaines* représentent le mariage d'un maître et d'une esclave, et que le maître, mulâtre, soit lui-même issu d'un couple mixte. Pour Condorcet, la différence entre les mœurs des blancs et des noirs des îles devrait s'estomper suite à l'abolition, de même que la différence de couleur. La mise en scène romanesque du mulâtre, très rare dans la fiction du dix-huitième siècle, semble déterminée par la pensée politique de Butini, et s'accorde avec la valorisation des métis dans l'idéologie de Condorcet, de Brissot et des Amis des noirs.

La Jamaïque

Le choix de l'espace de la Jamaïque est déterminé par la visée démonstrative du roman : d'une part, l'île fut le théâtre de révoltes célèbres de marrons, particulièrement mises en lumière dans l'*Histoire de la Jamaïque* de Ch. Leslie ; d'autre part, un ouvrage récemment traduit de l'anglais, l'*Histoire des colonies européennes dans l'Amérique* (1767) d'Edmund et William Burke, dresse le constat d'un déclin démographique et économique de la Jamaïque, présente un plan de réformes, et fournit des informations chiffrées tout à fait précieuses, susceptibles de nourrir la réflexion politique. Le propos essentiellement réformiste des *Lettres africaines* est mieux servi par les colonies anglaises, qui traversent une période de crise, et où les dysfonctionnements sont flagrants, que par Saint-Domingue, par exemple, île française en pleine expansion, modèle de prospérité coloniale.

La reprise de documents sur les Antilles prend la forme d'une reproduction littérale accompagnée d'une infidélité délibérée à l'esprit des textes-sources. Les *Lettres africaines* procèdent par détournement et greffe de discours étrangers, auxquels elles attribuent une signification presque entièrement nouvelle. Ainsi le phénomène des révoltes marronnes décrit dans l'*Histoire de la Jamaïque* est intégré dans un raisonnement utilitariste où il est convoqué comme un facteur de risques, et où, joint aux pertes économiques, il permet de conclure à la non rationalité du système esclavagiste – dans le cadre d'une démarche très éloignée de celle de Ch. Leslie.

A l'*Histoire des colonies européennes dans l'Amérique* d'Edmund et William Burke, le roman emprunte l'évaluation scientifique, fondée sur une comparaison de coûts, de la gestion esclavagiste ; mais il l'incorpore dans une argumentation abolitionniste qui ne correspond nullement aux visées de l'œuvre historique. E. et W. Burke ne recommandent en effet que la douceur à l'égard des esclaves. Edmund Burke, qui a revu l'ouvrage composé par son ami et parent William Burke, en a écrit certains passages, est opposé de façon générale aux changements soudains, enclin à préconiser des réformes progressives conformes à « l'esprit général » de la nation. Brion Davis David souligne l'absence de tout abolitionnisme militant dans l'action et l'œuvre d'Edmund Burke[11]. Pour les deux auteurs anglais, l'humanisation de l'esclavage permettrait d'abaisser le taux de mortalité exceptionnellement élevé des noirs et d'épargner aux maîtres le coût de remplacement de la main-d'œuvre. Ce calcul d'intérêt s'inscrit donc dans une perspective conservatrice, et s'accompagne de considérations sur le bon usage de la sévérité à l'égard des esclaves (il faut discipliner sans opprimer), ou sur l'instruction religieuse que les maîtres doivent dispenser à leurs serviteurs. L'invocation des valeurs de liberté anglaise conduit les auteurs à dépasser ces objectifs modestes et à proposer un plan d'affranchissement partiel, qui reste bien en deçà, toutefois, d'un projet d'abolition : « Quel mal y aurait-il, demandent E. et W. Burke, si dans nos colonies on trouvait quelque milieu entre la liberté et l'esclavage absolu » ; les mulâtres et les nègres créoles pourraient être émancipés après quelques années de servitude et obligés d'acquitter une taxe spéciale qui les mettrait dans la nécessité de travailler. Le propos de Butini est de loin plus radical que celui des historiens anglais.

---

11. Vers 1780, Burke élabore un projet de réglementation en vue de la moralisation de la traite et de l'esclavage. Il est vrai qu'il compte parmi les partisans de Wilberforce lorsque ce célèbre abolitionniste prononce un discours devant le Parlement en mai 1789, mais en 1792, par peur de la Révolution française, et de la dictature des principes, il se déclare plus favorable à la perpétuation de l'esclavage, réglé et réformé, qu'à la destruction totale de cette institution (B. D. David, *The Problem of Slavery in Western Culture* (1966), Ithaca, New York, Cornell University Press, 1967, p.396-397 et *The Problem of Slavery in the Age of Revolution 1770-1823*, Ithaca and London, Cornell University Press, 1975, p.115).

La réécriture de *Ziméo*

La publication de *Ziméo* en 1769 a sans doute constitué un facteur déclenchant pour la composition des *Lettres africaines*. Que les *Lettres africaines* dérivent en partie du conte de Saint-Lambert, le déroulement séquentiel très comparable des deux narrations en témoigne : à la séquence « amoureuse » en Afrique, brutalement interrompue au moment de la capture par les négriers, succèdent l'épisode de la traite, l'évocation de l'esclavage dans une colonie européenne, du marronnage organisé, et de la révolte armée des esclaves contre les blancs. Le choix des espaces géographiques est commun aux récits de 1769 et de 1771 : « le grand Bénin », en Afrique, qui comprend le royaume de Juida ; et surtout la colonie anglaise de la Jamaïque. Les noms des personnages sont révélateurs du rapport de filiation qui unit les deux œuvres, le héros Abensar, chef des marrons de la Jamaïque, étant le fils de « Mousa », autrement dit « Moïse », dont Ziméo est l'anagramme ; « Mouza » est également le nom du héros des *Deux Amis, conte iroquois* de Saint-Lambert (1770). Le texte philosophique des « réflexions sur les nègres » qui conclut l'ouvrage de Saint-Lambert a son équivalent dans le « mémoire sur l'esclavage » inséré à l'intérieur du roman de Butini ; la présence d'un discours idéologique explicite, doté sur le plan formel d'une relative autonomie, signale dans les deux œuvres l'interpénétration de la pensée et de la fiction.

« Lettres africaines, avec des réflexions politiques, économiques et morales »

Le roman de Butini poursuit le mouvement de politisation du récit amorcé par Saint-Lambert, tout en proposant des options idéologiques originales. Les *Lettres* se libèrent notamment de l'alternative du conservatisme et de l'action révolutionnaire qui caractérise le conte de 1769.

Les principales prises de position politiques sont attribuées dans le nouveau roman aux personnages de Camphel, d'Abensar, et de Phédima. A la structure binaire qui oppose l'esclavagisme – dans sa version « humaniste » ou dans sa version dure –, et la révolte contre l'esclavage, se substitue désormais une structure ternaire qui met en présence un esclavagisme inhumain, la révolte contre l'esclavage, et l'abolition de l'esclavage. Cette modification du paysage idéologique s'accompagne d'une promotion spectaculaire du troisième terme, l'abolition, défendue par Phédima, ainsi que par des personnages auxiliaires, Bevil, Darnley ; deux types d'écriture, argumentatif et narratif, inscrivent dans le roman la thèse abolitionniste : en premier lieu un « mémoire », texte d'idées, mobilise des concepts économiques et philosophiques ; une séquence romanesque, en second lieu, déroule le scénario inédit de l'affranchissement inconditionnel des esclaves. L'affrontement dualiste de l'esclavagisme et de la révolte qui organise *Ziméo* connaît un processus d'exténuation. D'une part, la figure du révolté subit une perte de prestige ; Abensar, chef des marrons de la Jamaïque, dont l'action est moralement justifiée, au nom du « devoir d'homme », n'apparaît pourtant pas comme un « nouveau Ziméo », mais comme un héros secondaire, généreux et inoffensif ; le véritable artisan de la révolte armée, personnage anonyme présenté sous des traits inquiétants, tient un discours d'incitation à la violence qui n'a pas de caution idéologique à l'intérieur de l'œuvre. D'autre part, la figure du propriétaire d'esclaves fait l'objet d'une démolition en règle : les *Lettres africaines* récusent totalement la possibilité, illustrée dans le récit de Saint-Lambert, d'un bon usage du pouvoir absolu des blancs sur les noirs ; il n'y a pas chez Butini de servitude heureuse, pas de relations affectives envisageables entre les maîtres et les esclaves, tant qu'ils sont maîtres et esclaves ; le dédoublement traditionnel de la figure du colon laisse donc la place à la représentation exclusive du colon tyrannique, incarné par Camphel ; la Jamaïque esclavagiste présente non des plantations idéales, mais un espace stérile et dépeuplé. Abaissement des révoltés, suppression des « bons maîtres » ; tout concourt à valoriser le choix des réformistes abolitionnistes.

Le « mémoire » rédigé par Bevil, utilisé par Phédima pour convaincre Darnley d'affranchir les esclaves, procède de la synthèse de trois courants intellectuels : la pensée morale, dont l'idéal de justice condamne l'esclavage, la pensée économique, qui juge ce mode d'exploitation contre-productif, la pensée républicaine, qui associe à l'exaltation de la liberté politique la défense de la liberté civile. La singularité de ce texte, assez insolite dans le cadre de la tradition romanesque, et qui innove radicalement par rapport aux romans-sources, *Oronoko* et *Ziméo*, peut s'expliquer à la lumière de la culture politique et philosophique de l'auteur. Culture d'un Genevois républicain tout d'abord, qui proclame dans le *Traité du luxe* sa haine du despotisme et son refus de « l'inégalité monstrueuse des fortunes ». Culture d'un humaniste des Lumières, d'un magistrat nourri des principes du droit naturel, qui s'indigne, dans ce même traité, des peines infligées aux serfs de Pologne, comme il dénonce, à travers le personnage de Phédima, la déshumanisation des esclaves noirs. « Chaque paysan, écrit Butini dans le *Traité*, quatre jours par semaine est forcé de servir le seigneur de sa paroisse [en Pologne] : s'il est négligent, s'il déplaît à son maître, on l'étend par terre, le dos nu : un esclave le tient par les pieds, un autre le tient par la tête, un troisième lui met le dos en sang avec un fouet »[12]. Enfin, la connaissance des fonctionnements économiques, manifeste dans l'ouvrage consacré au luxe, nourrit l'argumentation « marchande » du « mémoire », importée des textes physiocratiques.

Le « mémoire » de Bevil constituant une pause argumentative dans le roman, comme on peut parler de pause descriptive, semble rompre a priori avec la narration événementielle qui est de règle dans le reste du récit, et apparaît en outre comme un hapax du point de vue de l'attribution des rôles épistolaires, puisque seules dans toute l'œuvre, les lettres de Bevil à Darnley n'ont pas pour destinateur ou destinataire le personnage de Phédima. La discontinuité introduite par ces lettres est réparée, toutefois, du fait que la pause sert à modifier le cours de l'action, en accomplissant un travail nécessaire de motivation et d'explication, avant le déploiement de la séquence originale de l'affranchissement des esclaves. Le mode d'insertion du « mémoire » permet donc de parler d'un degré fort d'intégration du texte d'idées dans la narration. Ce texte contribue en outre à renforcer la suprématie du personnage abolitionniste, Phédima, et à hiérarchiser davantage les options idéologiques qui coexistent dans les *Lettres africaines* ; la convergence évidente des propos de Phédima, du mémoire de Bevil, de l'action de Darnley autorise à parler d'un « roman engagé », qui affirme plus nettement que *Ziméo* une prise de parti du romancier.

Pour être militant, le récit, toutefois, n'est pas univoque. La révolte des esclaves concurrence la démarche réformatrice et pacifique, dans la mesure où elle seule arrache aux maîtres le décret d'affranchissement général, pour tous les nègres de la localité. Privée de la séduction poétique que lui confère l'écriture de Saint-Lambert, elle acquiert une légitimité nouvelle, comme moyen de pression dans le cadre d'un rapport de force maîtrisé entre les esclaves et un pouvoir colonial incapable de renoncer spontanément au despotisme.

Il est possible de considérer *Ziméo* et les *Lettres africaines* à certains égards comme des apologues ; si l'œuvre de Saint-Lambert rappelle le modèle de la fable, invitant à un déchiffrement, et le déjouant au moyen d'un décalage délibérément instauré entre la narration et le texte de clôture, le roman de Butini conjugue quant à lui les caractéristiques du récit « réaliste », dont l'action s'inscrit dans un lieu connu et une époque facilement identifiable, et des éléments du *récit utopique*. En effet, le dénouement, qui fait succéder la révolte des nègres et la libération inconditionnelle des esclaves par les maîtres, impose l'idée d'une

12. Butini, *Traité du luxe*, Genève, Isaac Bardin, 1774, p.72.

complémentarité logique des deux actions, et masque ainsi l'hétérogénéité des deux séquences, dont l'une a la caution de l'Histoire, alors que l'autre, purement fictive, dépourvue de référent, annonçant les réformes futures, relève de l'utopie. Avant même le dénouement, le « mémoire » de Bevil, long développement explicatif inséré dans le roman épistolaire, est symptomatique d'un glissement vers le genre de l'utopie narrative, qui s'accommode parfaitement de ces interruptions de la narration événementielle au profit d'un exposé idéologique, d'une description des institutions idéales, ou d'une critique des institutions réelles contemporaines. « Utopie » doit s'entendre ici au sens large ; c'est un « esprit utopique » qui informe le roman, puisqu'il n'est pas question d'une refondation de la structure socio-politique de la Jamaïque tout entière, et que l'œuvre explore la possibilité de changer un aspect seulement – fondamental il est vrai – de l'édifice social.

« Phédima et Abensar, histoire africaine »

Plusieurs textes-paradigmes se font concurrence dans les *Lettres africaines*, dont certains sont très peu politisés, et s'écartent considérablement de *Ziméo*, au point qu'ils pourraient paraître quelque peu inattendus ; l'*Histoire de Phédima et d'Abensar* est ainsi, de manière certaine, une réécriture de *Zaïde, histoire espagnole* (1670-1671). La nouvelle hispano-mauresque de Mme de Lafayette continuant le roman baroque de Mlle de Scudéry, la redécouverte de *Zaïde* surprend moins quand on se souvient que l'auteur d'*Oronoko* (1688) était également nourrie de la lecture des romans héroïques ; ainsi, en choisissant de surdévelopper la séquence initiale de l'histoire d'amour en Afrique, les *Lettres africaines* remontent en quelque sorte vers une des sources de la nouvelle d'Aphra Behn.

L'Afrique était déjà dans *Zaïde* le lieu des origines, l'héroïne étant la fille d'un Maure. Les noms matriciels des personnages de Mme de Lafayette expliquent ceux, très peu « nègres », du roman de Butini, « Alzaïde », de toute évidence, « Phédima » et « Zélime » également, issus d'un dédoublement de « Félime ». La structure actantielle qui oppose un couple d'amants aristocratiques, et un(e) rival(e), provient directement de *Zaïde*, roman de la jalousie. L'enchaînement syntagmatique obéit comme dans le roman baroque à la loi du contraste, et de l'alternance du bonheur et du malheur. Félicité amoureuse et victoires militaires forment avec les moments d'épreuve des éléments qui réapparaissent tour à tour dans le roman du dix-septième siècle ; parmi les formes de malheur qui accablent le personnage, la captivité, topos romanesque, converti ici en épisode historique et en représentation semi-réaliste de l'esclavage colonial.

La reprise de structures du roman héroïque dans les *Lettres africaines* est manifeste dans l'évocation de l'espace de la compétition, en Afrique, où le héros surpasse ses rivaux dans les jeux, la danse etc., espace moitié aristocratique, moitié républicain qui se déplacera du royaume de Juida vers les Antilles, où le héros se trouve naturellement en position de commandement militaire, à la tête des marrons révoltés. L'espace de la mer dévorante, présenté comme le produit des obsessions de Phédima, qui croit voir le corps ensanglanté de l'amant déchiré par les requins, semble également caractéristique du roman baroque et des épisodes d'« occultation » du héros soumis à des épreuves cruelles, laissé pour mort, et destiné à des renaissances renouvelées.

> Qu'il y a loin de l'image la plus séduisante à la réalité ! (*Lettres africaines*, L.15)
>
> Jouerait-il la vertu et n'en aurait-il que le masque ? (*ibid.*, L.18)
>
> Ces larmes que vous avez vues couler étaient feintes. Ce désespoir de vos amis et de votre père était imaginaire. Il n'y a rien eu dans mon procédé de sincère que mon amour (*ibid.*, L.19)

Si des schémas narratifs et des thèmes du roman héroïque sont transformés et réinvestis de façon convaincante dans le roman politique de l'esclavage, d'autres en revanche produisent quelques invraisemblances dans un récit qui ne résout pas toujours le problème de la coexistence en son sein de structures hétérogènes. Le motif insistant du *portrait* de l'amant, offert en Afrique, conservé pendant la traversée de l'Atlantique, perdu puis retrouvé dans la plantation des Antilles, fait partie de ces entorses surprenantes et mérite à ce titre un examen attentif.

Les aventures incroyables du portrait doivent être rapportées non à la maladresse du romancier, imitateur tardif de *Zaïde*, mais à la persistance au dix-huitième siècle d'un *modèle herméneutique* dominé par la figure de l'analogie, modèle en crise dont le roman traduit simultanément l'attrait et le dérèglement. L'assimilation du portrait d'Abensar aux fétiches, ces objets de culte représentant un animal, une plante, un être humain, révèle assez la puissance évocatrice attribuée à « l'analogue » ; il est encore possible (mais plus pour longtemps) de céder à cette croyance magique selon laquelle l'image est la chose même : non seulement le portrait, mais le songe, le miroir, les métaphores et, plus généralement, les signes linguistiques. Comme le portrait de Consalve chez Mme de Lafayette, celui d'Abensar s'inscrit dans un monde de relative sécurité sémiotique où réalités et symboles sont liés par un rapport stable, le code culturel parvenant à masquer la fragilité de ce lien, comme à endiguer la prolifération des significations. Les *Lettres africaines*, toutefois, mettent en scène également la disjonction de la chose et de l'image ; le portrait se démagnétise, se sécularise, et avec lui tous les signes, qui entretiennent avec les référents des relations essentiellement ambiguës. L'épisode du mariage de Phédima et de Sir Darnley, le propriétaire mulâtre, séquence doublement transgressive puisqu'elle fait dévier le roman héroïque centré sur Phédima et Abensar, et qu'elle introduit le nouveau « roman de la parvenue », où une esclave se marie avec le maître (événement rare mais attesté dans les colonies), constitue le lieu névralgique de la *crise du modèle analogique*. Le portrait-fétiche figurant Abensar n'est pas Abensar ; son pouvoir n'est pas tel qu'il empêche la trahison de l'amante. La déconnection qui intervient entre les mots et les choses, tout aussi remarquable, engendre un foisonnement des possibilités de sens. Ainsi le « vous régnez sur mon cœur », énoncé par Sir Darnley, peut exprimer un sentiment d'amour, mais aussi une intention de viol, ou un chantage élégant. Comme dans l'univers de Marivaux, il est impossible de décider si le stratagème utilisé par Darnley, suscitant de « fausses confidences » pour arriver à ses fins, est la ruse honnête d'un amant, ou la violence déguisée d'un maître abusant de ses prérogatives. La confidence épistolaire de Phédima est aussi créatrice d'équivoque, parfois, que les romans-mémoires contemporains : lorsqu'elle s'apparente à une apologie de la femme (deux fois) infidèle, elle autorise des interprétations contradictoires, qui parcourent tout le spectre allant de la sincérité à la mauvaise foi.

Si le portrait peut être considéré comme l'emblème du roman héroïque dominé par la figure de l'analogie, la « chaîne brisée », celle des esclaves, celle qui relie également l'image et la réalité, le mot et la chose, pourrait représenter l'autre roman qui se dessine dans les *Lettres africaines*, et qui témoigne d'une double libération, à la fois politique et linguistique.

« Lettres de deux amants habitants du royaume de Juida »

Les *Lettres africaines* sont une réécriture de *Ziméo* et de *Zaïde* et, de façon assez prévisible, d'un texte qui joue le rôle de paradigme pour la plupart des fictions narratives des années 1760-1770, la *Nouvelle Héloïse* ; la cohabitation au sein de l'œuvre des structures du roman politique et du roman sentimental, harmonieuse à beaucoup égards, d'autant plus que la pensée philosophique, omniprésente dans le texte canonique de 1761, supporte aisément une inflexion dans le sens de la réflexion sur l'esclavage, crée pourtant des tensions, que rendent perceptibles quelques invraisemblances révélatrices.

La relation hypertextuelle qui unit le roman de Butini et celui de J.-J. Rousseau explique le changement de sexe du personnage principal, non plus un héros comme dans *Oronoko* et *Ziméo*, mais une héroïne. La substitution de la forme épistolaire au récit à la première personne d'un témoin européen, mode de narration choisi par A. Behn, repris par Saint-Lambert, provient également des *Lettres de deux amants habitants d'une petite ville des Alpes*, mais provoque une entorse à la vraisemblance, entorse dont souffrent à vrai dire un grand nombre de romans épistolaires, aggravée ici en raison de l'identité africaine des épistoliers : c'est le prix à payer pour que l'histoire des esclaves nègres s'inscrive dans le paysage littéraire des Lumières, pour qu'elle donne matière à un roman de quelque ampleur, et non plus seulement à un conte. L'insertion de lettres philosophiques dans une correspondance essentiellement lyrique est cautionnée par le modèle de 1761, le « mémoire » de Sir Bevil occupant la place des lettres sur le Valais, sur Paris, sur l'économie domestique etc. Le système actantiel qui confronte le couple des amants à deux opposants successifs, d'abord le père, défavorable au mariage, puis le mari, rival de l'amant, rappelle de toute évidence la structure de la *Nouvelle Héloïse*. Le déroulement séquentiel reproduit également celui du texte rousseauiste, en particulier les deux séquences fondamentales du mariage empêché et du mariage forcé. Dans la première, l'interdiction de mariage suscite une « tentation anarchiste », l'évocation d'une rupture des amants avec la société et d'une régression vers l'état de nature ; c'est le « soyons heureux et pauvres » de Saint-Preux qui, après avoir visité la région semi-utopique du Valais, écrit à sa maîtresse : « que ne puis-je couler mes jours avec toi dans ces lieux ignorés, heureux de notre regard et non du regard des hommes ! ». De même, Abensar propose à son amante de se réfugier dans les forêts, d'y vivre avec leur progéniture des produits de la chasse et de la cueillette. La répudiation de la tentation anarchiste est commune aux deux récits, qui affirment la nécessité d'une inscription de l'individu dans le cadre de la famille et de la communauté politique. La séquence du mariage forcé, enfin, fait intervenir chez Rousseau et chez Butini l'effort vertueux de fidélité conjugale.

La bifurcation essentielle se situe à ce point du récit : la sacralisation rousseauiste du mariage, la transformation de l'amant en ami, et le sacrifice de la passion, cèdent la place dans les *Lettres africaines* à une survalorisation de la passion, et à une synthèse facile de l'amour et de la vertu, rendue possible par la mort opportune du mari. Ainsi au dénouement, la maison de Phédima, lieu de l'amour conjugal et de l'amitié heureuse, est un Clarens pour amants mariés, après élimination du premier époux, Sir Darnley, dans le rôle de M. de Wolmar – et très éloignée du Clarens originel.

La divergence des scénarios narratifs des *Lettres africaines* et de la *Nouvelle Héloïse* peut s'expliquer par les différences de sensibilité idéologique qui séparent les deux auteurs. Butini cherche les moyens d'une réforme pragmatique qui fasse l'économie de cet arrachement douloureux à la nature, et de cette conversion radicale, véritable séisme moral et politique, qu'exige la pensée rousseauiste ; il choisit systématiquement le stade intermédiaire entre l'état de nature et l'ordre vertueux. L'orientation proprement « butinienne » se vérifie dans le traitement des problèmes collectifs comme dans celui des destins individuels. Ainsi, la localité jamaïcaine émancipatrice réintègre les noirs fugitifs sans pour autant créer un nouvel ordre républicain, fondé sur des principes d'égalité et de liberté ; si on admet que l'espace public du roman politique et l'espace privé du roman sentimental sont superposables à beaucoup d'égards, la maison de l'héroïne qui concilie la loi conjugale et les impulsions de l'instinct apparaît comme l'équivalent réduit de la communauté coloniale réformée. Esprit modéré, enclin au compromis, le romancier de 1771 devait s'écarter sans doute de la voie tracée par le modèle du roman rousseauiste.

Réception et fortune

La réception des *Lettres africaines* est double, et confirme l'idée, que nous avons déjà développée, de la coexistence dans l'œuvre de structures narratives hétérogènes. Privilégiant la signification idéologique et antiesclavagiste du roman, les *Ephémérides du citoyen* le rangent avec *Ziméo* dans la même série que l'article « Traite des nègres » de l'*Encyclopédie*, le chapitre de l'*Esprit des lois* consacré à l'esclavage, ou le précédent article de Dupont de Nemours sur l'abolition (voir Annexe I, texte 2). Compte tenu de la communauté d'inspiration du roman et du journal des physiocrates, également favorable à une réforme maîtrisée du système colonial, l'opération d' « annexion » de la fiction au profit d'une cause politique ne trahit pas l'esprit de l'œuvre de Butini, mais conduit inévitablement à une interprétation réductrice de la pensée du roman, dont certaines hésitations – liées au rôle de la révolte en particulier – sont gommées.

La Bibliothèque universelle des romans place les *Lettres africaines*, dont elle propose un résumé et de larges extraits, sous la rubrique des « Romans d'amour », et fait totalement l'impasse, en revanche, sur l'engagement antiesclavagiste de la fiction : l'histoire de Phédima et d'Abensar est ramenée à celle de deux amants, accidentellement noirs, découpée – formatée, devrait-on dire – de manière à rencontrer la sensibilité un peu mièvre des lecteurs de cet ouvrage périodique[13]. Il faut reconnaître que l'auteur a légitimé dans une certaine mesure cette « utilisation » sentimentale du roman, puisque au début du mémoire de Sir Bevil une note autorise les lecteurs impatients à sauter deux lettres pour retrouver le fil de la narration événementielle.

Un roman de 1789, *Le Nègre comme il y a peu de blancs* de Joseph Lavallée peut être considéré comme une réécriture partielle des *Lettres africaines*, auxquelles il reprend notamment le personnage du narrateur nègre, la situation atypique du couple mixte – avec inversion des sexes, un noir épousant une femme métisse –, et la séquence utopique d'une abolition de l'esclavage dans le cadre limité d'une plantation. Comme dans le texte de Butini, l'association du message abolitionniste et de la représentation du métissage n'est pas fortuite, et semble indiquer une voie de peuplement nouvelle dans les Antilles, substituée à celle de la traite.

13. *Bibliothèque universelle des romans, ouvrage périodique, dans lequel on donne l'analyse raisonnée des romans anciens et modernes, français ou traduits dans notre langue*..., Paris, au Bureau, janvier 1781, t.2, p.176-201.

LETTRES AFRICAINES,

OU HISTOIRE DE PHÉDIMA ET D'ABENSAR

LETTRE PREMIÈRE
PHÉDIMA à ZÉLIME

Je brûle de vous dévoiler les mouvements et les pensées qui m'agitent depuis deux jours ; et pourtant il m'en coûte de vous en faire l'aveu. Le croirez-vous ? mes anciens plaisirs ne sont qu'un songe à mes yeux ; ma parure même, mon corail, mes verres, toutes ces bagatelles intéressantes, sujet intarissable de confidences et d'occupations délicieuses, sont pour moi sans attraits ; et depuis trois heures que je suis levée, je n'ai, pas même à la dérobée, jeté un seul coup d'œil à mon miroir[1].

L'image d'Abensar me poursuit nuit et jour ; je le vois dans mes songes, je le vois à mon réveil ; les sons enchanteurs de sa voix frappent seuls mon oreille ; ses discours, ses traits sont gravés dans mon esprit ; il vit tout entier dans le fond de mon âme.

Vous me demandez, sans doute, quel est cet Abensar à qui je sacrifie mes plaisirs naturels ; c'est le fils du sage et belliqueux Mousa, qui, après avoir langui plusieurs années dans un exil obscur, parce qu'il ignorait l'art d'applaudir aux profusions de la cour, et qu'il dédaignait de se prosterner, comme nos vils courtisans, devant le souverain de *Juida*[2], vient enfin d'obtenir, pour prix du sang qu'il répandit pour sa patrie, son rappel et le gouvernement de B**[3]. Mousa, pour célébrer son installation, a donné une fête, et mon père, son ancien ami, s'est fait un plaisir de s'y rendre avec moi.

Je ne vis pas d'abord Abensar dans l'assemblée ; il se fit précéder de quelques amis, qui, animés par le concert des instruments, exécutèrent avec force, avec précision et légèreté, nos danses militaires, et qui, du moins, en imposèrent à mes yeux[4] ; il parut à son tour sur la scène, et les effaça rapidement par une figure plus intéressante, par une taille grande et majestueuse, par un mélange heureux de tendresse et de vivacité empreint sur sa physionomie... Si j'en croyais mon cœur, j'entrerais dans de plus grands détails, mais je ne veux pas être accusée d'exagération ; vous le verrez, ma chère amie, aussi bien est-il juste de vous conserver le plaisir de la surprise.

Jusqu'à présent la vue d'un bel homme ne m'avait pas flattée différemment que l'aspect d'une perspective riante ou d'un paysage délicieux, et si le prestige était plus fort, il disparaissait aussitôt que ma curiosité était satisfaite ; ici il n'en était pas de même, mes yeux ne se lassaient pas de se fixer sur les siens, et je me retraçais son image avec joie, lorsque je cessais de la voir.

Enfin Abensar dansa ; ce fut peu pour lui de surpasser ses rivaux par son agilité ; il les éclipsa tous par ses grâces[5]. Tour à tour triste et gai, lent et impétueux, tendre et indifférent, il fut ce qu'il voulut être. Son silence renfermait des pensées, ses pas, ses attitudes, développaient des sentiments, il exprima toutes les situations de l'âme ; sa danse fut couronnée par ces éclats tumultueux, la palme des talents et le signal de la joie publique ; mon cœur partagea tous les applaudissements qu'il reçut. De là Abensar vole à d'autres jeux ou plutôt à de nouveaux triomphes ; mais tandis qu'il attirait toute mon attention, il ne parut point soupçonner ma présence. Après avoir porté de côté et d'autre ses regards incertains, il les fixa sur ma compagne Alzaïde, Alzaïde cette femme vindicative et jalouse, qui ne me pardonnera jamais ma figure[6].

Dans la crainte de lui avoir déplu, je sentis mon cœur se flétrir ; je pliai sous le fardeau de cette idée accablante, et je n'appris à connaître l'amour qu'en sentant les tourments qu'il inspire. Heureusement il s'approcha de moi, et me dit que j'étais belle ; ce compliment que j'ai tant de fois entendu, me parut nouveau, sorti de sa bouche ; pour la première fois, l'orgueil et le plaisir d'avoir des attraits se firent sentir à mon cœur ; je ne balançai point à lui découvrir mes sentiments. Pourquoi aurais-je imité ces femmes européennes qui altèrent la vérité, et qui décorent leur fausseté du nom de décence ? Non, c'est en vain que la fréquentation des voyageurs apporte leurs mœurs dans nos pays. Leur exemple ne sera jamais rien pour moi[7].

Alzaïde sourit malignement de ma franchise, mais qu'il m'en vengea bien en n'ayant des yeux que pour moi ! je n'en eus aussi que pour lui, et bientôt il régna sur tous mes sens. Comment vous peindre, Zélime, ces impressions du sentiment ? Aimez, aimez pour en concevoir l'idée. Comprendriez-vous autrement le prix que j'attachais à ses discours, à ses regards, aux petits présents dont il m'embellissait ? Je me défis bien vite de mes bracelets, de mes colliers de corail et de mes autres joyaux ; ceux qu'il m'avait présentés avaient seuls droit de me parer ; et dans ces instants si doux, j'aurais voulu que la solitude la plus profonde succédât à l'assemblée nombreuse qui nous entourait, afin de jouir seule du plaisir de le voir et de ne voir que lui. Mais avec quelle précipitation ces moments se sont envolés, et que le plaisir est cruel, quand il a disparu ! Ce qui porte surtout le trouble dans mon cœur, malgré les chimères dont j'aime à le bercer, c'est qu'Abensar n'est point revenu me répéter ces serments d'amour qu'il me fit, et pourtant deux jours sont déjà passés, deux jours sont une éternité... Ah ! qu'il vienne, qu'il paraisse promptement ! c'est le seul bonheur où j'aspire.

Vous le voyez, ma chère amie, je vous confesse mes faiblesses, et je ne me suis jamais plus félicitée qu'aujourd'hui d'avoir profité des leçons de cette Européenne[8], qui nous apprit, à l'une et à l'autre, l'art d'écrire[9] pour nous distinguer de nos concitoyennes ; il m'est bien doux de pouvoir déposer mes secrets dans votre sein. Vous recommanderai-je la discrétion ? Non, ma Zélime n'en peut manquer.

LETTRE II
PHÉDIMA à ZÉLIME

Que mes beaux rêves ont été de courte durée ! Abensar n'arrive point, et je l'attends sans cesse ; depuis huit jours je flotte entre l'espoir et la crainte. Un léger murmure s'est élevé il y a un moment ; « c'est lui, me suis-je écriée, c'est lui, sans doute, mon cœur me le promet, mon cœur n'est point trompeur ». Je me suis précipitée au-devant du bruit, et je n'ai rencontré qu'une morne solitude, qui m'a replongée dans un chaos de réflexions amères. Me serais-je livrée trop facilement aux prestiges de l'amour-propre ? Aurais-je pris de vains compliments pour le langage du cœur ? Non, je ne puis le croire ; ses yeux, son sourire, ses empressements, tout était d'intelligence avec sa bouche, et quand j'aurais pu m'y méprendre, la confusion d'Alzaïde, les regards foudroyants qu'elle lançait sur moi et sur Abensar, les rides qui sillonnaient son visage m'auraient convaincu de mon bonheur.

Pour me tirer de l'incertitude qui me désole, j'ai vingt fois songé à lui écrire, mais si malheureusement il était déjà infidèle, ma lettre ne servirait peut-être qu'à honorer une rivale, qu'à aigrir mes tourments. Fatale incertitude ! je n'ai pas encore recueilli d'autre fruit de mon amour, et s'il prélude par les larmes, grands dieux ! que me présage-t-il ? Chère Zélime, arrachez-moi à cet état ; imaginez quelque expédient pour apprendre s'il est innocent ou coupable ; il m'en coûterait trop d'approfondir moi-même l'abîme qui s'ouvre sous mes pas ; rendez-moi ce cruel service, et s'il est infidèle, hâtez-vous de m'en avertir, pendant que je peux encore envisager de sang-froid ce qui vient de sa part... de sang-froid, ai-je dit ? comme je me trompais ! ... J'ai vu, j'ai entendu le plus fidèle de ses domestiques qui porte une lettre, je meurs d'impatience de la tenir, il court, mais sa course n'est point assez rapide, pour répondre à mes désirs. Cette lettre est d'Abensar, dit-il, oh ! qu'il m'excède de vains discours ! Mon sang fermente dans mes veines ; donne, donne cette lettre, mes yeux vont la dévorer.

J'ai lu sa lettre, Zélime, et mes maux se sont évanouis. Ah ! si mon cœur s'est plaint de son injustice, il désavoue ses plaintes, et s'il a formé secrètement quelques vœux téméraires contre mon amant, puissent-ils retomber en bénédictions. Je garderai précieusement sa lettre, mais je la copie pour vous ; lisez, partagez mon bonheur, apprenez comme il m'aime.

Abensar à Phédima.

Félicitez-moi, Phédima, je rentre dans ma liberté, je puis vous voir sans cesse, je puis vous consacrer désormais toutes mes pensées. Un voyage forcé m'avait séparé de vous pour huit jours ; ce voyage sera le dernier. Envoyé à la cour par mon père, qui m'a chargé d'une négociation importante, je m'y suis vu comblé d'honneurs, mais ces honneurs ne sont qu'un brillant esclavage, une chaîne dorée qui éblouit un instant par son éclat, et qui rebute l'instant d'après par son poids. L'amour, l'amour seul offre des biens sans mélange. C'est votre vue, c'est votre entretien qui me l'assure ; c'est vous qui avez dissipé les nuages qui m'enveloppaient ; je vous dois mon âme et ma nouvelle existence. Enseveli autrefois dans une triste léthargie, je me réjouissais de mon insensibilité, pardonnez, je ne vous connaissais pas. Votre premier coup d'œil a commencé ma métamorphose ; mais, livré encore à mes faux principes, je tentai d'affaiblir le sentiment que vous m'inspiriez en le répandant sur d'autres beautés. Inutiles efforts ! un instinct plus puissant me ramenait vers vous, et aussitôt que les jeux furent finis, je vous rendis mon premier, mon unique hommage ; je veux vous le rendre encore, en faisant éclore cent fêtes, si vous me le permettez. Je célèbrerai la naissance du monarque ou le jour de son couronnement ; je rappellerai les époques les plus glorieuses à votre père, au mien, à nos parents, à nos amis ; je bénirai le jour fortuné qui vous donna à l'univers, et le jour plus fortuné qui me donna à vous. J'engage aujourd'hui le peuple qui cultive en paix ses champs, à l'abri des lauriers de mon père, à se signaler par une réjouissance imprévue et publique. Si vous m'aimez comme je vous aime, vous saisirez des occasions aussi favorables, qui nous fourniront cent moyens de passer quelques heures ensemble, loin des importuns. Prononcez, décidez de mon sort et de mon bonheur, il est dans vos mains.

Abensar est arrivé, lorsque j'achevais de copier sa lettre ; il me conjure de l'accompagner à cette fête, et vous devinez ma réponse.

LETTRE III
PHÉDIMA à ABENSAR

Ô mon ami, jamais je n'oublierai les moments délicieux que vous m'avez procurés hier. N'allez pas croire que je vous remercie de la fête ; elle fut très brillante, sans doute, et pouvait-elle ne pas l'être ? C'est le peuple qui la donnait, le peuple qui, toujours vif, toujours bruyant, porte jusqu'à l'excès ses preuves d'allégresse, lorsqu'il applaudit à son souverain ou à ses généraux. Mais ce ne fut point la fête que j'observai, je ne considérai que vous seul, je n'écoutai que vos discours. Combien j'en fus satisfaite ! Combien j'étais encore contente en me promenant ce matin sur ce même gazon que nous foulâmes hier ensemble. La nature m'en a paru plus belle. Le murmure de l'onde paisible, l'émail, le coloris, le velouté des fleurs, en un mot, mille petits objets m'ont émue, m'ont intéressée. Vous avez, mon ami, embelli ce monde pour moi, vous en avez fait un séjour enchanteur. Mon âme délicieusement affectée, jettera désormais une nuance de beauté sur tout ce qui m'environne.

Cependant je ne dois pas vous le cacher. De tristes pensées succèdent à ces mouvements de joie, non que la réflexion me fasse rien appréhender de vous, mais je crains l'injustice des hommes, je crains Alzaïde, je crains, pardonnez à ma faiblesse jusqu'à l'excès de ma félicité.

Suis-je pourtant si déraisonnable ? L'infortune n'est-elle pas voisine du plaisir ? Un temps calme et serein n'est-il pas l'avant-coureur de l'orage ? Peut-être fermente-t-il, peut-être gronde-t-il sur nos têtes. Si j'ai tort, calmez mes craintes, répétez-moi que je n'ai point de rivale, répétez-le cent fois, et souvenez-vous que vous m'avez promis la confidence de vos secrets.

LETTRE IV
ABENSAR à PHÉDIMA

Ne me demandez point mes secrets, vous les savez tous. Ai-je des désirs, des sentiments, des inclinations, qui ne se rapportent pas à vous ? Je ne goûte de plaisir que dans votre compagnie, je ne me glorifie que de votre connaissance, je n'ai d'autre volupté que celle de vous serrer contre mon sein.

En auriez-vous pu douter ? Hé bien ! pour tarir la source de vos inquiétudes et pour achever mon bonheur, unissons-nous par le plus sacré des liens ; devenez mon épouse, je serai à vous, vous serez à moi, et nous ne serons qu'un à nous deux.

Ne craignez pas que je vous associe des rivales, en est-il une qui puisse entrer en parallèle avec vous ? Le visage de la plupart de nos négresses est d'emprunt ; c'est l'huile de palmier qui rend leur teint noir, uni, doux et brillant[10]. Leur visage et leur corps ne prennent de l'expression que par les figures dont elles s'embellissent. Ces femmes ne plaisent qu'à force d'art[11], et vous m'enchantez par la nature[12]. Elles ne recherchent en moi que le seigneur accrédité, et vous recherchez l'homme. Elles ne m'aiment que par un retour d'amour-propre, et vous m'aimez par sentiment.

Chère Phédima, recevez le serment que je fais de ne m'attacher qu'à vous. Oui, je renonce avec plaisir au droit que l'usage accorde aux grands et aux riches d'avoir plusieurs épouses, et ma raison en cela est d'intelligence avec mon goût[13]. Eh ! puis-je jouir ailleurs qu'avec vous de cette douce intimité, produite par la conformité d'humeur et de caractère ; un si grand bien ne se trouve pas deux fois. Adieu, chère Phédima, le ciel m'est témoin que je ne respirerai que pour vous, que je ne fais pas d'autres souhaits, et si vous consentez à les remplir, j'obtiendrai, sans beaucoup de peine, le consentement de votre père et du mien.

LETTRE V
PHÉDIMA à ABENSAR

Vous m'offrez donc votre main ? Demandez la mienne à mon père, qui vous estime, et me l'accordera. Je suis trop respectueuse pour m'opposer à ses volontés[14].

LETTRE VI
ABENSAR à PHÉDIMA

Votre père que je croyais le plus honnête des hommes, n'est qu'un barbare, un… qu'ai-je dit ? Vous êtes sa fille, et le reproche meurt dans ma bouche. Mais combien ne m'a-t-il pas humilié, et de quelle plaie sanglante il a déchiré mon cœur ! Phédima, je suis délaissé, abandonné de toutes parts, je n'ai plus d'amis, plus de protecteurs, si vous entrez dans les complots de votre père et du mien. Ce n'est pas que l'un ou l'autre condamnent notre mariage, ils ne l'auraient pas osé, mais ils le suspendent, ils placent une barrière infinie entre l'espérance et la réalité. De quel droit, m'a dit votre père, prétendez-vous à ma fille ? Elle ne sera, elle ne peut être que l'épouse d'un héros. Où sont les ennemis que vous avez vaincus ? Le Jalofe et le Mandingue inondent nos frontières[15], et vous songez à faire l'amour ? Jeune homme ! venez avec moi repousser ces fiers ennemis, ensuite il sera temps de vous reposer dans les bras de ma fille ; ensuite la plus aimable citoyenne sera le prix de la valeur, la couronne du patriotisme. N'espérez ma fille qu'à ce prix. Je jure...

Arrêtez, lui ai-je répondu, respectable Haroun, arrêtez ; loin d'amollir mon courage, en m'accordant à l'instant même la qualité de votre gendre, vous lui donneriez un nouveau ressort. Chargé de soutenir la gloire de Phédima et la mienne, je serais le plus intrépide des hommes, afin de faire connaître partout la plus aimable des femmes. Fier de ce projet, j'accablerais mes ennemis. Mes flèches exercées dans les forêts, porteraient partout l'épouvante et la mort. Le Jalofe, le Mandingue pourraient-ils échapper à mon bras animé par un si beau prix ? Oui, si vous m'accordez aujourd'hui Phédima, je vole sous vos drapeaux, et je reviens vainqueur avec vous.

Me flattant de l'avoir ébranlé, je me jette à ses pieds, je me jette à ceux de mon père, je les prie l'un et l'autre, au nom de la tendresse qu'ils ont pour moi, d'avoir pitié de ma situation ; je les ai même conjurés par l'amitié qu'ils ont pour vous, et les cruels ont été sourds à ce nom sacré. Ils m'ont inhumainement refusé, parce qu'ils ne conçoivent pas qu'on puisse allier la guerre et l'amour. Le démon seul de la gloire les tyrannise ; le plaisir n'est rien pour eux, et je suis la victime de leurs préjugés.

Mais nous qui savons aimer et sentir, plierons-nous en esclaves sous leur joug ? Non, je renonce à la gloire que j'embrassais comme un saint simulacre, et qui ne se présente plus à mes yeux que comme un tyran impitoyable. Hâtons-nous d'être heureux. Rendons-nous dans quelque solitude écartée, où nous jouirons de nous-mêmes ; et quand nous serions condamnés à gravir le long des rocs, ou à errer dans les forêts, ou à coucher dans les antres les plus sombres, qu'importe, chère Phédima ! nous nous rencontrerons sans cesse. C'est par mes soins que tu goûteras les agréments de la vie. Ma chasse te fournira des aliments et des habits. Nos forêts fourmillent de palmiers, de grenadiers, d'orangers qui exhalent des parfums délicieux[16], qui réveillent la sensation du goût, souvent blessée par nos aliments, qui inspirent l'amour de la nature et de son auteur. Mes mains pour toi cueilleront les fruits, que n'ont point dégradés les vaines recherches de l'art. Loin de traiter ce projet de chimère, lis comme moi dans l'avenir[17]. Vois les fruits de notre amour heureux, courir, folâtrer avec nous, nous réjouir par leur sourire, nous inviter à partager leurs jeux par leurs tendres caresses, vois-les tressaillir de joie en te recevant dans leurs bras, en se jetant dans les tiens. Nous revivrons dans eux ; nous serons la tige fortunée d'un peuple nouveau ; tromperas-tu mon espérance ? Va, ce sont là les seuls biens qui plaisent au sentiment, les seuls dont on ne se repent jamais, les seuls qui s'étendent, qui se prolongent par la jouissance, qui ne sont qu'une succession de jouissances. En renvoyer la possession à un temps éloigné, c'est les perdre, c'est les anéantir, c'est manquer à nous-mêmes et à nos devoirs ; chaque moment que l'on enlève à la félicité est un vol que l'on fait à la nature ; ah ! combien nous sommes déjà coupables ! J'ai vingt ans, et je ne vis pas encore pour le plaisir ! Tu as dix-huit ans, et tu n'existes pas encore ! Les années fuient, le torrent des siècles nous entraîne, et nous ne pouvons encore rendre à la nature qu'une âme froide et inanimée. Courons réparer des jours perdus ; portons nos hommages et nos serments au pied des autels ; trompons la prudence prétendue de nos pères, vivons ensemble : nos cœurs sont faits l'un pour l'autre. Vivons et mourons ensemble. Le bonheur n'est qu'à ce prix[18].

LETTRE VII
PHÉDIMA à ABENSAR

Que me proposez-vous, Abensar ? Où vous emportent vos coupables transports ? Auriez-vous cessé d'être citoyen, d'être fils, d'être amant ? La tendresse qui fortifie les âmes bien nées, aurait-elle dégradé la vôtre ? Mais je ne veux pas vous accabler de reproches, et le pourrais-je ? Moi-même je fus un moment votre complice, moi-même j'ai pensé à vous suivre dans tous les climats, à me précipiter en aveugle dans l'abîme et dans la misère, et à payer d'une vie d'opprobre un jour de félicité. Malheur à moi, malheur à vous, si j'eusse cédé à cette impulsion[19] ! Faible un moment, j'expie peut-être ma faute en vous l'avouant, en en rougissant à vos yeux, et j'acquiers par là le droit de vous présenter les raisons qui m'ont ramenée au devoir.

Je pourrais vous dire que votre vie, votre fortune, votre honneur, sont les présents du souverain, de la société, et de la patrie, et que vous ne sauriez abandonner votre pays avant d'avoir acquitté de tels bienfaits par des bienfaits égaux ; mais est-ce à moi à parler de ces grands intérêts ? et vous-même, êtes-vous digne de les entendre ? Laissons ces motifs sublimes à ceux qui ont honoré la patrie, et contentons-nous de la respecter en silence, comme nous respectons l'astre lumineux et étincelant que nos yeux n'osent contempler.

C'est l'image de mon père qui a rétabli l'ordre dans mon imagination égarée ; j'ai cru le voir l'œil hagard et morne, et les cheveux hérissés, redemandant sa fille à tous les passants, en pleurant sur la perte de sa réputation. Je n'ai pu soutenir ce spectacle affreux ; mais vous aussi n'avez-vous pas un père qui vous tend les bras et qui vous appelle ? Où cours-tu ? vous dit-il, où cours-tu ? mon fils ! c'est vers les ennemis qu'il faut marcher. J'ai garanti ta jeunesse du fer et du feu, de la faim et de la soif, de l'intempérie des saisons. Maintenant ma vue baisse, ma main tremble, et ma faiblesse me retient dans mon gouvernement. Maintenant tu peux voler de tes propres ailes ; sois à ton tour le bienfaiteur de l'Etat et le mien ; protège-moi ainsi que je t'ai protégé. Mon fils ! tu ne m'écoutes pas ? tu songes à fuir. Malheureux ! pourrais-tu te représenter de sang-froid l'opprobre dont tu veux te flétrir, l'opprobre qui, se réfléchissant sur moi, souillera ma vieillesse. Pourrais-tu te dérober aux réflexions amères qui te poursuivront au milieu de tes jeux ? Rentre en toi-même et reviens à ton devoir, afin d'échapper aux remords, et de consoler mes vieux jours[20].

Ce que vous prescrit l'autorité paternelle, l'amour même, dégagé de ce premier instinct, qui n'est qu'un délire des sens, ne vous le prescrit-il pas ? En reculant notre mariage, nos pères, plus ingénieux que nous, multiplient nos plaisirs. Je serai sans cesse occupée de vous, et j'aime à penser que vous serez occupé de moi. Nous jouirons l'un et l'autre de l'espérance et de la réalité. Nous serons deux fois heureux. Pars donc, cher Abensar, vole à la gloire. Jour et nuit j'invoquerai mes sacrés fétiches pour le succès de tes armes[21], et sans doute, à la fin de cette campagne, je couronnerai de palmier ton front victorieux.

LETTRE VIII
PHÉDIMA à ZÉLIME

Il ne me reste dans cette ville que vous, ma chère amie ; Abensar, animé du courage que je lui ai inspiré, vient de partir sous les ordres de mon père, qui commande l'armée. Ce n'est plus cet homme qui préféra un jour la molle volupté aux fatigues guerrières, c'est un homme intrépide, résolu de combattre, de vaincre et de revenir mon époux : il a tout réparé par une action qui décèle une âme humaine et sensible ; vous en jugerez.

Ce matin la jeune Ismène, parée autrefois d'étoffes de soie, et aujourd'hui couverte à demi de lambeaux de toile, est accourue implorer la protection de mon amant et la mienne, et demander pour grâce unique d'être comptée au nombre de nos esclaves. Ne nous attendant pas à une pareille demande, nous ne lui répondions que par notre surprise ; daignez, nous a-t-elle dit, si vous n'êtes pas rebutés par le tableau de la misère, daignez venir chez moi. Nous nous y sommes rendus. Zélime, vous auriez gémi de la perspective. Au-dehors, des murs déchirés de bas en haut et prêts à les écraser sous les débris. Au-dedans, une porte étroite et basse, où l'on n'entre qu'en rampant sur ses genoux, et des planchers fracassés, vermoulus, où chaque mouvement produit un écho. C'est dans cette misérable chaumière que vivait le père d'Ismène, malade, exténué par le travail, le chagrin et les mauvais aliments, étendu sur la paille, l'œil éteint et mourant, et le visage baigné des pleurs que lui arrachait son état. A côté de lui étaient trois enfants pâles, chancelants, et cachant leurs maux pour ne pas aigrir ceux de leur père. L'un d'eux souriait au vieillard qui essayait de le prendre dans ses bras ; l'autre, empressé, lui rendait des services pénibles pour son âge ; le plus jeune invoquait la justice et la bonté des cieux ; enfin Ismène lui présentait des racines grossières, cueillies le long des haies et des buissons. Voilà, nous dit-elle, nos aliments et nos richesses. C'est pour en procurer d'autres à mon père, à mes frères, que je vous demande du travail et des fers. Pendant que je l'interroge sur la cause de son infortune, et qu'elle m'apprend que la cruelle Alzaïde, leur créancière, a fait saisir leurs meubles et leurs ustensiles[22], Abensar, parti sans écouter ces détails, revient bientôt avec ses gens, qui apportent des habits et des provisions de toute espèce, puis il force l'honnête vieillard, d'accepter un logement chez lui, jusqu'à ce qu'il puisse lui en procurer un autre ; enfin il nous quitte et part pour l'armée, comblé de leurs bénédictions et de mes caresses [23] ; il part en me laissant son portrait, qui reposera à l'avenir sur mon sein, qui me rappellera perpétuellement l'image du plus chéri des hommes.

J'ai eu bien de la peine à son départ de retenir mes larmes, que j'ai ensuite répandues avec abondance. Voyez, ma chère, comme nos situations ont subitement changé. Hier il fut faible et j'étais courageuse, aujourd'hui il est intrépide et je suis tremblante. Le caractère d'Abensar a bien pu être altéré par une passion véhémente, mais il n'a pas été détruit. C'est ainsi que la racine et la tige vigoureuse résistent à l'ouragan qui secoue et qui arrache les branches ; aussi s'est-il relevé rapidement de sa chute ; il a corrigé son erreur pas des vertus, et il en est devenu plus grand, plus respectable : mais moi de qui la force n'était empruntée que de l'estime que je lui porte, je suis déjà épuisée de mes efforts. Pareille à ces astres qui ne brillent que d'un éclat étranger, ma vivacité a disparu avec mon amant, et je n'ai gardé que ma faiblesse. Je crains pour ses jours, quoiqu'il soit encore éloigné de l'ennemi : que sera-ce quand il se trouvera à sa portée ? Je hais, je maudis la guerre, qui rend les hommes acharnés les uns sur les autres, plus cruels que des tigres qui se disputent une sanglante pâture, et je ne sais prévoir qu'un sinistre avenir. Ne pensez pas que je communique ces craintes à Abensar : je ne veux pas qu'il puisse rougir de moi ; ainsi je garderai ces secrets dans mon sein, ils n'en sortent pas lorsque je vous les confie.

Quand j'étais sur le point de vous envoyer cette lettre, je reçois une lettre qui m'étonne, qui me confond. Alzaïde déguisée en simple soldat, suit notre armée. Quoique j'eusse reconnu plus d'une fois à ses discours moitié sensibles, moitié réservés, qu'elle était amoureuse d'Abensar, je ne l'imaginais pas capable d'une telle démarche. Autour de moi on admire son héroïsme : qu'en pensez-vous ? La rivalité me rend peut-être injuste, mais pour rien au monde je ne voudrais l'imiter ; cependant elle aura le bonheur de vivre à côté de celui que j'aime, de respirer l'air qu'il respire, de chanter ses exploits au moment où il s'élèvera au-dessus de lui-même, où il sera un héros. Peut-être possèdera-t-elle... ciel ! écarte de moi ces idées funèbres... Ah ! puis-je m'empêcher de le répéter et d'en soupirer : elle voit Abensar : qu'elle est heureuse !

LETTRE IX
PHÉDIMA à ABENSAR

Je vous écris du pied des autels, où, occupée de votre vie et de votre honneur, j'ai présenté tour à tour aux dieux[24] des vœux contradictoires pour votre gloire et votre conservation. Là j'ai abjuré mes anciens fétiches[*25]. J'ai choisi votre portrait[26] pour l'objet de ma vénération ; jamais je ne fus si religieuse : mais pourquoi suis-je réduite à de stériles hommages ? pourquoi me fuyez-vous ? Mon cœur vole sur mes lèvres, afin d'exprimer ses sentiments, et vous ne pouvez entendre leur langage. Je cours les bras ouverts à la plaine où je vous trouvais ordinairement, et je n'embrasse pas même une ombre fugitive. Pareille à ces fleurs qui ne s'épanouissent qu'au lever du soleil et qui se referment à son coucher, mon âme est resserrée et flétrie en votre absence, tandis que ma rivale vit et triomphe à vos côtés. Elle entend votre voix, comme moi elle a le plaisir de dire qu'elle vous aime ; votre air, vos gestes, votre sourire, votre langage, tout la flatte peut-être, tout lui annonce une réponse favorable. Votre amour pour elle s'exprime au même instant par cent organes ; et moi éloignée de vous, peut-être plus éloignée encore de votre souvenir, je ne recevrai de réponse que de votre main, et l'âme ne passera point dans l'écrit. Cependant s'il est bien vrai que vous ne songiez plus à moi, ouvrez-moi votre cœur : la franchise est une dette qu'il faut toujours payer à une ancienne amie : dites-moi : fuis, Phédima, tu n'es plus digne de ma tendresse. Dites-le moi, je vous pardonne tout, hors la dissimulation. Eh ! pourquoi me vengerais-je ? Alzaïde elle-même vous punirait trop sévèrement de cette infidélité, car elle n'aurait pas ma tendresse, mais il vous est impossible de vous y méprendre. Que je suis faible dans mes craintes ! Que dis-je ? Je suis même injuste, oui, injuste de vous croire infidèle et de vous confondre avec le vulgaire des amants : je ne me défie plus de vous, et je vous dispense de me rassurer, car certainement vous m'aimez. Adieu, n'imitez pas mes faiblesses, et pensez à moi comme je pense à vous.

---

[*] Les fétiches sont de petites pièces d'un travail recherché, qui représentent des figures, que le nègre respecte et qu'il attache à sa chevelure, à son col, etc. Libre dans son hommage, il choisit à son gré un animal, une plante etc.

LETTRE X
ABENSAR à PHÉDIMA

Que vous me rendez noble et fier ! Vous pensez à moi jusqu'au pied des autels ? Vous adoptez mon portrait pour l'objet de votre culte religieux. Dieux ! donnez-moi cent âmes pour sentir de tels biens ; donnez-moi l'âme de Phédima pour les mériter[27]. Mais ces images flatteuses étaient-elles nécessaires à la conservation de mon amour ? L'absence et le temps, limes sourdes, mais puissantes, qui détruisent ce qui n'a que de l'éclat et de la superficie, et qui décorent ce qui a de la profondeur en faisant ressortir les couleurs brillantes, vous donnaient de nouveaux charmes. Je vous revois partout où la nature est belle. Si j'entends une musique qui parle à mon cœur, je m'écrie : « voilà la voix, voilà l'accent de Phédima ». Si je vois un tableau qui exprime une figure gracieuse, j'y reconnais votre physionomie et vos traits. Si mes organes cèdent quelquefois à la fatigue ou à la longueur de ma course, je pense à vous et ils renaissent, et une douce agitation ranime mon corps. Si j'aperçois dans les villages où nous passons deux amants vifs, aimables, affectueux, mon âme s'élance vers vous et partage leur tendre délire. Alzaïde même, Alzaïde que vous honorez du nom de rivale, ne sert qu'à vous embellir, si du moins le vice peut embellir la vertu. J'ai dédaigné cette femme et je ne vous en fais pas un sacrifice. Quelle furie ! ô ciel ! sans songer que l'attaque ne fut jamais le partage de son sexe, elle m'a fait connaître son amour par des transports impétueux ; puis rebutée de ma froideur, elle m'a fui en m'accablant d'outrages et s'est rendue, à ce qu'on prétend, aux camps ennemis. Mais n'en parlons pas davantage. Je ne puis la redouter puisque vous m'aimez. La foudre ne tombe jamais que sur les malheureux.

LETTRE XI
HAROUN à PHÉDIMA

Ma fille, je n'ai plus de résistance à t'opposer, et mes objections sont levées. Dans deux jours tu me reverras avec Abensar chargé de dépouilles, d'étendards et de trophées. Dans trois jours il faut qu'au pied des grands arbres[28], en face de nos autels, en présence du grand Marabout[29], qui présidera à la cérémonie, tu lui promettes ton amour, ton estime, en un mot, tout ce que promet une épouse et que ton cœur lui a cent fois juré : ainsi dans tes mains est la récompense que la patrie doit à ses bienfaiteurs, et surtout celle que je lui dois, puisqu'il te rend un père qui périssait sans sa valeur. Oui, ma fille, m'étant avancé, peut-être témérairement, pour reconnaître les postes et le camp des ennemis, je fus entouré d'une troupe nombreuse et réduit à l'alternative de périr, de fuir ou de tomber dans leurs fers. Abensar accourut, et son corps servit de rempart au mien. La nuée des flèches qui l'environnent ne le déconcerte point, il entre dans la mêlée suivi de ses amis, et le sabre à la main, il enfonce, il désole, il disperse des ennemis qui tremblent sous ses coups redoublés, abandonnent leur camp et se réfugient sur leurs frontières. A présent, ma fille, tu connais ton devoir. Va chez le héros de la patrie, chez son père Mousa : apprends-lui que son fils est l'héritier de sa gloire, dis-lui encore que je l'ai embrassé sur le champ de bataille et que je l'ai déclaré mon gendre. Tu n'auras pas de peine à acquitter cette promesse.

LETTRE XII
ABENSAR à PHÉDIMA

Phédima, il est donc vrai, demain... est l'heureux jour qui comble mes vœux. Demain tu l'as prononcé toi-même après m'avoir couronné par tes mains, après m'avoir loué, comme si j'avais quelque autre mérite, que d'être ton amant, demain tes désirs seront remplis : aveu plein de charmes ! aveu que je ne puis mériter qu'en te sacrifiant mes jours ! Hélas ! nous avons tant de choses à ajouter à cet aveu, et l'on nous force de nous séparer, quoiqu'il ne soit pas encore minuit. Heureusement il te reste le temps de lire cette lettre avant que de te coucher, et nous nous rejoindrons demain à sept heures. Mais pourquoi nos parents ont-ils placé une nuit entière entre vous et moi ! Que ne m'ont-ils écouté ! Cette nuit que je passe à vous écrire eût été donnée au bonheur. Je leur disais : laissons les cérémonies à ces êtres soupçonneux, qui sont prodigues de formules, parce qu'ils sont avares de sentiments. Ils me répondent qu'en tombant aux pieds du Marabout et des grands arbres, notre fidélité en sera plus durable, parce que l'appareil et le faste des cérémonies ajoutent à leur importance. Ce raisonnement, bon pour les amants vulgaires, est-il bon pour nous ? Phédima, aurais-tu besoin qu'on t'attestât ma foi, et ta parole ne m'est-elle pas aussi sacrée que les oracles de nos Marabouts ? Mais ils l'ont voulu, hé bien ! je compte les minutes, et si leur durée fait mon supplice, du moins en s'écoulant, toutes m'approcheront de ma félicité. Adieu, je conduirai avec moi mes amis ; de ton côté, fais avertir Zélime, Ismène, toutes tes amies. Ma joie ne peut avoir trop de témoins.

LETTRE XIII
PHÉDIMA à ZÉLIME

Ô ma chère amie ! par où commencer le cruel récit que vous exigez de moi ? Vous voulez absolument apprendre mes funestes aventures depuis notre séparation, jusqu'au moment où nous nous sommes revues pour nous embrasser et pour pleurer ensemble ; vous le voulez, je l'ai promis, et je vais remplir ce triste engagement.

Commencerai-je par mes souffrances personnelles. Non, c'est un mal qui se perd dans l'abîme de mes tourments. Ce qui me désole, ce qui me fait frémir, quand j'y pense, et j'y pense sans cesse, c'est d'être séparée d'Abensar pour toujours, moi qu'effrayait la plus courte absence ; c'est de ramper dans un vil esclavage, misérable, abandonnée, méprisée, réduite à obéir à des maîtres inconnus et méchants peut-être, moi qui m'étais flattée de vivre avec le meilleur des hommes, avec un protecteur, un ami, un amant, un époux : c'est d'éprouver sans gradation les horreurs de l'infortune, moi qui, dans ma jeunesse, n'ai connu mes parents que par leurs caresses et leurs sourires, et qui comptais pour rien ces moments heureux en pensant aux moments plus heureux que me promettait Abensar. Troublée par cette idée accablante et par cent autres qui se présentent de toutes parts, je vous fais un récit confus : laissez-moi du temps pour me recueillir.

Il vous souvient, Zélime, de cette dispute, entre mon père et Abensar, sur l'heure, le lieu et les cérémonies de mon mariage. Mon père qui raisonnait en citoyen, voulut le rendre solennel. Abensar qui raisonnait en amant, s'éleva avec vivacité contre le faste et les lenteurs. Sans doute son avis était le moins sage, et pourtant nous serions tous heureux, s'il eût été préféré.

Nous fûmes donc le lendemain l'un et l'autre avec le plus vif empressement au grand autel hors du bourg, où vous ne nous suivîtes point, parce que vous vous trouvâtes incommodée.

Le Marabout s'éleva sur une petite éminence, et nous nous mîmes à ses genoux. La main d'Abensar reposait sur mon sein, et ma main reposait sur son cœur. Douce, voluptueuse sensation ! m'est-il permis de te rappeler ? Je sentis alors les prémices de la félicité : l'orgueil m'enivrait peut-être, et l'heure du plaisir fut bientôt l'heure de la désolation. Le Marabout débuta par un discours lugubre, où il nous entretient de la sévérité des devoirs du mariage, comme s'il n'eût pas mieux valu nous en présenter les douceurs. En l'entendant peindre avec chaleur les faiblesses et les misères de l'humanité, je frissonnais, moi qui ne m'étais attendue qu'aux impressions du plaisir. Enfin, il prononça les mots augustes, il répandit même sur les yeux d'Abensar quelques gouttes de l'eau sacrée qui attire l'indignation de nos fétiches sur les époux perfides, et qui leur ravit la vue, et ses yeux sortirent de cette épreuve plus vifs et plus brillants[30] : j'étais prête à la subir et à triompher à mon tour… Il s'élève un murmure confus de chevaux et de cavaliers, qui se change rapidement en bruit, en fracas, en explosion, et qui sème l'épouvante dans le cœur du Marabout. Sa langue se glace, ses cheveux se hérissent, sa main ne peut achever la cérémonie, etc. Il demeure interdit sans répondre à Abensar, qui tente en vain de ranimer son courage.

Tous les spectateurs, hors mon amant, jugèrent que la terreur du Grand Prêtre était émanée des dieux ; aussi étaient-ils vaincus avant d'avoir livré le combat, avant même que d'être assurés si ceux qui s'avancent sont amis ou ennemis.

Cependant les Jalofes et les Mandigos conduits par la perfide Alzaïde, après avoir réduit en un amas de cendres et de décombres notre bourg, presque sans défense, poursuivaient quelques malheureux fuyards échappés à leurs coups. Ceux-ci se réfugient à notre autel, en implorant la protection d'Abensar, qui s'arme de flèches et de javelots, et court de rang en rang inspirer à nos soldats une confiance qu'ils ont perdue. Sa petite armée combat avec avantage sous ses ordres et chasse l'ennemi de ses postes. Mon amant emporté par son courage et brûlant de venger les débris fumants de sa patrie, les poursuit sans armes défensives, et il fut… ô souvenir qui rouvre mes plaies et m'arrache, après trois mois expirés, de nouveaux sanglots ! blessé, étendu, pâle et inanimé, sur la poussière. Le coup qui lui ravit la connaissance me l'ôte à moi-même : je tombai évanouie, je ne vis, je n'entendis plus rien, et je n'achève ce récit que d'après le récit de mon père. Les amis d'Abensar le transportèrent au centre du bataillon, mais plus occupés de sa conservation que du commandement de l'armée, ils sont bientôt mis en déroute, et le Marabout tombe dans les fers ennemis.

Alors Alzaïde s'approche, prend un sabre et le porte sur la poitrine du respectable vieillard. A ce mouvement, mes concitoyens croient le glaive levé sur leurs têtes : agités de crainte, ils laissent en repos l'ennemi qui profite de cette situation. Meurs, dit Azaïde au Marabout, ou achète ta vie et ta liberté en me livrant pour ta rançon trente de tes compatriotes à mon choix[31].

On rend cette justice au Marabout, qu'il refusa de consentir à un traité aussi infâme, et qu'il livra sa tête au glaive. Mais nos soldats tremblants pour les jours du Grand Prêtre, bouillants de zèle, convaincus qu'on ne voudrait pas d'eux, acceptent cette condition déshonorante, et forcent les chefs d'y consentir ; Abensar seul qui est l'âme et le défenseur de cette nation, fut excepté de cet échange, où d'ailleurs il n'était pas de l'intérêt d'Alzaïde de le comprendre : ensuite cette femme se livre à sa rage et désigne ses victimes[32].

Tandis que pour obéir à ses arrêts on m'arrachait à la poussière où j'étais prosternée et où les larmes inondaient mon visage, on fut vous enlever de votre maison. Zélime, c'est mon amitié et l'estime d'Abensar qui vous ont perdue, mais vous êtes trop grande, trop généreuse pour nous haïr.

Mon père et ma chère Ismène furent aussi entraînés captifs, et l'on nous sépara les uns les autres en nous conduisant sur la frontière pour nous vendre à des Européens qui nous attendaient. Notre sang, notre vie, notre liberté, furent échangés contre des liqueurs enflammées, contre des eaux brûlantes, dont les nègres s'abreuvent aussitôt à grands traits : ils se mirent à table comme amis, mais ils en sortirent furieux. Je ne revins de mon assoupissement léthargique qu'en entendant les plaintes des morts et des mourants, et je vis autour de moi des hommes, spectateurs tranquilles du combat, m'enlever mes bracelets, mes bijoux, en un mot, tout ce que je tenais de la main d'Abensar.

Où est mon amant, m'écriai-je ? Est-ce par ses ordres qu'on m'enlève mes effets, est-ce aujourd'hui qu'il devrait me quitter ? Hélas ! mon père enchaîné, garrotté, mes habits qu'on m'arrache avec violence, la vue de cent étrangers, et l'absence de mon amant, ne m'instruisirent que trop de mon infortune. Je fais retentir l'air de mes clameurs. Où est, demandais-je sans cesse aux commandeurs comme aux soldats, où est mon amant ? Où est Abensar ? Est-il votre esclave ? s'est-il échappé de vos mains ? Vit-il encore ? Mes questions ne regardaient que lui, et tout inhumains que sont ces hommes, mes éclats déchirants remuaient leurs cœurs. Le chef fut seul insensible : ce malheureux, l'œil fixe et prolongé, calculait la valeur de sa proie : il savait la valeur de toutes choses hors des bonnes actions[33]. Je vous conjure, lui dis-je, au nom de votre amante, c'est un mot qu'il ne comprit pas, cet homme n'eut jamais que des maîtresses, je vous conjure d'avoir pitié de ma situation. Soyez tendre et humain, comme elle l'est, sans doute, rendez-moi mon père, rendez-moi à mon pays, à ma famille, rendez-moi à mon amant. Fixez le prix de ma rançon : dans un jour, un seul jour, dussiez-vous m'évaluer au poids de l'or, il sera dans vos mains[34]. Non, répondit-il, après avoir un peu hésité, les délais sont toujours dangereux, et l'homme prudent n'estime que ce qu'il tient : allons, qu'on examine tous ces esclaves, et qu'on les marque du sceau de la compagnie du Sud.

Aussitôt le plus vil des hommes porte insolemment partout ses regards sacrilèges et nous examine en tout sens[35], puis il lève ses mains sur mon père sans respect pour son âge, découvre son bras droit qu'il frotte de suif, applique dessus un papier huilé et se saisit de la lame meurtrière[36].

Pouvais-je, moi, sa fille, soutenir ce spectacle ? Malgré ma faiblesse et mes liens, je m'élance sur le barbare. Venez, disais-je aux nègres, recouvrer la liberté ; vous ne m'écoutez point ? Craignez-vous la mort ? C'est mourir que de ramper sous les ordres des Européens[37]. Craignez-vous leur valeur ? Ils sont trop riches pour être courageux. Vaines exhortations ! bien loin de briser leurs fers, mes compagnons s'occupaient lâchement à baiser la main qui les enchaînait. Je fus repoussée avec violence et traitée aussi cruellement que l'on avait traité mon père.

Suffoquée par la douleur, affligée surtout de l'absence d'Abensar, que je voyais dans mes songes, tantôt pâle, défiguré, tantôt aux pieds et dans les bras d'Alzaïde ; je m'étais, je vous l'avoue, déterminée à mourir[38]. Arrête, me dit mon père, qui s'aperçut que je ne mangeais plus, conserve-toi pour moi (il passait ses bras autour de mon cou et couvrait mes joues de baisers), seule, tu peux adoucir l'amertume de mon esclavage. Ma fille !... avec une noble fermeté, avec le témoignage d'une âme contente de soi, qui ne brave ni ne hait ses persécuteurs, mais les plaint, l'adversité est supportable. Ma fille !... vis pour ta Zélime qui vit encore et qui partage ton infortune ; vis pour un amant qui t'adore ; conserve-toi pour un avenir favorable que je te prédis. Eh ! pourquoi désespèrerais-tu ? L'Être Suprême n'est point inexorable, il ne peut l'être. Le nègre n'est-il pas l'enfant de son souffle ? N'est-il pas, comme le blanc, sorti du néant de sa voix.

Je promis à mon père ce qu'il voulut et je lui tins parole. Cependant le capitaine ayant fait une récolte suffisante d'esclaves, ordonna l'embarquement.

Je fus traitée dans le vaisseau avec quelques égards, ayant eu le bonheur de plaire au pilote. Fut-il touché de ma jeunesse, de ma figure, de mes pleurs ? Je ne sais, mais il fut sensible, et il me permit de distribuer à mon père une partie des aliments qu'on me fournit avec assez d'abondance. D'ailleurs, mes compagnons furent enchaînés deux à deux par un pied, pressés, entassés dans les entreponts et condamnés à humer les vapeurs infectes qui s'exhalent des corps. Mais pourquoi vous tracerais-je des détails accablants que vous connaissez ?

Je reviens à moi. Le vaisseau ne voguait en pleine mer que depuis quelques minutes, lorsque Abensar parut sur le rivage environné de soldats.

Je le vis : mes regards furent longtemps attachés sur ses traits : mes yeux rencontrèrent les siens. Je le perdais en le retrouvant ; mais il vivait, mais il m'aimait toujours, puisqu'il s'exposait, pour me délivrer, aux plus affreux périls. Contente d'être encore aimée, je pardonnai à la fortune ses autres outrages : certaine de son existence, je crus avoir recouvré la moitié de moi, je respirai comme respire l'infortuné dont on adoucit le supplice.

Après un voyage triste et long que j'ai employé en partie à m'instruire de la langue anglaise que parlent mes maîtres, notre vaisseau arriva à B** où nous débarquâmes. Bientôt nos ravisseurs sont entourés d'un essaim de négociants et de propriétaires, qui mettent à l'envi la race humaine à l'encan. Je fus affichée, exposée, étalée comme une marchandise.

Cent de ces hommes que je n'eus pas autrefois jugés dignes de me servir, me contemplent avec mépris et me rebutent avec hauteur. Par un contraste qui serait plaisant s'il n'était pas cruel, le capitaine qui m'avait tant humiliée me loue, m'exalte, avec cet enthousiasme qui n'appartient qu'aux amants et aux hommes dévorés de la passion de l'or. C'est ainsi que l'avarice lutte contre l'avarice, et que l'avidité combat l'avidité. Enfin, je fus vendue à l'intendant d'un mulâtre, bien chèrement, à ce qu'il disait, et par un bonheur que j'admire, mon père et mon amie Ismène ne seront point séparés de moi.

Avant même que d'être conduite dans ma cabane, le vaisseau qui vous portait entra au port. Ah ! Zélime, que je fus oppressée en sentant que vous étiez à la merci de ces hommes injustes et cruels. J'étais plus déchirée que vous qui gardez un front serein au milieu de la tempête, mais le sort me conserve une ressource en vous rapprochant de ma demeure. Vous appartenez... quelle horrible expression ! vous appartenez au voisin de mon maître, et la portion de terre que vous cultiverez touche au district qu'on m'assigne. Eh bien ! Zélime, j'existe encore, puisque mon amie, ma tendre amie, ne m'est point ôtée. Condamnée demain à braver en rase campagne un soleil brûlant, à ouvrir la terre, à creuser des sillons, j'exécuterai mon ouvrage avec rapidité, sans doute il me restera un moment de loisir, j'en profiterai, j'irai vers vous, et je vous soulagerai dans vos fatigues. Eh ! pourquoi redouterais-je un travail excessif. S'il est rebutant pour des personnes dont les jours sont des fêtes, il ne l'est point pour celles qui ont bu dans la coupe du malheur, et il devient une douceur, lorsqu'on oblige ce que l'on aime. Ensuite, quand notre ouvrage sera achevé, je vous parlerai d'Abensar, vous me répondrez, je pleurerai sa perte, vous la pleurerez avec moi, et nos cœurs se confondront dans ces intimes épanchements de l'amitié.

LETTRE XIV
PHÉDIMA à ZÉLIME

Zélime, n'est-il pas de terme à mon malheur ! Doit-il être infini dans sa grandeur comme dans sa durée ? Déjà on m'avait destinée au vil emploi de présenter la canne à sucre au cylindre du moulin qui la broie et en exprime le suc[39] ; déjà on m'avait enlevé mon linge, mes plus riches étoffes, pour en parer ou plutôt en charger notre intendante ; déjà on m'avait réduite au plus vil vêtement, à une misérable jupe, et à une casaque de toile informe et grossière que rejetteraient les dernières femmes de mon pays : c'était peu, on vient de percer mon cœur d'un trait plus sensible. On m'enlève, on m'arrache le portrait d'Abensar, que je préférais à l'opulence de nos maîtres, que je tenais dans mes mains à mon lever et à mon coucher, que je portais le jour dans mon sein, que j'embrassais cent fois, lorsqu'il me restait un instant de loisir et qui ranimait au-dedans de moi d'agréables chimères : vaines illusions ! tout est perdu ! tout est anéanti ! Semblable à la fleur qui, abattue par le souffle de l'aquilon et dépouillée de sa substance par les insectes introduits dans ses fibres, se replie, se fane, languit et meurt, je succombe sous les maux qui m'assiègent de tous côtés et qui déchirent mon corps et mon cœur : déjà semblable à un squelette, à une ombre, je n'ose plus paraître à vos yeux, je n'ose plus me montrer aux miens ; eh ! où pourrais-je me réfugier ? Condamnée à agir pour des maîtres injustes, je ne supporte que des travaux dégoûtants par cela même qu'ils sont forcés. Condamnée à penser par la foule de sensations qui m'affectent, malgré moi : je ne rencontre que des sujets d'inquiétude ; je me dis sans cesse : que fait, que fait maintenant Abensar ? Sourirait-il aux caresses de sa rivale ? Se précipiterait-il dans ses bras ? Non, non : je ne puis le penser. Que fait-il donc ? Resterait-il pour toujours loin de moi qui l'adore ? Cela n'est pas vraisemblable, son cœur est trop magnanime pour embrasser un tel parti. Il s'est embarqué, sans doute, il affronte à cette heure sur de frêles canots, sur des indications incertaines, les vagues de la mer toujours prêtes à le porter sur la cime des flots et à le replonger dans les abîmes : il périt, il est englouti au fond des eaux, les voraces requins et les monstres de la mer se disputent peut-être cette proie ou déchirent de concert son corps ensanglanté[40]. Image pleine d'horreur ! image qui glace mon sang et que je ne puis écarter ! ô vous qui portez le trouble dans mon âme en y peignant ces tableaux effrayants, fétiches, cruels fétiches, si j'ai animé votre courroux en aimant un mortel avec la même vivacité dont je vous aimai autrefois, vous m'en avez assez punie ; mais n'importe ! tonnez encore sur moi, proscrivez ma tête, soumettez-moi à un joug éternel, à un joug prolongé après ma mort, à des souffrances aussi affreuses que celles que j'ai déjà endurées, je recevrai vos coups sans me plaindre, pourvu que vous me rendiez Abensar : oui, dussé-je expirer à sa vue, et mourir en étendant mes bras vers lui, prête à l'embrasser, je serai satisfaite de l'avoir vu, je n'en demanderai pas davantage, et je renoncerai à la vie en vous bénissant.

Tels sont mes vœux, Zélime, ils m'effraient moi-même, mais aussi est-il des maux plus grands que les miens ? On plaint, on a raison de plaindre un honnête homme qui languit dans un cachot infect, creusé pour les forfaits et habité par les malfaiteurs. Sans doute l'innocent aux fers est une plaie pour l'humanité : mais du moins jouit-il du plaisir de s'élever au-dessus de ses persécuteurs et de triompher par sa vertu du grand qui l'opprime, et moi je ne jouis de rien, je n'ai conservé aucune ressource et je n'ose me considérer sous aucun aspect. Ma situation me glace, l'imagination me présente des fers et des mépris, et ma mémoire plus cruelle me reproche les malheurs de mon père, de mon amant et les vôtres. Oui, Zélime, votre captivité est mon ouvrage, et vous vivriez encore dans le sein paternel, si vous n'eussiez été mon amie. Adieu, je sens que je dois m'arrêter, cette idée est un poison qui me mine et me consume. Adieu, Zélime, aimez-moi toujours, aimez votre Phédima.

LETTRE XV
PHÉDIMA à ZÉLIME

L'aurore du bonheur brille enfin à ma vue. Je ne suis plus soumise aux ordres de l'intendant qui partage ma dépendance. Notre maître que l'on appelle le Sir Darnley[41], est revenu des extrémités de l'île. Les anciens esclaves vantent de concert sa douceur et son humanité. D'après leur récit, j'ai pris la liberté de le prier de me faire remettre le portrait d'Abensar. Il me l'a remis sans balancer. Portrait divin ! ma bouche en a parcouru plusieurs fois la surface ; et je quitte la plume afin de le baiser encore. Mais pourtant ce portrait n'est point Abensar ! Je n'entends point sa voix touchante, je ne respire point son haleine brûlante et voluptueuse ; le feu qui partait de ses yeux était bien plus vif : ce tableau ne m'offre qu'un instant de sa vie, et je voudrais le voir, l'ouïr, le sentir, le toucher dans tous ses instants. Chère Zélime, qu'il y a loin de l'image la plus séduisante à la réalité !

LETTRE XVI
PHÉDIMA à ZÉLIME

Ce matin je me berçais de vains songes, et déjà je suis avant la fin du jour pénétrée de crainte et de terreur : le sort ne me flatte que pour m'opprimer plus vivement par de nouvelles persécutions. Ce maître dont je faisais l'éloge, est peut-être le plus dangereux des humains. Le cruel mettait à prix ses bienfaits et me vendait chèrement le portrait qu'il m'a rendu.

Lorsque j'étais prête à me coucher, il est entré dans ma case, dont il a enfoncé la faible cloison. Félicitez-vous, m'a-t-il dit, je viens récompenser votre activité et votre industrie, je viens me soumettre à vos désirs : vous régnez sur mon cœur et vous règnerez sur mes sens. Ensuite il s'est enhardi à me prendre dans ses bras, mais je l'ai repoussé malgré la frayeur qui couvrait mon corps d'une sueur froide, et qui faisait trembler tous mes membres. Il m'a parlé avec vivacité, mais je ne l'écoutais point : je pensais à ma situation passée, à ma situation présente, je me voyais arrachée des bras de mon amant pour tomber sous la puissance d'un inconnu. Ma langue bégayait sans cesse ce nom chéri qu'elle n'a pas distinctement prononcé. Enfin interdite, égarée, je suis tombée aux pieds de Sir Darnley, en implorant sa protection contre lui-même par des sons entrecoupés et les articulations du désespoir. Ma voix et mes accents l'ont ému, et il m'a offert sa main pour me relever. Vous voyez, lui ai-je dit, vous entendez une suppliante qui résiste à vos désirs, non par le vain orgueil de refuser son maître, mais afin de jouir de sa conscience et de conserver jusqu'à la fin de sa carrière des jours que le vice n'aura point déshonorés. Ô mon maître ! si ma situation ne vous attendrit pas, ayez pitié de moi pour vous-même. Vous ne seriez point heureux avec une femme qui ne vous a pas livré son cœur, vous ne goûteriez point de délices avec une femme qui ne partagerait pas vos plaisirs. Sir Darnley, épargnez une infortunée, respectez mes pleurs, ma vertu, mes devoirs, les vôtres. – Vos devoirs sont de m'obéir, et il s'élance sur sa faible proie. Je me débats, je me défends, la vertu me prêtait des forces, le remords énervait les siennes, et son cœur combattait pour ma défense ; il abandonne son dessein : je n'ai point prétendu, dit-il, vous offenser ; vous êtes femme, esclave, africaine ; je vous jugeais d'après vos compagnes, qui cèdent aussitôt qu'on les attaque et qui n'en rougissent pas. Vous m'avez appris à vous estimer, et je ne vous en aime que davantage. Connaissez-moi à votre tour ; j'abjure la violence, je sors en regrettant mon départ, si je vous aimais moins, je ne vous quitterais pas[42].

Ensuite il est parti, mais puis-je me flatter que dans l'ivresse de sa passion, il ne médite pas quelque autre attentat ? Pardonnera-t-il à son esclave de résister à ses volontés ?

Ces réflexions m'occupent et m'agitent. Le sommeil m'est interdit... Ô amour ! tu fus autrefois le bonheur de ma vie, aujourd'hui tu en fais le tourment .

LETTRE XVII
PHÉDIMA à ZÉLIME

Depuis quinze jours je suis fort satisfaite des égards de Sir Darnley : il me voit sans cesse et paraît avoir du plaisir à me voir. Il s'informe de mes goûts, de mes désirs : plus souvent encore il s'instruit des usages, des lois, des mœurs, de la religion, des principes et des préjugés de mes concitoyens. Quelquefois il parle d'amour, mais je détourne la conversation, et il se tait : d'ailleurs il est devenu taciturne avec ses gens. Cette conduite, à tout prendre, ne me paraît annoncer ni indifférence ni tendresse. Je pense que son amour vif par accès, s'est éteint de même, et qu'il n'est à présent que mon ami. Cette amitié m'est fort utile, j'ai cessé d'être le jouet des caprices de l'intendant : je ne suis plus envoyée dans les champs à toute heure ou pour des objets minutieux ; je ne suis plus en proie à la faim, à la soif, aux ardeurs du soleil, à la violence des orages. Maîtresse, en quelque façon, de ma conduite, je n'ai d'autres occupations que celles de mon choix.

Mon crédit me parut d'abord trop faible, trop incertain, pour l'employer en faveur de mon père. Je ne voyais devant moi que la perspective d'un refus ou d'un bienfait plus odieux qu'un refus, d'un bienfait dont on se prévaudrait contre moi, et qui procurerait à mon maître un titre pour se payer de ce service par des libertés. Que je me reproche à présent d'avoir sacrifié les devoirs sacrés de la nature à des motifs qui n'intéressent que moi ! Mais j'ai senti mon erreur à la vue du danger de mon père, qu'un inspecteur chargeait d'injures et de menaces. Honteuse de mon inaction, j'ai couru vers Sir Darnley, qui m'a accordé la grâce de mon père et qui m'a promis qu'il serait désormais à l'abri de toute insulte. Avouez-le, Zélime, ce maître est un homme bien honnête, bien généreux : je puis, sans beaucoup de peine, lui pardonner d'être mon maître ; j'aurais même pu l'aimer, si mon cœur n'eût été prévenu.

LETTRE XVIII
PHÉDIMA à ZÉLIME

J'irai, ma chère amie, le plus promptement que je pourrai, vous demander des conseils qui me sont bien nécessaires pour me guider. Le ciel me destine à de nouvelles épreuves : ma tête s'affaiblit sous une continuité d'infortunes, je ne marche plus qu'entre des écueils.

Ce matin je me suis levée aussitôt que les rayons du soleil ont frappé ma cabane. A peine habillée, j'entends à ma porte une voix qui me semble être celle de mon père ; j'ouvre, c'était Sir Darnley qui s'élance vers moi, je recule en jetant un cri, et il ne me poursuit point. Après un moment de réflexion il s'avance encore, ensuite il hésite, il s'arrête : tour à tour poussé vers moi, et retenu par la vertu imprimée au fond de son cœur, il baissait les yeux ; ensuite il les fixait sur moi pour m'y montrer successivement la honte, les désirs, la tendresse et l'amour. Longtemps il a gardé le silence, et moi qui étais épouvantée, je le gardais aussi ; enfin il m'a dit d'une voix basse qui s'est peu à peu élevée : Phédima, j'ai suivi et fait suivre vos démarches, pardonnez cette conduite à la vivacité de ma passion ; je pensais que toute personne aimable était tendre ; je me disais : les droits de l'amour ne se prescrivent pas auprès des belles. Le plus heureux, le plus habile de leurs adorateurs, celui qui frappe à l'heure où les sens sont en tumulte, devient tôt ou tard leur amant : je croyais avoir des rivaux et des rivaux heureux : je me trompais ; je vous ai vue toujours froide pour tous les insulaires et pourtant toujours adorable ; je vous ai vue digne de moi, digne de monter au rang des maîtres et d'être mon épouse : ma main est à vous, Phédima, je le répète, ma main est à vous.

Il me parut inquiet et oppressé en tenant ce discours, et fort satisfait de son courage après l'avoir tenu. Des réflexions bien différentes des siennes me tenaient en suspens : j'étais étonnée de sa résolution : mon amour-propre s'applaudissait de cette conquête. Le désir de rompre mes fers et la reconnaissance séduisirent un moment mon cœur : mais en baissant les yeux pour ne point rencontrer les siens, j'aperçus le portrait d'Abensar, et j'eus honte d'avoir balancé. Je me rappelai son amour, ses charmes, sa valeur, ses infortunes et mes serments. Je me rappelai les discours tendres et passionnés que nous nous répétions cent fois et qui conservaient le mérite de la nouveauté à la centième ; les inflexions de sa voix si douces, si touchantes, qui faisaient passer dans mon âme les passions qu'il voulait m'inspirer : ces regards vifs et expressifs toujours à l'unisson des miens ; tous ces moments fortunés où j'étais avec lui, où il était avec moi, où nous aurions voulu l'un et l'autre être seuls dans la nature, afin qu'aucun objet ne pût partager notre attention. Cher Abensar, ces jours délicieux ne sont plus ; mais tu es gravé dans mon cœur en caractères sacrés, et je ne te serai point infidèle ! Aussi je me décidai promptement à refuser Sir Darnley, et il ne me resta d'inquiétude que sur les expressions que je devais choisir et sur les suites de ma réponse : cependant il fallait répondre à mon maître ; je vous estime, lui dis-je, comme le plus respectable des hommes ; mais il en existe un autre qui me fut cher avant que j'eusse le bonheur de vous connaître, et à qui j'ai promis ma foi, ma main et mon cœur : vous êtes généreux, Sir Darnley : vous pressez l'infortuné contre votre sein ; vous soulagez le pauvre honnête homme : usez-en avec moi, comme vous en usez avec ceux qui vous entourent : conservez-moi la liberté du cœur et ma vertu. Je vous dois de l'estime, du respect, de la reconnaissance, de l'amitié ; je m'acquitte avec plaisir de ces devoirs ; mais ne me demandez rien de plus.

Vous dirai-je ce qu'il devint après m'avoir entendue ? frappé comme d'un coup de foudre, il pâlit, il rougit, il pâlit encore. Son corps me parut agité comme d'un mouvement convulsif, et je commençai à mon tour à trembler et à invoquer mes fétiches.

Sir Darnley revenu de sa surprise, s'emporte, tempête, fulmine. Bientôt échauffé par ses propres transports ; trop amoureux de moi pour me punir directement de mon refus, et trop passionné pour ne pas se venger, il s'en prend aux êtres indifférents : il casse, il brise, il enlève, il incendie mes meubles chétifs, car les passions ramènent l'homme à l'enfance.

Pendant qu'il exerçait ses ravages, j'étais pétrifiée. Mon œil était morne et sec ; mon visage sans expression et mon cœur palpitant d'effroi. Imaginez une femme qui se trouverait seule, isolée dans le centre d'une forêt au milieu d'un orage ; l'éclair sillonne les airs et déchire les nuages, les éclats du tonnerre se succèdent sans intervalle, se heurtent, se joignent, se multiplient et sont répétés par les échos. Les arbres qui l'entourent tombent écrasés par la foudre, rompus, dispersés en débris : l'arbre même qui lui sert de retraite, secoué par l'orage, agité par les vents, meurtri par la chute des arbres voisins qui le dépouillent de ses feuilles et de ses rameaux, est menacé d'une chute soudaine : elle frémit, elle craint que sa voix n'appelle le tonnerre et la mort, elle perd la parole, elle se recommande en silence et sans espoir à la divinité. Tel était mon état. Enfin Sir Darnley rompt le silence : pleurez, me dit-il, pour le sort de ceux que vous chérissez. Il n'achève point. Ma porte est ouverte par le postillon du chevalier Camphel, qui annonce que son maître, impatient du plaisir, a fait avancer de deux heures la partie de chasse qu'ils ont arrangée. Il sort, et Sir Darnely le suit sans me dire un seul mot et même sans me regarder.

Après cela je m'enferme à double tour, et je m'isole dans ma case, où je forme des projets téméraires ou ridicules, qui se chassent et qui se détruisent mutuellement.

Voyez, ô mon amie ! comme le sort se plaît à se jouer de moi ! J'ai perdu ma patrie, ma liberté, mon amant ; j'ai perdu la bonne opinion que j'avais de mon maître : il ne me reste que mon honneur et mon amour pour Abensar ; mais ces biens-là ne sont pas au pouvoir du sort, et je les conserverai jusqu'au dernier soupir.

Maintenant il est près de midi. Ou mon maître est de retour ou il s'approche : le cœur me bat, j'entends le son du cor, le bruit des chasseurs et les éclats de joie du chevalier Camphel... ciel ! il se promène avec mon maître sur la terrasse qui environne ma demeure, et je l'entends distinctement parler. Il ridiculise, il blasphème la pudeur qu'il traite de jeu, de chimère créée pour des dupes, faite pour éblouir des sots et des hommes sans expérience. Ah ! quand il ne sentirait pas en lui cet instinct sublime qui nous porte vers la vertu ; du moins un chevalier petit-maître doit se piquer de délicatesse et de goût dans ses plaisirs. Croirait-il qu'une fleur en fût plus agréable à cueillir, à toucher, à sentir, parce qu'il l'aurait auparavant dépouillée de son incarnat, parce qu'il l'aurait réduite à n'être qu'un squelette sans forme, un réseau sans vie et sans couleur... Ne sait-il pas que la pudeur est le coloris de la beauté ? N'est-ce pas la pudeur qui donne du prix aux attraits, et qui décore l'objet que l'on aime ?

Enfin le chevalier s'en va après un entretien qui, dans toute autre occasion, m'eût paru sans conséquence, et qui m'a déchirée à chaque mot, à cause de ma situation. Mon maître rentre à son logis. Me fera-t-il appeler ? Me ménagera-t-il ? tonnera-t-il contre moi en présence de mes camarades ? M'invitera-t-il à sa table ? C'est assez sa coutume : ou bien veut-il me fuir ? Je ne sais, mais on heurte à ma porte, il faut que je cache mon papier.

Je suis entrée par son ordre dans sa chambre, en tremblant de tout mon corps. Lorsqu'il m'a vue, son air s'est adouci, et son ton se baissait sensiblement toutes les fois que l'aigreur paraissait y percer. Il a même voulu m'entretenir de choses indifférentes, mais ses discours ont été sans suite, et il m'a promptement quittée en me disant : je vous ai donné ma parole de vous respecter et ma parole est inviolable. Ne craignez rien pour vous.

Que signifie un discours aussi paisible, aussi modéré, après tant de fureurs ? je me perds dans mes réflexions. Jouerait-il la vertu et n'en aurait-il que le masque ? ne chercherait-il qu'à m'aveugler, afin de me précipiter dans ses pièges ? Non, cela ne se peut : la dissimulation n'est point dans son caractère. C'est un vice où l'on ne tombe qu'avec une âme vile et un esprit rampant. Mais cependant est-il dans la nature de passer sans gradations, sans nuances, du désir de la vengeance à la modération ? Non, sa colère n'est point éteinte, je dois me tenir sur mes gardes, je veillerai sur mes gestes et sur mes pas, je passerai les jours dans l'inquiétude et les nuits dans la défiance. Zélime, n'est-ce pas là le procédé que la prudence m'ordonne ? Parlez, conseillez-moi. La jeune Ismène s'afflige et gémit. Mon père flétri par les ans et par sa chaîne, souffrirait trop de ma confidence. Vous seule êtes capable d'entendre mes peines et de les adoucir.

LETTRE XIX
PHÉDIMA à ZÉLIME

Vos conseils sont excellents, mais je ne puis les suivre. Mon état est changé. Comment vous l'expliquerai-je ? et comment me croirez-vous ? Apprenez que Sir Darnley n'est plus mon persécuteur, et que je ne dois désormais prononcer son nom qu'avec des éloges. C'est maintenant à mes yeux le premier des hommes, du moins doit-il l'être, car il est mon époux[43].

Ah, mon amie, j'entends vos reproches, épargnez votre Phédima, ne l'accablez pas de vos mépris, ne la blâmez pas de son inconstance, et que pourriez-vous lui dire qui ne l'ait déjà déchirée ? Sir Darnley a triomphé, mais qui eût pu résister aux armes qu'il a employées ? j'aurais su braver les menaces et les violences dont j'aurais été la seule victime, mais on a attaqué ma sensibilité, et j'ai été vaincue.

Les nègres, mes compatriotes, Ismène, mon père, tous étaient d'intelligence avec Sir Darnley. Je les voyais gémir, j'apprenais par de feintes confidences, qu'ils seraient courbés sous le joug le plus dur, jusqu'au moment où je deviendrais flexible. Mon père m'aborde les larmes aux yeux. Phédima me dit-il, n'as-tu consacré ton âme qu'à l'amour ? Ne t'en reste-t-il point pour la nature ? Veux-tu perdre tes compagnons d'esclavage par tes refus obstinés ? Veux-tu me livrer aux insultes d'un Européen, qui punira la fille sur le père, et qui déchirera sans pitié ma vieillesse ? Ô ma fille ! je ne fus jamais que ton ami, sois aussi l'amie de ton père. Ma liberté sera le prix de ton obéissance à Sir Darnley. Obéis et ne me fais pas rougir de mes fers. Ne m'oppose pas tes serments et les décrets du ciel. Par un enchaînement de circonstances, il t'a dégagé des promesses que tu avais contractées avec Abensar, ou plutôt tu ne lui as jamais rien promis. Tu le sais, et Sir Darnley le sait aussi, car il s'intéresse trop à ton sort, pour ne pas s'informer de ton histoire : ainsi, rien ne t'empêche de suivre mes conseils. Oui, ma fille, épouse Sir Darnley, et sois infidèle à ton amant par humanité. Abensar lui-même ne t'en désavouerait pas.

Allons, lui répondis-je, vous l'ordonnez, je n'examine rien et j'obéis. Sur-le-champ il avertit Sir Darnley, qui vient, qui m'embrasse, et remet à ma disposition le sort de mon père et d'Ismène. Leur liberté, dit-il, est dans vos mains... Je ne serai pas un instant leur maîtresse. Mon père ! mon amie ! soyez libres, dirigez-moi toujours par vos conseils, et soyez les témoins de mon mariage. Des cris de joie sont leur réponse ; nous partons, et Sir Darnley me conduit à l'autel.

Je n'ai plus rien à demander au ciel, me dit-il, à l'instant que la cérémonie fut achevée ; mes vœux sont exaucés, mais il faut que je me hâte de recouvrer à vos yeux l'estime que j'ai perdue ; sachez que je ne dois point votre main à une violence qui m'eût été odieuse, je la dois à un peu d'artifice. Ces larmes que vous avez vues couler étaient feintes. Ce désespoir de vos amis et de votre père était imaginaire. Il n'y a rien eu dans mon procédé de sincère que mon amour[44].

Cet aveu, je le confesse, a donné quelques relâches à mes chagrins. Où en eussé-je été s'il eût fallu joindre à mes infortunes, celle de plaire à un homme que j'eusse jugé digne de mes dédains !

LETTRE XX
PHÉDIMA à ZÉLIME

Je pleure, Zélime, je pleure l'accomplissement du plus ardent de mes souhaits. Mon amant vit près de moi, je l'ai vu, et je crains de le revoir, je crains Abensar.

Occupée de mon amour et de mon devoir, j'errais dans un parc, lorsque la voix la plus flatteuse, la plus touchante a retenti à mes oreilles. C'est Abensar, toujours aimable, toujours fidèle, qui me prend dans ses bras et me comble de ses caresses. Ah ! combien, me dit-il, j'ai souffert de mes maux et des vôtres ! Que j'ai essuyé de catastrophes ! Votre absence était la plus douloureuse ; mais je vous revois, les débris de ma fortune sont suffisants pour rompre vos fers : je les romprai, je vous verrai libre et fortunée. Ne pleurez donc pas, ma Phédima, ne pleurez pas : nos maux sont effacés. – C'est sur vous que je pleure ; vous ne connaissez pas mon état actuel, je ne suis point esclave. – Vous n'êtes point es-clave ! j'en bénis le ciel, votre maître a récompensé vos vertus. Pourquoi donc, ma chère, mon adorable Phédima, pourquoi pleurez-vous encore ? Vous soupirez ? vous ne répondez point ? ... Hélas ! l'aurais-je pu ? Mon cœur était accablé de sa situation, comme d'un poids au-dessus de sa force. Dieu ! Dieu ! dit-il, je repousse l'idée qui s'offre à moi, et elle renaît toujours. Vous n'êtes point esclave ? Vos habits riches et brillants n'annoncent pas la livrée de l'esclavage ? Qu'êtes-vous donc ? Pardonnez ; mais est-ce parmi les hommes qu'on enrichit la simple vertu ? est-ce chez des Européens qu'on la décore d'or et de pierreries ? Phédima, au nom du ciel, instruisez-moi de mon sort. – Moi ? comment m'entendras-tu ? Punis, frappe sans miséricorde ta coupable amante, qui n'appellera pas de ton jugement. Elle est mariée. – Toi, mariée ? je ne te crois point ; mon amour et tes serments ne sont pas enlevés à ton souvenir[45]. Tu pleures ? Il serait donc vrai que tu m'es infidèle ? Ah ! n'importe ! tu pleures, tu te repens, sans doute, reviens à moi, un autre pourrait-il t'aimer comme je t'aime ? Ne m'appartenais-tu pas avant que d'être à cet odieux rival, qui n'a pu te faire contracter par la violence un engagement plus solennel que le nôtre ? Les dieux et ton père en furent les témoins ; seraient-ils, oserais-tu dire qu'ils furent aussi les complices de ta perfidie ?

Il chancelle, il tombe après ce discours prononcé avec violence, et je le soutiens dans mes bras. Combien il devint alors tendre dans ses regards ! quelles palpitations ! quels soupirs enflammés ! et que j'étais faible ! Déjà mes yeux longtemps fermés s'entrouvraient pour lui annoncer son bonheur ; oui, j'eusse été vaincue, si j'eusse été attaquée. Qu'on triomphe aisément d'un cœur sensible ! pareil à ces terrains fertiles où la culture fait éclore à côté du bon grain l'herbe parasite qui doit le tuer, le cœur s'ouvre indifféremment à toutes les impressions, et il cède au crime comme à ses devoirs, si l'on ne se garantit pas de la séduction par la suite. Je vis qu'il ne me restait de force que pour faire une retraite, et que je n'avais de rempart que son abattement, qui ne lui permettait pas de me poursuivre. Adieu, lui dis-je, adieu, trop cher amant : partez, mon époux vient ici à ces heures, revenez demain vers midi ; je serai fidèle au rendez-vous. Telle fut ma promesse, mais je serais bientôt séduite, égarée, si je la tenais. Je ne la tiendrai point... Vous, Zélime, courez l'instruire de ma résolution chez Sir Hentley, où il loge, dites-lui que je suis absente, malade ; en un mot, dites-lui tout ce que vous voudrez, pourvu que vous ne le mettiez pas aux prises avec mon époux. Adieu, Zélime, que je souffre de m'être condamnée à le fuir pour toujours[46] !

LETTRE XXI
ABENSAR à PHÉDIMA

Etait-ce à toi à m'affliger ? Que diras-tu pour ta défense ? Je vais au rendez-vous, et tu ne t'y trouves point : égaré par mes craintes et te croyant au pouvoir d'un barbare qui t'avait pénétrée, et qui te faisait de ta demeure une prison ; je vais, pour te délivrer, jusque dans ton appartement. Tu y étais, j'en suis sûr, et tu y étais libre ; mais tu prétextes une absence imaginaire. Ce n'est pas tout : tu m'envoies Zélime, qui me déclare en ton nom que je dois te fuir sans retour. Est-ce bien toi, Phédima, qui m'as dicté cet ordre ? et tu n'as pas tremblé en le prononçant ? Comment te justifieras-tu ? Tu sais bien que je n'ai mérité ni ta haine, ni ta défiance. Ne t'ai-je pas, dans les jours de ma prospérité, consacré ma vie toute entière, et depuis que des barbares t'enlevèrent en ma présence, depuis ce jour où je tombai dans l'abîme du chagrin, après m'être élevé en espérance jusqu'au sommet du bonheur, je n'ai vécu que pour briser tes fers et te rendre à la patrie. Trois mois j'ai attendu inutilement sur le rivage le départ d'un vaisseau qui prît la route de la Jamaïque, où j'appris qu'on t'avait transportée. Enfin, un de ces marchands qui négocient de notre sang, a bien voulu m'y conduire, à condition que je me dépouillerais en sa faveur de ma fortune presque entière, et je l'ai donnée sans hésiter.

Toujours occupé de ton image, j'arrive enfin dans ton parc, résolu de t'affranchir à prix d'argent ou les armes à la main, et je te trouve engagée par d'éternels liens à un homme qui n'est ni de ton pays ni de ta religion, à un homme que tu n'aurais jamais connu, s'il n'eût été injuste. Je t'embrasse avec feu prêt à expirer de plaisir dans tes bras ; tu me reçois sans tendresse, je m'égare en reproches, tu m'abuses par des larmes feintes et par des promesses ; mais tes promesses ne sont qu'un vain son, ta bouche n'est plus d'accord avec ton cœur. Infidèle à ta parole, tu m'as repoussé de ta maison sans pitié, sans ménagement : telle est mon histoire et ma récompense : tu m'as trop puni de ma fidélité.

Le nieras-tu ? Justifie-toi si tu le peux. Donne-moi un motif, donne-moi un prétexte pour colorer ta conduite. Je n'en demande pas davantage, car je n'aspire qu'à t'estimer. Ecoute, il serait un autre moyen de te justifier. Je connais un capitaine qui se dispose à s'embarquer, qui est pauvre, qui cherche de côté et d'autre l'occasion de s'enrichir, et qui nous recevrait avec plaisir sur son bord. Mais je prévois déjà, j'entends vos refus. Hé bien ! voyez à quoi je me borne ; je n'implore que vos chaînes, je ne vous demande que l'esclavage, c'est le projet le plus avantageux que je puisse former dans ma situation. Si vous m'aimez encore, combien il vous sera facile alors de goûter le bonheur ! Si vous me haïssez, combien vous trouverez d'occasions de satisfaire votre haine ! Choisissez donc ce parti, accordez-moi cette faveur. Aussi bien déjà presque réduit à l'indigence dans un pays où le nécessaire est presque aussi cher que le superflu l'est dans ma patrie ; il ne me restera bientôt que le choix d'un esclavage forcé ou d'une servitude volontaire.

LETTRE XXII
PHÉDIMA à ABENSAR

Moi, vous haïr ? Vous aurais-je évité avec tant de soin, si je vous eusse haï ? Moi, me défier de vous ? je ne me défierai jamais d'un homme que j'estime, je ne me suis défiée que de moi-même, je ne vous ai éloigné que pour être fidèle à mes devoirs ; et maintenant je vous recevrais chez moi ? J'introduirais un ennemi dans ma maison ? Oui, un ennemi, car vous ne seriez pas longtemps retenu par l'attachement et par l'estime que vous me portez, vous recevriez bientôt la loi de vos désirs ! Eh quoi ! ne savons-nous pas que la tentation touche à la chute ? Dirons-nous à un feu dévorant allumé autour de nous ; étends tes ravages jusqu'à ce point, puis arrête-toi ? Assis l'un et l'autre sur le penchant du précipice, occupés à en mesurer la profondeur, nous chancellerions, nous tomberions : je serais malheureuse, et vous partageriez mes malheurs. Telle est la perspective qui nous attendrait, prononcez vous-même. Me conseillez-vous d'habiter avec vous sous le même toit ?

Que dirai-je de vos autres propositions ? Répondrai-je à celle que vous me faites de m'enlever ? Non, vous paraissez l'avoir désavouée, et je vous estime trop pour y répondre, mais que votre lettre est étrange ! De quels projets sinistres votre imagination est dévorée ! Il ne vous reste, dites-vous, que le choix d'une servitude volontaire ou d'un esclavage forcé, c'est-à-dire, que vous n'avez vu que l'alternative d'être criminel ou fou, et savez-vous quel est le sort d'un esclave ? Fût-il tombé dans les mains du meilleur des maîtres ? Il n'est plus qu'un automate, qu'une machine, qu'un homme dégénéré, dont tous les mouvements sont subordonnés à des volontés étrangères : presque dénué de vêtements, forcé de cultiver une terre dont il ne recueillera pas les fruits, privé d'une compagne assidue, réduit à subsister d'aliments sans suc et sans substance : heureux s'il peut dérober des cadavres et se repaître d'aliments putréfiés. Il porte partout les marques de sa bassesse, et il est en butte à toutes les railleries, quelquefois aux insultes des hommes libres, dont le dernier le foule aux pieds.

Mais que sera-ce, s'il tombe entre les mains d'un tyran ? Alors malheur à l'esclave qui oppose une résistance légère à ses désirs, ou qui retarde les plaisirs et les jouissances de son maître par sa lenteur. Froissé, déchiré de coups, son corps se couvrira de cicatrices, sa chair tombera en lambeaux, et les denrées qu'il manufacture seront arrosées de son sang[47]. Il est bien peu d'esclaves qui n'aient au moins essuyé une fois de pareils traitements ; et il en est plusieurs qui n'ont trouvé dans leurs maîtres que des bourreaux impitoyables, toujours assis au pied du tribunal des passions sanguinaires, toujours prêts à se jouer de leur vie et à les égorger impunément au signal de sa colère.

Non, Abensar, vous ne vous dégraderez point ainsi, et vous ne me jetterez pas, si vous m'aimez, dans des craintes continuelles. Voudriez-vous vous livrer à des outrages qui retomberaient sur moi, et à des bras féroces dont je partagerais les coups sans les affaiblir ? Comment souffrirais-je que vous tombiez dans cet état abject ? vous, le plus chéri des hommes, tandis qu'inspirée par la seule humanité, je brûle du désir de procurer la liberté aux esclaves de mon mari, sans distinction de sexe, d'âge ou de patrie. Non, je ne vous abandonnerai point à vos noirs projets, et j'en ai imaginé qui vous conviennent bien mieux. Ne craignez pas que je vous conseille de retourner à Juida ; j'en serais moi-même trop affligée. Restez, Abensar, restez dans cette île : vous avez encore quelques fonds ; avec ma bourse et des bijoux qu'il m'est aisé de vendre, je puis vous fournir une somme assez considérable en argent. Servez-vous en, courez de place en place exercer le commerce. Prévenez et contentez les nécessités, les besoins, les plaisirs, les goûts et les délices de tous les particuliers. Il est peu d'états aussi utiles à la société, et il n'en est point de plus honnête. Croyez-moi, suivez ce conseil. Une absence nécessaire est le tombeau des fortes passions. Votre amour se changera en amitié et je vivrai avec vous, lorsque vous voudrez n'être que mon ami.

LETTRE XXIII
ABENSAR à PHÉDIMA

Vous offrez à un homme qui brûle d'amour une vaine amitié et des secours pécuniaires ? de l'amitié ? Il n'y en eut, il n'y en aura jamais entre des amants. La haine, cruelle Phédima, la haine commence où finit l'amour. Si je ne suis pas à vos yeux le premier des hommes, soyez-en certaine, je n'y paraîtrai plus, je chercherai la mort, je la trouverai. Mourir par les mains d'un ennemi, c'est un malheur qui ne m'effraie point, c'est une loi de la nature. Mais souffrir vos dédains, vos mépris, mais être en butte au courroux d'une amante chérie, qui, autrefois, bénissait le ciel de nous avoir créés l'un pour l'autre ; mais recevoir un arrêt d'exil d'une main dont on n'attendait que des grâces ou des consolations, voilà ce qui me déchire : n'importe, vous le voulez, je ne sais qu'obéir. Dans une heure je pars avec des malheureux, des esclaves fugitifs, qui vont, à l'abri des ténèbres, trouver sur les montagnes la mort ou la liberté. Adieu, Phédima, je vous pardonne mon infortune ; mais ne me rappelez pas auprès de vous. Gardez, gardez votre dureté. Aussi bien vous tenteriez en vain de me fléchir. J'ai appris de vous à être inflexible.

LETTRE XXIV
PHÉDIMA à ZÉLIME

Lorsque j'écrivais à Abensar de se séparer de moi, je ne connaissais pas toute ma faiblesse, vous le dirai-je encore, je me flattais en secret qu'il avait trop d'amour pour avoir tant d'obéissance : jugez, ma chère Zélime, jugez combien je fus consternée en en recevant le soir même une lettre, où il m'annonçait sa fuite vers les montagnes et une résolution déterminée de courir à la mort.

Quelle femme pourrait apprendre le danger d'un homme qu'elle chérit sans voler à son secours ? Accompagnée d'Ismène, je me rendis tout de suite chez Abensar, que je trouvai entouré d'esclaves, qui se faisait un rempart de son corps, et qui, dans le mouvement de chaque feuille, croyait reconnaître les pas ou la voix d'un maître irrité. Ne me fuyez point, lui dis-je, cher Abensar, et que feriez-vous loin de moi dans ces montagnes incultes, marécageuses, où le terrain repose sur des abîmes prêts à s'entrouvrir, où le sol produit cent poisons pour une plante salutaire[48] ! Vous y péririez bientôt, ou par les traits de l'habitant de la plaine que vous fuyez, ou par les pièges que vous tendrait l'habitant de la montagne, à qui vous paraîtriez un concurrent dangereux, et je n'y serais pas pour vous défendre. En parlant ainsi je m'appuyai contre la porte, afin de lui en dérober le passage : plût au ciel, me répondit-il, que je pusse vivre là où vous vivrez ! jamais, jamais je n'ai formé d'autre désir : cruelle ! encore aujourd'hui je faisais consister ma volupté à vous voir, à habiter avec vous ; mais dans le désespoir où vos refus m'ont réduit, je me suis rendu aux sollicitations de ces nègres infortunés, qui veulent briser leurs chaînes, et qui m'ont choisi pour leur conducteur : puis-je les abandonner à la vengeance de leurs maîtres et à la honte de l'esclavage ! Ô ma Phédima ! je serais bien peu digne de vous plaire, si j'oubliais que les devoirs de l'homme sont plus sacrés que ceux de l'amant.

Je convins en gémissant qu'il avait raison ; cependant je l'arrêtai encore en le priant mille fois de ménager sa vie, j'arrêtai ses amis l'un après l'autre par les vœux que je fis en leur faveur, afin de me procurer encore quelques moments la vue de mon amant. Ainsi, dans un naufrage, un malheureux s'attache aux plus faibles débris du vaisseau, satisfait de mourir une minute plus tard.

Abensar partit alors, et moi, les yeux humides et le cœur serré, je le priai d'emmener Ismène pour entretenir une correspondance entre nous.

Je revins chez moi seule, interdite et demi-morte ; maintenant que je ne peux plus, que je ne dois plus aimer mon cher Abensar, je veux l'aimer dans ses amis, dans nos concitoyens.

Combien il sera content de moi, lui qui frissonne au seul nom de l'esclavage, quand il saura que j'ai déjà plusieurs fois sollicité mon époux d'affranchir ses esclaves ! Je l'ai même engagé à lire un mémoire conforme à mes vues, dont je vous envoie la copie. Son ami Sir Bevil en est l'auteur.

LETTRE XXV
Sir BEVIL à Sir DARNLEY

Un homme instruit* par son cœur et étranger à la politique, pourrait vous dire : brisez, ô vous qui aspirez au titre d'homme juste, brisez les fers de vos nègres, détruisez l'effet d'une violence dont vous êtes au moins le complice, et rendez-les à leur patrie et à leurs plaisirs. Il ne vous serait pas facile de répondre à son langage, et pourtant je ne l'emploierai pas : voici le mien. Qu'on accorde une liberté absolue aux nègres, qu'on métamorphose les esclaves en artistes, en ouvriers, en manœuvres, en domestiques, et je soutiens qu'on procurera le profit des maîtres, de l'Etat considéré sous le double rapport de métropole et de colonie, enfin celui des esclaves. Voilà mon projet que j'ai cru devoir généraliser. Si j'en prouve l'utilité, vous ne m'en demanderez pas l'application.

L'intérêt des maîtres, ai-je dit, ne vous en étonnez point. En usant de violence, ils rencontrent à chaque pas des ennemis cachés, des vols adroits, des ventes secrètes, en un mot, la résistance éternelle de la liberté. Imaginez à présent que les nègres sont libres, et voyez ces hommes qui rompaient un joug pesant et qui se réfugiaient au moment de la récolte chez les Caraïbes[49], porter paisiblement un joug léger, et se disputer la gloire de vous être utiles ; voyez-les sensibles à un bienfait imprévu, animés par l'émulation de la reconnaissance, guidés surtout par l'espoir du gain, étaler les résultats de leur industrie[50]. Aujourd'hui ils n'ont que des mains, alors ils auront de l'intelligence et des yeux. Aujourd'hui la plupart des terrains situés dans l'intérieur de l'île, sont condamnés à une stérilité éternelle, parce qu'il ne serait pas facile de prévenir la désertion et de faire rentrer tous les soirs le nègre dans sa cabane, comme on fait rentrer un troupeau de moutons dans son étable[51] ; alors la plupart des terrains seront cultivés, parce que les

* Ceux qui ne cherchent dans la lecture qu'un amusement, feront bien de passer tout de suite à la lettre XXVII.

charmes de la liberté et la certitude de trouver du travail, retiennent les manœuvres autour de leurs foyers.

Surtout daignez considérer que vous perdez nécessairement un temps infini à acheter des esclaves, à les désabuser des erreurs dont on a bercé leur jeunesse, à les instruire du travail des champs, et du travail plus pénible encore des ateliers, dont ils n'ont acquis aucune idée dans leur pays ; à faire naître entre eux cet esprit de corps qui les engage à s'aider mutuellement dans leurs travaux, et cette défiance de l'individu qui empêche la communication des secrets dangereux aux maîtres et qui prévient les révoltes. Que de peines, que de tourments dont vous êtes délivré en leur accordant la liberté ! Le jeune nègre né dans le pays, élevé dans les ateliers, s'instruirait aisément sous les yeux de son père, et supporterait avec plaisir un joug qui assure sa subsistance. C'est ainsi encore que vous affermiriez la sûreté publique, et que vous prolongeriez les jours des maîtres.

En effet, cessez d'armer le maître de tortures et de verges, et vous faites tomber le poignard des mains de l'esclave malheureux. Direz-vous que les juges le lui ont arraché ? Ce serait oublier qu'ils savent, à la vérité, punir le crime, mais qu'il n'appartient qu'aux bonnes lois de le prévenir.

Disons-le encore en rendant la liberté aux nègres, on n'aurait plus à redouter de révolte en temps de crise[52]. D'autres que vous me répondraient que les nègres sont trop avilis pour être redoutables ; mais vous savez que la faiblesse même doit être ménagée, parce que tous les êtres s'enchaînent et influent les uns sur les autres. Peut-être ne faut-il qu'une vapeur sulfureuse pour allumer la foudre ; peut-être une bulle d'eau suffit-elle pour soulever une masse de terre et en renouveler la surface. Mais d'ailleurs les nègres sont redoutables à plus d'un titre. Leur nombre est généralement supérieur à celui des blancs[53]. La connaissance du pays peut en faire, en temps de guerre, des espions dangereux, et la mort qui n'est, à les en croire, qu'une route abrégée pour rentrer dans leur pays, les effraie moins que nous[54]. Aussi voyez combien de précautions on prend contre eux dans les moments de péril ; voyez comme on sème parmi eux la discorde et la zizanie, et comme on encourage les délateurs, profession honteuse qui sèche dans leurs racines l'honneur et l'émulation. Affranchissez les nègres, que la perspective est différente ! Ce ne sont plus des ennemis, ce sont des sujets, des vassaux fidèles, une défense, un boulevard pour les colonies[55]. C'est ainsi qu'un prince pourrait, avec une loi, acquérir cent mille sujets et faire une conquête qui ne lui coûterait point de sang. Mais ce n'est pas seulement avec leurs bras que ces nouveaux sujets serviraient leurs maîtres, ils le serviraient encore par un utile emploi des fruits de leur main-d'œuvre. Observez, et cette remarque serait plus frappante peut-être, si vous étiez Français, observez que les passions des nègres concourent à l'utilité de ce projet : la parure est leur goût dominant, et une belle étoffe est un aimant qui les conduit où l'on veut. Par conséquent la paye, la rétribution qu'ils recevraient de leurs maîtres, serait destinée à l'achat des étoffes, des modes et des manufactures de la métropole, et irait assez rapidement enfler les trésors du souverain[56].

Dois-je maintenant prouver que ce projet assurerait le bonheur des esclaves ? Ah ! Monsieur, vous les verriez voler au-devant de leur délivrance et échanger avec transport leurs chaînes contre le travail, la liberté et du pain. Le temps même augmenterait leur reconnaissance, parce qu'ils apprendraient en vieillissant, que les jours de l'homme libre sont plus longs et plus conformes aux lois de la nature que ceux du serf. Aujourd'hui le travail moyen des nègres abrégé par la misère, le chagrin et les coups, n'est pas même de treize ans[*57], quoiqu'il dût approcher de trente-cinq, à l'exemple des Européens, vu que le climat d'où ils sortent est d'une température assez analogue à celui où ils entrent.

Le nègre devenu libre, bien loin d'errer au hasard comme il fait aujourd'hui autour de ses compagnes d'esclavage, qui ne connaissent d'autre dédommagement de leur sort qu'une débauche sans mesure, jouirait de la douceur de se fixer près d'une épouse de son choix et d'une famille dont il serait le père. Assuré de lui procurer du pain, il ne s'effaroucherait plus de l'idée d'une postérité condamnée en naissant à l'infortune[58], mais il oserait revivre dans des enfants destinés à des travaux honnêtes et utiles ; et le nombre des naissances serait enfin, comme il l'est dans d'autres pays, en équilibre avec le nombre des morts. Alors ces recrues honteuses, ces achats dispendieux[59] qui annoncent une plaie pour l'humanité, n'existeraient que dans l'histoire. L'Afrique compterait chaque année 80 000 malheureux de moins[60]. Les Américains dispensés d'achats superflus, seraient indemnisés d'un sacrifice apparent par une économie réelle[61] ; et cette foule de nègres fugitifs et dispersés entre les gorges des montagnes, qui n'attend, pour rentrer sous le joug, qu'un avenir plus heureux, reviendrait dans le pays[62]. A tant de raisons, je puis ajouter la raison décisive de l'expérience. Ouvrez les fastes de l'histoire, partout la liberté civile a un ascendant qu'on ne peut méconnaître. Ce sont des hommes libres, qui font respecter les pavillons sur toutes les mers, qui luttent contre les vents, les ondes et les flammes, qui prennent des villes et gagnent des combats dans des pays où ils passent pour des dieux, parce qu'on ne leur oppose qu'une nuée d'esclaves, qui sont à peine des hommes. Vous, à présent, consultez les histoires, et apprenez-moi une action éclatante d'une troupe d'esclaves en faveur de leur souverain, ou

---

[*] L'auteur s'engage à le prouver dans la supposition qu'on le niât. Il eût mis sa preuve ici, s'il n'eût craint d'ennuyer son lecteur par des calculs.

plutôt ne prenez pas cette peine inutile. L'imagination la plus hardie n'eût pas osé l'inventer. Vous faut-il d'autres exemples ? Comparez le Danemark moderne, riche en manufactures, en grains et en hommes, depuis que la liberté civile y est respectée, au Danemark ancien, dont l'histoire annonce tant de défaites, lorsqu'il n'opposait que des esclaves au milicien suédois, fier de régner dans son foyer. Ailleurs la Saxe est riche, peuplée, commerçante, parce qu'elle est libre, tandis que la Bohême, située sous le même climat, arrosée par plusieurs rivières, destinée par sa situation à faire le commerce de l'Allemagne, est pauvre, déserte, sans industrie, parce que le Bohémien est esclave. En Amérique même, la plus riche province, c'est la moins abondante en esclaves à proportion de son étendue[63] ; c'est la Pennsylvanie qui, soumise aux usages des *Quakers*, nourrit peu de nègres[64] et les traite avec bonté. Vous défieriez-vous, Monsieur, de la bonté de toute histoire étrangère ? En ce cas, consultons celle de notre pays. Où sont les progrès de la Jamaïque, depuis qu'à l'ombre de la paix dans l'intérieur et à l'abri des flottes anglaises, elle a acheté 500 000 nègres pendant l'espace d'un siècle[65]. Qu'est devenue cette immense peuplade, qui, à en croire nos calculateurs, devait se répandre dans l'île entière et se multiplier à l'infini[66]. Elle s'est évanouie, moissonnée par la faux de la servitude[67]. Les nègres affaiblis par la violence, abattus par un travail forcé, ne savent que se consumer en vains plaisirs et fleurir sans fructifier. Où est, demanderais-je encore, où est la grandeur de cette colonie des blancs, sans cesse renouvelée, qui devait, dans un terrain abondant, s'enraciner, croître et couvrir l'île de rejetons ? La colonie ne s'est point fortifiée, parce que le nombre des riches est toujours très petit là où il y a beaucoup de malheureux, et qu'il ne s'agrandit pas lorsque les pauvres ne peuvent s'élever à l'abri d'une honnête aisance[68]. L'intérêt est le nœud dont s'est servie la nature, afin de lier les humains. Tout accident qui ravit des ressources aux pauvres et qui les prive de leur pain, ôte aussi aux riches des jouissances et des plaisirs, à peu près comme le ver qui dévore la racine informe, dessèche la branche qui s'élève au milieu de l'air, fière de sa grandeur et de son ombrage. La décadence des nègres a entraîné la décadence des blancs[69] ; l'île, toujours faible, n'a pas acquis de nouveaux habitants, et elle ne compte que cent dix mille hommes dans une étendue qui pourrait en nourrir un million[70]. On n'aperçoit, en s'écartant un peu du rivage, qu'une culture languissante. Ici la mousse couvre la terre, là les genièvres en obscurcissent la verdure. Ailleurs la fougère dérobe la nourriture des productions utiles ; en un mot, les neuf dixièmes de l'île restent encore en friche[71]. Voilà l'histoire de nos ancêtres et la nôtre, voilà celle de toute nation où le cultivateur, le manœuvre et l'artiste sont réduits à n'être que les premiers animaux et les premières machines de leur seigneur[72]. Ce n'est point en commandant à des automates qu'un prince parviendra à se rendre redoutable, la pyramide régulière est l'image de sa puissance. S'il l'appuie sur une base mesquine ou écrasée, comment en élèvera-t-il le sommet à une hauteur digne des regards ?

LETTRE XXVI
Sir BEVIL à Sir DARNLEY

Vous m'apprenez, Monsieur*, qu'un projet pareil au mien, fut autrefois présenté à Louis XIII, roi des Français, et qu'il fut refusé[73]. J'en suis peu surpris, son siècle n'était pas philosophe : je suis encore moins surpris que l'idée d'abolir la servitude soit d'ancienne date : elle doit être aussi ancienne que la servitude. Les grandes vérités, celles qui décident du sort de plusieurs hommes frappent tous les yeux dans tous les temps, les vérités qui sont le fruit d'un long travail, qui demandent des recherches fixes et délicates, sont moins connues, paraissent moins importantes, et sont à la portée de peu de personnes. C'est ainsi que les petites étoiles sans feu, sans éclat, semées confusément sur la voûte céleste, n'existent que pour deux ou trois astronomes, tandis que les astres brillants et lumineux sont encore plus admirés par le peuple, qui sent sans raisonner, que par le philosophe qui s'étudie à y trouver des ténèbres et à y compter des taches.

Il est temps d'en venir à vos grandes objections, je me servirai de vos termes ; c'est une justice que l'on doit à ceux qu'on critique.

OBJ. Si l'on métamorphose les esclaves en artistes, en domestiques, en manœuvres, on augmentera considérablement le prix de la main-d'œuvre, parce qu'il faudra donner des gages à ces ouvriers. Les gages renchériront les denrées, dont le prix est déjà bien fort, à cause de la cherté du terrain, des droits royaux, des périls de la navigation, des gains des planteurs et des marchands. La cherté des denrées en éteindra le débit, les colonies seront perdues, abîmées, et les nègres mourront de faim, autant valait mourir sous la main des maîtres.

RÉP. On est bien fort quand on peut combattre des objections par des calculs ; calculez, Monsieur, et vous vous convaincrez que ce qu'il en coûterait de plus pour cultiver la plante qui fournit le sucre, pour extraire le jus des roseaux, le cuire, le raffiner, le travailler par la main des hommes libres, n'irait, en portant les choses à l'extrême, qu'à quinze deniers par livre pesant[74].

En effet, une sucrerie exploitée par cent vingt esclaves, fabrique communément, en sucre plus ou moins fin, deux cent mille livres pesant, en

---

* On a cru devoir supprimer la réponse de Darnley, parce que ce qu'elle contient d'essentiel est rappelé dans cette lettre.

sorte que chaque esclave peut être regardé comme le créateur de seize ou dix-sept quintaux de sucre[75]. Ce calcul n'est pas, à beaucoup près, exagéré. Maintenant qu'on leur donne un salaire, montera-t-il à quatre-vingt, montera-t-il à soixante livres ? Non, sans doute, cependant je l'ai porté à cent[76], afin d'être à l'abri de toute difficulté*.

L'augmentation de dépense est moins forte encore, si on les emploie à la culture et à la fabrication du cacao, puisque vingt hommes cultivent cinquante mille arbres qui procurent cent mille livres d'amandes ; leur solde fût-elle de cent livres, somme supérieure peut-être à leurs désirs. Ce surcroît de dépenses qui vous faisait trembler pour les colonies, se réduit à cinq deniers par livre pesant de cacao. Cinq deniers sont tout le sacrifice que j'exige du propriétaire. Que dis-je ? je n'en exige point, je ne veux pas qu'il ait lieu de se plaindre d'être vertueux. Mon projet ne peut lui procurer le plus léger dommage. L'expérience a appris que les propriétaires sont souvent les victimes de l'avilissement de la denrée, lorsque cet avilissement provient de son abondance, de sa mauvaise qualité, en un mot, des causes passagères, mais ils ne sont jamais que des témoins tranquilles, de simples spectateurs de toutes les variations qui tiennent à la nature des choses. Alors ils prescrivent des conditions à leur gré, parce qu'ils possèdent des denrées devenues nécessaires. Si la facture de leurs dépenses grossit, la facture de leur vente grossit à son tour. Le consommateur est le seul sur qui retombent tous les frais ; mais il en sentira bien peu le poids, lui qui, tour à tour jouet des propriétaires, des négociants, des souverains et de la nature, est accoutumé à des augmentations de prix bien plus considérables à la plus légère apparence de guerre ou de mauvaise récolte.

2e OBJ. Dès le moment où les nègres ne seront plus esclaves, il ne viendra plus de nègres dans notre pays, et nos champs dégénèreront en friches. En effet, serait-il un propriétaire assez téméraire pour acheter un homme qui le sert aujourd'hui, et qui demain sert un étranger ? Quel négociant voudrait braver les dangers de la mer et acheter à grand prix un nègre en *Guinée*, afin de le livrer généreusement aux maîtres américains ? Pensez-vous qu'il convertisse les petits souverains de la *Guinée* et qu'il les engage à lui donner des hommes dont la vente est un revenu pour eux ? Non : mais il renoncera à un commerce devenu ruineux, et sa retraite entraînera la chute de ceux qu'il emploie.

RÉP. Si les nègres ne sont plus esclaves, il n'en viendra plus dans notre pays ; vous en concluez que vos terres demeureront en friche, et j'en conclus qu'elles seront plus florissantes et mieux cultivées. Pourquoi

* On ne parle pas ici des frais de nourriture, de vêtements. Ne faut-il pas nourrir et habiller un esclave ?

raisonnons-nous si différemment ? C'est que vous voyez les nègres moissonnés aujourd'hui après quelques années de travaux, et leurs femmes communément stériles, parce qu'elles abusent du seul plaisir qui leur reste : c'est que vous achetez perpétuellement des hommes pour remplacer les malheureux qui s'éteignent sans postérité dans votre maison. Vous ne voyez que le mal, et je vous offre le remède. Ce remède, c'est la liberté. Cessez de les excéder de misère et de coups, ensuite laissez agir la nature, qui tend toujours à se reproduire, bientôt vous ne vous plaindrez plus de la disette des manœuvres, vous vous plaindrez quelquefois de leur abondance.

J'avoue pourtant qu'on ne jouit pas aussi vite des effets d'une bonne loi que le promettent les apparences, il faut que le soleil dissipe les nuages qui se sont élevés à l'horizon, avant d'échauffer la terre. Il faut aussi anéantir un mal qui a jeté de profondes racines, avant que de jouir du bien, et nous serons obligés peut-être d'acheter des nègres encore quelques années, jusqu'à ce que leur sort soit fixe et heureux.

Mais où est le propriétaire, dites-vous, qui achètera un nègre, aujourd'hui à son service, demain à celui d'un étranger ? Il est un moyen de se garantir de cet inconvénient. On peut charger des achats une compagnie composée de plusieurs actions fournies de préférence par les propriétaires des fonds de terre. Cette compagnie dont les directeurs se fixeraient dans nos ports, achèterait les nègres sans concurrence au moment de leur débarquement, d'où elle les distribuerait dans les différents quartiers de nos îles, où ils se choisiraient des maîtres à l'année, au mois ou au jour. La compagnie mettrait une taxe sur les propriétaires, proportionnée au nombre de nègres qui seraient à leur service, soit que ces nègres fussent nouvellement achetés, soit qu'ils fussent d'anciens habitants de l'île, afin qu'on ne fût point tenté de préférer les uns aux autres[77]. Cette taxe subsisterait jusqu'à ce que par la réunion et l'accumulation de ces sommes, la compagnie fût dédommagée avec avantage dans l'espace de quelques années de ses peines, de ses périls et de ses avances. Ainsi cette compagnie pourrait prospérer sans nuire aux habitants de l'île, dont les achats seraient d'année en année moins nombreux. On pourrait, par ce moyen, donner une nouvelle énergie à l'activité des nègres, en augmentant ou en diminuant leur solde, suivant qu'ils contribueraient plus ou moins à la rentrée des fonds de la compagnie par la continuité de leurs travaux.

Je conviens avec vous que mon projet ruine tôt ou tard le commerce de ceux qui vendent des hommes, mais l'Etat doit-il mettre en parallèle les intérêts de quelques négociants avec ceux de cent mille nègres, qui deviennent des sujets utiles, des cultivateurs, des soldats, en devenant libres. Autant vaudrait renouveler l'usage des gladiateurs, parce qu'il enrichissait ceux qui leur mettaient les armes à la main : eh ! pourquoi déplorerions-nous le sort de ces négociants ? Votre île encore inculte offre une vaste carrière à leur industrie. La *Guinée* même où ils font un commerce pernicieux aux nègres qui y perdent leurs hommes et aux Européens qui y ensevelissent leur argent, ne leur offre-t-elle pas d'autres ressources abondantes. Qu'ils apprennent aux nègres à faire valoir leurs riches pays[78], qu'ils les instruisent de nos métiers et de nos arts, ils travailleront pour eux-mêmes, car il y a toujours un équilibre entre l'importation et l'exportation d'un pays[79] ; et les nègres ne commenceront à nous faire beaucoup d'achats, qu'après s'être rendus assez puissants pour nous faire beaucoup de ventes.

3e OBJ. L'esclave est un mobilier du maître ; affranchir l'esclave, c'est lui enlever un capital considérable, comment le dédommagerez-vous de cette perte ?

RÉP. L'esclave ne peut être estimé qu'en raison du revenu qu'il procure, et le maître, en l'affranchissant, conserve son revenu. S'il nourrit, s'il paie des mercenaires, il avance un argent qui lui est promptement remboursé par le consommateur. Ses récoltes souvent détruites, arrachées, incendiées par un esclave déchiré de plaies et dévoré de vengeance, ne sont plus soumises qu'aux lois de la nature ; et ses capitaux, bien loin de s'altérer, augmentent nécessairement en raison de leur sûreté.

Je crois avoir résolu vos objections. Vous, à votre tour, réfléchissez sur mes réponses : une question qui intéresse le sort de tant d'hommes, vaut bien la peine d'être discutée.

LETTRE XXVII
PHÉDIMA à ZÉLIME

Je vous ai dit plusieurs fois, ma chère Zélime, qu'un de mes projets était de vous procurer la liberté. Ce matin occupée en songe de cette idée, j'ai brisé les chaînes de votre esclavage, ensuite je vous ai parée d'or et de diamants ; vous m'orniez d'une guirlande de fleurs cueillies de votre main, et toutes les deux nous étions également belles. Tout d'un coup Sir Darnley m'a éveillée. Arrête, lui ai-je dit, cruel époux ; tu troubles le plus beau songe ! Je rendais ma Zélime heureuse. – Ce songe sera une vérité, j'ai payé la rançon de Zélime, qui pourtant continuera de demeurer chez son maître, afin de veiller à l'ordre de sa maison. – Mon amie est libre et par tes soins ? Cher époux ! reçois mes embrassements, reçois-les encore une fois. Que je suis glorieuse de t'appartenir ! Devoirs sacrés de l'hymen, vous serez désormais mes plus doux plaisirs... C'est par amour pour toi, m'a-t-il répondu, que j'ai acheté la liberté de *Zélime*. Je ferai plus encore, je veux affranchir tous mes nègres, parce que je crois cet affranchissement utile à ma patrie ; je te sais gré de n'avoir employé pour réussir dans ton projet, ni les pleurs, ni les caresses, ni ces petites ressources qui séduisent un époux facile, et qui amènent un prompt repentir ; tu n'as triomphé de moi que par tes raisonnements et ceux de Bevil, venez tous deux, Bevil est entré en ce moment, venez jouir de votre triomphe : mes nègres sont déjà assemblés par mes ordres dans l'antichambre, venez prononcer l'arrêt de leur liberté. Mes amis, leur dis-je aussitôt que je les aperçus, mes chers compatriotes, jetez-vous avec moi aux pieds de votre bienfaiteur, qui vous accorde la liberté. Les nègres me regardèrent longtemps, comme s'ils eussent hésité à me croire ; mais quand je leur eus répété qu'ils ne dépendaient plus que d'eux-mêmes, on entendit de tous les côtés de la chambre des éclats de joie et un chœur de bénédictions. Cent fois ils nous jurèrent une obéissance, une fidélité à toute épreuve. Trop respectueux pour se jeter dans nos bras, ils s'embrassaient les uns les autres, et je fus obligée de me livrer la première aux épanchements de ces âmes honnêtes. Bientôt après chacun cherche à témoigner sa reconnaissance de la façon la plus expressive qu'il puisse imaginer. Les hommes me comparent à leurs maîtresses, et les femmes jettent sur moi ces regards gracieux réservés aux amants. Celui-ci arrête les larmes de sa sensible épouse, qui reçoit mes embrassements, il m'embrasse et pleure à son tour. Celui-là prosterné à mes pieds, prie Dieu pour moi, ensuite il prend dans ses bras son enfant encore à la mamelle et le consacre à mon service. L'un d'eux enfin chante un hymne, où il célèbre la bienfaisance de mon époux, et ses camarades dansent en chantant le refrain. Mon époux, Bevil et moi, mêlés à leurs danses, nous partagions cet enthousiasme. Que dis-je ? nous étions les plus heureux. Ah ! n'est-il pas plus flatteur de créer un bien que d'en jouir[80] ?

Une seule négresse couverte d'un voile, s'était réfugiée dans un appartement, sans prendre aucune part à la fête. Déjà étonnée de sa conduite, ma surprise fut plus grande encore de la voir tomber à mes pieds, lorsqu'elle se vit seule avec moi. Que faites-vous, lui dis-je, en levant son voile, ah dieux ! quel spectacle ! C'était Alzaïde, autrefois mon amie, qui depuis égarée par l'amour, trahit sa patrie et me vendit aux Européens : fuis, m'écriai-je en reculant d'horreur, fuis, malheureuse, et ne profane pas cette maison par ta présence. – Ecoutez-moi, me dit-elle, tourmentée de remords, lorsque je vous persécutais, odieuse à mes concitoyens que j'ai trahis, méprisée des ennemis dont j'ai servi l'injustice, enlevée par des brigands, vendue à des hommes qui m'ont chargée de travaux et de coups, je n'ai passé depuis ma trahison que des jours douloureux. Hier au soir on me vendit à votre intendant, et je ne vous ai reconnue qu'au moment où vous me donniez la liberté. Votre sort fut toujours d'être généreuse, le mien fut de commettre des crimes et de les pleurer. Maintenant déchirée par mes remords et par vos bienfaits, je n'ose former qu'un seul vœu. Dites-moi seulement, Phédima, dites-moi que vous ne me haïssez plus. – Vous fûtes bien cruelle envers moi, mais vous vous en rappelez trop pour que je vous en retrace le souvenir ; je ne vous hais point : puissé-je toujours de même défendre à mon cœur le sentiment de la haine ! Puissé-je me faire estimer de ceux qui voudront me haïr ! Ô mon Dieu ! je ne vous demande pas d'autre vengeance : non Alzaïde, non, je ne vous hais point, j'aurai soin de vous, je vous procurerai un sort agréable, pourvu que vous vous occupiez, mais vous n'habiterez pas ma maison. – C'en est assez, puisque vous ne me haïssez pas ; j'ose encore prétendre à votre estime, un jour peut-être je mériterai d'être aimée.

Telle a été ma conduite avec Alzaïde, et je ne saurais me repentir de n'avoir été qu'à demi généreuse ; il m'est impossible de recevoir chez moi celle qui m'a éloignée d'Abensar : ma vie eût été perpétuellement empoisonnée par cette pensée qui trouble mon bonheur, en ce jour même où je suis si fière, si glorieuse de vous avoir procuré la liberté.

LETTRE XXVIII
PHÉDIMA à ZÉLIME

Je viens d'apprendre que les nègres marrons ont reçu Abensar et sa troupe comme des amis à qui ils ont assigné un terrain assez fertile, destiné en partie à la chasse, en partie à la culture. Abensar est devenu leur chef, sa nouvelle grandeur n'a pu encore le rendre infidèle. Au milieu des conseils comme au sein des forêts, il porte la passion qui le dévore. En vain cherche-t-il à l'affaiblir, en consacrant ses jours à l'utilité publique. Bientôt il se souvient de moi, et il abandonne ses compagnons pour gémir en liberté. Tel est le récit d'Ismène, et j'ai reconnu son caractère à ce récit. J'oserai le dire à mon amie. Abensar vit toujours dans mon cœur ; et dans les bras de mon époux, il m'est souvent arrivé de penser à mon amant. Cher Abensar, pourquoi m'informerais-je de tes sentiments ? C'est en interrogeant mon âme que je jugerai ton cœur. Tu ne peux cesser de m'aimer que lorsque je cesserai de m'intéresser à ce qui te regarde. Hélas ! tu seras toujours malheureux, parce que je serai toujours fidèle.

Mais j'oublie que je ne plais qu'à moi seule, en vous entretenant de ces sombres idées. Il vaut mieux vous parler de nos nègres. Vous n'imagineriez pas, me disait Ismène, combien il y a de vérité dans leur reconnaissance qui ne s'exprime pas par des mots, mais par des actions. J'en ai vu plusieurs se rendre au lever de l'aurore dans les champs et prévenir encore les ordres de l'intendant, étonné à son réveil de trouver le terrain défriché. Je les vois tous assidus dans les ateliers se disputer de zèle et d'activité. Voilà le nègre ou plutôt voilà le caractère de l'homme. Esclave, il rampe pas à pas. Libre, il déploie son âme et donne l'essor à son industrie[81]. Malheureusement nos riches propriétaires ne pensent pas comme Ismène. On blâme mon mari, on le regarde comme un jeune fou à qui l'amour a fait tourner la tête. Voici à ce sujet une lettre qu'il a reçue de son ami Sir Camphel, dont je vous envoie mot à mot la copie.

Sir Camphel à Sir Darnley

Tu te félicites dans un accès d'enthousiasme d'avoir adouci le sort de deux cents malheureux ; mais tu pleureras ta générosité au jour de la récolte. Au reste, je te pardonnerais aisément d'être fou, si tu ne voulais pas rendre ta folie contagieuse. Hé ! bon Dieu ! où en serais-je, si je m'avisais de t'imiter ? j'aurais perdu mes plaisirs. Lorsque l'ennui vient m'assaillir, ce qui m'arrive assez souvent, je m'amuse à houspiller, à frapper un troupeau d'esclaves*. Les bonnes gens font des mines si plaisantes, des contorsions si délicieuses, c'est à mourir de rire. S'ils étaient libres, il n'y aurait plus moyen de les battre, ma tête sècherait de langueur, et mes mains se rouilleraient faute d'exercice. Veux-je satisfaire aux désirs d'un moment, je descends dans la sucrerie, dans le moulin ; je jette le mouchoir à une négresse, et elle est flattée de m'obliger. Mais il faut bien d'autres cérémonies pour gagner le cœur d'une négresse libre, qui exige des soins, des égards, et peut-être de la tendresse. Je connais une des tiennes qui m'a refusé, et cette malheureuse me préfère, l'avouerai-je ? un nez camard, une tête à laine, un de ses camarades.

Ne va pas m'accuser de ne songer qu'à moi, je songe aussi à l'Etat. J'ai remarqué que deux ou trois nègres qui t'appartiennent ont abandonné ton service pour défricher de vastes landes que nos sages ancêtres dédaignaient de cultiver. Tôt ou tard ils inonderont le royaume de denrées : les pauvres comme les riches en feront emplette, c'est confondre tous les états. Crois-moi, mon ami, l'abondance des objets de commerce tue le commerce : vois les Hollandais, ils brûlent une partie de leurs épiceries pour envahir notre argent.

Eh ! que gagneront tes nègres à leur liberté ? Ils seront moins heureux, ils seront moins honnêtes gens. La vanité les perdra. Leurs habits changeront avec les saisons, ils achèteront des rubans, des dentelles, des robes, des habits, eux qui ne portaient modestement qu'une jupe ou qu'un caleçon. Tant mieux, dis-tu, pour des milliers de personnes qui fabriqueront à leurs dépens sur les côtes de la Cornouaille ou de la Normandie : oui, mais tant pis pour les nègres qui deviendront fiers, vains, insolents.

* Malheureusement pour l'humanité, ce que Camphel rapporte, n'est que trop vrai.

Devinerais-tu le faste de leurs prétentions ? Déjà ils ont l'audace de rejeter leurs anciennes révoltes sur nos mauvais traitements. Ils veulent concourir avec nous à la défense de nos colonies, ils prétendent que les plus heureux sujets blancs ou noirs, sans aucune distinction de couleurs, sont aussi les plus fidèles sujets.

Mon ami, il est dans la nature humaine de s'élever. Si aujourd'hui ils se croient nos égaux, demain ils se croiront nos maîtres. Le plus sûr est de les humilier et de renouveler leur servitude afin de flétrir leur fierté. Si tu étais assez sage, assez déterminé pour prendre ce parti, je suis prêt de t'aider de tout mon pouvoir.

Que répondre, mon amie, à un homme qui a le cœur froid et l'esprit faux ? Il faut le plaindre et se taire, et voilà pourtant comment raisonnent au fond du cœur la plupart des apologistes de l'esclavage.

LETTRE XXIX
PHÉDIMA à ZÉLIME

Puisque votre maître vous le permet, venez jouir quelques jours du spectacle attendrissant de la félicité de nos nègres et partager la joie de nos succès. Vous pleurerez, nous disait-on, au jour de la récolte. Cette prophétie n'est pas heureuse, puisque notre récolte est plus riche, plus abondante que celle des autres habitants du bourg. Je serais trop contente de cette supériorité, si elle n'eût servi de prétexte pour battre, pour déchirer des esclaves malheureux, dont on blâme la paresse, comme si la paresse n'était pas la compagne éternelle de l'extrême infortune.

On m'assure que les nègres désespérés s'assemblent la nuit et projettent de se venger de leurs maîtres, avec qui mon mari est trop étroitement lié. Des hommes méchants qui se consolent du mal qu'ils ne peuvent pas commettre par celui qu'ils répandent, leur ont persuadé que Sir Darnley, d'intelligence avec leurs maîtres, se proposait de remettre nos nègres dans l'esclavage. Quelque absurde que soit cette idée, elle s'est accréditée chez des infortunés, que le spectacle fréquent de l'injustice rend incrédules à la vertu. Cependant j'espère encore détourner secrètement cet orage, sans qu'il soit besoin d'en parler à mon mari. A quoi servirait de l'entretenir de craintes, peut-être imaginaires ? L'homme n'a-t-il pas assez de maux réels ?

LETTRE XXX
PHÉDIMA à ZÉLIME

Quel moment avez-vous choisi pour vous rendre à C** ? Jamais, jamais, ô mon amie, vos secours ne m'eussent été plus nécessaires que dans cette journée. A peine m'aviez-vous quittée, qu'Alzaïde m'aborde avec la plus vive agitation. Je sors, dit-elle, de l'assemblée des nègres, qui, d'intelligence avec un blanc, se sont emparés cette nuit de l'arsenal public. J'ai vu le chef des factieux, la fureur dans la physionomie et la rage dans les yeux, montrer aux spectateurs son corps déchiré de plaies, arracher le bandeau qui les couvre et rouvrir ses blessures. Voyez, dit-il, ô nègres, voyez les preuves des crimes des Européens. Voilà mon sang qu'ils ont fait couler, trempez comme moi vos épées dans ce sang, et à coups redoublés, plongez-les toutes fumantes dans le sang des Anglais. A ce spectacle, la colère des nègres devient furie, ils ne respirent plus que la vengeance, ils ne parlent que d'un massacre prompt et général[82]. Les jours mêmes de votre mari ne sont point en sûreté, parce qu'il est blanc, ami des blancs, et qu'il voudrait tôt ou tard les venger. – Les jours de mon mari ne sont point en sûreté ? Votre crainte est chimérique, puisque je vis encore. Les nègres ne sont point insensibles aux larmes, parce qu'ils ont pleuré, et mes larmes seront sa défense. Alzaïde, rejoignez les conjurés, afin de leur inspirer de l'humanité, je me réserve l'honneur de sauver mon mari.

Mon dessein étant de le garantir du péril sans l'en instruire, j'imaginais de l'envoyer à notre campagne de F** et une mésintelligence survenue entre les ouvriers qui y travaillent, m'en fournit une raison assez vraisemblable et qui ne lui fit naître aucun soupçon.

J'étais à peine délivrée de mon inquiétude, lorsque Ismène, qui était retournée par mon ordre dans les montagnes, entre précipitamment, m'embrasse et laisse échapper des larmes longtemps retenues. – Ma chère maîtresse, me dit-elle, ma tendre amie, soumettez-vous aux décrets éternels de la Providence, et jetez-vous dans les bras de l'amitié. Abensar n'habite plus ces montagnes qui lui servaient d'asile, le perfide a fui vers les rivages de la mer avec ses compagnons, il n'est plus d'Abensar pour vous.

A cette nouvelle, mon sang se glace dans toutes mes veines, ma respiration est interrompue, mes yeux se ferment à la lumière et je perds l'usage de mes sens.

Les secours bienfaisants d'Ismène me raniment, et moi, malheureuse, j'ai tourné ses bienfaits contre elle. Oui, dans le délire de mes transports, j'ai maudi mon amie de m'avoir apporté cette accablante nouvelle. Laisse-moi, me suis-je écriée, fuis de ma vue, tu m'es odieuse. Je te hais, je me hais aussi : cieux ! tonnez sur nous, terre, engloutis-nous dans tes abîmes.

Voilà, voilà jusqu'où j'ai porté l'égarement ! Peut-être m'estimez-vous assez pour ne pas me croire ; peut-être votre belle âme ne verra qu'un mensonge dans cette cruelle vérité : ah ! jusqu'à ce moment j'aurai prononcé comme vous.

Bientôt j'ai reconnu ma faute à ses soupirs, je t'ai maudite, ai-je repris, pardonne, je me suis maudite moi-même : jamais je ne sus mettre de différence entre toi et moi. Tu me fus chère quand j'aimais la vie, et je sens au fond de mon cœur que je t'aime encore. Mais retire-toi, je t'en prie, je te l'ordonne, ta vue me rappelle la perte d'Abensar, et ma malédiction. Retire-toi, et laisse-moi seule en proie à ma douleur. Ismène se retira, et je n'en fus pas moins triste dans cette solitude que j'avais tant désirée. Abensar est parti, m'écriais-je douloureusement, il est parti pour toujours... Malheureuse Phédima, il te fuit, il te dédaigne. Peut-être, en ce moment, appuyé sur le sein de ta rivale, il jouit de ta confusion, il se glorifie de ton amour et de ses mépris, et tu nourris encore pour ce perfide, qui n'est pas ton époux, qui n'est pas ton amant, une passion qui empoisonnera le reste de tes jours ? Ah ! plutôt renonce à lui, il ne mérite pas de te rendre malheureuse. Alors, je cherchais dans ma raison des armes contre mon amour ; mais elle ne m'en fournissait que d'impuissantes : en vain me peignait-elle les bienfaits et la tendresse d'un époux digne désormais de régner sur mon cœur. Cette image, en m'éclairant, ne me persuadait pas. Que dis-je ? je m'aigrissais au souvenir des bontés de Darnley, parce que je me sentais infidèle dans l'âme à mes devoirs, et je ne voulais pas d'un bonheur qui m'était présenté par les remords.

Plus je considérais ma conduite, plus je me trouvais coupable. Aussi sévère envers moi qu'eût pu l'être ma plus grande ennemie, je me reprochais d'être tour à tour infidèle à Abensar et à Sir Darnley ; d'avoir trahi mon amant pour mon hyménée, et mon époux, en lui refusant au fond de l'âme la préférence que ma bouche lui avait jurée. Je versais des larmes sur une faiblesse dont je n'espérais pas de triompher, et des larmes plus amères encore sur la perte d'Abensar. Soit comme coupable, soit comme infortunée, je me croyais étrangère à la vie, et j'appelais la mort à grands cris. Pourquoi, disais-je, pourquoi regretterais-je des jours que le malheur a déjà abrégés... Nature ! tu m'appelles à toi par la voix de la douleur ; j'entends tes ordres et j'obéis. Deux fois je saisis le couteau fatal, deux fois je fus retenue par ce désir si naturel de l'existence, dont on ne doute que lorsqu'on est à l'abri du danger. Dans quel abîme veux-tu te précipiter, me dit cette voix intérieure ? On n'est digne de mourir que lorsqu'on a bien vécu. On doit se condamner à la vie, tant qu'il reste des devoirs à remplir. Partage les travaux, les plaisirs, les peines de ton époux, adoucis le sort de tant de malheureux qui gémissent dans cette île, et laisse la ressource honteuse du suicide aux méchants qui sont déjà morts pour la société.

Ainsi j'étais flottante entre la vie et la mort, aussi incapable de choisir décidément la mort, que de supporter la vie.

Cependant les ténèbres couvraient déjà la terre. Les nègres pouvaient venir à chaque minute, et il fallait prendre un parti, quel qu'il pût être ; surtout, il fallait trouver un moyen de préserver mon mari de toute espèce de danger présent ou futur.

J'étais trop émue pour me contenter d'un projet qui fût simple. Les projets les plus bizarres semblent l'expression de la nature à ceux qu'agite la passion. Mourons, m'écriai-je, mourons en victime innocente, qui ne veut rien avoir à se reprocher. Ô mon époux, je prolongerai tes jours aux dépens des miens, je mettrai tes habits, j'ai ta grandeur et ta taille. Protégée par l'obscurité, je puis me présenter sous ton nom aux conspirateurs ; s'ils n'en veulent pas à ta vie, ils respecteront la mienne, et s'ils veulent te perdre, ils te croiront assez puni en apprenant qu'ils t'ont privé de ton amie, de ton épouse, de Phédima.

Je me revêtis bientôt, sans autre examen, des habits de Sir Darnley, comme lui j'ensevelis mes cheveux sous une énorme perruque, et je me couvris d'un chapeau dont les bords rabattus masquaient ma physionomie.

Tout d'un coup les conjurés pénètrent dans ma maison malgré la résistance de nos nègres, qui sont entourés de tous côtés et accablés sous le nombre. Je tombai dans leurs mains, sans faire aucune défense, et ils crurent, sans hésiter, qu'ils s'étaient saisis de Sir Darnley. C'est un Européen, dit un nègre furieux, ainsi l'on doit l'égorger ; je me réserve le plaisir de porter le premier coup. Non, répond un autre, on doit respecter sa vie, parce qu'il fut homme de bien, et tous mes nègres s'écrient en se débattant contre leurs fers : conservez notre bienfaiteur, notre ami, notre père. Nous verserons notre sang pour conserver le sien ; et moi je me taisais pendant ces débats, plus affectée de l'infidélité apparente d'Abensar que du danger dont j'étais menacée.

Il faut, dit enfin un vieillard dont on respectait l'expérience et la probité, le conduire à la grande place avec les autres Européens. Là, juges à notre tour, nous le punirons, s'il est coupable, et nous le récompenserons s'il est homme de bien.

Cet avis l'emporta. Je fus menée dans une vaste enceinte, où je trouvai tous les blancs qui avaient été enlevés un à un de leurs maisons. Inanimés, ils n'offraient que l'ombre de leur figure. Plusieurs gardaient un morne silence, d'autres rampaient bassement aux pieds de leurs esclaves, devenus leurs juges.

La procédure fut subitement interrompue. En partant de la maison, les vieux nègres prévenus en faveur de mon intelligence, avaient ordonné aux jeunes de chercher Phédima et de lui demander des conseils. On me chercha en cent endroits différents, on découvrit mes habits, mes bijoux, tout, en un mot, tout ce que je possédais, hors moi. On sut bientôt que j'étais disparue, et ce bruit grossit comme à l'ordinaire en passant de bouche en bouche, parce que l'amour du merveilleux est une passion générale, et que chacun pense secrètement qu'il y va de l'honneur de son imagination d'aider un peu la vérité. Un des habitants décide que j'avais été assassinée, un autre répète son discours et sème des soupçons sur Sir Darnley : c'est lui, dit-il, c'est lui qui est la cause de sa mort : il s'était repenti, sans doute, d'avoir affranchi ses esclaves, et sa femme lui était devenue odieuse, parce qu'elle prenait trop vivement leurs intérêts ; un raisonnement qui accrédite le préjugé du moment est toujours adopté, et celui-ci justifiait au mieux la conduite des esclaves envers Sir Darnley. Aussi les jeunes gens et les femmes ne répètent plus son nom qu'en y ajoutant l'épithète d'*assassin*. Mon père lui-même emporté par le torrent, s'approche de moi le glaive à la main. – Barbare Darnley, n'as-tu épousé ma fille que pour devenir son bourreau ? Je me taisais. – Réponds-moi, sans attendre la torture, quel intérêt t'a porté à ce crime ? Je me taisais encore. – Ma fille ! je ne te reverrai donc plus ! que je suis malheureux ! Ma fille !... Barbare... mais tu vas être puni... C'est au plus malheureux, c'est à moi qu'appartient la vengeance, dit une voix que je reconnus aux palpitations de plaisir qu'elle fit naître en mon âme oppressée. Déjà émue, pénétrée des plaintes de mon père, prête à me découvrir à lui, je ne puis résister à cette dernière secousse, aux accents, à la voix d'Abensar.

Par un transport soudain, je m'élance sur Abensar, qui tirait déjà son épée, je le joins à mon père et je passe alternativement dans les bras de l'un et de l'autre : vous voyez, leur dis-je, vous embrassez, vous pressez contre votre sein cette fille, cette amante, dont vous vouliez venger la mort, et qui veut vivre pour vous rendre heureux.

Voilà de ces situations, qu'il faut voir pour s'en faire une idée : les nègres sortaient de leur place à flots précipités pour me témoigner leur joie. Contente de leurs éloges, plus satisfaite encore de la présence d'Abensar, qui me paraissait un miracle, un présent de la Divinité, mais d'un autre côté, affligée du tribunal de sang qui s'offre à ma vue, je passais tour à tour de la volupté à la douleur. Mon père à genoux bénissait le ciel et le priait de prolonger mes jours. Abensar me regardait, m'écoutait, me touchait sans cesse, comme s'il eût voulu s'assurer par tous ses sens de mon existence, ensuite s'apercevant qu'il tient encore son épée et qu'il l'a levée sur moi, il la tourne contre son propre sein : j'arrête ses transports par mes embrassements ; alors le corps penché sur moi et les mains suspendues dans les miennes, il ne s'exprime plus que d'une voix entrecoupée. Phédima, dit-il, puis-je espérer mon pardon ? Ne vous suis-je point devenu odieux ? Vous n'avez, lui répondis-je, jamais cessé de m'être cher, soit pendant votre absence, soit même dans ce moment où votre épée menaçait ma vie, car vous n'étiez cruel que par excès d'amour. Je ne vous reproche point cette cruauté, je ne vous reproche pas même de m'avoir caché votre nouveau séjour, quand vous êtes sorti des montagnes : le secret fut peut-être nécessaire, mais je me plains de ce que vous avez répandu le bruit de votre retraite hors de l'île. Où étiez-vous ? qu'étiez-vous devenu ?

Il m'apprit qu'ayant été instruit du projet des nègres et sollicité de le favoriser, il avait été forcé de déguiser quelque temps sa marche et de se retirer par un détour au milieu des bois qui bordent le terrain habité, d'où il pouvait arriver dans peu d'heures à notre bourg et aider ses concitoyens au moment marqué pour la conjuration.

Cependant les nègres revenus de leur première surprise, me demandent la cause de mon déguisement : elle est bien naturelle, leur dis-je : vous n'aspirez qu'à vous déshonorer en répandant le sang de vos maîtres, et je n'aurais pu survivre à votre déshonneur. Sûre de mourir de chagrin, j'ai préféré une mort plus prompte, mais plus utile à Sir Darnley, dont je prolonge les jours, sans qu'il soit instruit de mon sacrifice. Puissiez-vous n'avoir à vous reprocher que de m'avoir voulu donner la mort. Elle était volontaire, et le ciel qui ne venge que les opprimés, ne vous en punira pas ; mais comment vous défendrez-vous contre les gémissements de tant de malheureux qui implorent la vengeance divine ? Ô vous qui croyez justifier vos crimes en les attribuant à l'amour de la liberté, songez qu'elle condamne toute violence inutile, songez à la honte d'une vengeance qui ne poursuit que des hommes désarmés et à la foudre des Européens prête à vous écraser ; et craignez les remords qui s'acharnent sur le meurtrier à la vue de son cœur qu'il interroge sans cesse, comme le reptile venimeux s'attache aux plantes empoisonnées qui le nourrissent.

Mon discours ébranla les nègres, qui cédèrent bientôt aux sollicitations d'Abensar, aux promesses de leurs maîtres et à la voix de l'humanité.

L'article fondamental de la paix fut le retour de la liberté pour les nègres de notre bourg, à qui il fut permis de se disperser dans notre île, de servir en qualité de domestiques ou de manœuvres, et de choisir des maîtres à leur gré[83]. Cet article était nécessaire ; les replonger dans la servitude, même avec les plus grandes précautions, pour adoucir leur sort, c'eût été les condamner à être malheureux : un maître offensé, fût-il homme de probité, ne voit plus son inférieur qu'avec une certaine prévention qui dénature les objets, et il sera sévère, cruel peut-être, lorsqu'il se félicitera encore de son impartialité.

Ainsi se passa cette journée, où les blancs furent en proie aux craintes, aux inquiétudes, aux palpitations, aux déchirements qui accompagnent la mort et qui sont plus redoutables qu'elle : puissent-ils se rappeler longtemps l'état où ils ont passé ! ils en seront plus doux, plus paisibles. Hé ! quel maître oserait commander des violences, s'il s'en représentait bien toutes les suites, tous les effets ? Quel maître serait cruel, si son imagination n'était faible et s'il n'était pas trop familiarisé avec le bonheur ? On ne se joue de l'honneur et de la vie des hommes que quand on n'en connaît pas le prix.

Pour moi qui en ce jour ai perdu et retrouvé Abensar, j'ai bien senti que la crainte de perdre son amant était une des plus fortes chaînes de l'amour : j'ai reconnu que je lui étais encore fortement attachée, et qu'en son absence la vie me serait odieuse : devoirs sacrés du mariage ! je veux désormais vous concilier avec les droits d'Abensar. L'amitié même que j'ai pour lui donnera une nouvelle énergie à mes devoirs. Abensar m'honore, parce que je les remplis avec exactitude ; il jouit de l'estime et de la considération qu'il a pour moi, je ne veux pas lui enlever ses plaisirs.

LETTRE XXXI
PHÉDIMA à ZÉLIME

Le plus estimable, le plus aimé des hommes, Sir Darnley n'est plus... Je voulais le sauver et j'ai causé sa perte ; je l'avais envoyé à la campagne pour être à l'abri du péril, et je l'envoyais à la mort. Il a rencontré des nègres qui battaient les grands chemins, afin de prévenir les secours qu'auraient pu recevoir les blancs. Ces nègres instruits qu'il était le rival d'Abensar, l'ont attaqué, l'ont blessé de coups mortels et ont pris la fuite. Ce matin deux de mes nègres l'ont trouvé luttant encore contre la souffrance et poussant avec peine de faibles soupirs : le cœur abattu et déchiré, ils l'ont amené à la maison, où cette nouvelle m'a été annoncée par un cri général qui m'a arrachée au sommeil. Je suis descendue dans la chambre basse où on l'avait porté ; j'ai vu cet homme juste qui pardonnait à ses meurtriers, qui jetait sur moi de tendres regards, qui répondait à mes larmes en me consolant et qui me déclarait son héritière[84]. Bientôt les accents étouffés de sa voix n'ont plus permis de distinguer ses discours, seulement on entendait mon nom sortir avec tous ses soupirs... Il n'est plus ! ô Zélime, où trouverai-je un pareil ami, et que je me repens aujourd'hui de ne lui avoir pas toujours confié toutes mes plus secrètes pensées ! Je pleure, oui, je le pleure bien sincèrement... J'ai dit à Abensar qui a versé des larmes avec moi, retirez-vous ; il s'est retiré, et je lui sais gré de cette complaisance ; mais vous, venez confondre vos regrets avec les miens ; je me nourris de ma douleur, je m'y plais ; venez l'augmenter en lui donnant de l'aliment, en me faisant sentir toute ma perte, en me rappelant toutes les vertus de mon époux.

LETTRE XXXII
ABENSAR à PHÉDIMA

Je vous ai quittée, aimable Phédima, aussitôt que vous me l'avez prescrit : seul avec ma douleur, j'ai traîné des jours longs et cruels dans l'exil où vous m'avez condamné ; mais après trois mois de deuil serait-il équitable de prolonger mon exil, et vous qui avez versé de justes larmes sur les cendres de votre mari, ne sentez-vous pas que vous devez plaindre à présent mon sort ? Loin de vous mon âme se flétrit et mes jours coulent dans l'amertume ; et vous, qui vous plûtes toujours à rendre les humains heureux, vous m'abandonnez dans une solitude, vous ne répondez point à mes lettres, vous me laissez sans ressource, sans consolation : direz-vous que je n'ai pas, ni par mon rang, ni par mon caractère le droit d'espérer ces faveurs ; mais n'ai-je pas acquis ce droit par ma constance ? Ne l'ai-je pas acquis par ce tendre intérêt qui me sollicite vers votre bonheur ? Livrez-vous donc, j'ose vous le dire, livrez-vous au plaisir de m'aimer et d'être aimée : mes désirs embelliront vos charmes, vos charmes rallumeront mes désirs ; et par cet art heureux, nos seconds jours seront aussi délicieux que les premiers, et nous enchaînerons le bonheur, projet qui est la chimère des autres passions, et qui ne se réalise que dans l'amour. Ma chère Phédima, pour donner aux hommes l'exemple de cette félicité toujours renaissante, il ne faut qu'un mot, qu'un seul mot de ta bouche : ne me défends pas de me rendre dans ta maison, de tomber à tes pieds, de te jurer une tendresse éternelle, et bientôt tu me verras toujours prêt à te sacrifier mes désirs, mes sentiments, mes passions : que dis-je ? Je ne te ferai point de sacrifice : tes passions seront les miennes.

LETTRE XXXIII
PHÉDIMA à ZÉLIME

L'honneur, la décence, le respect que je me dois à moi-même, et surtout le respect que je dois à la mémoire de mon époux, ne me permettent plus de voir celui qui m'aima, tandis que j'étais mariée : voilà ce que vous devez dire à Abensar, ou plutôt dites-lui de se rendre un moment chez moi, parce que je donnerai de vive voix plus de force aux raisons que j'ai de lui prononcer un éternel adieu.

LETTRE XXXIV
PHÉDIMA à ZÉLIME

Avant que de revoir Abensar j'étais bien résolue d'être sourde à ses raisons : je l'ai vu, son regard était si tendre, la joie de me revoir était exprimée avec tant de vérité, les maux qu'il a soufferts à mon occasion se sont présentés si vivement à mon imagination, que j'ai été attendrie, subjuguée, quoiqu'il n'eût pas encore parlé, et ma bouche qui lui destinait des exhortations et des conseils, n'a su que prononcer ces mots : je vous aime, je vous aimerai toujours.

Fort de ma faiblesse, il m'a parlé à l'instant de prêtres, d'autel, d'hyménée, et moi qui savais combien il serait désolé d'un refus, je n'ai pas eu le courage de l'affliger. Nous n'attendons plus que vous pour accomplir la grande cérémonie.

LETTRE XXXV
PHÉDIMA à ZÉLIME

Au moment où le prêtre bénissait mon mariage, où l'éclat de la joie brillait dans les regards d'Abensar, où sa bouche s'appuyait sur ma bouche, où ses lèvres pressaient ardemment mes lèvres, où ses bras en passant autour de mon corps revenaient imprimer à mon sein cette agitation riante qui précède la volupté : dans cette attitude décente et respectable, puisqu'elle fut accréditée chez nos ancêtres, qui la regardaient comme l'emblème de l'union, je concevais enfin qu'il est une situation où l'on ne forme point de désirs. Je me croyais parfaitement heureuse. Douce illusion ! La vérité est plus douce encore, ô mon amie ! Je me suis vue dans les bras de mon époux, étrangère à l'univers, étrangère à moi-même. Mon âme était confondue avec l'âme d'Abensar ; je ne respirais que dans ses mouvements ; je ne sentais que par ses sens ; un feu brûlant que je ne connaissais pas encore circulait dans mes veines ; sa vie était ma vie et ses plaisirs animaient mes plaisirs. Douceurs de l'hyménée ! je vous goûterai toutes les fois que je serai affligée par la nature ou persécutée par les hommes, et je dirai, la vie est pourtant un bien. Amour ! tu n'occuperas pas cependant tous mes instants, car j'en veux donner beaucoup à l'amitié : vous, Ismène, Alzaïde, vous vivrez toutes désormais dans ma maison ; j'habiterai avec mon époux, avec mes amies ; Dieu puissant ! je n'ai plus rien à vous demander.

NOTES

Page 101.

1. Les récits de voyages en Afrique et aux Antilles ont imposé le personnage-type de la négresse séductrice, préoccupée de sa parure, par rapport auquel se définit le personnage de fiction ; voir notamment la description des mœurs des nègres de la Côte d'or par des Marchais : « les négresses portent des pendants d'oreilles, des colliers, des bagues, des bracelets de corail, de rassade ou de menilles d'or, et quand elles ont des miroirs, elles les consultent assidûment et sont aussi longtemps à s'y regarder pour le moins que les femmes d'Europe », Labat, *Voyage du chevalier des Marchais en Guinée, îles voisines, et à Cayenne, fait en 1725, 1726 et 1727, contenant une description très exacte et très étendue de ces pays, et du commerce qui s'y fait*, Paris, Saugrain, 1730, t.1, p.324.

2. Des Marchais évoque la « liberté des Grands » de Juida : « je ne connais pas de pays au monde où les Grands soient plus maîtres que dans cet Etat. Ce que j'ai dit ci-devant marque assez, qu'excepté le cérémonial, les seigneurs sont autant que le roi », Labat, *Voyage du chevalier des Marchais*, t.2, p.250.

Sur la situation géographique et l'importance au dix-huitième siècle des comptoirs de Juida, voir l'introduction, p. 105.

3. L'Etat de Juida est divisé « en vingt-six provinces, qui sont autant de gouvernements, qui sont donnés aux grands du pays et héréditaires dans leurs familles. Le roi est à la tête de ces gouvernements », Labat, *Voyage du chevalier des Marchais*, t.2, p.13-14.

Page 102.

4. La scène reproduit un passage d'un chapitre intitulé « Mœurs des nègres de la Côte d'or », dans le *Voyage de des Marchais*, qui rencontre des représentations du roman héroïque du dix-septième siècle. Pour commémorer une victoire militaire, le prince du royaume de Fetu « fit un festin somptueux où ses sujets et ses voisins furent invités, la bonne chère et le joie durèrent toute la journée, on n'entendait que des cris de joie mêlés au son de toutes sortes d'instruments, on ne voyait de tous côtés que des danses et des exercices de plaisir ». « Les trompettes firent un concert de fanfares fort bien exécuté, à la fin duquel la suite du prince se sépara, les hommes se mirent d'un côté et les femmes de l'autre, ses esclaves avec le tambour et les trompettes se mirent derrière lui. Cette dernière troupe commença alors un bal de

guerre que le son des instruments réglait, il dura un quart d'heure, et donna beaucoup de plaisir aux blancs qui en étaient spectateurs », Labat, *Voyage du chevalier des Marchais*, t.1, p.348-349, 350.

5. Le texte s'inspire de la tradition romanesque du dix-septième siècle mais réécrit plus précisément le récit d'une fête à la cour du roi de Cormantine dans *Oronoko*, en pratiquant une inversion des rôles ; Abensar occupe la place de la belle Africaine Imoinda, et Phédima spectatrice celle d'Oronoko : le roi demande « sa musique, et quelques-unes de ses femmes pour danser devant lui. Imoinda s'en acquitta avec un air et des grâces autant au-dessus des leurs, qu'elle les surpassait déjà par sa beauté. Aussi reçut-elle le prix ordinaire en ces sortes de fêtes », Behn, *Oronoko* (1688), imité de l'anglais par La Place (1745), Paris, Sébastien Jorry, 1756, 1ère partie, p.56.

6. La rivalité entre Phédima et Alzaïde reproduit la rivalité masculine entre Oronoko et le roi de Cormantine, qui se disputent la possession d'Imoinda : voyant le lit orné de fleurs dans l'appartement du roi, « Oronoko prévit tout son malheur : il en frémit. Mais ce n'était que le commencement de son supplice. Le vieux monarque, alors, prenant la main de la tremblante Imoinda, la conduisit, ou plutôt l'entraîna dans ce fatal appartement, dont la porte fut à l'instant fermée, et gardée par une foule d'esclaves.

Oronoko ne se connaissait plus. Il allait éclater », Behn, *Oronoko* (1688), imité par La Place (1745), éd. cit., 1ère partie, p.51-52.

Le nom d'Alzaïde renvoie aussi au roman de Mme de Lafayette, *Zaïde*, structuré par le motif de la jalousie.

7. Même opposition entre les mœurs africaines et européennes dans le récit de voyages de Smith : « Chez nous, ce sont les présents, les galanteries, les attentions, les cadeaux, les bals etc. qui préparent la route du plaisir ; en Guinée c'est la nature même, c'est un coup d'œil, un désir mutuel des deux sexes qui décide sur-le-champ : [...] il n'y a pas de pays dans le monde où l'on connaisse moins l'homme coquet et la femme prude », Guillaume Smith, *Nouveau voyage de Guinée*, traduit de l'anglais, Paris, Durand, Pissot, 1751, t.2, p.216.

Page 103.

8. Dans l'adaptation du roman d'Aphra Behn par La Place, Oronoko est confié dans le royaume de Cormantine à « un Français, homme d'esprit et de courage, qui ayant trouvé dans le jeune prince un sujet propre à faire un jour un grand homme, s'était appliqué à perfectionner son éducation. Oronoko avait reçu de lui des leçons de morale, et une idée des sciences humaines, suffisantes pour le rendre estimable à tous égards ». « Rien, enfin, en lui, ne sentait le barbare. Le jeune prince se conduisait, en toute occasion, comme s'il eût été élevé dans quelque cour de l'Europe », *op. cit.*, 1ère partie, p.18-19, 20.

9. Des Marchais évoque la diffusion des langues européennes, limitée à la haute noblesse, dans sa description du royaume d'Ardra, dont relève celui de Juida : « les Grands savent tous la langue portugaise, la lisent et l'écrivent bien. Ils n'ont point de

caractères pour écrire leur langue » ; « les peuples ne savent ni lire ni écrire. Au lieu de cela, ils ont de petites cordes nouées dont les nœuds ont leur signification. Ces nœuds sont en usage chez plusieurs sauvages de l'Amérique », Labat, *Voyage du chevalier des Marchais*, t.2, p.323.

Même témoignage de Chambon : « la plupart des nègres qui habitent le long de la côte s'appliquent à apprendre la langue des différentes nations qui font le commerce de Guinée. On en trouve qui parlent bien le portugais, ce qui n'a rien de surprenant, à cause de la liaison des deux peuples ; mais encore l'anglais, l'hollandais, le français, le danois etc. », *Commerce de l'Amérique par Marseille*, Avignon, 1764, t.2, p.395.

Page 106.

10. Hommes et femmes de la Côte d'or se frottent le corps, le visage, la tête d'huile de palme selon le témoignage de des Marchais, Labat, *Voyage du chevalier des Marchais*, t.1, p.318-319.

11. Le texte fait référence à la coquetterie quasi légendaire au dix-huitième siècle des femmes noires. Voir notamment Labat, *Voyage du chevalier des Marchais*, à propos des nègres de la Côte d'or : « Ce que les mères n'ont pas besoin d'enseigner à leurs filles, c'est la coquetterie et l'amour du faste [...]. Celles qui ne sont pas obligées de travailler passent un temps considérable à se blanchir les dents, à se peigner, à tresser leurs cheveux et à les orner de rubans ou de menilles ; elles se peignent le front, les sourcils et les joues. La plupart se font faire des incisions à côté des oreilles et des tempes, afin d'y faire venir de petites tumeurs qu'elles peignent de diverses couleurs », t.1, p.323-324.

12. Reprise de la lettre sur les Parisiennes dans la *Nouvelle Héloïse*, opposant les charmes naturels de l'amante et les femmes à la mode qui mettent « du rouge » (2e partie, L.21).

13. Dans l'*Oronoko* de La Place, l'Africain amoureux d'Imoinda prête serment « à ses pieds de renoncer, en sa faveur, au privilège des hommes de sa nation, et de n'avoir jamais, pendant sa vie, d'autre femme qu'elle », Behn, *Oronoko*, imité par La Place (1745), éd. cit., 1ère partie, p.28.

14. La société de Juida, selon le rapport de des Marchais, est extrêmement respectueuse des hiérarchies familiales et sociales ; « les enfants ne parlent à leurs pères qu'à genoux » ; le mariage d'une fille est soumis au consentement du père, Labat, *Voyage du chevalier des Marchais*, t.2, p.231, 222.

Page 107.

15. Les Jalofes, ou Yolofs, ou Oualofs, et les Mandingues sont comme les habitants de Juida des peuples de l'Afrique occidentale du littoral ; situés au nord près du Sénégal, loin du royaume de Juida, avec lequel il ne semble pas qu'ils aient eu de contact, ils sont choisis par le romancier vraisemblablement en raison de la place que leur accordent les récits de voyages, et de leur célébrité « ethnogra-

phique ». L'hostilité fictive entre ces nations et les habitants de Juida permet efface le souvenir de la conquête de Juida par le royaume voisin de Dahomey, à laquelle William Snelgrave consacre une bonne partie de sa *Nouvelle Relation de quelques endroits de Guinée* (1735).

16. Le *Voyage du chevalier des Marchais* parle des forêts du nord du royaume de Juida et consacre un chapitre aux arbres de ce pays : « on voit des palmiers dont on tire du vin, d'autres qui portent des dates [...]. Il y a des lataniers, des cocotiers, des citronniers, des orangers qui sont couverts de fleurs et de fruits en toutes les saisons de l'année et qui sont excellents », t.2, p.148, 252.

17. L'appel d'Abensar au retrait du couple hors de la société est une réécriture des propos de Saint-Preux qui suivent la découverte d'un Valais semi-utopique : « Ô ma Julie, disais-je avec attendrissement, que ne puis-je couler avec toi dans ces lieux ignorés, heureux de notre bonheur et non du regard des hommes ! ». « Soyons heureux et pauvres, ah ! quel trésor nous aurons acquis ! Mais ne faisons point cet affront à l'humanité, de croire qu'il ne restera pas sur la terre entière un asile à deux amants infortunés. J'ai des bras, je suis robuste ; le pain gagné par mon travail te paraîtra plus délicieux que les mets des festins. Un repas apprêté par l'amour peut-il jamais être insipide ? Ah ! tendre et chère amante, dussions-nous n'être heureux qu'un seul jour, veux-tu quitter cette courte vie sans avoir connu le bonheur ? », Rousseau, *Julie ou la Nouvelle Héloïse* (1761), éd. M. Launay, Paris, GF Flammarion, 1967, 1ère partie, lettre 23, p.49 ; lettre 26, p.56-57.

Page 108.

18. Reprise de la *Nouvelle Héloïse*, éd. cit., 2e partie, lettre 3, p.138-139 ; 1ère partie, lettre 26, p.56.

19. La réaction de Phédima est celle de Julie rejetant la perspective d'une fuite commune des amants : « jamais tentation plus dangereuse ne vint assaillir mon âme ». Mais « si vous voulez que je sois paisible et contente, écrit l'héroïne de Rousseau à milord Edouard, donnez-moi quelque asile plus sûr encore, où l'on puisse échapper à la honte et au repentir », *ibid.*, éd. cit., 2e partie, lettre 4, p.139 ; lettre 6, p.145.

Page 109.

20. Reprise quasi littérale de la lettre de Julie justifiant le refus de la désobéissance aux parents : « La terreur, le cri de ma conscience agitée me peindraient sans cesse mon père et ma mère expirant sans consolation, et maudissant la fille ingrate qui les délaisse et les déshonore ». « Moi, leur unique enfant, je les laisserais sans assistance dans la solitude et les ennuis de la vieillesse, quand il est temps de leur rendre les tendres soins qu'ils m'ont prodigués ! Je livrerais leurs derniers jours à la honte, aux regrets, aux pleurs ? », *ibid.*, éd. cit., 2e partie, lettre 6, p.146,145.

21. Les fétiches offrent une protection contre l'influence du diable et jouent le rôle de « gardiens », Labat, *Voyage du chevalier des Marchais*, t.2, p.190.

Page 110.

22. Le roman évoque discrètement l'esclavage pour dettes, pratiqué entre Africains.

23. Episode de bienfaisance traditionnel dans le roman des années 1760-180 ; la description de la misère prend appui sur les récits de voyageurs en Afrique tels Bosman et des Marchais, qui consacrent un chapitre à la question des dettes ; voir par exemple Bosman : « on exige les dettes d'une manière bien injuste en plusieurs endroits de cette Côte. [...] Le débiteur est contraint de payer souvent dix fois plus qu'il ne doit, sans qu'il puisse s'opposer à cette injustice, parce que l'autre a plus de crédit que lui, et est la plupart du temps soutenu par le peuple, par le roi, ou par quelque Grand. Cela arrive en plusieurs endroits, ce qui cause la ruine de beaucoup de gens ; ils donnent le nom de droit à ces procédures, mais c'est la plus grande injustice qui se puisse commettre », *op. cit.*, p.180-181.

Page 111.

24. Les habitants de Juida sont polythéistes, à la différence de certains peuples voisins, chrétiens ou musulmans. Des Marchais compte quatre divinités principales auxquelles s'ajoutent des divinités secondaires (voir Annexe II, texte 1).

25. Après les dieux de toute la nation viennent les fétiches, divinités de moindre importance, propres à chaque individu ; les habitants de Juida « en ont de toutes les espèces et de toutes les figures ». « Ce sont pour l'ordinaire des petits marmousets de terre rouge ou noire », Labat, *Voyage du chevalier des Marchais*, t.2, p.190. Les nègres de la Côte d'or dressent pour leurs fétiches « dans les lieux publics une espèce d'autel de roseaux, planté sur quatre bâtons en terre, et couvert d'un petit toit de feuilles de palmier. Mais cela n'empêche pas que chaque particulier n'en ait dans l'intérieur de son enclos, ou à sa porte, sur laquelle il met sa fétiche », Père Godefroy Loyer, *Relation au voyage du royaume d'Issyny, Côte d'or, pays de Guinée, en Afrique*, Paris, Arnoul Seneuze, Jean-Raoul Morel, 1714, p.247.

26. Reprise évidente d'une longue tradition romanesque. Bosman évoque l'art de la peinture en Guinée, non celui des portraits : « Les nègres [au Bénin] savent fort bien préparer diverses matières pour la peinture ; ils font du vert, du bleu, du noir, du rouge et du jaune. Ils composent le bleu d'indigo, que l'on trouve ici en abondance, mais ils tirent les autres couleurs de certains arbres dont ils frottent et font bouiller [*sic*] le bois », *op. cit.*, p.487.

Page 112.

27. Imitation quasi littérale de la *Nouvelle Héloïse* : « Puissances du ciel ! écrit Saint-Preux, j'avais une âme pour la douleur, donnez-m'en une pour la félicité ».

« Ah ! donne-moi ton cœur, ma Julie, pour t'aimer comme tu le mérites », éd. cit., 1ère partie, lettre 5, p.16 ; lettre 55, p.99.

28. Les arbres sont adorés à Juida comme des divinités, Labat, *Voyage du chevalier des Marchais*, t.2, p.161.

29. Le terme est défini dans l'*Histoire des Voyages*, t.2, p.529 : les Mandingos musulmans se donnent le nom de « Marbuts, que les Français ont changé en Marabous ; c'est-à-dire religieux et prédicateurs ».

Page 115.

30. La source est le *Voyage du chevalier des Marchais en Guinée* : des nègres de la Côte d'Or exigèrent d'un capitaine de vaisseau français qu'« il prît de l'eau de la mer avec la main et mît quelques gouttes sur les yeux. Après cette cérémonie ils s'abandonnaient entièrement à sa discrétion étant persuadés que rien au monde ne serait capable de lui faire violer la foi qu'il leur donnait par ce serment.

Ils s'en servent eux-mêmes quand ils veulent promettre quelque chose, et disent qu'ils perdraient la vue s'ils faisaient le contraire de ce qu'ils ont promis », t.1, p.179.

31. Voir des Marchais à propos des Guinéens : « La fierté leur fournit quand ils veulent des prétextes pour déclarer la guerre à leurs voisins ; l'avarice et le désir de faire des esclaves, afin d'avoir de quoi acheter des marchandises d'Europe, en est souvent la véritable raison ». « Ils font des esclaves tant qu'ils peuvent. Voilà le but de leurs guerres », Labat, *Voyage du chevalier des Marchais*, t.1, p.365, t.2, p.238.

32. Le roman s'inspire de *Alzaïde, tragédie* (1746) de Michel Linant ; dans cette tragédie de la haine et de la vengeance, Alzaïde, reine d'Arabie, doit tuer le bon roi d'Egypte Aménophis, dont elle est pourtant amoureuse ; elle apparaît sur scène un poignard à la main et pleine de remords.

Page 116.

33. La représentation dégradée d'un agent de la traite indique suffisamment la distance que le narrateur prend par rapport aux textes-sources que sont les récits de voyages des négriers, notamment le récit de des Marchais.

34. « Il est arrivé quelquefois que des parents des esclaves ont fait proposer de les acheter, mais ceux qui étaient les maîtres les mettaient à un prix si exorbitant que tous les biens de la famille d'un esclave ne suffisant pas pour les racheter, ils ont été contraints de les abandonner à leur mauvaise fortune », Labat, *Voyage du chevalier des Marchais*, t.2, p.239.

35. La visite des chirurgiens fait l'objet d'un récit circonstancié dans le *Voyage du chevalier des Marchais*, t.2, p.130.

36. Les esclaves sont marqués au départ du nom de la Compagnie qui les achète. « On se sert, pour marquer les captifs qu'on achète, d'une lame d'argent mince, contournée de manière qu'elle représente les lettres ou les armes de la compagnie, ou des particuliers qui traitent les captifs ; [...] on la fait chauffer, on frotte avec du

suif l'endroit où on la veut appliquer, et on met dessus un papier graissé ou huilé, et on applique dessus légèrement l'estampe », Labat, *Voyage du chevalier des Marchais*, éd. cit., t.2, p.116.

37. Bosman, Snelgrave, des Marchais livrent des récits de révoltes de noirs qui éclatent pendant la traversée de l'Atlantique.

Page 117.

38. L'importance du phénomène des suicides à bord des vaisseaux négriers est attestée par les agents de la traite eux-mêmes. Voir des Marchais à propos des nègres Guiamba, particulièrement sujets au désespoir : « ce sont de mauvais esprits qui mettent le chagrin dans la tête des autres, il n'en faut pas davantage pour porter toute une cargaison d'esclaves à se laisser mourir de faim. Dès que le chagrin s'empare de l'esprit des nègres, ils s'assoient par terre les coudes sur les genoux et la tête entre les mains, et en trois ou quatre jours ils meurent », Labat, *Voyage du chevalier des Marchais*, t.2, p.127.

Page 118.

39. Le fonctionnement des moulins à sucre est décrit dans l'*Histoire de la Jamaïque* : « Une négresse présente la canne par un de ses bouts aux deux premiers cylindres [que font tourner des chevaux attelés à un cordage], qui la pressent et la brisent dans toute sa longueur. Une autre négresse la reçoit et la représente entre ce cylindre du milieu et le troisième, et la canne chemine à contresens de la première fois. Tout le suc s'en exprime », Ch. Leslie, *Histoire de la Jamaïque*, traduite de l'anglais, par M***, ancien officier de dragons, Londres, Nourse, 1751, t.2, p.193.

Page 119.

40. Les récits de voyages des négriers ont pu inspirer cette représentation : « [les] corps [des esclaves morts] jetés à la mer ne manquent jamais d'attirer les requins et autres poissons carnassiers à la suite des vaisseaux chargés de nègres quand il y a mortalité parmi les esclaves », Labat, *Voyage du chevalier des Marchais*, t.3, p.57.

Page 120.

41. Sir Darnley fait partie de la classe des mulâtres affranchis dès la naissance, qui prennent le nom de leur père et qui, comme tous les « libres », peuvent posséder des esclaves.

Page 121.

42. Le texte reprend une scène d'*Oronoko* dans l'adaptation de La Place ; le vice-gouverneur anglais Byam convoite Imoinda, la maîtresse d'Oronoko : « J'ai su

d'elle, raconte un noir à Oronoko, qu'il [Byam] avait commencé par lui dire qu'il se lassait enfin de soupirer pour une esclave ; qu'il était honteux pour lui, d'avoir demandé avec tant de soumission et d'égards, ce qu'il pouvait obtenir en commandant, et que sa clémence daignait encore une fois s'abaisser jusqu'à la prière. Mais que ce moment passé, il savait quel parti prendre.

Ton épouse était déjà à ses pieds, avant qu'il eût achevé cet horrible discours. Mais ce monstre, en insultant à sa douleur, allait déjà plus loin que la menace, lorsque Imoinda, hors d'elle-même, se jeta sur l'épée du perfide, et l'en allait percer s'il n'eût fait les derniers efforts pour la désarmer. J'arrivais dans ce moment : les cris de ton épouse me glacèrent le sang, et me firent voler à son secours », Behn, *Oronoko* (1688), imité par La Place (1745), éd. cit., 2e partie, p.67-68.

Le « libertinage des maîtres » est une réalité sociologique incontestable et un lieu commun des récits de voyages dans les Antilles.

Page 125.

43. Sur les mariages entre maîtres et négresses, J. Fouchard fournit des indications précieuses, même si elles concernent Saint-Domingue : « Des colons créolisés prennent goût aux voluptés tropicales dès le début. En février 1688 déjà le gouverneur de Cussy s'alarmait d'enregistrer « en quatre mois, vingt mariages d'habitants avec des mulâtresses ou des négresses ». L'interdiction légale en 1724 de pareilles alliances ne fut systématiquement appliquée à Saint-Domingue à aucune période de la vie coloniale. Les unions légitimes entre blancs et négresses furent cependant limitées, et fort mal vues si elles furent constamment pratiquées », *Les Marrons de la liberté*, Paris, l'Ecole, 1972, p.303.

Page 126.

44. Formule marivaudienne ; voir par exemple la réplique de Dorante révélant à Araminte le stratagème utilisé pour l'amener à consentir au mariage : « Dans tout ce qui s'est passé chez vous, il n'y a rien de vrai que ma passion qui est infinie [...]. Voilà, Madame, ce que mon respect, mon amour et mon caractère ne me permettent pas de vous cacher. J'aime encore mieux regretter votre tendresse que de la devoir à l'artifice qui me l'a acquise », Marivaux, *Les Fausses Confidences* (1737), III, 12.

Page 127.

45. Le texte reproduit une scène pathétique d'*Alzire* (1736) de Voltaire ; l'arrivée de l'amant indien, le prince Zamore, surprend Alzire, contrainte d'épouser l'ennemi espagnol, le gouverneur Gusman ; comme Phédima, la princesse Alzire doit avouer à son amant sa trahison :

« J'ai tout quitté, mes dieux, mon amant, ma patrie :
Au nom de tous les trois, arrache-moi la vie.
Voilà mon cœur, il vole au-devant de tes coups.

ZAMORE : Alzire, est-il bien vrai ? Gusman est ton époux ?
ALZIRE : Je pourrais t'alléguer, pour affaiblir mon crime,
De mon père sur moi le pouvoir légitime [...]
Mais je ne cherche point, je ne veux point d'excuse ; [...]
Tranche mes jours affreux, qui ne sont plus pour toi.
Quoi ! tu ne me vois point d'un œil impitoyable ? »
ZAMORE : Non, si je suis aimé, non tu n'es point coupable :
Puis-je encor me flatter de régner sur ton cœur ? », III, 4.

46. L'invraisemblance de la situation d'Abensar, Africain libre, venu de Juida en Jamaïque, manifeste la « friction » de deux scénarios romanesques. Les *Lettres africaines* reproduisent partiellement *Oronoko*, qui organise des retrouvailles dans une colonie anglaise entre les amants noirs, tous deux esclaves, déportés séparément. Dans la mesure où les *Lettres* greffent sur le texte-modèle l'histoire inédite d'un affranchissement collectif, obtenu grâce à Phédima par des voies pacifiques, il est nécessaire que Phédima soit libre ; par conséquent l'amant doit l'être aussi, pour éviter une trop grande disproportion entre Phédima, affranchie et mariée, et Abensar, esclave et amant trompé.

Page 130.

47. « Il n'arrive point de barrique de sucre en Europe qui ne soit teinte de sang humain », Helvétius, *De l'Esprit* (1758), Discours 1, chap. 3, texte revu par J. Moutaux, Fayard, « Corpus des Œuvres de Philosophie en Langue Française », 1988, note p.37.

Page 131.

48. La description des montagnes, refuge des marrons, manifeste des réserves idéologiques à l'égard de l'option de la révolte. Ziméo évoque « des vallées fécondes », et le père Labat, un véritable pays de cocagne : « Il est de ces nègres marrons [en Martinique] qui demeurent les années entières dans les bois et dans les montagnes qui sont au milieu de l'île, pour peu qu'ils soient pratiques du pays ils trouvent abondamment de quoi vivre, parce qu'ils ne manquent pas dans les bois d'ignames et de choux caraïbes sauvages ni de choux palmistes. Ils pêchent à la main dans les rivières, ils prennent de gros lézards, des crabes et des tourlourous tant qu'ils veulent », Labat, *Nouveau Voyage aux îles de l'Amérique*, éd. cit., t.1, p.80.

Page 132.

49. L'intensification du rythme de travail au moment des récoltes provoque une recrudescence du marronnage. Dutertre et Labat évoquent le bon accueil que les Caraïbes font aux esclaves en fuite. En Martinique, « les fugitifs venaient la nuit, furtivement, débaucher ceux qui étaient restés, puis tous se retiraient chez les sauvages, qui les recevaient bien d'abord », Dutertre, *Histoire générale des Antilles*

(1667), Edition et diffusion de la culture antillaise, 1978, t.1, p.472. Labat parle des « sauvages noirs » de la Barbade : « Ce sont la plupart des nègres de la Barbade, île anglaise et très considérable, et qui se sont retirés parmi les Caraïbes de Saint-Vincent, qui les ont reçus, et qui leur ont cédé la Cabesterre de leur île », Labat, *Nouveau Voyage aux îles de l'Amérique* (éd. de 1742), Fort-de-France, Martinique, éditions des Horizons Caraïbes, 1972, t.3, p.139.

50. Transposition des principes de Quesnay dans le contexte colonial : « en général tout homme qui peut conserver est laborieux, parce que tout homme est avide de richesses ». « Les vexations, le bas prix des denrées, et un gain insuffisant pour les exciter [les paysans] au travail, les rendent paresseux, braconniers, vagabonds et pillards. La pauvreté forcée n'est donc pas le moyen de rendre les paysans laborieux : il n'y a que la propriété et la jouissance assurée de leur gain, qui puissent leur donner du courage et de l'activité », *Physiocratie, ou constitution naturelle du gouvernement le plus avantageux au genre humain* (1768), dans *François Quesnay et la physiocratie*, textes annotés par Louis Salleron, Institut National d'Etudes démographiques, 1958, t.2, p.954.

51. La source est l'*Histoire de la Jamaïque* de Ch. Leslie, qui évoque la stérilité des terrains menacés par les irruptions des marrons : « Les planteurs regardaient le mal comme sans remède ; le peuple était découragé, personne ne voulait s'établir dans les cantons voisins de la retraite des rebelles. Plusieurs nouveaux établissements étaient ou négligés ou abandonnés. Ainsi, la meilleure et la plus fertile partie de l'île n'était d'aucune utilité : et couverte de bois et de broussailles, elle ne servait qu'à fournir des asiles aux révoltés », éd. cit., t.2, p.133.

Page 133.

52. L'*Histoire de la Jamaïque* présente les révoltes comme un problème central dans la vie de la colonie : le gouverneur « savait combien il en avait coûté de sang et de trésors pour détruire les nègres révoltés. Depuis près de cinquante ans nous avions employé de grandes forces contre eux, souvent toute la colonie avait pris les armes, et toujours vainement », éd. cit.., t.2, p.133.

53. La Jamaïque compte 90 000 noirs et 20 000 blancs selon Edmund et William Burke, qui attirent l'attention sur les effets dangereux de ce déséquilibre démographique : « il y a actuellement dans nos colonies environ deux cent trente mille nègres et quatre-vingt-dix mille blancs. Une pareille disproportion montre du premier coup d'œil combien ces colonies sont à craindre, tant au dedans qu'au dehors ; combien elles sont exposées aux insultes d'un ennemi étranger, et aux révoltes de leurs propres esclaves ; cette dernière circonstance tient les habitants dans de si vives alarmes, qu'il est étonnant qu'on n'ait pas songé à y remédier », E. et W. Burke, *Histoire des colonies européennes*, traduite de l'anglais par M. Eidous, Paris, Merlin, 1767, t.2, p.74, 130-131.

54. Lieu commun des récits de voyages ; voir par exemple Ch. Leslie : les nègres « n'ont d'autre idée du bonheur céleste que le plaisir de revoir leur patrie, où ils croient que chaque nègre retourne après sa mort ». « Ils regardent la mort comme un

bonheur. Aussi rien n'est plus admirable que le courage et l'intrépidité qu'ils témoignent à leurs derniers moments », *op. cit.*, t.2, p.167-168.

55. Dutertre et Labat signalent la bravoure des noirs enrôlés dans les troupes françaises à l'occasion des conflits coloniaux entre la France et l'Angleterre (Dutertre, *op.cit.*, t.2, p.501-502 ; Labat, *Nouveau Voyage en Amérique*, éd. cit., t.2, p.411-412).

Page 134.

56. Transposition d'une maxime de Quesnay, qui appelle à préserver le pouvoir d'achat des paysans, considérés comme des consommateurs de produits nationaux : « Qu'on ne diminue point l'aisance des dernières classes des citoyens ; car elles ne pourraient pas assez contribuer à la consommation des denrées qui ne peuvent être consommées que dans le pays, ce qui ferait diminuer la reproduction et le revenu de la nation », *Physiocratie*, 1768, éd. cit., t.2, p.954.

Se référant au contexte colonial, B. Franklin fait valoir les avantages économiques, pour la métropole, d'un accroissement de la demande et de la consommation dans les colonies anglaises – compte tenu des échanges exclusifs avec la métropole auxquels sont astreints les colons du dix-huitième siècle. Il pense aux acheteurs blancs, mais l'extension du raisonnement aux travailleurs noirs s'opère aisément : « in Proportion to the Increase of the Colonies, a vast Demand is growing for the British Manufactures ; a glorious Market wholly in the Power of Britain, in which Foreigners cannot interfere, which will increase in a short Time even beyond her Power of supplying, tho' her whole Trade should be to her Colonies : Therefore Britain should not too much restrain Manufactures in her Colonies », *Observations concerning the increase of mankind, peopling of countries etc.*, dans William Clarke, *Observations on the late and present conduct of the French* ...., Boston, London, 1755, p.45.

57. Estimation haute. Antoine Bénézet mentionne le calcul cynique des planteurs de la Jamaïque, selon lequel huit ou neuf ans de travail d'un esclave importé compensent suffisamment le coût de l'achat ; au-delà de cette limite, le renouvellement de la main-d'œuvre est jugé plus rentable que l'entretien de noirs vieillissants (Anthony Benezet, *A Caution to Great-Britain and her colonies.... A new edition* (1766), Philadelphia, London, James Philipps, 1784, p.11).

Selon Dupont de Nemours « la durée moyenne du nègre asservi n'est que de huit ans » (voir Annexe I, texte 2, *Ephémérides du citoyen*, 1771, t.8, p.91).

58. Dans le *Discours d'un nègre marron qui a été repris et qui va subir le dernier supplice* (1759) l'abbé Le Monnier avait dramatisé ce thème en donnant la parole à un noir qui refuse de se reproduire : « Un esclave a-t-il des enfants ? Le nom de père peut-il jamais flatter son cœur ? Non. Il fait des petits, il multiplie le bétail des blancs ; mais des enfants ! il n'en a point.

Fallait-il vous faire des victimes ? Périsse plutôt toute la race des nègres ! » (*Discours d'un nègre...*, s.l., s.d., p.6).

59. E. et W. Burke parlent des « dépenses prodigieuses que nous sommes obligés de faire pour en avoir [des nègres] » : « l'île de la Barbade, où il n'y a tout au plus que 90 000 nègres, malgré le soin que ses habitants prennent pour en multiplier l'espèce, dans un climat exactement semblable au leur, à l'exception qu'il est infiniment plus sain, est obligée d'en tirer tous les ans 5000 d'Afrique, pour entretenir le nombre que je viens de dire. Ce déchet prodigieux [...] est à peu près le même dans toutes nos îles », *Histoire des colonies européennes*, 1767, t.2, p.139.

60. Estimation probablement excessive. En 1735, Snelgrave évalue à 70 000 par an le nombre d'Africains que les nations européennes transportent de Guinée en Amérique (*Nouvelle Relation de quelques endroits de Guinée, et du commerce d'esclaves qu'on y fait* ... traduit de l'anglais par A. Fr. de Coulange, Amsterdam, aux dépens de la Compagnie, 1735, p.188). Butini a sans doute ajouté 10 000 noirs d'autres provenances, d'Afrique de l'Est et de Madagascar notamment.

Antoine Bénézet en 1766 parle de 100 000 Africains déportés par an (*op. cit.*, p.39).

Toutefois Raynal, bien informé, donne en 1770 le chiffre de 60 000 : « Il sort tout au plus d'Afrique chaque année 60 000 esclaves. Les Danois en tirent 3000 ; les Portugais 5 ; les Hollandais 6 ; les Français 13 ; tout le reste est emporté par les Anglais [33 000] qui les distribuent à leurs colonies septentrionales ou méridionales, et qui en vendent environ 4000 aux Espagnols et un peu moins aux Français », *Histoire des deux Indes*, Amsterdam,1770 (diffusée en 1772), t.4, livre 11, p.145.

61. Après avoir montré que la main-d'œuvre africaine de la Barbade – une population de 90 000 esclaves, comme en Jamaïque – doit être entièrement renouvelée tous les seize ans, pour compenser un taux de mortalité anormalement élevé, E. et W. Burke calculent les sommes que la conservation des noirs, moyennant un traitement plus humain, permettrait d'économiser : « Je veux pour un moment que ces nègres ne coûtent que 20 livres sterling par tête (ils coûtent davantage), cela fait tous les ans une somme de 100 000 livres sterling [pour l'achat annuel de 5000 esclaves], et au bout de seize ans 1 600 000 livres, ce qui est une somme prodigieuse, et qui excède d'un quart la valeur des denrées qu'ils [les colons] transportent à l'étranger. Supposons maintenant qu'en accordant quelque relâche aux nègres, et qu'ayant un peu plus d'indulgence pour eux, on pût prévenir cette mortalité, en sorte qu'on n'en perdît que 10 000 [au lieu de 90 000], ce qui n'est pas impossible, on épargnerait tous les ans 80 000 livres sterling [prix de 4000 esclaves environ sauvés annuellement]. Mais il faut déduire là-dessus le temps que ces esclaves ont perdu, et je crois qu'on ne doit pas y regarder de si près, lorsqu'il s'agit d'une somme de 40 000 livres sterling que rapporte le travail de 4000 esclaves. Cela dédommagerait bien de la perte que l'on peut faire, vu qu'il y aurait moins de malades, et qu'on dépenserait moins en frais de chirurgiens. Il s'ensuit donc, toute déduction faite, que si les propriétaires des plantations se conduisaient de la manière qu'il convient à des hommes, à de bons maîtres et à de bons chrétiens, les habitants de cette île épargneraient 40 000 livres sterling par an ; au lieu qu'ils les perdent, en agissant autrement », *Histoire des colonies européennes*, 1767, t.2, p.141.

62. Charlevoix évalue à sept mille, en 1694, le nombre des marrons de la Jamaïque, *Histoire de l'Ile Espagnole ou de Saint-Domingue,* Paris, François Barois, 1730-1731, t.2, livre 10, p.261.

Page 135.

63. B. Franklin établit, dans le cadre d'une recherche sur les types et les conditions de peuplement, un rapport de causalité directe entre liberté civile et croissance démographique : « The Northern Colonies having few Slaves encrease in White », *Observations concerning the increase of mankind, peopling of countries etc.*, éd. cit., p.48-49.

64. E. et W. Burke affirment qu'il n'y a pas de province plus florissante dans l'Amérique anglaise que la Pennsylvanie ; « le nombre des noirs n'est pas le quarantième de la population », *Histoire des colonies européennes*, 1767, t.2, p.233.

65. Butini multiplie par 100 le chiffre de 5000 Africains « importés » par an donné par E. et W. Burke pour la Barbade, qui compte comme la Jamaïque 90 000 esclaves noirs (*Histoire des colonies européennes,* 1767, t.2, p.140).

66. La population noire de la Jamaïque, qui était de 120 000 hommes au début du siècle, a diminué de près d'un tiers dans les années 1750 ; la population blanche est passée de 60 000 hommes à 20 000 dans le même intervalle (E. et W. Burke, *op. cit.*, t.2, p.74).

67. La mortalité très élevée des noirs dans les colonies « prouve démonstrativement qu'il y a quelque cause extraordinaire qui les fait périr, et cette cause n'est autre que les travaux dont on les surcharge [...]. Les nègres travaillent cinq jours de la semaine pour leurs maîtres, et les deux autres pour pourvoir à leur subsistance [en cultivant leur lopin de terre], ce qui, joint aux mauvais traitements qu'ils essuient, en fait périr un grand nombre, et met les autres hors d'état de se multiplier par la voie de la propagation », E. et W. Burke, *Histoire des colonies européennes*, 1767, t.2, p.139.

L'idée se trouve en 1752 dans un texte de David Hume, « De la quantité de la population dans les nations de l'Antiquité » : « L'on a calculé dans les Indes occidentales qu'un stock d'esclaves diminue de cinq pour cent par an, à moins que de nouveaux esclaves ne soient achetés pour les remplacer. Ils ne sont pas en mesure de maintenir leur nombre, même sous ces climats chauds, où le vêtement et la nourriture sont si faciles à obtenir ». « Je ne prétends inférer qu'une chose de ces raisonnements, c'est que l'esclavage fait obstacle, en règle générale, aussi bien au bonheur de l'humanité qu'à sa reproduction, et que sa fonction est bien mieux assurée par la pratique qui consiste à engager des serviteurs », D. Hume, *Discours Politiques*, (1752, *Political Discourses*), traduits de l'anglais par Fabien Grandjean, Mauvezin, Trans-Europ-Repress bilingue, 1993, p.125, note 137, p.131.

68. Le constat de décadence est emprunté à E. et W. Burke qui se fondent sur la baisse démographique : « il s'ensuivrait de là que la Jamaïque est à présent sur son déclin, ce qui mérite une attention toute particulière de notre part », *op. cit.*, t.2, p.75.

Le rapport établi entre la décadence économique et le régime de l'esclavage appartient en propre à Butini. E. et W. Burke invoquent la concentration des biens entre les mains de grands propriétaires et le peuplement très inégal du territoire pour expliquer les difficultés de l'île ; ils recommandent la diversification des cultures, l'exploitation des terres en friche, la lutte contre les monopoles – et non l'abolition de l'esclavage. La concurrence des îles à sucre françaises aurait également défavorisé la Jamaïque.

Raynal explique la moindre productivité des colonies anglaises, comparées aux possessions françaises, par l'usure des sols, liée à l'ancienneté des cultures, et par la délégation de la gestion des plantations à des intendants mercenaires, moins actifs que les propriétaires (*op. cit.*, t.5, livre 14, p.270)

69. Reformulation de la thèse de Quesnay, qui écrit : les ministres éclairés « n'ignorent pas que ce sont les richesses des habitants de la campagne qui font naître les richesses de la nation. PAUVRES PAYSANS, PAUVRE ROYAUME », *Physiocratie* (1768), éd. cit., t.2, p.973.

Butini a sans doute emprunté aussi à Benjamin Franklin, dont certaines idées anticipent les thèses physiocratiques. La formule « la décadence des nègres a entraîné la décadence des blancs » apparaît ainsi comme la traduction condensée et frappante d'un argument de B. Franklin qui, dans sa réflexion sur les causes de dépopulation, mentionne l'institution de l'esclavage comme facteur de dépeuplement (après des facteurs plus directs tels que les crises économiques, l'insécurité, l'oppression politique) : « The Negroes brought into the English Sugar Islands, have greatly diminished the Whites there ». En effet, explique Franklin, les blancs pauvres subissent la concurrence de la main-d'œuvre servile et sont privés d'emploi ; les blancs riches, propriétaires d'esclaves, perdent l'habitude du travail, dégénèrent, et se reproduisent de moins en moins (Benjamin Franklin, *Observations concerning the increase of mankind, peopling of countries etc.*, éd. cit., p.48-49).

70. Le rapport de un à dix pour la population réelle et la population « potentielle » respecte la proportion donnée par E. et W. Burke pour la superficie des terres cultivées et des terres cultivables (la Jamaïque contient quatre millions d'acres et n'a que trois à quatre cent mille acres cultivées, *op. cit.*, t.2, p.75).

71. « La Jamaïque, la plus grande et la meilleure de nos îles, et où il y a une quantité prodigieuse de terres incultes », E. et W. Burke, *Histoire des colonies européennes*, 1767, t.2, p.135.

72. Raisonnement repris dans le *Traité du luxe* de Butini : « Périsse la politique infernale de ceux qui prétendent appauvrir le peuple pour le tenir dans les fers ! Cette politique détruit le commerce, elle étouffe l'émulation, elle est aussi pernicieuse pour les seigneurs que pour leurs vassaux, tous s'élèvent, tous tombent en même temps ; la décadence des uns entraîne la décadence des autres » (Genève, Isac Bardin, 1774, p.44).

Page 136.

73. Louis XIII aurait exprimé des réticences relatives à l'établissement de l'esclavage dans les colonies ; il ne semble pas qu'il y ait eu de projet d'abolition sous son règne : « C'est une loi très ancienne, écrit Labat, que les terres soumises aux rois de France rendent libres tous ceux qui s'y peuvent retirer. C'est ce qui fit que le roi Louis XIII de glorieuse mémoire, aussi pieux qu'il était sage, eut toutes les peines du monde à consentir que les premiers habitants des îles eussent des esclaves, et ne se rendit qu'aux pressantes sollicitations qu'on lui faisait de leur octroyer cette permission, que parce qu'on lui remontra que c'était un moyen infaillible, et l'unique qu'il y eût, pour inspirer le culte du vrai Dieu aux Africains », Labat, *Nouveau Voyage en Amérique*, éd. cit., t.2, p.386-387.

74. Somme minime ; quinze deniers font 0,06 livre, ou 1,25 sols.
Livre pesant : unité de poids qui équivaut à 500 g environ.

Page 137.

75. Un quintal équivaut à 100 livres pesant.

76. Salaire relativement bas. 100 livres annuelles équivalent à un salaire moyen de 7 sols par jour (sur la base de 294 jours de travail par an adoptée par Dupont de Nemours, voir Annexe I, texte 1). Il est vrai que selon Helvétius, fermier général bien informé, « dans beaucoup de provinces, la journée est de 8 sols » et, déduction faite des jours fériés, des jours de maladie, de chômage etc., de 6 sols en moyenne par jour seulement, *De l'Esprit*, Discours I, chap. 3, éd. cit., p.32-33.

G. Butel dans *L'Economie française au XVIII*e *siècle* (CDU et SEDES, 1993), donne des chiffres très variables mais constamment supérieurs (en 1748 un maçon bordelais gagne 25 à 32 sols par jour parfois jusqu'à 60 sols ; le salaire des matelots varie entre 18 et 36 sols par jour).

Page 138.

77. La traite sans l'esclavage : cette « solution » figure dans des écrits de l'abbé Baudeau, physiocrate, qui réfléchit notamment sur la mise en valeur et le peuplement de la Louisiane : afin de remédier à la pénurie de cultivateurs « nous proposerions donc à la compagnie tripartite [française, espagnole, napolitaine] d'acheter dans l'Afrique et dans l'Asie, chaque année, des esclaves de l'un et l'autre sexe, non pour les retenir dans les fers, et les accabler de travaux forcés jusqu'à leur décrépitude, mais pour les transformer en hommes libres, en cultivateurs industrieux, en vrais citoyens de la Louisiane », *Ephémérides du citoyen*, 1766, t. 5, p.67-68 (voir également le projet analogue du même auteur pour l'île de France, l'île Bourbon et Madagascar dans *Idées d'un citoyen sur la puissance du roi et le commerce de la nation, dans l'Orient*, Amsterdam, 1763).

Baudeau prévoit de dédommager la compagnie chargée de la traite par l'établissement d'une taxe acquittée par les « immigrés » rendus propriétaires d'un terrain, non par les planteurs européens, comme le recommande Butini.

Page 139.

78. L'image d'une Afrique « riche » et fertile est commune à de nombreux récits de voyages ; Butini compte parmi les premiers auteurs à présenter le partenariat économique avec les Africains comme une alternative à l'esclavage. W. Bosman insiste sur la possibilité de développer les cultures en Afrique, mais avec des arrière-pensées coloniales évidentes : « il est fâcheux que ce pays [Juida] ne soit pas habité par des Européens aussi bien que la côte de Guinée ; car on pourrait y faire les plus beaux jardins du monde.

Je crois que Fida [Juida] est aussi propre qu'aucun autre pays pour y planter des cannes de sucre et de l'indigo », *op. cit.*, p.421.

Adanson assure qu'au Sénégal il a fait douze récoltes de certains légumes dans la même année, tant le sol produit avec facilité (*Voyage au Sénégal* (1757), présenté et annoté par Denis Reynaud et Jean Schmidt, Publications de l'Université de Saint-Etienne, « Lire le Dix-huitième siècle », 1996, p.137).

79. Quesnay soutient cette thèse dans le cadre de sa défense du libéralisme, contre le mercantilisme : « N'apercevez-vous pas que ceux qui fabriquent [des] marchandises, ne les vendent que pour acheter les productions dont ils ont besoin ; et qu'ainsi leurs achats sont égaux à leurs ventes [...] ». « Cessez, mon cher ami, d'envisager le commerce entre les nations comme un état de guerre et comme un pillage sur l'ennemi ; et persuadez-vous enfin qu'il ne vous est pas possible d'accroître vos richesses et vos jouissances, aux dépens d'autrui, par le commerce », *Du Commerce* (1766), éd. cit., p.842.

Page 140.

80. Butini a pu trouver le récit d'un acte d'affranchissement individuel dans le *Nouveau Voyage en Amérique* du père Labat. La générosité porte une dame anglaise, sollicitée par Labat, à rendre libre une de ses esclaves : « [Les] larmes [de la négresse] furent les interprètes de ses pensées, elle se jeta aux pieds de sa maîtresse, elle les baisa plusieurs fois, et ne faisait que répandre des larmes sans parler ; c'était une scène des plus touchantes, car la maîtresse s'attendrit aussi, et se mit à pleurer » (éd. cit., t.3, p.367).

Page 142.

81. Propos comparable d'Edmund et W. Burke : « les esclaves en général sont moins propres au travail que les gens libres. L'esprit influe beaucoup sur nos actions ; et lorsqu'un homme sait qu'il travaille pour lui, et que plus il travaille, plus il gagne, cette idée seule lui fait supporter des fatigues et des travaux, sous lesquels

il eût succombé, s'il avait agi pour tout autre motif», *Histoire des colonies européennes*, t.2, p.142-143. Toutefois les historiens anglais recommandent l'indulgence envers les esclaves, non l'abolition.

Page 144.

82. Une scène semblable figure dans l'*Histoire générale des Antilles* du père Dutertre, avec un Indien pour principal protagoniste : le châtiment infligé par un maître de vaisseau français à un Indien accusé de meurtre allume la guerre entre les Caraïbes et les Français : « il le fit attacher au mât de son bateau et le fit fouetter par ses matelots avec tant de cruauté qu'ils lui déchirèrent tout le corps ; après ce traitement dont il portait les cicatrices et les plaies encore toutes sanglantes, il se montra aux autres sauvages, afin de les pousser à la vengeance, bien qu'ils ne fussent déjà que trop disposés à la guerre et qu'ils souhaitassent ruiner les nouveaux établissements des Français qui leur faisaient ombrage. Néanmoins cet outrage fait à un de leur nation les y confirma, et leur fit prendre la résolution de se venger et de faire la guerre aux Français » (éd. cit., t.1, chap. 17, p.440).

Page 148.

83. Le texte s'inspire peut-être d'un traité de paix historique conclu avec les marrons après la révolte de 1734. Cependant, il substitue aux clauses réelles de cet accord, très dures pour les esclaves, des dispositions abolitionnistes et intégratrices semi-utopiques en 1771. L'autorité coloniale exige des marrons qu'ils remettent tous les nouveaux fugitifs, à partir du moment de la conclusion du traité, en échange de la reconnaissance de leur « république » : « en observant certaines conventions, ils seraient libres désormais et sous la protection de Sa Majesté. On leur donna un chef pour les gouverner, mais qui ne pouvait agir que sous la direction du gouverneur de l'île », Ch. Leslie, *op. cit.*, t.2, p.133-134. Les marrons ont réussi à forcer les blancs à négocier : c'est ce que retient par exemple Daniel Lescallier dans les *Réflexions sur le sort des noirs dans nos colonies* (s.l., 1789), qui y voit une preuve de l'énergie et de la fermeté des nègres. Mais d'une part, les marrons restent exilés dans les montagnes, d'autre part, les esclaves de la plaine sont totalement sacrifiés par leurs anciens compagnons.

Page 149.

84. Le dénouement des *Lettres africaines* emprunte beaucoup à *Alzire* : dans la pièce de Voltaire l'Européen Gusman est assassiné par son rival indien Zamore, comme Darnley est éliminé par les esclaves révoltés – qui se substituent à l'amant Abensar. Darnley pardonne à son meurtrier, à l'exemple du gouverneur Gusman, qui s'adresse sur son lit de mort aux amants indiens :

« Alzire n'a vécu que trop infortunée,
Et par mes cruautés, et par mon hyménée :

Que ma mourante main la remette en tes bras.
Vivez sans me haïr, gouvernez vos Etats ;
Et, de vos murs détruits rétablissant la gloire,
De mon nom, s'il se peut, bénissez la mémoire », V, 7.

Toutefois les *Lettres africaines* appellent à une modification de l'ordre politique, qui suppose la reconnaissance de l'autonomie des noirs, à la différence d'*Alzire* qui met en scène la conversion des Indiens à la religion chrétienne et justifie le maintien du statu quo colonial, dans ce discours testamentaire de Gusman :

« Montèze, Américains qui fûtes mes victimes,
Songez que ma clémence a surpassé mes crimes.
Instruisez l'Amérique ; apprenez à ses rois
Que les chrétiens sont nés pour leur donner des lois » (*ibid.*).

JEAN-BAPTISTE PICQUENARD

ADONIS, OU LE BON NÈGRE, ANECDOTE COLONIALE

(1798)

Introduction

La vie de Jean-Baptiste Picquenard, homme de condition modeste, offre peu de prise au biographe ; nous en savons peu de chose : un voyage à Saint-Domingue, qui s'achève fin 1791 ; des emplois administratifs à Paris, puis dans le Pas-de-Calais ; enfin, un poste de secrétaire dans l'armée napoléonienne[1]. Picquenard meurt en 1826.

---

1. Selon Alphonse Mahul, l'auteur « passa, jeune encore, aux colonies et s'y trouvait à l'époque des premiers troubles. Il repassa en France vers la fin de 1791. De retour à Paris, il se fit recevoir aux Jacobins et devint, après le 10 août 1792, membre de la commission administrative du Département [de la Seine]. Il paraît que, depuis, il se fit journaliste. En avril 1798, Picquenard obtint la place de commissaire du Directoire près le Bureau-central ». En 1801, il devint secrétaire général de la préfecture du Pas-de-Calais, Mahul, *Annales biographiques, année 1827*, Paris, Schubart et Heudeloff, 1828. Leïla Sebbar-Pignon cite une feuille de route délivrée par le Commissaire des Guerres à Francfort de juillet 1813, conservée aux Archives nationales : « Signalement de Jean-Baptiste Jacques Picquenard, secrétaire du Commissaire ordonnateur du 15e corps de la grande armée. Natif et vivant à Paris, âgé de 42 ans. Taille d'un mètre 71 cm, cheveux, sourcils et barbe blonds, front élevé, yeux bleus, bouche moyenne, menton rond, visage ovale, teint ordinaire », cité dans *Une Anecdote coloniale du XVIIIe siècle de J.B. Picquenard, Adonis ou le bon nègre*, Edition critique avec introduction et commentaire de L. Pignon, présentée comme thèse de 3e cycle à l'Université de Paris VIII, 1973, p.8. D'après ce dernier document l'auteur serait né en 1771.
L. Pignon affirme que Picquenard a été, en 1793, secrétaire-adjoint de la troisième Commission civile envoyée à Saint-Domingue sous la direction de Sonthonax et Polverel, et journaliste à Saint-Domingue, mais reconnaît l'impossibilité d'élucider cet épisode obscur. La présence de Picquenard dans les Antilles en 1793 s'accorde mal avec la chronologie établie par Mahul. La fonction de secrétaire de Sonthonax n'est mentionnée ni par Mahul ni par Pigoreau (*Petite bibliographie biographico-romancière, ou Dictionnaire des romanciers tant anciens que modernes...*, Paris, Pigoreau, Libraire, 1821). Il est vrai que le nom de Picquenard apparaît sous la plume de Garran-Coulon, dans le *Rapport sur les troubles de Saint-Domingue*, mais rien ne permet d'affirmer qu'il s'agit de notre auteur (*Rapport...*, 1796-1797, t.3, p.304 : « Sonthonax avait envoyé l'un de ses secrétaires, Picquenard, avertir Delasalle [...] »). De même, G. Debien et M.-A. Menier signalent parmi les rédacteurs d'un journal de Saint-Domingue, *L'Ami de l'égalité ou Annales*

L'œuvre de Picquenard témoigne d'un intérêt constant porté à l'histoire moderne. Les trois premiers romans de l'auteur sont des « anecdotes » en concurrence avec le genre du roman historique, et constituent un « cycle américain » centré sur l'île de Saint-Domingue. Paru en 1798, *Adonis* prend pour objet le moment de basculement de cette colonie servile dans la Révolution. L'insurrection des noirs de Saint-Domingue en 1791 constitue le point de départ d'un processus d'émancipation qui s'étend sur une durée de treize ans ; elle aboutit dans un premier temps à l'abolition de l'esclavage, que les commissaires nationaux envoyés par l'Assemblée nationale imposent en 1793-1794 à des colons aussi intransigeants qu'irréalistes ; cette mesure rétablit la paix, transforme les noirs en défenseurs de la République, et limite ainsi la pénétration des troupes anglaises, qui, appelées par une fraction des blancs de Saint-Domingue, occupent une partie du territoire. Lorsque Picquenard écrit son roman, la colonie, officiellement sous la tutelle des commissaires, est dirigée, de fait, par Toussaint Louverture, ancien esclave affranchi, devenu le véritable homme fort de l'île. On sait que l'indépendance de Saint-Domingue, qui rétablit le nom indien d'Haïti, est proclamée en 1804, après la capitulation du corps expéditionnaire envoyé dans l'île par Bonaparte.

Le succès d'*Adonis* incite l'auteur à une reprise du même sujet dans *Zoflora, ou la bonne négresse, anecdote coloniale* (1800) où le temps de l'action est légèrement décalé vers la période 1788-1791, mais où les centres d'intérêt principaux restent l'esclavage et la révolte des noirs. Le héros nègre est un marron récidiviste, Boukman, destiné à devenir un des chefs historiques de l'insurrection. *Montbars l'exterminateur ou le dernier chef des flibustiers. Anecdote du Nouveau Monde* (1807), qui clôt la série exotique, manifeste la même prédilection que les œuvres précédentes pour les situations d'instabilité et d'anarchie : ancien chef des insurgés irlandais, Montbars, devenu chef de flibustiers dans les Antilles, défie les lois sociales, jugées tyranniques. Toutefois le dénouement consacre l'amour de la vertu et met en scène l'autodissolution de la flibuste.

La « trilogie » présente une forte unité, qui permet de mieux discerner des évolutions idéologiques et formelles. D'une part, la représentation de la révolte trahit une distance de plus en plus grande à l'égard d'une action violente assimilée à la « Terreur ». D'autre part, le caractère « philosophique » du roman, qui peut accueillir une réflexion sur l'oppression et sur les conditions de la liberté, tend à s'estomper au fil des œuvres.

---

révolutionnaires, « Picquenard, secrétaire de Sonthonax », que, faute de prénom, il est impossible d'identifier avec certitude (*Journaux de Saint-Domingue, Extrait de la Revue d'Histoire des Colonies*, s.l., s.d., p.469).

Les *Campagnes de l'abbé Poulet en Espagne pendant les années 1809, 1810 et 1811* (1815) dissocient l'inspiration historique de la mise en scène d'un ailleurs exotique. Ce roman moral d'apprentissage marque un tournant conservateur qui s'affirme à travers la condamnation de la Révolution française, l'image favorable de la noblesse et du clergé, le choix d'un personnage intégré dans les institutions sociales ; sa thématique contraste avec celle « picaresque » des ouvrages précédents. Il est possible que l'évocation – très antimilitariste – des « campagnes » du personnage soit en rapport avec le passage de l'auteur dans l'armée napoléonienne, comme le cycle américain exploite le séjour de l'auteur à Saint-Domingue.

La narration de Picquenard connaît un infléchissement dans le sens du roman populaire ; amorcée dans *Adonis*, cette tendance s'accentue dans *Zoflora* ; en témoigne la réécriture du roman par l'auteur lui-même, avec féminisation du personnage principal, qui évoque le procédé d'un fondateur du roman populaire, Ducray-Duminil, auteur en 1797 de *Victor, ou l'enfant de la forêt* et, en 1798 (an VII), de *Coelina, ou l'enfant du mystère*. Ducray-Duminil, dont l'influence sur Picquenard est certaine, illustre selon l'expression de Jean-Claude Vareille « le versant pathétique et sentimental » du roman populaire ; les larmes d'attendrissement, les hymnes à la vertu, communs dans ce type de productions littéraires, trouvent souvent des prétextes narratifs dans le scénario du roman noir où des victimes émouvantes persécutées par des scélérats tombent dans des repaires de bandits, sont séquestrées dans des souterrains etc[2]. Le pathétique « noir » caractérise *Zoflora*, où l'héroïne est enfermée par un époux sadique dans une salle de torture, et où les marrons apparaissent comme des bandits doublés de cannibales, qui dînent de la poitrine grillée d'un prisonnier. *Montbars* et les *Campagnes* s'inscrivent aussi dans cette veine du roman populaire par leur appel à la participation émotionnelle et vertueuse du lecteur.

Picquenard fait œuvre d'historien dans son dernier livre, les *Victoires et conquêtes des Grecs modernes, depuis leurs premières hostilités contre les Turcs jusqu'à la fin de l'année 1824* (1825), consacré au récit de l'insurrection des Grecs contre l'Empire turc en 1821. La représentation de la révolution abandonnée depuis *Adonis* et *Zoflora* réapparaît à un quart de siècle d'intervalle : « honneur aux enfants de la liberté, écrit l'historien, nul sacrifice ne leur en coûte, et ils préfèrent la mort à la honte de rentrer dans l'esclavage »[3]. L'historien renoue ainsi avec les premières préoccupations

---

2. Jean-Claude Vareille, *Le Roman populaire français (1789-1914). Idéologies et pratiques*, Nuit blanche Editeur, « Littératures en marge », 1994.
3. Picquenard, *Victoires et conquêtes des Grecs modernes, depuis leurs premières hostilités contre les Turcs jusqu'à la fin de l'année 1824*, Paris, Lelong 1825, t.1,

politiques du romancier.

Adonis, ou le bon nègre, anecdote coloniale

Le modèle du témoignage

« Récit des malheurs arrivés à un colon pendant les troubles de Saint-Domingue »

L'insurrection des noirs en 1791 provoque une avalanche d'écrits sur « l'affaire de Saint-Domingue » souvent composés par les habitants de la colonie, quelquefois par les hommes politiques de la métropole. Ces textes peuvent proposer une analyse politique des événements, un programme pour l'avenir, prendre la forme du récit, du pamphlet, ou croiser des « genres » nullement exclusifs les uns des autres. Le témoignage individuel des blancs échappés au massacre donne lieu à une « rumeur » et à une « tradition orale », mais produit aussi quelques textes écrits, peu nombreux, dont l'incidence sur *Adonis* est capitale, en raison sans doute de la proximité que le témoignage entretient avec l'écriture romanesque également centrée sur l'individu.

Le paradigme du témoignage est inscrit dans un épisode d'*Adonis* où le colon d'Hérouville, habitant de Vallière fait prisonnier par Biassou, chef des révoltés, publie, en arrivant aux Etats-Unis, une « relation » de ses aventures. La fiction reproduit à cette occasion un modèle pré-littéraire dont elle s'est inspirée, le récit de détention de Gros édité aux Etats-Unis, document exceptionnel qui donne du rescapé une image saisissante, intitulé *Récit historique sur les événements qui se sont succédé dans les camps de la Grande Rivière, du Dondon, de Sainte-Suzanne et autres, depuis le 26 octobre 1791 jusqu'au 24 décembre de la même année par M. Gros, procureur-syndic de Vallière, fait prisonnier par Jeannot, chef de brigands* (1793) (voir Annexe II, texte 9). Comme Gros, le personnage de Picquenard est originaire de Vallière ; comme ce magistrat, il tombe aux mains des anciens esclaves, et devient le secrétaire de leur dirigeant ; après la mort de Jeannot, le procureur Gros passe sous la domination de plusieurs chefs noirs, dont Biassou ; la fiction reproduit littéralement le récit de cette expérience.

La promotion du colon dans le système des personnages d'*Adonis* s'explique par l'imitation d'un nouveau type de texte historique, inédit avant les troubles, qui modifie les structures narratives et l'idéologie du roman de

---

p.363.

la révolte des esclaves. La séquence de la captivité de d'Hérouville, la fuite des propriétaires à travers les plaines, le départ du planteur pour les Etats-Unis, forment un récit biographique cohérent qui renvoie à des réalités vécues par un grand nombre de colons, et réécrit des fragments de témoignages contemporains.

Certains épisodes peuvent évoquer le roman noir, très en vogue en 1798 : les tortures infligées aux planteurs prisonniers, le viol des femmes blanches, favorisé par la collaboration active d'un prêtre, s'accordent avec « le roman des brigands » illustré par Sade, Ducray-Duminil etc., et avec la diabolisation du prêtre dans *Le Moine* de Lewis (traduit en 1797). Mais l'authenticité de tous les faits rapportés dans la fiction, y compris des supplices, amène à conclure à une limitation délibérée de la pénétration du roman « terrifiant », au profit d'un autre mode d'intertextualité, d'une relation privilégiée, notamment, avec des textes non fictionnels. *Adonis* respecte pour l'essentiel le programme annoncé dans la préface : « le fond et les détails appartiennent à la réalité ».

Il reste que le lecteur peut facilement méconnaître l'inspiration documentaire d'*Adonis*, en raison de la « fictionnalisation » de l'Histoire qui s'opère dans le roman, et qui s'explique essentiellement par la sélection restrictive des éléments de la réalité jugés dignes de figurer dans le récit. *Adonis* est aussi un roman colonial dérivé d'*Oronoko* ; la superposition de situations historiques et de topoï romanesques conduit à un effacement des frontières entre le réel et le « déjà-lu ».

La réécriture d'*Oronoko*

Adonis propose une histoire très analogue à la biographie du noir dans *Oronoko*, *Ziméo*, les *Lettres africaines*, à ceci près que c'est *la biographie d'un blanc*, qui récupère les épisodes du bonheur conjugal, brisé par l'irruption de la violence, les séquences de la captivité et du marronnage, mais qui attribue au blanc le rôle de la victime, à la communauté noire le rôle des persécuteurs. Le héros du roman est un colon, un « juste » favorable à l'affranchissement des esclaves, promis au supplice, toutefois, rangé, comme blanc, dans la catégorie des oppresseurs.

La biographie du noir ne disparaît pas complètement, mais elle est considérablement réduite, et déplacée à la fin du récit : Adonis, amant de Zerbine, est capturé par des pirates, vendu comme esclave, puis racheté et affranchi. La figure du noir héroïque connaît une scission qui engendre deux nouvelles figures, le noir révolté et cruel, incarné par Biassou, le bon noir secourable et passif, incarné par Adonis ; ces personnages noirs sont donc des frères d'Oronoko, de Ziméo, d'Abensar, et des créations originales, Biassou s'inscrivant dans le scénario connu de la révolte, mais faisant l'objet d'une évaluation négative, Adonis héritant des marques de valorisation, et apparaissant dans des séquences narratives totalement inédites.

De « l'Esclave royal » au « Bon nègre »

Conformément aux lois de la série coloniale, le nom du héros noir donne son titre au roman de Picquenard, malgré le rôle secondaire attribué dans la narration à Adonis ; mais rompant avec la figure de l'Africain héroïque, l'œuvre retient le nom de l'esclave – pris dans la culture des maîtres –, à la différence d'*Oronoko*, ou *Ziméo*, qui privilégient le nom de l'homme libre. Le titre alternatif « ou le bon nègre » annonce les deux directions dans lesquelles s'engage ce roman nouveau : une orientation idéologique, celle d'un auteur modéré qui rejette l'image du nègre féroce, lâche, criminel, dominante en 1798 ; un choix esthétique, celui du réalisme, « le bon nègre » renvoyant à un personnage ordinaire, ni prince ni noble, par opposition au héros très romanesque du texte-source, « Oroonoko, or the Royal slave ». Le sous-titre, « anecdote coloniale », manifeste de manière éclatante ce « tournant réaliste » opéré par l'œuvre de Picquenard à l'intérieur de la série, et une modification générique qui va dans le sens d'une intégration plus forte de l'Histoire dans le roman : « l'anecdote » propose une mise en scène de la réalité historique, de façon bien plus évidente que ne pouvaient le faire les fictions d'A. Behn, de Saint-Lambert et de Butini. Pour la première fois dans une réécriture d'*Oronoko*, la connaissance exacte du référent historique et géographique est indispensable, « Saint-Domingue », théâtre d'une révolution, n'étant nullement substituable à la Jamaïque ou à Surinam, pas plus que « août 1791 », date de l'insurrection générale des esclaves de la plaine du Nord, ne saurait valoir pour l'ensemble de l'époque contemporaine. Pour la première fois également apparaissent dans ce type de romans, mêlés aux personnages fictifs, des personnages réels, Blanchelande, gouverneur de la colonie, et Biassou, chef des insurgés.

L'influence des fictions coloniales antérieures permet d'expliquer deux traits qui distinguent le roman de Picquenard des productions de l'époque centrées sur la Révolution de Saint-Domingue : *l'exclusion du mulâtre*, absent de la fiction de 1798 parce qu'il est dépourvu d'ascendance romanesque sans doute, d'où le retard avec lequel il fait son entrée dans le personnel du roman (en 1826, avec *Oxiane*), malgré le rôle central joué par les hommes de couleur dans le déroulement des troubles, et malgré la faveur dont jouit cette classe « moyenne » auprès d'une partie de l'opinion française, notamment girondine ; *l'approfondissement du travail de représentation du noir*, trait positif remarquable, dont témoigne l'intégration de *la langue créole*, dans les dialogues, la narration, et les notes explicatives. Le créole est « épuré » et maladroitement utilisé, mais Picquenard l'améliore dans *Zoflora*, dont certains passages en dialecte adoptent des rythmes convaincants ; il y a bien dans ces deux textes, de la part de l'écrivain, une promotion de la langue des esclaves, qui suppose un affranchissement à l'égard de l'esthétique classique, normative, unifiante, peu propice à l'expression des différences culturelles, et une distance prise à l'égard de l'ethnocentrisme dominant. On soulignera par contraste le refus d'accorder le moindre intérêt à la culture afro-antillaise dans des romans hostiles aux noirs comme *Félix et Léonore, ou les colons malheureux* (1801) de Berthier ou *L'Incendie du Cap* (1802) de Périn.

« D'Hérouville, ou le bon blanc »

Une séquence fondamentale d'*Adonis* résume l'ambivalence des relations que ce roman entretient avec la série antérieure, inaugurée par *Oronoko* : *le refuge des nègres marrons* avant l'insurrection de Saint-Domingue, une plaine désertique appelée « la Désolée », devient, pendant la période des troubles, *l'asile des blancs fugitifs*, d'Hérouville et sa famille, victimes des persécutions des anciens esclaves. Le rappel d'un « lieu » narratif investi désormais de significations entièrement nouvelles fonctionne comme un signal d'alerte. La répétition textuelle peut être productrice d'écarts à valeur polémique. Elle attire l'attention sur des différences liées au renouvellement des formes littéraires, au bouleversement du référent historique et à l'évolution des positions idéologiques.

Les opérations d'interversion, de fragmentation, d'expansion et de réduction, communes à toutes les réécritures, se distinguent ici par leur radicalité. Deux raisons peuvent expliquer l'ampleur des changements. D'une part, le glissement générique de la fiction vers l'anecdote historique implique le respect des *sources d'information* qui, à l'époque où est composé le récit, procèdent à une *occultation presque complète du noir* – faute de renseignements sur la situation de l'ennemi, ou faute de sympathie pour le « brigand » – et contaminent nécessairement le roman, entré en concurrence avec ces sources, et limité dans ses possibilités de fictionnalisation. D'autre part, l'inscription d'*Adonis* dans un *contexte idéologique défavorable aux noirs*, passés, aux yeux d'une bonne partie de l'opinion publique, du statut d'opprimés à celui d'oppresseurs, interdit quasiment la reprise dans la fiction de la figure du nègre héroïque ; deux écrivains au moins ont fait l'expérience de cette résistance nouvelle du public à la valorisation du noir révolté après août 91, Pigault-Lebrun, dont le drame, *Le Blanc et le Noir*, mettant en scène en 1795 un frère de Ziméo à Saint-Domingue, tombe à la première représentation, et Olympe de Gouges qui en 1792, dans la préface de sa pièce de théâtre, *L'Esclavage des noirs* (1789), doit répondre aux accusations très vives des colons, cette œuvre apparaissant a posteriori comme « une production incendiaire », une légitimation du massacre ; Picquenard aussi doit tenir compte des lecteurs colons, prompts à penser que la représentation d'un noir généreux est une insulte à leurs malheurs.

Une question idéologique totalement inédite dans la série du roman colonial se pose en 1798, celle de la responsabilité des blancs dans l'insurrection noire, en particulier des royalistes, soupçonnés d'avoir favorisé la révolte des esclaves, afin de provoquer parmi les blancs une réaction favorable à la contre-révolution. Ce thème est importé des témoignages de planteurs, mais plus encore des textes historiographiques et des textes d'idées. Il suppose l'évocation de partis politiques, d'hommes de pouvoir, d'affrontements entre des groupes – plutôt que la mise en scène d'un individu singulier –, et l'intégration dans *Adonis* des structures du roman historique. Le contexte politique des années 1790 et le bouleversement de l'environnement textuel expliquent cette réorientation générique dans la série dérivée d'*Oronoko*.

Un roman historique et politique

« *Histoire des désastres de Saint-Domingue* »

Adonis met en scène des acteurs historiques connus : Biassou, un des principaux chefs insurgés ; le gouverneur Blanchelande, représentant de l'autorité monarchique, royaliste en liaison avec les contre-révolutionnaires de la métropole, et en conflit, d'une part, avec le parti des « patriotes », favorable à l'autonomie de Saint-Domingue, qui voit en lui l'agent du gouvernement, d'autre part, avec les commissaires civils envoyés par l'Assemblée nationale, institution honnie, issue de la Révolution française. Tout devrait opposer le « rebelle » noir et le gouverneur de la colonie. Or ils apparaissent paradoxalement comme des alliés dans le roman, qui reprend à son compte des accusations de complicité entre royalistes et esclaves révoltés, mises en doute par les historiens modernes, mais très largement répandues à Saint-Domingue.

Les ruptures dans le tissu narratif du récit biographique sont particulièrement sensibles quand la perspective s'élargit pour présenter des groupes, ou « personnages collectifs », soit à l'occasion de sommaires concernant la conspiration royaliste, les rivalités entre parti du gouvernement et parti patriote etc., soit dans le cadre de scènes, telles que l'insurrection des noirs, ou la bataille entre blancs et noirs. Deux types de motivation, l'un faible, l'autre fort, réparent la fracture provoquée par l'intervention dans le récit biographique de constituants du roman historique : dans un cas, le point de vue du héros-témoin introduit l'exposé des faits historiques (le personnage a accès à des documents secrets, qui lui révèlent la signification des événements) ; ou alors, le destin individuel du héros est étroitement subordonné au règlement des conflits collectifs (les explications politiques du narrateur permettent de mesurer les chances de survie du personnage).

L'interprénétration du récit biographique et du roman historique favorise la dramatisation et l'axiologisation des événements historiques. Les ennemis politiques sont dans le système actantiel du roman des opposants qui persécutent le héros, non des abstractions indifférentes. En outre, le système des normes idéologiques du narrateur est renforcé par cette structure actantielle qui le redouble et le justifie : le lecteur est d'autant mieux disposé à recevoir des jugements comme « le traître Blanchelande », « le farouche Biassou », « ce perfide curé », à propos de Philémon, « ces tyrans », pour le gouvernement anglais, que Philémon cherche à éliminer d'Hérouville, Blanchelande veut faire exécuter Adonis, les Anglais agressent les Français, et Biassou terrorise Saint-Domingue.

Les choix axiologiques et politiques qui caractérisent *Adonis* lui sont propres : le roman réutilise des sources, mais il n'est pas l'illustration d'une thèse constituée ailleurs dans des textes d'idées ou des textes historiographiques. Ainsi, l'hostilité du narrateur à l'égard du représentant de l'autorité monarchique, Blanchelande, rejoint celle des planteurs, de Pierre-François Page, par exemple, auteur en 1792-1793 de plusieurs pamphlets dirigés contre le gouverneur, elle emprunte le même langage et s'appuie sur les mêmes preuves ; quantité de signes dans le roman indiquent toutefois qu'il ne faut nullement inférer de cette rencontre, fortuite, une proximité idéologique. L'anti-absolutisme républicain de Picquenard et l'anti-monarchisme séparatiste des colons ont une cible commune, et s'opposent sur tout le reste. La conjonction d'un discours « de gauche » et d'un discours réactionnaire perpétue la convergence contre nature analysée par l'historien Yves Benot dans la *Révolution française et la fin des colonies* entre les révolutionnaires d'une part et, d'autre part, les planteurs esclavagistes, autonomistes, admis à siéger à l'Assemblée constituante parce qu'ils combattent l'autoritarisme royal ; les uns revendiquent la liberté et l'égalité, les autres leur indépendance administrative dans le cadre d'une société esclavagiste.

Trois indices au moins permettent de distinguer l'idéologie du roman de l'idéologie coloniale : l'adhésion à la Déclaration des droits de l'homme de 1789, dont témoigne un bref discours de d'Hérouville, qui étend logiquement aux noirs la validité de ces droits ; l'hostilité envers l'Angleterre, virulente dans *Adonis*, contrastant avec l'anglophilie d'un grand nombre de planteurs, prêts à trahir la France pour se livrer à la puissance rivale, dans une logique à la fois séparatiste et contre-révolutionnaire ; la représentation satirique d'un colon réactionnaire, propre à dégrader l'image des propriétaires d'esclaves.

Une culture républicaine commune se manifeste dans le texte d'*Adonis* et dans l'ouvrage de référence sur la Révolution de Saint-Domingue, la somme de deux mille pages de Garran-Coulon, conventionnel, intitulée *Rapport sur les troubles de Saint-Domingue, fait au nom de la Commission des colonies, des Comités de salut public, de législation et de marine, réunis,* publiée en 1796-1797. Le héros de Picquenard salue la Révolution française, en formant des vœux pour « l'affranchissement du peuple français », célèbre la liberté républicaine en France et aux Etats-Unis, deux pays réunis par une expérience analogue de la révolution. La séquence finale représentant une famille de blancs et de noirs vivant dans une parfaite égalité correspond à l'idéal d'un abolitionniste tel que Garran-Coulon.

Toutefois le *Rapport* de Garran adopte un point de vue exclusivement « métropolitain » sur les troubles de Saint-Domingue ; il est favorable aux noirs insurgés, combattant justement pour la liberté ; il épargne Blanchelande, un agent du gouvernement, de tous les acteurs politiques « celui qui avait témoigné le moins d'éloignement pour l'autorité de la métropole »[4], et incrimine en toute occasion les colons séparatistes, dont la fidélité à la mère-patrie est extrêmement suspecte. *Adonis* semble porté, en raison de ses choix narratifs, et de la place centrale accordée au colon d'Hérouville, à mitiger la pensée jacobine pour prendre en compte l'expérience vécue et l'idéologie politique des blancs de la colonie. L'originalité du roman tient en partie à cette imbrication d'une culture métropolitaine, qui est celle de Picquenard, et de sources textuelles ou orales imposant le point de vue des planteurs.

Les modèles politiques élus par la fiction sont relativement peu affirmés,

---

4. Garran-Coulon, *Rapport sur les troubles de Saint-Domingue,* 1796-1797, t.2, p.592.

Adonis procédant à une mise à l'épreuve des systèmes idéologiques, plus qu'à l'élaboration d'un programme. Sans être engagé politiquement, le roman propose deux modèles positifs, l'un utopique, l'autre historique.

La séquence utopique, qui semble dépourvue a priori de signification politique, entretient avec le contexte révolutionnaire des relations qui appellent une interprétation de ses implications idéologiques. L'épisode relatant la longue traversée d'une plaine stérile où les voyageurs égarés meurent souvent de lassitude et de soif, la découverte quasi miraculeuse d'une fontaine, prouesse technologique dont le « fondateur » bienfaisant, Jacques Isnard, est béni par la famille de d'Hérouville, la poursuite du voyage qui conduit les héros en Amérique, constitue une réécriture des romans utopiques classiques qui racontent la traversée de l'océan, un naufrage, et la découverte d'une cité inconnue, souvent située sur le continent américain. La reprise laïcisée du modèle biblique, constante dans les utopies narratives, renforce cette relation de filiation littéraire : la fuite de la famille de d'Hérouville hors du camp des insurgés rappelle l'exode du peuple juif, fuyant une terre d'esclavage ; le désert, la soif, la manne, trouvent des transpositions immédiates dans le roman ; la renaissance du peuple élu découvrant la Terre promise a son équivalent dans la jouissance que procure aux personnages l'eau vivifiante de la fontaine. Enfin le culte du « fondateur » philanthrope Isnard, dont l'histoire est gravée sur les côtés de la fontaine monumentale, et dont le héros d'Hérouville exalte le souvenir en traçant sur la pierre un témoignage de sa reconnaissance, évoque les honneurs rendus aux fondateurs-législateurs Utopus, dans l'*Utopie* de More, Sévarias, dans l'*Histoire des Sévarambes* de Veiras etc. Que la fondation de la fontaine soit à certains égards une image réduite de la fondation de la cité, le nom d'Isnard, et la mention d'autres noms célèbres dans la suite du texte, vont dans ce sens. Le patronyme célébré dans la fiction est celui du président de la Convention en 1793, d'un fondateur historique, « législateur » véritable, le girondin Maximin Isnard, persécuté par Robespierre, condamné à vivre longtemps dans la clandestinité, et auteur en l'an III d'une apologie, la *Proscription d'Isnard*. Le sentiment de vénération de d'Hérouville s'adresserait ainsi au héros d'une république idéale, au défenseur d'une nouvelle conception du vivre ensemble. Le culte du grand homme politique se retrouve dans la séquence américaine : aux Etats-Unis, les personnages rendent un hommage enthousiaste à Franklin et à Washington, fondateurs d'une nouvelle république.

La fontaine peut être considérée non comme un lieu utopique, mais seulement comme une préfiguration du pays idéal que sont les Etats-Unis. Elle aurait alors une fonction purificatrice : dans ces eaux lustrales les hommes se lavent de leur passé, avant d'accéder au pays de la liberté. Isnard se lave de ses injustices, d'Hérouville du meurtre d'un noir, et tous les personnages, de leur participation libre ou forcée au système esclavagiste. Le destin des personnages fuyant une société corrompue et une révolution sanglante pour renaître, régénérés, grâce aux vertus de l'oubli et du pardon, dans une république fraternelle, pourrait renvoyer à un destin collectif. Saint-Domingue et les Etats-Unis constitueraient alors des projections géographiques d'expériences historiques situées dans un même espace et vécues par un même peuple.

Le modèle politique par excellence, dans le roman, c'est donc l'Amérique de Franklin, convoquée à titre de république et de paradigme du libéralisme politique, pays réel mais idéalisé, où les conflits semblent supprimés, et dont on ne sait en définitive s'il faut le placer du côté de l'Histoire ou du côté de l'utopie. Le dénouement américain livre de précieuses indications sur l'orientation politique du roman. Il éclaire rétrospectivement, en particulier, les racines idéologiques de l'hostilité marquée à l'égard de royalistes tels que Blanchelande, de prêtres comme Philémon, et de la monarchie anglaise.

Considérer *Adonis* comme un roman « républicain » serait pourtant une erreur, tant ce texte, qui croise des sensibilités politiques diverses, résiste aux tentatives de simplification. Il faudrait parler, tout autant, d'un roman individualiste et, dans une certaine mesure, anti-politique, qui récuse les idées de sacrifice ou de dévouement au bien commun, privilégie les valeurs individuelles, la survie, l'amitié, le bonheur. Le scénario de la fiction et les schémas de réussite proposés suggèrent cette interprétation, en l'absence même de déclarations de principes explicites. Le personnage sauve sa peau, quitte à collaborer avec Biassou et, rompant avec les modèles héroïques, déguise plusieurs fois sa véritable identité. Le bonheur familial aux Etats-Unis s'accomplit au prix d'un retrait et d'une marginalité sociale et politique. Enfin, le partage de la métairie avec Adonis dépasse le cadre des prescriptions « légales », qui exigent l'affranchissement du noir, et se justifie dans le cadre de relations interpersonnelles fondées sur l'amitié.

Un roman philosophique et moral

« Adonis, ou les charmes de la vertu »

Adonis est habité par le rêve d'un roman pédagogique, bienfaisant, capable, par un effet de mimétisme, de favoriser des actes de générosité et d'éveiller des sentiments philanthropiques. Dans son discours métatextuel liminaire le narrateur présente le roman comme un réservoir d'exemples auxquels il assigne une visée argumentative. Certains épisodes fonctionneraient comme des apologues, même si la correspondance entre le récit et la signification morale n'est pas absolument assurée : les pages d'introduction indiquent au lecteur les principaux enseignements du livre mais lui laissent l'entière responsabilité du décryptage, qui se révèle plus problématique que prévu, en dehors des cas exceptionnels où la finalité morale est rappelée au cours du roman à l'endroit même où elle s'applique. D'une part, il peut y avoir inadéquation partielle entre la thèse et le récit ; d'autre part, la fiction recèle des contre-exemples, susceptibles d'ébranler la thèse, ou de la réfuter ; enfin, le discours du narrateur multiplie les « leçons », qui entrent quelquefois en conflit les unes avec les autres.

« Sans l'instruction la liberté [des nègres] n'est qu'une chimère », car l'ignorance rend méchant : cette thèse centrale du narrateur fait l'objet d'une remise en question dans le discours d'un personnage, qui souligne la fragilité du lien entre cette thèse et les événements racontés dans le récit. C'est Adonis qui bat en brèche le postulat conservateur du narrateur en lui opposant le contre-exemple de blancs cultivés et criminels, tel Blanchelande, et qui pouvait ajouter le contre-exemple, qu'il incarne lui-même de façon emblématique, des nègres généreux sans instruction. Le roman tend en définitive à dissoudre la thèse initiale d'un rapport entre le degré d'instruction et la moralité des actions. Dans son dialogue avec Adonis, d'Hérouville est amené à remplacer « l'instruction » par l'acquisition de qualités morales, supprimant ainsi tout critère culturel de sélection, élargissant à l'humanité entière le cercle des hommes dignes de la liberté. Le message annoncé ne s'impose pas de façon dogmatique pour limiter les possibilités narratives de la fiction ; au contraire, le récit, librement conduit, nécessite une reprise à nouveaux frais de la réflexion. La fonction de la narration événementielle serait de déclencher des procédures de confirmation *ou d'invalidation*, de favoriser la progression de la pensée en donnant lieu à un débat contradictoire – non d'illustrer une vérité.

La relation pédagogique, telle que le roman l'instaure avec le lecteur et la met en scène dans le cours de la fiction, n'est nullement coercitive. Dans le long dialogue entre d'Hérouville, le maître de morale, et Adonis, le disciple, le travail de définition oblige le maître en définitive, plus que l'élève : suite à l'enseignement qu'il a lui-même donné d'Hérouville, pour la première fois, condamne l'esclavage. La parole modifie celui qui l'énonce, plus, peut-être, que le destinataire. Adonis avait peu à apprendre ; il savait déjà intuitivement ce que d'Hérouville s'est contenté de conceptualiser et d'illustrer d'exemples concrets à la portée d'un auditoire populaire. Si la parole pédagogique peut initier l'élève, comme elle « améliore » Zerbine, elle peut avoir aussi des effets imprévisibles, décalés par rapport aux objectifs qu'elle s'assigne.

Adonis se veut un roman pédagogique, non didactique, favorisant les sentiments vertueux, qui s'exercent de façon privilégiée dans la sphère privée, à l'exclusion de la sphère publique, ravagée par la violence. Le roman historique ou politique d'une part, et le roman moral d'autre part, semblent coexister séparément. Ils peuvent néanmoins se rencontrer exceptionnellement ; leurs points d'interface constituent alors des lieux narratifs rayonnants, où l'intérêt romanesque atteint son maximum d'intensité : la morale inscrite dans l'action collective semble toucher à sa perfection. Le sauvetage des enfants promis au supplice, la conversion de Jacques Isnard à la philanthropie, malgré les persécutions dont il a été victime, la générosité des Américains envers les réfugiés français, manifestent ainsi la possibilité d'une humanisation du « vivre ensemble », et opèrent un glissement générique vers un nouveau roman politico-moral, dont le texte esquisse la définition, roman fidèle à une philosophie vertueuse, opposé à la tyrannie, et accessible au peuple. Il faudrait appeler roman « démocratique » ce roman pédagogique qui s'adresse au public le plus large, non à une élite cultivée, et qui défend la justice contre les despotes, monarchiques ou révolutionnaires.

Le texte donne à plusieurs reprises des figurations de ce roman utile : les ouvrages auxquels d'Hérouville est redevable de sa formation morale ; le récit publié par ce personnage à Norfolk, qui favorise les sentiments de solidarité. Surtout le livre idéal semble désigné dans un épisode central dont le caractère autoréférentiel est fortement suggéré : *la fontaine*, symbole aux significations multiples, apparaît aussi comme l'image du Livre, à la fois support d'écriture, source, boussole, « invention à blancs », selon l'expression du personnage nègre. Il faut savoir lire les inscriptions pour la découvrir sous les ronces. Le dialogue-fleuve entre d'Hérouville et Adonis se tient aux abords de cette fontaine qui féconde la pensée et fertilise le cœur. Au moment où les personnages boivent de son eau, le héros abjure le titre de maître, et la relation que d'Hérouville entretient avec Adonis se convertit en amitié.

La représentation autoréférentielle de l'œuvre littéraire apparaît comme une négation d'une autoréférentialité intégrale. Partiellement instrumentale, même si elle constitue en elle-même une réalisation admirable, l'œuvre ne trouve sa pleine justification qu'au moment où elle rencontre un destinataire.

La valorisation de la fontaine-livre pourrait impliquer une idéalisation du message, dont le caractère bienfaisant ne souffre pas de contradiction. La mise en scène de la fontaine ôte tout caractère autoritaire, en réalité, aux inscriptions, et légitime même une attitude ambivalente à l'égard de ce monument. D'une part, le rapport entre les énoncés et *le sujet de l'énonciation* préserve un espace de jeu et de liberté, dans la mesure où Jacques Isnard, reconnaissant ses erreurs passées, récuse la position de l'oracle détenteur de la vérité, pour affirmer la conquête d'une éthique strictement individuelle. D'autre part, le rapport entre les énoncés et *le lieu de l'énonciation* conduit à relativiser la portée d'un message communiqué dans un espace stérile ; il faut quitter la fontaine pour survivre ; la mise en scène programme le départ du lecteur-voyageur et la nécessaire altération du message philanthropique : le monument est aussi un tombeau.

Le roman pédagogique de Picquenard semble se rapprocher de modèles contemporains qui affichent des intentions similaires, notamment le roman de Ducray-Duminil, qui n'a pas les mêmes préoccupations politiques, mais qui recourt à une légitimation morale de la fiction dans des termes comparables. *Victor, ou l'enfant de la forêt* (1797), à en croire l'avant-propos, est censé « prouver au lecteur que la vertu est supérieure à tous les événements ; qu'elle sait braver les coups du sort, et ceux de la méchanceté des hommes ; qu'elle est toujours grande, toujours sublime, même quand elle a le malheur de succomber sous les efforts du vice ; tel est le but moral que s'est prescrit l'auteur. Si son Victor intéresse, s'il fournit quelques méditations, quelques rêveries touchantes au philosophe, à l'ami de l'humanité [...], il sera bien récompensé d'avoir entrepris cet ouvrage ». Picquenard diffère considérablement de Ducray-Duminil dans la mesure où il inscrit dans la texture du roman une réflexion sur les devenirs possibles de l'enseignement pédagogique, qui en modifient de manière inattendue le contenu et les effets.

La réécriture de *Victor, ou l'enfant de la forêt*

« Adonis, ou l'enfant de la nature »

Adonis emprunte à *Victor ou l'enfant de la forêt* son personnel romanesque et son scénario, tout en construisant ses propres représentations idéologiques, de loin plus élaborées que celles des romans de Ducray-Duminil. On connaît le succès foudroyant de cet auteur : *Coelina, ou l'enfant du mystère* est tiré à un million d'exemplaires entre 1799 et 1825 ; *Victor, ou l'enfant de la forêt*, paru en 1797, peut être considéré déjà comme un exemple de cette « littérature industrielle » destinée à un public populaire très large que produit également Pigault-Lebrun, à la même époque. Ducray-Duminil est un des premiers maîtres de Balzac et de Victor Hugo ; rien d'étonnant à ce que Picquenard aussi le regarde comme un modèle.

La prédominance de l'univers familial caractérise l'œuvre de Ducray-Duminil, et *Victor* en particulier, histoire d'un enfant trouvé engagé dans la quête de son identité perdue. L'emprunt à ce type d'ouvrages explique la présence dans *Adonis* de « morceaux » romanesques étrangers à l'esthétique de l'anecdote historique, qui ajoutent à la représentation d'un imaginaire collectif l'expression d'un imaginaire personnel, au prix toutefois d'une certaine hétérogénéité du texte.

Victor, l'enfant trouvé, adopté par un baron, rêve d'un mariage avec la fille de ce seigneur qui compléterait son intégration dans une famille de la haute noblesse ; il protège son père adoptif contre une troupe de brigands et, malgré sa jeunesse, manifeste une vocation sotériologique liée à la recherche d'une reconnaissance affective et sociale. L'illusion euphorique de l'enfant trouvé recueilli par des adultes protecteurs est suivie d'une chute douloureuse dans la réalité, et de l'entrée dans l'âge adulte. Victor découvrant ses origines véritables apprend qu'il est un bâtard, fils d'une mère noble, séduite par un chef de brigands ; la rencontre avec son père, effrayant criminel, qui lui fait visiter ses geôles où gémissent des prisonniers torturés à plaisir, comme dans un roman du marquis de Sade, complète la déconvenue du héros.

Adonis est un frère de Victor. Le roman passe sous silence les origines du noir, mais tout Africain débarqué dans les Antilles est *un enfant trouvé*, sans ascendance connue ; la famille de substitution, riche et puissante, remplit la même fonction que la famille noble. L'histoire de l'adoption d'Adonis par d'Hérouville, déplacée et déguisée, peut se lire en filigrane dans l'histoire de l'adoption des enfants blancs par Biassou, où sont inversés les rôles des blancs et des noirs. Les petits Joseph et Paulin allaient mourir, atrocement suppliciés ; Biassou adopte ces « enfants trouvés » ; il les embrasse, les presse contre son cœur, et adresse à ses soldats cette phrase emblématique du « roman familial » commun à Ducray-Duminil et à Picquenard : « *qu'on porte ces enfants dans mon palais, qu'on les soigne, et qu'on les respecte comme s'ils étaient mon sang* ».

La succession des principales séquences de l'histoire d'Adonis est empruntée au texte-source de 1797. Comme Victor, le personnage nègre protège son père adoptif contre les brigands et organise le sauvetage de sa nouvelle famille, qui acquiert une dette à son égard. L'opposition entre filiation rêvée et filiation réelle est identique dans les deux œuvres : Adonis rencontre, lui aussi, un père cruel, Biassou, qui lui fait visiter son camp et lui montre les divers supplices infligés aux prisonniers blancs. Adonis ne se découvre pas bâtard d'une manière aussi littérale que Victor, mais il est confondu dans la foule noire de ses frères brigands. Comme tous les bâtards littéraires il fait preuve d'une grande méfiance à l'égard de la femme, adultère et « prostituée ».

La métamorphose de l'enfant en adulte prend la forme dans les deux textes d'un roman d'amour inséré dans le grand récit : amour transgressif de Victor pour la fille du baron, sans le consentement du père, amour interdit d'Adonis pour la maîtresse de Biassou, Zerbine. L'émancipation d'Adonis à l'égard du père trouve son couronnement dans le parricide atténué que constitue le meurtre du rival Azaca, serviteur de Biassou et amant de Zerbine. Le partage de la propriété américaine à égalité entre Adonis et d'Hérouville consacre au dénouement l'accomplissement d'une nouvelle identité.

Le texte de Picquenard admet la coexistence de plusieurs structures narratives ; mais si le témoignage historico-biographique, le récit historique et politique, le récit politico-moral se touchent et sont naturellement compatibles, la fiction familiale produit un débordement du romanesque susceptible de menacer les structures concurrentes. L'invraisemblance de certaines situations, celle par exemple d'Adonis envoyé en mission au Cap comme un « sauveur », signale un conflit entre des genres différents ; elle apparaît comme un dysfonctionnement qui exige du lecteur un effort particulier d'accommodation dans les moments de transition. En contrepartie, le roman colonial gagne en complexité ; l'enchevêtrement du destin collectif et des destinées individuelles y est plus réussi que dans les romans antérieurs.

Fortune de l'œuvre

Signe du succès d'*Adonis*, l'adaptation immédiate du roman au théâtre. *Adonis, ou le bon nègre, mélodrame en 4 actes, avec danses, chansons, décors et costumes créoles* de Béraud de la Rochelle et Joseph Rosny, représenté en l'an VI, privilégie d'une part l'exotisme antillais, notamment le langage créole qui, dans le cadre de la tradition théâtrale comique, tend à rejoindre le parler paysan, et d'autre part des composantes du roman populaire, tels les rapports idéalisés entre maîtres et serviteurs. La dépolitisation de l'œuvre matricielle se manifeste par les libertés prises avec la réalité historique : le rapport de forces est fictivement favorable aux Français, qui capturent Biassou grâce à l'aide d'Adonis ; le contexte politique de la colonic fait l'objct d'une occultation complète.

Ce sont les morceaux historiques d'*Adonis*, en revanche, qui sont retenus exclusivement dans les ouvrages de Louis Dubroca. *La Vie de J.-J.*

Dessalines, chef des noirs révoltés de Saint-Domingue, avec des notes très détaillées sur l'origine, le caractère, la vie et les atrocités des principaux chefs des noirs, depuis l'insurrection de 1791 (1804), œuvre d'« historien » signée par Dubroca est en réalité un « montage » intégrant des pages entières du roman de Picquenard ; le lecteur y reconnaît en particulier l'évocation allégorique de la liberté au début d'*Adonis*, le récit de l'insurrection, la présentation de Biassou etc. Ce plagiat inavoué, pratiqué à grande échelle, prouve la possibilité d'une « utilisation » d'*Adonis* comme roman historique, qui coexiste avec celle, illustrée par l'adaptation théâtrale, d'une lecture « non historique » de l'œuvre.

En 1817 le roman de Picquenard est réimprimé, avec quelques variantes importantes (voir « Variantes », p.365-373). Selon Servais Etienne, l'écriture de *Bug-Jargal* de Victor Hugo, qui prend la forme d'une nouvelle en 1820, puis d'un roman plus étendu en 1826, serait directement liée à cette réédition, hypothèse crédible à en juger par la proximité des textes de Picquenard et du jeune Hugo. Roman historique centré sur la révolution de Saint-Domingue, *Bug-Jargal* retient de cet événement les composantes mêmes sélectionnées dans *Adonis* : le chef noir Biassou, les débuts de l'insurrection de 1791, la plaine du Nord, la ville du Cap divisée par des factions rivales. Structurée également comme un roman biographique, l'œuvre privilégie l'histoire du blanc, Léopold d'Auverney, qui comporte l'épisode de la captivité, rigoureusement semblable à celui d'*Adonis*. La biographie du noir est reléguée à la fin du récit, comme dans le roman de Picquenard : Bug-Jargal raconte son passé heureux en Afrique, l'expérience de l'esclavage, la révolte. Victor Hugo renoue, par delà l'œuvre de Picquenard, avec la tradition du roman colonial inaugurée par *Oronoko* : il confère au héros africain un rang royal, et substitue aux dénouements heureux de La Place, Saint-Lambert et Butini la mort tragique du noir rebelle.

Bug-Jargal se sépare du roman du dix-huitième siècle sur des points fondamentaux : il limite le dialogue de la fiction avec la pensée philosophique et morale ; il récuse ironiquement les discours politiques. Renouvelant la tradition narrative, Victor Hugo modifie non le déroulement séquentiel de la narration, mais le style même des enchaînements : la maîtrise des renversements de situation, la conjonction du burlesque et du tragique, les passages d'une langue à l'autre, l'accélération du rythme des dialogues en font un roman éminemment *dramatique*. Une technique de la rupture, inconnue du siècle précédent, fait son apparition dans le récit. *Bug-Jargal* transfigure la conception du personnage, plutôt que le système des personnages seulement ; son originalité réside dans la surdétermination symbolique des personnages qui, reliés à un univers foisonnant d'images concrètes, animales, religieuses, contradictoires et fusionnant entre elles, acquièrent une opacité très éloignée de celle, assez mince, des personnages relativement abstraits du dix-huitième siècle. Les héros de *Bug-Jargal* sont des titans ou des nains, mi-anges mi-démons, poètes et monstres. Il faudrait parler de roman *mythique* pour rendre compte de cette élaboration d'archétypes qui se distinguent par leurs sens multiples et actifs. L'héritage du roman colonial favorise sous la plume de Victor Hugo la naissance de ce nouvel art romanesque.

ADONIS, OU LE BON NÈGRE,

ANECDOTE COLONIALE

Les faits presque incroyables que je publie dans ce petit ouvrage, lui eussent attiré, sans doute, l'épithète de *roman*[a], si je l'avais écrit seulement vingt ans plus tard : mais quand je puis nombrer mes autorités[b] par milliers ; quand une foule de citoyens vivants en ont été les témoins oculaires ; quand les archives de la municipalité du Cap et la procédure du gouverneur Blanchelande viennent à son appui[c] d'une manière authentique[1] ; quand, enfin, les principaux héros de cette anecdote sont encore existants à la Nouvelle-Angleterre ; qu'ai-je besoin de chercher d'autres preuves, pour convaincre mes lecteurs de sa véracité ?

Je sais qu'au milieu des troubles et du désordre que les différentes factions ont tour à tour fomentés et entretenus à Saint-Domingue, quelques parties de cette histoire auront pu s'échapper de la mémoire ou glisser sur l'esprit de ses habitants, trop agités alors pour avoir donné une attention particulière à des événements qui, d'ailleurs, ont été communs à d'autres individus : je sais encore que cette anecdote ne pourra leur faire quelque impression, que parce que j'ai réuni dans un seul cadre une multitude de faits isolés, et dont ils ne pouvaient même soupçonner la liaison ; mais le fond et les détails n'en appartiennent pas moins à la réalité[d], et je déclare les tenir directement de la famille dont je rapporte les malheurs, et du *bon nègre* qui les a terminés.

Plût au Ciel que mon *Anecdote coloniale* n'eût jamais été que le produit d'une imagination romanesque[e] ! mais, à la honte de l'humanité, elle n'est que trop véritable. Elle va bientôt devenir le patrimoine de l'histoire. Puisse-t-elle servir de leçon à la postérité ! Je l'avoue, c'est cette seule et consolante idée qui, en partie, m'a déterminé[f] à la rendre publique, et qui m'a fait vaincre la répugnance que j'éprouvais à faire l'épouvantable récit des crimes qui se sont commis et des cruautés qui se sont exercées[g] dans cette île malheureuse.

Immortel auteur de *Paul et Virginie* ! ô Bernardin de Saint-Pierre ! les vertus d'Adonis étaient dignes de ta plume. Que n'ai-je pu les peindre avec cette profonde sensibilité qui caractérise tes écrits éloquents ? Mais cette onction douce et persuasive, ces expressions de la nature, ce charme entraînant et philosophique répandus avec tant de profusion sur toutes les productions de ton génie, sont de ces dons précieux que le Ciel avare semble n'accorder qu'à quelques hommes dignes, comme toi, de les posséder pour le plus grand triomphe des lumières, de la raison et de l'humanité.

C'est cependant sous tes auspices favorables que j'ose introduire aujourd'hui mon *pauvre Nègre* dans le monde. Je te l'ai présenté nu, et tu l'as accueilli[*2] ; le simple récit de ses bonnes actions t'a intéressé à son sort : puisse le public être aussi indulgent que toi ! puisse le bon cœur d'Adonis faire même excuser jusqu'au mauvais langage de son interprète !

Mon intention n'a pas été de réveiller des haines, ni de provoquer d'indignes réactions. Si j'ai parlé des différents partis qui ont tour à tour dominé à Saint-Domingue, c'est que cela était indispensable pour l'intelligence et le développement de mon anecdote. J'ai dépeint les nègres et les blancs tels que je les ai vus moi-même dans cette île où j'ai passé quelques années. Si je me suis trompé sur le compte des uns et des autres, il faudra plutôt accuser la fausseté de mon jugement, que soupçonner mon cœur de méchanceté. Je n'ai écrit pour personne ; les principes seuls m'ont dirigé. J'ai pensé qu'après le bouleversement général qui avait déplacé jusqu'aux idées les plus simples, il était utile de ramener les hommes à l'amour de l'ordre, de la justice et de l'humanité, par des exemples touchants, vrais, et qui pussent faire une profonde impression sur leur âme. J'ai voulu prouver surtout, que l'amitié, la bonne foi et la reconnaissance sont respectées même par les hordes les plus sauvages ; qu'une peau noire peut couvrir un bon cœur[3], et que, sans l'instruction, la liberté n'est qu'une chimère[4].

---

[*] Je m'empresse de publier qu'aussitôt après la rédaction de mon premier cahier d'*Adonis*, je me présentai chez le citoyen Bernardin de Saint-Pierre que je n'avais jamais vu, et que je ne connaissais que par ses ouvrages, en le priant de vouloir bien en entendre la lecture. Il y consentit et m'engagea, m'encouragea même, à terminer le récit de cette anecdote, en se portant, pour ainsi dire, le garant de l'intérêt qu'y prendrait le public. J'avoue que cette approbation précieuse m'a tout à fait décidé à la faire imprimer. Honneur donc à l'écrivain philosophe qui a bien voulu rassurer un timide débutant dans la carrière épineuse de la littérature !

ADONIS, OU LE BON NÈGRE

Je n'entreprendrai pas ici de décider si l'abolition subite de l'esclavage dans les colonies françaises, a été un bienfait réel pour l'humanité[5]. Il sera doux, sans doute, pour le philosophe, de voir bientôt les fertiles plaines de Saint-Domingue cultivées par des mains libres : mais la secousse terrible qu'ont éprouvée les Antilles, pour parvenir à cet heureux résultat, a causé la ruine de tant de familles européennes, et la mort de tant d'autres, que je n'oserais me prononcer même en faveur des principes, sans crainte d'être taxé d'injustice et d'inhumanité.

La liberté, ce premier bien[a], et dont l'homme ne peut jouir s'il ne porte dans son cœur le germe de toutes les vertus, si ce germe n'a été développé par une éducation saine et soignée ; la liberté fut pour le Nouveau Monde le plus cruel des fléaux qui l'aient désolé, depuis les massacres commis par les Espagnols qui en firent la découverte[6].

Elle parut à Saint-Domingue, non comme une divinité bienfaisante et douce qui venait relever le courage abattu de l'esclave malheureux, et insinuer dans le cœur de son orgueilleux maître des sentiments d'humanité et de philanthropie, mais comme une furie impitoyable soufflant de tous côtés l'épouvante, la mort, et ne marchant qu'armée de la torche et du poignard.

Les habitants de cette île, divisés en différentes factions, semblaient, pour cette fois, s'être tous entendus pour défigurer son image divine, l'affubler des emblèmes de la cruauté, et la rendre odieuse même aux âmes les plus douces[7].

Malgré ces efforts criminels, les nègres transportés de la brûlante Afrique dans ces heureux climats, et courbés depuis cent cinquante ans sous le plus révoltant des despotismes, entendirent un moment sa voix éloquente et majestueuse. Ils se relevèrent à ses fiers accents : d'un accord unanime, et d'un commun effort, ils brisèrent d'un seul coup la chaîne qui les liait tous, et proclamèrent eux-mêmes leur indépendance, en présence de leurs maîtres épouvantés.

Mais à peine ces hommes brutes se virent-ils libres, que le premier usage qu'ils firent de cette liberté fut d'assouvir leurs ressentiments contre leurs anciens maîtres. Les affreux traitements dont ils avaient été si longtemps les victimes se retracèrent avec tant de force à leur imagination aigrie, qu'ils firent entre eux l'épouvantable serment d'égorger, sans pitié, toute la population blanche du pays, sans distinction d'âge ni de sexe[8].

Ce fut dans le mois d'août 1791 qu'éclata, dans le nord de l'île, cette terrible insurrection[9], dont les suites funestes ont coûté la vie à plus de deux cent mille hommes de toutes couleurs[10].

C'est cependant au milieu de tant d'horreurs, de crimes et d'assassinats, que j'ai été témoin d'une anecdote dont les détails touchants méritent d'autant mieux de passer à la postérité, qu'elle prouve d'une manière bien consolante que la nature laisse, même dans le cœur de l'homme le plus farouche, un endroit accessible à la pitié, aux larmes et à la bienfaisance.

Tous les propriétaires blancs fuyaient de leurs paisibles habitations, et cherchaient un asile dans les bourgs ou villes qui les avoisinaient. Plusieurs d'entre eux tombèrent, en s'échappant, au pouvoir de leurs cruels ennemis, et payèrent de leur vie cet affreux malheur.

Biassou, le plus redoutable et le plus féroce de tous les Africains, fut proclamé, par les nègres révoltés, chef suprême de l'insurrection[11]. Il se vit bientôt à la tête de soixante mille noirs[12] qu'il avait réunis dans la plaine du Nord, et qu'il dissémina par pelotons d'environ mille hommes, sur une surface de neuf lieues carrées.

Ce nègre ignorant et superstitieux était parvenu à obtenir la confiance de ses frères d'armes par un caractère de cruauté si fortement prononcé, qu'il inspirait de l'effroi même aux plus sanguinaires. Privé de toutes connaissances dans l'art militaire, il ne sut rien prévoir, rien épargner pour procurer des ressources à son armée encore mal aguerrie ; et tous les efforts de son génie malfaisant n'aboutirent qu'à porter l'incendie partout où il passa.

Pendant un mois entier, cette plaine naguère si riche, si florissante, si belle par ses habitations, ses moulins à sucre, chefs-d'œuvre de l'art, ses longues avenues, ses pièces de cannes, ses magasins et ses maisons de plaisance, ne fut éclairée que par la flamme qui dévorait ces magnifiques propriétés, fruits précieux d'un travail lent et pénible. Biassou régna bientôt, mais sur un monceau de cendres, et sur les ossements blanchis de ses malheureuses victimes.

Pendant le cours de ces événements cruels, les blancs, réfugiés dans les villes, se fortifiaient et cherchaient à se garantir de l'invasion de ces barbares, et creusant de profonds et larges fossés dont les bords, hérissés de redoutables chevaux de frise, n'offraient aux brigands épouvantés que l'aspect d'une mort terrible, s'ils étaient assez audacieux pour tenter de les franchir[13].

A la gauche de cette plaine, en sortant de la ville du Cap Français[14], et à huit lieues de cette ancienne capitale des Antilles, au pied du *morne*[*] *de*

[*] Morne, terme du pays, synonyme de montagne.

Vallière qui servait autrefois de limite entre les possessions françaises et espagnoles, était une petite habitation dont le produit en café entretenait dans une douce aisance une famille parisienne qui en était devenue propriétaire par droit de succession[15].

D'Hérouville, le chef de cette famille, n'habitait la colonie que depuis près d'une année. Mari heureux d'une femme jeune et sensible qu'il avait épousée par inclination, il ne s'occupait que des travaux de son habitation, et du bonheur de tout ce qui l'entourait. Etranger à la politique des colons, en prenant possession de l'héritage de son oncle, il avait rejeté avec horreur, dans la manière de discipliner son *atelier*[*], ces punitions affreuses que la plupart des habitants ses voisins infligeaient, avec un sang-froid si cruel, à ceux de leurs esclaves qui se rendaient coupables de la moindre négligence. Cette conduite envers ses noirs, qui n'était qu'une conséquence naturelle de ses principes de justice et d'humanité, fut hautement désapprouvée par la plus grande partie des colons blancs de son canton. On l'accusa bientôt de vouloir s'ériger en réformateur du régime établi, disait-on, par la nécessité, et basé sur le caractère même du stupide Africain.

Comme d'Hérouville trouvait le bonheur dans sa maison, et sa justification dans sa conscience, il fut longtemps insensible aux clameurs de ses voisins, et continua paisiblement de vivre à sa manière.

Propriétaire d'une quarantaine de noirs des deux sexes, il était au milieu d'eux comme un père au sein de sa famille. Sa douceur, son indulgence, ses soins lui avaient concilié tous les cœurs, et il n'en était pas un seul parmi eux qui n'eût sacrifié sa propre vie pour sauver celle d'un maître aussi cher. Il avait pour *commandeur*[**], un jeune nègre de vingt-huit ans, bien fait et vigoureux, dans lequel il avait particulièrement mis sa confiance. Cet homme estimable s'appelait ADONIS[16]. Il était l'âme de l'atelier. Gai de son naturel, c'était lui qui, les jours de fête, faisait danser au son de son *banza*[***] les nègres de son maître, après les avoir aidés, encouragés dans leurs travaux le long de la semaine. Comme il approchait de la *grande case*[****] plus souvent que les autres, il avait été à même d'observer de plus près d'Hérouville dans sa conduite domestique. Mille fois il avait été témoin des tendres caresses qu'il prodiguait à sa femme et à ses enfants.

---

[*] Atelier, c'est le nom qu'on donnait à la totalité des noirs cultivateurs d'une habitation.

[**] C'est le nom qu'on donnait au nègre chargé de diriger et surveiller les travaux de l'habitation. Cette fonction n'était ordinairement confiée qu'au plus fidèle et au plus intelligent.

[***] Instrument chéri des nègres, et imitation grossière de la guitare.

[****] Maison principale de l'habitation où logent le maître et sa famille.

Un jour qu'il était occupé à ranger quelques meubles dans une pièce voisine de l'appartement de son maître, il l'entendit parler ainsi à son épouse : « Ma bonne amie, un de mes voisins, riche sucrier* de la plaine, enchanté de la beauté de nos plantations, de la vigueur et de l'intelligence de notre atelier, a conçu le projet d'acquérir notre habitation. Il me fit offrir hier de m'en payer le prix, et le tiers en sus de son estimation, en lettres de change sur la maison Gradis de Bordeaux[17]. J'ai calculé que cette offre pouvait produire une somme de deux cent cinquante mille livres tournois. Consulte ton cœur, tes inclinations, et vois si tu veux revenir au sein de notre pays, séjour des arts et des plaisirs, pour y jouir de cette fortune immense pour nos besoins. – Ô mon ami ! lui répondit sa jeune épouse, comme toi j'aime ma patrie, comme toi je désire d'aller finir mes jours dans son sein ; mais je ne puis me décider à quitter de sang-froid cet asile où j'ai trouvé le bonheur. Quoi ! nous livrerions nos pauvres noirs à la rapacité d'un maître qui ne connaît que l'or ! nous récompenserions le zèle et la fidélité de ces bonnes gens par une cruauté aussi grande[18] ! Ah ! mon ami, si jusqu'à ce jour tu as su échapper à la corruptrice ambition qui dévore les habitants de cette île, achève ton ouvrage, travaille quelques années de plus, et amasse des richesses qui ne nous coûtent point de remords ».

Adonis fondait en larmes ; il allait se précipiter aux pieds de sa maîtresse, quand il entendit d'Hérouville répliquer à sa femme en ces termes : « J'étais certain de ta réponse, ô ma douce amie ! Oui, nous travaillerons quelques années de plus, et j'exécuterai le projet si cher à mon cœur, de donner, avant notre départ, la liberté à nos nègres. Je partagerai entre eux cette terre que, pendant dix ans, ils auront arrosée de leurs sueurs et fertilisée pour nous seuls. Un jour nous quitterons cette île, mais nous emporterons avec nous les regrets et la reconnaissance de nos amis[19] ».

Le bon Adonis n'y tenait plus ; son âme allait faire explosion ; et son cœur, rempli des sentiments les plus doux, avait besoin de s'épancher. Il vola sur-le-champ auprès de ses camarades, leur raconta tout ce qu'il venait d'entendre, et répandit encore avec eux de nouvelles larmes d'attendrissement et de reconnaissance. Il profita de cette occasion pour engager l'atelier à redoubler d'efforts pour faire prospérer l'habitation de son maître ; et, le premier, il donna l'exemple d'un zèle infatigable et d'une fidélité à toute épreuve.

Les choses étaient en cet état, quand la nouvelle de l'insurrection des noirs vint jeter l'alarme et l'épouvante au sein de la famille d'Hérouville. Il ne tarda pas à apparaître que les révoltés avaient juré d'exterminer toute la race

---

* Nom qu'on donne à l'habitant qui cultive la canne à sucre.

blanche ; et l'incendie général de la plaine, en éclairant jusqu'à l'humble toit qu'il habitait, lui confirma bientôt la vérité de cet horrible récit.

Ce généreux colon, sans peur, comme sans reproche, refusa de fuir et de se réfugier au sein de la ville du Cap, comme ses voisins le lui conseillaient. En vain sa femme l'implora-t-elle à genoux ; rien ne put le fléchir. Il se contenta de l'y envoyer avec ses enfants, en lui faisant emporter quelques fragments d'une fortune prête à s'évanouir. Adonis fut chargé de la conduire ; mais ce bon nègre s'y refusa, en ces termes : « Maître*, pardonnez à moi, si Adonis pas vouloir quitter vous, dans moment présent. Vous pas connaître comment nègres fâchés avoir cœurs durs ; et moi, pas capable de regarder encore soleil en face, si Adonis n'être pas là pour défendre maître, quand brigand va venir pour tuer corps à lui »[20]. En finissant ces mots, il se roulait dans la poussière et se traînait aux pieds de son maître, pour obtenir la grâce de ne pas l'abandonner dans une situation aussi critique.

D'Hérouville attendri le relève en l'embrassant, et lui permet de rester auprès de lui. La route du Cap n'était pas encore interceptée ; l'intéressante épouse de cet homme sensible arriva dans cette ville sans aucun accident, accompagnée de ses enfants, et de quelques négresses qui la servaient habituellement. Inconsolable d'être séparée de son époux, elle ne pouvait concevoir quel motif plus puissant que celui de sa famille avait pu le déterminer à braver si témérairement les dangers qui l'environnaient, et qui s'approchaient de lui à pas de géant.

Resté seul avec son atelier, d'Hérouville avait conçu le sublime projet d'arrêter, s'il lui était encore possible, les cruels effets de la révolte, et de ramener par les exhortations et les prières les plus touchantes, ces hordes effrénées à des sentiments plus humains[21].

Les bons cœurs ne soupçonnent même pas jusqu'à quel degré d'abrutissement et de férocité le crime entraîne l'homme qui s'y livre ; et le sensible d'Hérouville fut bientôt la victime de son dévouement généreux.

Biassou, maître absolu d'une plaine vaste, mais devenue stérile, songea bientôt à étendre ses ravages au-delà des mornes qui l'environnaient. Il se mit à la tête d'une bande choisie ; et, armé de ses redoutables torches, il avança sur le morne *de Vallière*, résolu de tout incendier sur son passage.

Après avoir un moment contourné la montagne, il aperçut à l'entrée d'une

---

* Je me suis permis d'épurer un peu l'idiome créole, pour le mettre à la portée des lecteurs qui n'ont pas habité ou voyagé dans les colonies. Il m'eût été possible de le traduire encore en meilleur français ; mais j'aurais privé les âmes sensibles d'expressions si précieuses par leur simplicité et leur naïveté touchante, que j'ose croire qu'elles me sauront gré d'avoir conservé au héros de cette anecdote son langage naturel (*Note de l'auteur*).

vallée superbe, une habitation dont la propreté des jardins, la régularité des cases à nègres, la beauté des *cafiers*, et l'élégante simplicité de la grande case, piquèrent assez sa curiosité pour le porter à s'informer du nom de son propriétaire. On lui apprit aussitôt qu'il s'appelait d'Hérouville ; qu'il n'avait pas voulu fuir, et qu'il attendait avec calme son arrivée. Biassou portant avec lui l'épouvante et la mort, déjà accoutumé à ne voir que des fuyards, fut surpris de la témérité de d'Hérouville. Il arriva bientôt sur les glacis* de son habitation, et aperçut en effet cet intéressant colon assis tranquillement au milieu de son atelier, tenant un livre à la main, et ayant son fidèle Adonis à ses pieds. « – Qui es-tu ? lui cria d'un ton rauque et grossier le farouche Biassou ; qui es-tu ? chien de blanc ! pour oser braver avec tant d'audace le grand général de l'armée noire ?... – Je suis ton frère, répond d'Hérouville avec dignité ; et si tu as le courage de m'entendre un seul instant avec calme, je serai bientôt ton ami ». Tous les nègres de Biassou, stupéfaits et indignés d'une pareille hardiesse, n'attendaient que le signal de leur maître pour massacrer ce héros ; mais, par un mouvement aussi prompt que l'éclair, tous les noirs de d'Hérouville s'étaient jetés autour de lui, comme pour faire un rempart de leurs corps à ce maître chéri[22] ; et l'on voyait le courageux Adonis offrir le premier sa large poitrine aux coups des assassins[23]. Jamais spectacle plus fait pour attendrir ne s'était offert à Biassou. Un moment il en fut ému, et il permit à d'Hérouville de parler. Cet ami de l'humanité, inaccessible à la crainte, toujours plein de son louable projet, monta avec fermeté sur un petit tertre, et, d'une voix forte et véhémente, il s'exprima en ces termes : « Nègres qui m'écoutez, je ne chercherai point à justifier ici les cruautés dont la plupart des blancs, vos anciens maîtres, vous ont rendus victimes : mais devez-vous punir l'innocent pour le coupable, confondre dans votre vengeance l'habitant cruel qui vous traitait en bêtes de somme, et le propriétaire humain qui adoucissait la rigueur de votre sort par ses soins paternels ?... Que vous ont fait ces mères tendres, ces épouses fidèles et ces pauvres petits blancs que vous massacrez sans pitié ?... Toutes ces innocentes victimes de votre cruauté, n'ont-elles pas cent fois volé au-devant des coups que voulaient vous porter vos bourreaux ? Qui vous pansait dans vos blessures ? qui vous consolait dans vos chagrins ? qui implorait auprès de vos maîtres cruels la grâce de vos fautes, si ce n'est ces mêmes *blanches***

---

* Espèce de plate-forme de maçonnerie, sur laquelle on expose le café au soleil, pour le faire sécher.

** Rien n'était aussi touchant à Saint-Domingue que l'active sensibilité des femmes blanches, et particulièrement des Européennes. Elles semblaient envoyées par l'humanité même, pour tempérer par leurs grâces et leur douceur, le caractère âcre et tyrannique des habitants du pays.

dans le sang desquelles vous brûlez aujourd'hui de vous désaltérer ?... Malheureux, qui ne prévoyez rien au-delà du jour qui vous éclaire ! que deviendrez-vous quand vous aurez tout pillé, dévasté, incendié ? en supposant que pas un blanc de cette île n'échappe à votre fureur, pensez-vous pour cela en éteindre la race ? Et ces millions d'Européens qui peuplent l'ancien monde, ne viendront-ils pas venger la mort de leurs frères massacrés ?...

Ecoutez donc la voix d'un blanc qui fut toujours l'ami de tous les hommes, qui vous plaignit sincèrement dans vos malheurs, mais qui frémit aujourd'hui de vos forfaits[24]. Votre esclavage touche à son terme : une révolution aussi grande que sublime va vous ouvrir les portes de la liberté. Déjà l'Assemblée nationale, en déroulant la grande charte de la nature, a retrouvé vos droits[25], et... ». Dans ce moment, le terrible Biassou tirant son large sabre, en porta la pointe près de la poitrine du courageux d'Hérouville, en lui disant d'une voix épouvantable : « Arrête ! tu en as dit assez ». Puis se tournant vers ses satellites : « *Gens du roi*[*], leur cria-t-il, conduisez ce misérable blanc à mon palais, et qu'on le garde à vue jusqu'à mon retour ».

Aussitôt un groupe de ces brigands armés disperse les bons noirs qui l'entouraient, et l'entraîne dans le hideux manoir que Biassou décorait du nom pompeux de palais.

D'Hérouville, avant de partir, eut la douleur de voir brûler sa chère habitation, et d'ignorer même ce qu'était devenu son fidèle Adonis. Il traversa tristement une partie de la plaine du Nord, et partout il trouva les traces hideuses du passage des révoltés. Ici, c'étaient les décombres encore fumants d'une riche sucrerie, qui s'offraient à ses regards : plus loin, c'étaient des cadavres de blancs, mutilés et privés de sépulture. Après avoir marché pendant environ cinq heures, il découvrit enfin une avenue qui conduisait à ce prétendu palais, qui n'était qu'une ancienne sucrerie que la nécessité seule avait fait épargner.

D'Hérouville avait de la fermeté ; il s'était préparé à la mort ; mais tout son courage l'abandonna, quand, après avoir traversé l'avenue, il vit l'épouvantable spectacle de trois cents têtes de blancs, fichées sur chacun des barreaux aigus qui formaient l'entourage de la première cour[26]. Une sueur froide coula le long de son corps ; ses genoux s'affaissèrent, et il fut porté sans connaissance et déposé dans la pièce même qu'occupait Biassou.

Il resta près de trois heures dans une espèce de léthargie semblable au sommeil de la mort. Son réveil fut terrible, quand il se vit environné de noirs

---

[*] J'expliquerai plus loin pourquoi Biassou donnait ce nom aux nègres qu'il commandait.

dont les regards farouches lui présageaient déjà les plus affreux supplices. Ce fut alors que tout ce qui lui avait fait chérir l'existence jusqu'à ce moment cruel, vint se retracer avec force à son imagination flétrie. « Ô ma femme ! ô mes enfants ! s'écriait-il dans sa douleur, je ne vous verrai donc plus !... Trop de confiance dans la bonté des hommes va me coûter la vie !... ». Puis il ajoutait, avec ce sentiment de résignation que peut inspirer une conscience irréprochable : « Dieu de l'univers à qui rien n'est caché, que tes impénétrables décrets s'accomplissent ! ». Et en achevant ces mots, sa tête retombait sur sa poitrine inondée de ses larmes.

Ce fut dans ses angoisses cruelles que l'infortuné d'Hérouville passa quelques heures ; mais Biassou ayant donné sans doute des ordres particuliers pour qu'on eût soin de lui, on vint bientôt lui offrir quelques aliments qu'il refusa[27]. Il demanda s'il pouvait se promener ; on lui fit un signe approbatif ; mais on se mit en même temps en devoir de le suivre. Il traversa plusieurs pièces de plain-pied, qui lui offraient toutes l'image du désordre, de la confusion ou plutôt du chaos. On voyait pêle-mêle sur le carreau, des armes ensanglantées et des pendules brillantes ; des instruments de mathématiques et des chaudières de fer ; de la vaisselle plate et des linges souillés ; des vases de porcelaine et des peaux d'animaux ; des diamants précieux et des crânes humains où tenait encore la chevelure ; de superbes tapis et des haillons hideux.

Il reconnut sans peine que tous les objets qui l'avaient frappé par leur beauté, leur richesse et leur curiosité, n'étaient que le fruit du pillage fait sur les blancs, et que le reste ne provenait que de la paresse, de la malpropreté, du libertinage et de la cruauté des révoltés. Une chose le frappa pourtant ; c'était le respect religieux qu'avaient tous les nègres pour le butin de leur chef. Tout était à l'abandon ; il était facile de s'emparer des choses les plus précieuses ; et cependant aucun de ceux qui entraient ou sortaient ne paraissait convoiter même la moindre bagatelle.

Les choses vraiment extraordinaires dont il fut le témoin dans ce séjour de crime, et pendant les trois jours que Biassou fut absent, suspendirent un moment sa douleur. A chaque pas, à chaque question qu'il faisait, sa surprise allait toujours en augmentant.

L'habitation qu'avait choisie Biassou ressemblait, par sa position et ses alentours, au quartier général d'un vaste camp. Les Africains qui composaient son armée, provenant des différents royaumes de la côte de Guinée[28], s'étaient réunis par peuplades. La différence des langages, des habitudes et des nuances mêmes de leur peau, en formaient autant de petites nations séparées, qui ne se réunissaient qu'à la voix du grand chef, et les jours de bataille seulement. Immédiatement après, ils se séparaient, et vivaient les uns sous de vastes tentes, les autres sous des arbres, ou sous des *ajoupas*[*] de roseaux recouverts en feuillages.

On voyait d'abord les *Congos*, si faciles à reconnaître par la douceur de leurs mœurs et leur passion pour la danse[29] ; puis les *Mozambiques*[30] à la figure martiale et à la démarche guerrière : venaient ensuite les *Nagos*, les *Ibos* et les *Mondongues*, nations sauvages, farouches et anthropophages, qui ne regardaient la guerre avec les blancs que comme un nouveau moyen d'assouvir leur horrible goût pour la chair humaine[31].

Les nègres *créoles*, c'est-à-dire nés dans l'île, formaient aussi une espèce de nation séparée. C'était, si je puis m'exprimer ainsi, celle qui composait la cour de Biassou. Ces noirs, véritables singes des blancs, se traitaient de comte, de baron, de marquis et de chevalier. Ils nommaient bals parés, leurs grotesques *calindas*[**]. Ils avaient des aumôniers, et jouaient la comédie. Parés des fruits de leur pillage, on en voyait plusieurs couverts de très riches habits[32], que, pour comble de ridicule, ils endossaient presque toujours sur leur peau nue, sans chemise, sans col et sans chaussures. On leur pardonnait aisément ces travers, en faveur de leur humanité, et de leur aversion marquée pour le meurtre et l'assassinat[33].

Ils faisaient une cour assidue à Biassou, lui donnaient des sérénades, des bals et des repas[34] ; mais les jours qu'on exécutait à mort les malheureux blancs qui avaient été faits prisonniers, jours de réjouissance pour l'armée noire, les nègres créoles s'absentaient du camp sous différents prétextes, tels que ceux de la chasse, de la pêche et des approvisionnements.

En général, l'armée vivait dans la plus grande dissolution. La danse, le *tafia*[***] et les femmes absorbaient tous ses moments. Si les blancs se fussent entendus, ils eussent aisément vaincu un ennemi aussi abruti par la débauche ; mais la suite prouvera que le foyer de cette insurrection était alimenté par ceux même que le gouvernement avait chargés de l'éteindre.

Telles furent les principales remarques que fit d'Hérouville, quand sur la fin du troisième jour de son affreuse détention, il aperçut dans la plaine un nuage de poussière occasionné par le retour de Biassou, de son état-major et d'une partie de son armée. Son cœur se serra ; ses yeux s'obscurcirent, et l'image d'une mort horrible vint de nouveau s'offrit à sa pensée.

On le fit rentrer précipitamment, et bientôt les funestes cris de joie des nègres chargés de butin vinrent retentir jusqu'à son oreille.

---

[*] Ajoupas, espèce de petites cabanes semblables à celles où couchent les bergers, quand ils parquent les troupeaux.

[**] La calinda est la danse favorite des nègres. Ils donnent aussi ce nom au lieu choisi pour la danser.

[***] *Tafia*, espèce d'eau-de-vie très forte, extraite du sirop, et boisson favorite des nègres.

Biassou fit son entrée avec la fierté d'un conquérant qui vient d'asservir une partie du monde. Les négresses qui composaient à la fois son domestique et son sérail, s'étaient parées à l'envi pour le recevoir.

Il arriva enfin dans son appartement, suivi d'une foule d'officiers de toutes couleurs, revêtus d'uniformes différents, et chargés d'énormes épaulettes.

Mais quelle fut la surprise de d'Hérouville, quand il distingua parmi eux, un officier blanc du régiment du Cap[*35a], qu'il avait souvent vu à la parade, avant l'insurrection des nègres ! Il remarqua qu'on avait beaucoup de déférence pour lui, et que Biassou même le traitait avec distinction.

Le premier moment de tumulte passé, et quand chacun se fut assis, Biassou ordonna qu'on fît comparaître par-devant lui l'*audacieux blanc de la montagne de Vallière*. A ces terribles paroles, d'Hérouville frissonna, et crut entendre sa sentence de mort.

« Misérable blanc, lui dit Biassou en le voyant, je ne t'ai fait grâce de la vie, que parce que j'ai appris que tu avais été moins injuste envers tes noirs que les autres habitants de cette île. Mais apprends que ton existence va désormais dépendre de toi seul. Le roi de France, mon maître[36] et le tien, m'a spécialement chargé, par l'organe de son gouverneur *Blanchelande*[**bc], des intérêts de sa couronne dans cette colonie[37] ; mais j'ai besoin, pour le service de mes bureaux, d'un Européen intelligent, actif et zélé, qui puisse y satisfaire. J'ai bien voulu te choisir : remplis mes volontés, rien ne te manquera ici. Adonis te sera rendu ; et dès cet instant, tu fais partie de mon état-major. Ta part des prises et du butin que nous ferons sur l'ennemi te sera fidèlement remise : mais ne cherche ni à me tromper, ni à t'échapper ; car tu trouveras dans chaque soldat de mon armée un surveillant et un

---

[*] Cet officier nommé *P**** capitaine au régiment du Cap, s'est sauvé depuis à la Nouvelle-Angleterre, où il a rejoint son colonel, l'ex-baron de C***. Ils ont acheté, du fruit de leurs forfaits, une terre superbe dans la province de Maryland. Ils y vivent, à la vérité avec faste, mais haïs, mais méprisés, sans paraître plus heureux. L'or amassé au prix des hommes peut-il procurer le bonheur ?

[**] L'ex-comte de Blanchelande était, à cette époque, gouverneur pour le roi à Saint-Domingue. Ce fut lui qui organisa et entretint sourdement l'insurrection des noirs. Il était parvenu à leur faire croire que le roi voulait leur donner la liberté, mais que l'Assemblée nationale et ses partisans seuls s'y opposaient. Ce misérable, premier instigateur des troubles, des crimes et des assassinats sans nombre qui se sont commis à Saint-Domingue, a été arrêté et renvoyé en France par la commission civile, avec deux malles contenant les preuves de ses innombrables forfaits. Son procès a été instruit à Paris : après vingt-deux jours de débats et de confrontations, le jury l'a déclaré coupable, à l'unanimité ; et le glaive vengeur des lois et de l'humanité s'est appesanti sur sa tête criminelle.

dénonciateur, et souviens-toi que le plus terrible des supplices sera ton partage. C'est tout ce que j'ai à te dire ».

A peine Biassou eut-il fini ces mots, que l'officier blanc se leva, et dit à d'Hérouville d'un ton mielleux et composé : « Monsieur, si votre conduite est telle que le grand général Biassou et le gouverneur Blanchelande aient lieu de s'en applaudir[a], comptez sur les bienfaits et la protection du roi mon maître, qui sait récompenser la fidélité de ses sujets partout où le sort et les circonstances peuvent les placer ».

A ces paroles, un baume consolateur sembla couler dans le sang de d'Hérouville, brûlé par le chagrin. L'espérance d'échapper bientôt à l'horrible séjour où son zèle pour l'humanité l'avait conduit se glissa dans son cœur. Il parut non seulement résigné à son sort, mais il témoigna même de la joie devant ses bourreaux[38].

On se mit à table, et après un souper splendide, l'officier blanc partit avec un fort détachement, qui l'escorta jusqu'aux frontières de la partie espagnole de l'île, endroit par lequel il avait coutume de pénétrer dans le camp des révoltés, pour apporter à leur chef les ordres et les paquets du gouverneur *Blanchelande*[b].

Biassou fut se reposer, et les nègres de son état-major se retirèrent dans la pièce la plus éloignée de son appartement, où ils dansèrent le reste de la nuit.

Le lendemain, d'Hérouville, à son réveil, retrouva son fidèle Adonis auprès de son lit. Ce bon noir attendait patiemment le lever de son maître pour se jeter à ses pieds. Il les baigna aussitôt de ses larmes. « Ô maître ! lui dit-il, l'espérance de revoir vous encore, avait quitté cœur à moi, du jour même que nègres-brigands avaient conduit vous ici : mais, grâces au grand-maître d'en haut, vous êtes vivant encore, et cœur à moi plus content. Mais tant qu'Adonis ne pas être capable de sauver vous de l'enfer à nègres, pour remettre vous dans bras à pauvre maîtresse à moi, qui languit au Cap dans tristesse, chagrin va ronger cœur à moi, tout comme du feu va dévorer bois sec ».

« Ô mon cher Adonis ! reprit d'Hérouville, en se jetant à son cou, ne renouvelle pas mes douleurs en me parlant d'une épouse infortunée ! Plus je réfléchis, et moins j'espère de me voir réuni à cette femme adorable. La position du camp, l'éloignement de la ville, la discipline de l'armée de Biassou qui m'a fait consigner à tous les postes, le terrible ascendant de ce chef sur les révoltés, les exemples affreux par lesquels il entretient parmi eux la soumission à ses moindres caprices, la menace du plus cruel de tous les supplices si je suis surpris en m'évadant, tout me ravit jusqu'à l'espoir même de songer à revoir mes épouses et mes enfants. – Prendre courage, maître, dit Adonis, prendre courage, et songez que s'il y a de bons blancs dans le monde, il y a aussi bon Dieu dans le ciel pour sauver leur vie ».

D'Hérouville se rendit au poste que le sort lui avait assigné. La simple lecture de la correspondance avec Biassou lui donna la clef de l'infernale intrigue qu'on avait employée pour séduire ce noir, naturellement cruel, et le porter aux excès les plus inouïs. Il ne put lire sans frémir d'horreur, les missives dans lesquelles on prévenait Biassou que tel jour, à telle heure, une colonne de blancs, composée seulement de *bourgeois* du Cap, ferait une sortie dans la plaine ; qu'on la laisserait avancer jusqu'à un endroit convenu, et que les mesures étaient prises pour que les effets de sa déroute procurassent à l'armée noire tant de caissons remplis de munitions de guerre, et tant de chariots chargés de vivres et d'armes de toute espèce[39].

Il trouva aussi de fausses lettres ministérielles, timbrées de France, adressés directement à Biassou[40], dans lesquelles on lui mandait que le roi, content de ses services jusqu'à ce moment, lui faisait passer, en marque de sa satisfaction, le cordon rouge et le brevet de lieutenant-général de ses armées.

En effet, Biassou était décoré d'une croix de Saint-Louis, d'un cordon rouge, et prenait le titre de lieutenant-général des armées du roi[41]. Chaque pas que faisait d'Hérouville dans ce dédale de crimes le faisait frémir d'horreur. Est-il possible, s'écriait-il épouvanté de tant de forfaits, est-il possible qu'il existe parmi les Français des hommes assez pervers, des cœurs assez lâches, des âmes assez féroces pour déchirer, avec autant de sang-froid, le sein de leur patrie, et calculer tranquillement le nombre des victimes qu'ils sacrifieront chaque jour à leurs passions cruelles, à leur ambition effrénée ? Ô humanité sainte[a] ! que d'outrages les hommes ne t'ont-ils pas faits ! Mais d'Hérouville ne connaissait encore qu'une partie des crimes de Blanchelande. Il fut bientôt convaincu que ce gouverneur, qui trompait Biassou avec autant de scélératesse, était lui-même la dupe du cabinet de *Saint-James*[b].

Blanchelande, privé depuis longtemps des nouvelles de France, avait envoyé des agents à *la Jamaïque*, pour savoir ce qui s'y passait, et pour obtenir des secours pécuniaires, dont il avait le plus pressant besoin pour alimenter l'insurrection des noirs dans la plaine, et entretenir, dans les villes, la discorde parmi les blancs, les mulâtres et autres hommes de couleur, afin que la colonie fût toujours dans cet état de division si bien dépeint par Machiavel, et toujours si favorable aux projets du despotisme.

Le gouverneur de cette île anglaise qui est peu éloignée de Saint-Domingue, avait accueilli les agents de Blanchelande avec distinction, et les lui avait renvoyés, peu de jours après, comblés d'honneurs et de présents. Ils rapportèrent à Blanchelande l'or qu'il avait demandé, et copie d'une prétendue lettre du roi d'Angleterre, qui ordonnait au gouverneur de Saint-Domingue, et ce, d'après la volonté de son cousin le roi de France, de ne reconnaître aucun des agents de l'Assemblée nationale, de les repousser de l'île par la force, et de ménager une entrée aux vaisseaux de Sa Majesté britannique qui devaient, sous peu, venir prendre possession de toutes les Antilles, à titre de dépôt, et pour remettre ces îles au roi de France après la fin des troubles de son royaume ; le tout d'après les conventions secrètes faites à Versailles le ..., et dont il ne pouvait lui être donné de connaissance officielle, vu la position critique du royaume[42].

Blanchelande crut, ou feignit de croire à la vérité de cette lettre, et fit tous ses préparatifs pour livrer la colonie aux Anglais[43]. Les légendes de *la nation et la loi*, furent effacées du sein même de l'assemblée coloniale[44] qui se tenait au Cap, et dont il était l'âme[45] ; et chacun de ses membres eut la perfidie, ou la lâcheté, d'arborer la cocarde noir, qui est celle des Anglais[46].

Heureusement les vaisseaux[a], les troupes et les commissaires envoyés par l'Assemblée nationale, arrivèrent assez à temps pour déjouer ces abominables manœuvres[47b], et dévoiler l'infâme trahison qui allait livrer au tyran des mers la plus belle et la plus riche de nos possessions d'Amérique, et qu'on peut appeler, sans exagération, le Pérou des Français[48].

Au milieu de tant d'horreurs, d'Hérouville, toujours tourmenté du désir de mettre un terme à ces calamités, conçut vingt projets différents, qu'il ne put jamais mettre à exécution, parce que les circonstances les plus inattendues, et le caractère des nègres, qui ne lui était pas assez connu, déroutaient ses plans et faisaient échouer toutes ses tentatives. Il fut souvent sur le point de vouloir désabuser Biassou ; mais il s'arrêtait bientôt, en songeant combien il était périlleux d'éclairer un nègre ignorant et cruel, jaloux de son autorité, fier de sa puissance, et qui ne verrait dans la vérité que le néant de ses grandeurs, sans trouver dans son cœur et dans sa philosophie, des ressources ou des consolations capables de l'en dédommager.

Le souvenir de sa femme, abandonnée au Cap, et livrée à toutes les angoisses de l'incertitude, venait encore augmenter ses chagrins. La tâche cruelle qui lui était imposée, révoltait à la fois son cœur et son imagination. Une fièvre ardente s'empara de lui et l'excessive chaleur du pays ne tarda pas à la rendre délirante. Dans ses accès, qui étaient fréquents, il accusait Blanchelande et Biassou, leur rappelait leurs crimes, les accablait de reproches, et répétait sans cesse, qu'il les attendait au tribunal de l'Eternel, pour les dénoncer devant le suprême juge de tous les hommes. Adonis n'était occupé qu'à étouffer ces cris, si dangereux pour lui et pour son maître. Il connaissait les simples du pays ; il s'en servit avec art, et le tira promptement de danger[49]. D'Hérouville, convalescent, désira avec une nouvelle ardeur de revoir sa femme et ses enfants : il fit même l'aveu à Adonis, que son rétablissement en dépendait. Adonis, après lui avoir remontré la difficulté d'une nouvelle entrevue, finit par l'engager à prendre patience, et promit à la face du Ciel, de périr ou de le réunir à son épouse avant un mois. Les malades sont comme les enfants, qu'il faut consoler et amuser par des promesses ; et quoique celle d'Adonis ne fût presque qu'une chimère, d'Hérouville, dès cet instant, se sentit pourtant soulagé, et ne tarda pas à se rétablir.

Il n'en fut pas de même d'Adonis. Ce bon nègre sentait combien il s'était engagé, en ne prenant qu'un mois de délai pour réunir d'Hérouville à son épouse. Esclave de sa parole, il se serait cru indigne de l'amitié de son maître, s'il avait eu le malheur d'y manquer. Son parti était donc pris, et d'avance il s'était voué à la mort pour accomplir ses promesses ; car, de même que d'Hérouville, il n'avait pu se dissimuler tous les dangers qu'il avait à courir.

Un jour, qu'étant assis sous un des tamarins qui ombrageaient la maison de Biassou, il rêvait seul aux moyens de franchir les limites du camp, il vit s'approcher de lui une jeune et belle négresse, qui, d'un pas léger et d'un air agaçant, vint lui reprocher, avec beaucoup de familiarité, sa profonde indifférence pour les plaisirs du *palais*. Adonis reconnut en elle une des sultanes de Biassou, et frémit des nouveaux dangers auxquels elle allait l'exposer. En effet, cette femme qui n'avait pu voir sans émotion sa force, sa tournure et ses traits, avait profité d'un moment favorable pour l'instruire de la violence de sa passion, suivant la coutume ordinaire du pays, qui permet aux négresses cette excessive licence. Mais Adonis ne songeait qu'à ses maîtres : son cœur était fermé à tout autre désir qu'à celui de terminer leurs longs malheurs, en les réunissant ; aussi répondit-il avec beaucoup de froideur aux avances de *Zerbine* (c'était le nom de cette négresse).

Cette femme, à qui l'on aurait pu donner le nom de *Vénus noire*[50], et qui avait plus d'une fois vu des blancs à ses genoux[51], fut singulièrement piquée des réponses d'Adonis. Elle le fit espionner pendant plusieurs jours ; car elle s'était imaginée qu'elle avait une rivale. Mais, s'apercevant qu'il témoignait la même indifférence pour toutes ses camarades, et que, loin de songer à répondre aux désirs d'aucune, il fuyait avec soin leurs recherches, elle soupçonna bientôt qu'un profond chagrin le dévorait, et résolut en même temps, de tout employer pour en découvrir la cause.

L'amour et la curiosité exercent un empire tyrannique sur les femmes de tous les pays ; mais c'est particulièrement sous la zone torride qu'ils tourmentent ce sexe, que la délicatesse même de ses organes rend si facile à irriter. Le moindre désir, le plus léger sentiment, dégénèrent bientôt en une passion violente ; et l'on voit tous les jours, sous ce climat brûlant, des femmes *créoles* devenir furieuses, à la moindre contrariété qu'elles éprouvent[52]. Cette cause est, sans doute, la même qui a prolongé pendant plusieurs années les massacres à Saint-Domingue, et, pour ainsi, dire, consommé le désastre de cette île. La fermentation continuelle des esprits, l'exaltation des têtes et la perpétuelle exaspération des partis, se sont toujours opposées aux vues conciliatrices de quelques sages Européens, qui, apportant de France ce *flegme philosophique*, don précieux d'un climat tempéré, ne concevaient rien à l'acharnement avec lequel des hommes de toutes couleurs persistaient à vouloir s'entre-égorger sans vouloir s'entendre[53].

Que l'on juge donc de la position de Zerbine. Dévorée d'amour et d'inquiétude, elle ne songeait plus qu'à surprendre, ou même à arracher le secret d'Adonis. Toutes les démarches qu'elle fit à ce sujet furent longtemps infructueuses, et le hasard seul lui dévoila un mystère qui serait à jamais resté enseveli dans le sein de cet homme, capable de subir la mort plutôt que de le révéler.

Un soir, qu'elle avait été se baigner seule dans le ruisseau des *Gouyaviers*, qui coulait à quelque distance du quartier général, elle vit venir de loin le languissant Adonis, qui donnait le bras à son maître. Aussitôt elle se plongea dans l'eau, pour n'être pas aperçue ; et d'Hérouville vint s'asseoir au pied d'une des touffes de bambous qui bordaient ce ruisseau, et qui était précisément celle derrière laquelle s'était blottie la curieuse Zerbine. Le dialogue qui s'établit entre ces deux infortunés, lui apprit bientôt ce qu'elle brûlait tant de savoir. Heureusement, rien de ce qui pouvait lui faire connaître l'horreur profonde que Biassou et ses soldats leur inspiraient, n'échappa de leurs bouches ; et Zerbine ne vit que le chagrin du blanc, et le désir du nègre de le soulager. D'autant plus enchantée de sa découverte, qu'elle fut presque certaine que l'amour n'entrait pour rien dans les peines d'Adonis, elle se promit bien de l'empêcher de tenter une évasion qui lui aurait ravi, pour toujours, celui qu'elle aimait déjà avec une passion qu'elle ne pouvait plus dompter.

Comme elle avait un grand ascendant sur l'esprit de Biassou, elle lui raconta une partie de ce qu'elle avait entendu, en le suppliant d'employer son pouvoir pour remettre l'épouse de d'Hérouville, qui s'était réfugiée au Cap, entre les bras de son mari qui ne pouvait se consoler d'être séparé d'elle. Elle lui fit sentir que, par cet acte de générosité, ou plutôt de politique, il allait lier à ses intérêts, d'une manière invariable, un blanc qui lui était déjà si nécessaire, et qui le servirait à l'avenir avec d'autant plus de zèle, qu'il lui aurait d'aussi fortes obligations. Biassou fut aisément convaincu, et lui promit d'en conférer avec l'émissaire de Blanchelande[a], à la première entrevue qu'il aurait avec lui .

Cette entrevue eut lieu, le lendemain même. *P****, l'officier blanc dont il a déjà été question[b], fut chargé de lui amener, le plus promptement possible, cette femme et ses deux enfants.

Mais l'épouse de d'Hérouville, qui chaque jour entendait rapporter que pas un blanc n'échappait à la rage de Biassou ; que ce monstre avait poussé la barbarie jusqu'à livrer des femmes blanches à la brutalité des nègres, qui ne manquaient jamais de les assassiner après avoir assouvi sur elles leurs infâmes passions, ne put se décider à suivre cet officier. C'était en vain qu'il lui représentait que de cette démarche seule dépendait le salut de son époux ; elle persistait à croire que son mari, dont elle n'avait pas eu de nouvelles depuis le jour de leur séparation, n'avait pu échapper à la férocité des noirs, et que Biassou, en la faisant conduire avec ses deux enfants, ne voulait qu'immoler trois victimes de plus.

L'hypocrite P***[a], qui n'avait pas prévu le refus de cette femme, sentit alors qu'il avait presque compromis le secret de Blanchelande ; et, pour lui ôter toute espèce de soupçon sur les relations que ce gouverneur entretenait avec les révoltés, il fit paraître devant elle, un nègre qui lui était inconnu, lequel accusa s'être sauvé du camp de Biassou, et avoir vu son mari, ainsi que le nègre Adonis. Mais rien de ce stratagème ne put faire revenir l'épouse de d'Hérouville, de l'effroi qu'on lui avait inspiré sur le caractère des révoltés. Elle fut donc inébranlable dans sa résolution.

P***, chagrin[b] de n'avoir pu faire une commission qui devait lui concilier tout à fait les grâces de Biassou, et surtout lui procurer quelques *espèces*[c], auxquelles il tenait plus encore, revint tristement rendre compte au chef de l'armée noire, du peu de succès de ses démarches. Zerbine fut accablée d'un contre-temps aussi inattendu, et s'en fut rêver aux nouveaux moyens de fixer Adonis dans le palais de son maître. Mais Biassou, qui voulait tout à la fois satisfaire sa maîtresse et s'attacher d'Hérouville, conçut le projet d'envoyer sur-le-champ au Cap le nègre Adonis, dont il connaissait l'attachement pour son maître. Il le fit donc venir devant lui et lui intima ses ordres du ton le plus impératif, en ajoutant qu'il lui donnait quinze jours pour tout délai, et qu'il ferait trancher la tête à d'Hérouville, s'il n'était pas de retour au bout de ce temps[54d].

Adonis, consterné, vit dès ce moment s'évanouir ses plus chères espérances. Il représenta humblement à Biassou, combien ce terme était court pour une mission aussi épineuse, et parvint enfin, à force de supplications, à obtenir un mois pour la remplir.

Il partit donc, muni des passeports nécessaires pour parvenir jusqu'aux murailles du Cap Français, sans être inquiété par les gens de Biassou. Ce pauvre noir s'était imaginé qu'il pénètrerait sans peine dans cette ville, qui servait d'asile à sa maîtresse. Il ne pouvait croire que les blancs seraient assez inhumains pour repousser celui qui les avait toujours aimés, toujours fidèlement servis ; mais le perfide Blanchelande, qui trompait et les blancs et les noirs, craignant[e] sans cesse que quelques-uns des soldats de Biassou, fatigués de son affreux despotisme, ne vinssent se rendre aux blancs, et divulguer ses connivences avec les révoltés, avait eu soin de ne garnir les postes avancés que de ses troupes de ligne, auxquelles il avait ordonné, sous les peines les plus sévères, de faire feu sans pitié sur tout individu qui se présenterait, avec ou sans armes, aux pieds des fortifications.

Il était environ midi quand Adonis aperçut les palissades du *Camp Bréda*, distant d'une lieue et demie de la ville du Cap[55]. Il distingua bientôt les sentinelles qui se promenaient sur les retranchements ; mais quelle fut sa surprise, quand il vit qu'on le couchait en joue ! Ce fut en vain qu'il s'efforça de faire des signes de paix et d'humilité ; qu'il se mit à genoux, qu'il éleva ses mains au-dessus de sa tête, pour montrer qu'il n'avait pas d'armes : il entendit les balles siffler à ses oreilles, et n'eut que le temps de fuir, pour éviter leur atteinte. Mais, à peine eut-il fait deux cents pas dans la plaine, qu'en se retournant il se vit poursuivi par un peloton de cavaliers, qui fondait sur lui à toute bride. Ils n'étaient pas encore à portée de l'atteindre, que déjà ils lui avaient lâché vingt coups de pistolet. Enfin, effrayé, harassé, et ne pouvant plus reprendre haleine, Adonis tomba étendu au milieu de la plaine, en attendant ses bourreaux, qui furent bientôt sur lui. Le premier qui l'atteignit, s'apercevant qu'il respirait encore, lui tira, de dessus son cheval, un coup de pistolet, qui fut heureusement assez mal dirigé pour ne le frapper qu'à l'arrière-partie du bras gauche. La balle traversa les chairs, mais sans endommager les os. L'officier qui commandait ce peloton, voyant qu'on se disposait à l'achever à coups de sabre, arrêta assez à temps la fureur de ses soldats, pour préserver Adonis des coups meurtriers qu'on allait lui porter. Il leur dit, qu'il fallait plutôt emporter ce brigand vivant, pour en faire une justice exemplaire au milieu du camp même ; que cela ferait plus d'impression sur les nègres de la ville qui se rendaient au camp, et les empêcherait de songer à la révolte. L'avis de l'officier fut adopté, avec d'autant plus d'enthousiasme, que chacun se promettait d'inventer un nouveau supplice pour le lui faire subir, et de jouir ainsi, tout à son aise, des tourments de cet infortuné. On chargea donc le corps presque inanimé d'Adonis sur un des chevaux de la troupe ; on banda même sa blessure, et on l'introduisit ainsi au quartier général du Camp Bréda, où il fut déposé sur un lit de sangle.

Aussitôt une grande joie se manifesta parmi les blancs. On ne parla bientôt plus que de la prise d'*un grand brigand*, du jour de son exécution, et du nouveau supplice qu'il allait subir. En attendant, et par un raffinement de barbarie, on prodiguait à ce malheureux tous les secours de l'art, pour le mettre en état de supporter plus longtemps les tortures qu'on lui préparait[56].

Pendant que ces choses se passaient au Camp Bréda, la ville du Cap était en proie aux dissensions. Il s'était formé, parmi les blancs, deux partis très fortement prononcés. L'un était celui de BLANCHELANDE, qui était le plus nombreux[a] ; et l'autre, qui se nommait lui-même le PARTI DES PATRIOTES.

Le premier comptait dans ses rangs la majeure partie de l'*assemblée coloniale*, qui était alors composée de la plupart des grands et riches planteurs de la colonie. On y voyait encore les principaux négociants de la ville, tous les états-majors et presque toutes les troupes de ligne, une foule d'officiers de marine, et assez généralement tous ceux qui dépendaient ou qui tenaient des places du gouvernement.

Celui des patriotes était composé de marchands, d'économes, d'ouvriers et d'artistes en tout genre. Il aimait la Révolution qui abaissait l'orgueil du premier parti, paraissait sincèrement attaché à la mère-patrie[57], mais ne voulait en aucune façon entendre parler *de l'égalité politique* en faveur des hommes de couleur, libres. Il prétendait qu'aux blancs seuls appartenait le droit de jouir des bienfaits de la Révolution française.

Ces deux partis, quoique d'accord sur un seul point, celui du maintien de l'esclavage parmi les nègres, étaient cependant tellement acharnés l'un contre l'autre, qu'il en résultait souvent les rixes les plus sanglantes. Il se commettait quelquefois, et dans les rues mêmes, d'horribles assassinats[58] ; et il fallait toute la vigilance des troupes de ligne, et la surveillance sévère des officiers municipaux, pour maintenir une sorte de tranquillité, qui ressemblait toujours au repos du lion. Ce qu'il y avait de plus alarmant, c'est que chacun de ces partis entraînait chaque jour dans ses rangs des hommes libres de toute couleur[59], et même des noirs esclaves.

L'épouse de d'Hérouville, qui cherchait partout du soulagement à ses maux, n'avait pu trouver de plus grande consolation qu'en entretenant ses amis et ses connaissances de l'aventure du noir, et des propositions de P***. Quelques personnes qui soupçonnaient Blanchelande, en avaient avidement recueilli tous les détails, pour en former une espèce de dénonciation contre le gouverneur[b]. Les officiers municipaux de la ville, qui avaient été choisis parmi les patriotes[60c], l'avaient accueillie avec empressement ; et le procureur syndic de la commune avait fait un réquisitoire, tendant à faire interroger publiquement P***[d], au sein même de l'assemblée coloniale. Blanchelande[e] s'y opposa avec force, en disant que les militaires étaient sous son inspection directe, et sous sa seule juridiction. Les soupçons s'augmentèrent, et les deux partis étaient prêts d'en venir aux mains, quand la municipalité fut instruite qu'on venait d'amener au Camp Bréda un brigand encore vivant, et qui devait être mis à mort le lendemain.

Aussitôt elle se transporta en corps, au Camp Bréda. Décorée de son écharpe, et escortée des volontaires de la ville, elle se fit remettre le prétendu brigand, et le ramena au Cap sous sa sauvegarde. Blanchelande[f] devint furieux à cette nouvelle : toute la ville fut bientôt en rumeur, et le nom d'Adonis ne tarda pas à frapper les oreilles de la sensible d'Hérouville.

Cette femme, toute palpitante de joie, de crainte et d'espérance, vola sur-le-champ à la maison commune, perça la foule, et reconnut, au milieu des blancs, le pauvre Adonis placé sur une sellette, et que le maire interrogeait avec gravité. A peine ce bon noir eut-il entendu le premier cri de sa maîtresse que, se retournant avec feu, il se précipita aux pieds de son ancienne bienfaitrice, et les mouilla des larmes que lui arrachèrent la joie, l'attendrissement, et la surprise de la retrouver encore existante ; car, connaissant toute sa tendresse pour son époux, il avait toujours craint qu'elle n'eût pu survivre à sa séparation.

Elle s'empressa de le réclamer auprès des magistrats, en protestant que, loin d'être un brigand, il avait toujours été soumis, affectionné et respectueux envers les blancs. Elle appela en témoignage quelques planteurs de ses voisins, qui s'étaient réfugiés comme elle, et qui certifièrent qu'Adonis avait toujours été le modèle de tous les ateliers du canton. Ce nègre affirma, et jura qu'il ne s'était échappé que pour apporter des nouvelles de d'Hérouville à sa maîtresse, en se gardant bien de rien dire sur les différents voyages qu'avait faits P***[a] au camp des révoltés.

Sur ces entrefaites, le gouverneur Blanchelande somma[b] la municipalité de livrer Adonis au pouvoir militaire, pour qu'il subît, au Camp Bréda, les effets de sa proclamation du ..., qui le condamnait à être fusillé. Au même instant, un intérêt général parut se manifester en faveur du pauvre noir ; tous les regards se tournèrent vers lui. Un sentiment d'humanité vint émouvoir le cœur des magistrats, et le plaisir de braver les ordres de Blanchelande[c] acheva de les convaincre de son innocence. Aussitôt le maire se leva, et déclara, au nom de la municipalité, qu'Adonis n'était pas un brigand ; qu'il n'avait cessé un seul instant de mériter la bienveillance des blancs, et qu'il le proclamait absous de toute accusation. En conséquence, il fut rendu à sa maîtresse, qui l'emmena chez elle, aux acclamations générales d'une foule de blancs qui étaient accourus de tous côtés à la maison commune, pour voir, disaient-ils, le *grand brigand de l'armée noire*.

Rien n'était aussi monstrueux, à Saint-Domingue, que le conflit de juridiction qui existait à cette époque entre le gouverneur, l'assemblée coloniale et la municipalité[61]. Chacune de ces autorités empiétait sans cesse sur les droits de l'autre, et cherchait surtout à s'emparer du pouvoir suprême.

Presque tout *le parti se disant patriote*[d], se déclara pour Adonis. Le gouverneur, qui avait appris que ce nègre n'avait rien dévoilé des intrigues de P***[e], s'imagina qu'il en ignorait même l'existence. Il garda donc un profond silence sur la désobéissance formelle de la municipalité, et eut l'air, par cette ruse, de se désister de ses prétentions sur Adonis, afin d'éviter les sinistres effets d'une guerre civile, qui paraissait prête à embraser[f] toute la capitale des Antilles.

Les patriotes[a] chantèrent leur victoire, et n'en devinrent que plus audacieux pour attaquer un gouvernement qu'ils abhorraient et que, depuis longtemps, ils voulaient renverser.

L'on peut maintenant se faire une idée de l'état perpétuel de déchirement dans lequel se trouvait la colonie, par suite de ces cruelles dissensions.

Adonis, arrivé chez sa maîtresse, y reçut l'accueil que méritaient son dévouement et ses rares qualités. Les négresses qui avaient suivi l'épouse de son maître, répandirent des larmes de joie en revoyant leur bon chef, et fêtèrent son retour par des chants de joie et des danses. Tous, dans la maison, et jusqu'aux enfants de d'Hérouville, se jetèrent dans ses bras. Ces deux petits blancs, qui le reconnurent aussitôt, l'appelèrent par son nom, et lui prodiguèrent des marques d'amitié, en se disputant le plaisir de l'embrasser le premier. Ce bon nègre n'y tenait plus, et ne pouvait que pleurer de plaisir. Ce premier moment d'ivresse passé, il s'empressa de rassurer, de consoler sa maîtresse sur le sort de son époux. Il lui apprit, avec tous les ménagements possibles, quelle était son existence au camp de Biassou, en adoucissant, autant qu'il le pouvait, les tableaux effrayants qu'on lui avait faits de la cruauté de ce noir envers les blancs. Quelques jours s'étant ainsi écoulés, Adonis crut qu'il était enfin temps de décider sa maîtresse à le suivre. Il commença donc à la prévenir sérieusement, qu'il n'y avait qu'elle seule au monde qui pût sauver la vie à d'Hérouville ; et il tira, en même temps, de la doublure de son *canda*[*62], une lettre tracée de la main de son maître, dans laquelle il lui peignait, avec autant de force que de tendresse, la nécessité de s'abandonner entièrement à la Providence, et aux soins généreux de leur seul, et toujours fidèle ami, Adonis. Ici, cette femme sensible versa un torrent de larmes, et lui fit part des craintes que lui inspirait la perfidie de Biassou, qui voulait peut-être se réserver le plaisir de les sacrifier tous ensemble.

Adonis l'engagea à ne pas vouloir tant pénétrer l'avenir ; et pour l'encourager dans l'entreprise aussi hardie que périlleuse qu'il allait tenter pour sortir de la ville, il lui dit, dans son langage naïf : « Prendre courage, bonne maîtresse, prendre courage : hommes noirs et blancs ont beau être méchants ; Dieu plus bon encore, que méchanceté à eux grande ». Elle lui dit qu'enfin elle s'était résignée, et qu'elle mourrait contente, si elle pouvait, encore une fois, embrasser son époux.

Quand sa résolution fut prise, Adonis ne songea plus qu'à se procurer du bois de campêche noir, et des graines d'une liane sauvage qui lui était

---

[*] Espèce de petit jupon très court, que portent ordinairement les nègres congos.

connue, dont il fit une forte décoction.

La veille de son départ, il prévint sa maîtresse, qu'il ne lui restait plus que cinq jours pour remplir les promesses qu'il avait faites à Biassou ; que tous les moments étaient précieux, et qu'on ne pouvait en perdre un seul, sans compromettre les jours de d'Hérouville. Il l'engagea, en même temps, à imprégner tout son corps, et celui de ses enfants, de la teinture qu'il avait composée[63]. A ces paroles, la surprise de sa maîtresse fut extrême ; mais Adonis lui représenta qu'il n'y avait qu'un seul moyen pour passer les portes de la ville du Cap, et franchir les barrières du Camp Bréda sans danger, et qu'il consistait à prendre la couleur et le costume des négresses esclaves.

En effet, chaque matin, et dès la pointe du jour, une foule de noirs des deux sexes, se rendaient de la ville du Cap au Camp Bréda, pour attendre le départ des fourrageurs, qui allaient, sous l'escorte d'un fort détachement, à plus d'une demi-lieue dans la plaine, couper la nourriture des chevaux de l'armée, et de ceux des différents particuliers de la ville.

Adonis avait projeté de se mêler parmi ces esclaves pour sortir hors des barrières, et de se sauver ensuite, à la faveur des millets qui étaient hauts et touffus.

L'infortunée d'Hérouville consentit à tout ; mais avant de s'occuper de son travestissement, elle fit venir ses négresses, et leur parla en ces termes : « Fidèles compagnes de mes malheurs, vous qui n'avez cessé, un seul instant, de me prodiguer les consolantes marques de votre amitié, de votre attachement pour ma famille, le Ciel m'est témoin, que mon intention était de vous assurer à chacune une petite propriété, en vous rendant à la liberté que vous tenez de la nature ; mais il s'oppose à mes vœux les plus chers. Voici cependant l'acte qui vous rend libres ; il est signé de ma main. Avec lui, vous êtes à l'abri de toutes persécutions de la part des blancs. Que ne puis-je vous mettre de même hors des atteintes de la misère ! Mais je n'ai plus que ce triste mobilier à ma disposition : partagez-le entre vous. Prenez encore mon linge, mes bijoux, et ce peu d'argent qui me reste. Désormais, toutes ces choses me seront inutiles ; et elles vous préserveront, pendant un temps, des pressants besoins qui assiègent notre existence. Vous savez toutes travailler : travaillez, ô mes pauvres amies ! et vous serez encore heureuses sur la terre. Economisez pour vos vieux jours ; soyez toujours douces, humaines et bienfaisantes : le Ciel vous bénira. Je ne vous recommande pas de songer quelquefois à vos anciens maîtres, qui furent toujours vos meilleurs amis. L'ingratitude n'est pas faite pour vos cœurs ». Et en finissant ces paroles, elle les embrasse, l'une après l'autre, en laissant couler sur leurs joues les larmes de la sensibilité et de la reconnaissance.

A peine eut-elle fini ces mots, que ces pauvres négresses jetèrent des cris perçants, poussèrent des sanglots, et se roulèrent aux pieds de leur maîtresse, en la suppliant, les mains jointes et élevées vers elle, de ne pas les abandonner, et de leur permettre de la suivre partout où elle irait, pour partager ses dangers et adoucir ses douleurs. Mais Adonis n'avait pas jugé à propos de les emmener. Il savait trop bien qu'une fois rendues au camp de Biassou, elles eussent éprouvé le sort le plus déplorable. Aussi, sans attendre la réponse de sa maîtresse, il prit la parole, et leur fit entendre que c'était pour lui épargner de plus grands maux encore, qu'elle s'était déterminée à les laisser au Cap. « Vous pas capables, ajouta-t-il, de croire Adonis assez méchant ni assez traître pour donner à pauvre maîtresse à nous, mauvais conseil. Ainsi, chères amies à moi, faut pas déchirer cœur à elle, davantage. C'est pas larmes et chagrin qu'il faut à cette heure ; c'est consolation, courage et confiance dans bon Dieu ».

Adonis avait parlé ; et les pauvres négresses sentirent bien qu'il n'y avait plus rien à répondre. Elles baissèrent la tête, et se contentèrent de laisser couler leurs larmes en silence.

L'épouse de d'Hérouville engagea Adonis à faire le partage de ce qu'elle leur laissait, afin qu'elle pût faire à chacune d'elles un acte de donation qui leur assurât leur petite propriété, après son départ. Le bon nègre s'acquitta de ce devoir avec intelligence, et leur fit à chacune un lot, à peu près d'égale valeur. Il allait les faire tirer au sort, quand elles s'aperçurent qu'il détachait de la muraille les portraits de d'Hérouville et de son épouse, seuls et uniques objets qui restaient encore à partager. Aussitôt, par un mouvement spontané, elles se jetèrent toutes sur ce pauvre noir, pour les lui demander ; et chacune d'elles voulut, à force de prières, de caresses et de supplications, les avoir dans son lot, en s'offrant, l'une à l'autre, ce qu'elles avaient de plus précieux pour les obtenir. Adonis, ne sachant plus comment les satisfaire, pria sa maîtresse de prononcer.

Cette femme sensible, délicieusement émue par un spectacle d'autant plus touchant, qu'il offrait l'expression véritable de leurs sentiments les plus chers, fit remettre les tableaux à leur place, et parla aux négresses en ces termes : « Ô mes bonnes et fidèles amies ! je ne puis avoir de préférence pour aucune de vous, puisque toutes, et à l'envi l'une de l'autre, m'avez témoigné le même attachement et la même amitié ; mais, puisque vos maîtres vous sont si chers, je veux que leurs images deviennent une propriété commune à toutes, et dont vous ne puissiez jamais vous défaire. Ces portraits seront le gage de l'union, de la bonne intelligence et de l'amitié qui règneront toujours entre vous ; et si, par malheur, des causes inattendues venaient détruire cette heureuse harmonie qui seule peut faire la consolation de vos jours, j'exige que vous veniez, au même instant, devant ces deux tableaux ; qu'en les regardant avec attention, et vous rappelant le sentiment qui vous anime aujourd'hui, vous répétiez seulement ces paroles : ILS NE

SURENT QU'AIMER ET PARDONNER ».

Les négresses fondaient en larmes. Elles jurèrent à la face du Ciel, d'exécuter sa dernière volonté, et leur maîtresse ne songea plus qu'à accomplir les desseins d'Adonis. Ses compagnes l'aidèrent à se déguiser. L'effet de la teinture fut tel, qu'il eût pu être comparé au *noir luisant* de la plus belle peau africaine. Ses enfants se regardaient avec le sourire de l'innocence et de l'étonnement, sans concevoir comment ils avaient pu changer si promptement de couleur. Adonis releva les cheveux blonds de sa maîtresse en une seule touffe, qu'il cacha sous un petit mouchoir de Guinée, placé avec art, à la manière des négresses de jardin. Il recouvrit sa tête d'un chapeau de paille de latanier, et fixa, sous ses pieds nus et délicats, de petites sandales de cuir, comme en portaient ordinairement les esclaves.

Il était plus de minuit quand tous ces préparatifs furent achevés. Chacun se mit alors à l'écart, et pria l'Eternel, avec autant de ferveur que de recueillement. On fit ensuite un léger repas, qui s'achevait à peine, quand le coup de canon de quatre heures* se fit entendre, et vint annoncer le retour de l'aurore. Aussitôt, Adonis arma sa maîtresse d'un couteau à indigo, semblable à une faucille pour couper le fourrage. Les négresses en firent autant, prirent les enfants dans leurs bras, et s'acheminèrent ainsi vers les portes de la ville, où, étant arrivées, elles se joignirent à une foule d'esclaves qui s'en allaient au Camp Bréda, en chantant et en dansant, suivant leur coutume ordinaire. La timide d'Hérouville n'avançait qu'avec peine, tremblant, à chaque instant, d'être reconnue ; mais Adonis et les négresses réglaient leur marche de manière à ne laisser aborder auprès d'elle aucun nègre étranger. Elle arriva enfin au Camp Bréda, où elle attendit, auprès des barrières, le départ du détachement qui devait les protéger dans leurs travaux. Le hasard voulut, et par malheur, que ce fût au tour du même piquet de cavalerie qui avait été à la poursuite d'Adonis : aussi, à peine l'officier qui le commandait eut-il aperçu ce bon nègre, en s'approchant des barrières, qu'il le reconnut aussitôt, et descendit avec empressement de son cheval pour le questionner, et le féliciter d'avoir échappé aussi heureusement à la mort la plus cruelle.

Cependant les barrières s'ouvrirent, et l'on se mit en marche ; mais l'épouse de d'Hérouville, désespérée d'un incident qui allait peut-être faire échouer son projet, la faire reconnaître, et la livrer à toutes les horreurs de la persécution des *blanchelandistes*[a], qui n'eussent pas manqué de l'accuser

* On tirait chaque jour, de la rade, à sept heures du soir, pour la police des nègres de la ville, un coup de canon qui obligeait tous les esclaves à rentrer chez leurs maîtres. On en tirait un autre à quatre heures du matin, après lequel ils pouvaient sortir dans les rues, et vaquer à leurs travaux.

d'être d'intelligence avec les révoltés, se tourna vers Adonis, et, d'un seul coup d'œil, fit passer toutes ses alarmes dans l'âme de ce bon nègre. Il les sentit, et, pour se débarrasser de l'interrogant officier, qui voulait absolument avoir des renseignements sur la position du camp des révoltés, il eut recours à un mensonge aussi heureux qu'excusable. Il lui fit entendre que, sa maîtresse étant très malade au Cap, il s'était chargé d'aller lui cueillir des plantes propres à la guérir, et qu'il ne pouvait tout à la fois remplir ce devoir, et lui répondre ; qu'il allait d'abord s'occuper du plus indispensable, et qu'au retour des fourrageurs il le satisferait sur tout ce qu'il voudrait savoir de lui. Il lui fit aussi observer que la queue des travailleurs était encore bien loin ; que les nègres révoltés, étant en grand nombre, ils pourraient fondre à l'improviste sur eux, sans qu'il fût possible à son détachement de les défendre avec avantage, attendu leur éloignement les uns des autres. Cette dernière réflexion, surtout, produisit l'effet qu'il en attendait. A peine l'officier eut-il tourné la tête, qu'il monta précipitamment à cheval, en recommandant bien à Adonis de venir le retrouver à la fin des travaux : aussitôt il piqua des deux, et retourna sur ses pas pour rallier tout son monde. Adonis profita du moment ; il doubla le pas ; sa maîtresse le suivit, et ils arrivèrent les premiers dans un vaste champ de *petit mil*, qui servait à approvisionner les deux armées ennemies, avec cette différence, que les blancs y allaient fourrager en plein jour, et que les noirs n'y allaient que pendant la nuit.

Adonis en côtoya longtemps la lisière, afin de pouvoir s'y cacher avec plus d'avantage, au moment même du départ des travailleurs ; mais les transes qu'avait éprouvées l'épouse de d'Hérouville, la longueur de la route, l'excessive chaleur, et le peu d'habitude qu'elle avait de son nouveau costume, avaient presque épuisé toutes ses forces. Adonis s'en aperçut ; il la fit asseoir à l'ombre d'un acacia touffu, et lui fit prendre un peu de liqueur des îles, dont il s'était précautionné. Toutes ses douleurs se renouvelèrent dans cet endroit, car ce fut sous ce même acacia qu'elle fut obligée de se séparer de ses négresses fidèles, qui, après l'avoir embrassée pour la dernière fois, retournèrent sur leurs pas en étouffant leurs sanglots, afin de pouvoir rentrer en ville avec les autres nègres, sans laisser soupçonner même la cause de leurs chagrins.

Voilà donc cette femme infortunée, livrée à toute l'horreur de sa position, seule dans une plaine dévastée, chargée de ses deux enfants, et n'ayant plus pour défense et pour appui que son bon, son fidèle Adonis[64].

Quand ils se furent reposés pendant quelques instants, le bon nègre fit sentir à sa maîtresse la nécessité de s'éloigner promptement des travailleurs, de crainte que l'officier, venant à s'apercevoir de son absence, ne fît courir quelques cavaliers à sa recherche. Ils se levèrent donc, et après une heure et demie d'une marche un peu forcée, ils perdirent entièrement de vue la favorable pièce de petit mil qui avait si bien secondé leur évasion. Ils se trouvèrent dans une grande plaine, dont Adonis connaissait parfaitement les issues. La sensible d'Hérouville, se voyant cependant à l'abri de tout danger du côté des blancs, commença à reprendre un peu de courage. Ses deux enfants, qui n'avaient cessé de rire et de jouer comme à leur ordinaire, s'imaginaient qu'on les ramenait à l'habitation chérie de la montagne de Vallière. L'aîné surtout, accablait sa mère de questions, et lui demandait souvent, dans son langage enfantin, s'il allait bientôt revoir son petit papa, et quand il redeviendrait blanc[65]. Une partie du chemin se fit de la sorte : ils étaient encore éloignés d'environ quatre lieues du camp de Biassou, lorsqu'ils aperçurent devant eux un détachement de cavalerie noire, qui allait harceler les fourrageurs blancs, d'après les ordres de leur chef. Adonis engagea sa maîtresse à ralentir son pas, et à attendre son retour sans inquiétude. Aussitôt, il courut au-devant de ce détachement, et cria à son chef de s'arrêter, AU NOM DU ROI. A ce signal respecté des brigands[a], le détachement fit halte. Alors, Adonis exhiba le passeport que lui avait donné Biassou. L'officier, qui ne savait pas lire, mais qui reconnut les cachets de son général, s'empressa de lui demander avec respect, ce qu'il pouvait faire pour lui. Le bon nègre lui dit qu'il avait besoin de deux chevaux, et de deux noirs intelligents, pour l'aider à conduire au quartier général la négresse qu'il voyait devant lui, avec ses deux enfants. L'officier ordonna, sur-le-champ, à deux hommes de sa troupe de suivre Adonis, et de lui obéir dans tout ce qu'il leur commanderait : en achevant ces mots, il se remit en marche et suivit son chemin[b].

Que l'on juge de la satisfaction d'Adonis, quand il se vit à même d'épargner à sa maîtresse la longueur d'une route qu'elle n'eût pu faire dans la même journée, et qui l'eût exposée à passer en plein champ une nuit humide et pluvieuse ! Il fit, avec les manteaux des cavaliers, une espèce de selle à femme, y plaça sa maîtresse, et ordonna à un des nègres de se tenir toujours auprès d'elle, afin de la retenir dans le cas où le cheval viendrait à broncher, tandis que l'autre le conduirait par la bride. Il monta sur l'autre cheval, plaça les deux enfants devant lui, et s'achemina de la sorte vers le quartier général, où il arriva enfin au coucher du soleil.

A peine fut-il rendu qu'il demanda à pénétrer dans l'appartement de Biassou. Il se nomma, et aussitôt le chef des révoltés le fit introduire seul dans sa chambre. « Tu m'as trahi, lui dit cet homme farouche, dès qu'il l'eut aperçu, tu m'as trahi ; mais je vais te prouver qu'on ne me trompe point impunément. Misérable ! s'écria-t-il en écumant de rage, depuis ton départ je n'ai reçu aucune nouvelle du gouverneur Blanchelande[c] ; mon armée manque de vivres et de munitions ; mes détachements sont mis en fuite ou battus ; les blancs ont poussé l'audace[a] jusqu'à venir à deux lieues de mon palais : je ne puis accuser que toi de tous ces malheurs, et demain, au lever du soleil, le plus cruel de tous les supplices va me venger de ton atroce perfidie ». Adonis, consterné, tomba à ses genoux, en le suppliant au moins de ne pas le faire mourir sans l'entendre ; et en même temps il se mit à lui raconter de point en point tout ce qui lui était arrivé depuis son départ du Camp, jusqu'à celui de son retour. Biassou, confondu de ce qu'il venait d'entendre, passa de la colère à l'étonnement, et de l'étonnement à l'admiration, avec autant de rapidité et d'inconséquence qu'il en avait mis à soupçonner de trahison ce bon nègre[66]. « Quoi ! lui dit Biassou, transporté, l'épouse de d'Hérouville est ici ! Fais-la donc entrer ; que je la voie, que je lui parle, et qu'elle confirme de sa bouche le récit que tu viens de me faire ».

On introduisit cette femme intéressante, avec ses deux enfants. L'aspect de Biassou la fit frémir. « Madame, lui dit-il avec brutalité, votre mari est en mon pouvoir : je vous ai réunie à lui, parce que je suis content de ses services : mais n'allez pas vous bercer de vaines chimères, en concevant l'espoir de sortir de ces lieux ; car la mort serait votre partage, à tous, sans en excepter même ces enfants que vous tenez dans vos bras ». Et après ce terrible préambule, il se fit raconter une seconde fois tous les détails de la mission d'Adonis.

Cependant, le bon nègre était allé dans le bureau de son maître, pour le prévenir de l'arrivée de son épouse, et lui raconter tout ce qui lui était survenu depuis leur séparation. Je laisse aux plumes exercées à dépeindre l'agitation, les transports, la joie et le délire de d'Hérouville, à la vue de son fidèle Adonis. Les différentes impressions qu'éprouve un homme sensible dans un semblable moment, ne peuvent jamais se décrire qu'avec faiblesse ; c'est à la seule imagination du lecteur d'y suppléer. Sa femme et ses enfants furent bientôt dans ses bras. A peine s'aperçut-il qu'une couleur étrangère couvrait leurs traits, tant ils étaient profondément gravés dans son cœur. Je laisse pour quelques instants ces amants fidèles, ces tendres époux, se livrer aux doux élans de leur amour et de leur sensibilité. Après une séparation aussi cruelle, aussi déchirante, ils ont, de part et d'autre, bien des choses à se communiquer. Je laisse avec eux leur fidèle Adonis. Peut-il être de trop dans une famille qu'il a réunie, et que bientôt il va arracher aux supplices les plus cruels, à la mort la plus épouvantable ?[67]

Depuis le départ d'Adonis, tout était changé au camp de Biassou. La famine s'était introduite dans l'armée de ce chef imprévoyant. Le mécontentement de ses soldats s'était manifesté par des insurrections partielles. Ses nègres *Ibos* et *Mozambiques* avaient formé le projet de nommer un autre chef[b] ; et Biassou n'était parvenu à éteindre le feu naissant de cette révolte, que par l'appareil imposant des plus affreux supplices. Déjà il avait séparé les négresses du camp, et les avait envoyées, par petites bandes, au pied des montagnes, pour y cultiver la *patate*, l'*igname* et le *manioc* (racines indigènes, nourriture ordinaire des habitants du pays, et d'autant plus capables de procurer des ressources aux révoltés, qu'elles donnaient leurs fruits au bout de six semaines)[a]. Les noirs qui avaient été chargés de les surveiller, avaient ordre de faire fusiller celles qui élèveraient la moindre plainte, ou occasionneraient la plus légère distraction. Il appesantit un sceptre de fer sur toute l'armée noire ; il fit périr, sous différents prétextes, une foule de vieillards des deux sexes, d'infirmes et de blessés. La terreur était dans toutes les âmes ; le sang ruisselait de tous côtés ; et la multitude des victimes qu'il sacrifiait chaque jour au maintien de sa puissance, ne semblait qu'accroître sa férocité. Aussi vit-on, et pour la première fois peut-être, des esclaves regretter les chaînes pesantes et honteuses dont les blancs les avaient si longtemps accablés[68].

De leur côté, les habitants blancs, revenus de leur première frayeur, s'étaient formés en différents corps de troupes. Les plus riches composaient la cavalerie ; et les *petits blancs*[*], l'infanterie. Le salut commun avait rabattu un peu l'orgueil des premiers, envers leurs frères. Ils s'étaient aperçus, dans les fréquentes sorties qu'ils avaient faites en plaine, que l'homme aux deux cent mille livres de rente n'était, dans le combat, qu'un homme comme un autre, et que la balle de l'ennemi ne le respectait pas davantage que le plus pauvre des fantassins. Aussi, pendant un temps[b], régna-t-il une sorte d'union et d'égalité parmi les différentes classes de blancs, qui leur valut souvent des succès sur leurs implacables ennemis. La guerre était à mort ; on ne faisait de prisonniers de part ni d'autre. Malheur à qui tombait au pouvoir de l'ennemi ! il était certain de périr, et souvent de la manière la plus cruelle[69].

Voici quels étaient les différents supplices que les noirs faisaient subir aux blancs, quand ils avaient fait un nombre de prisonniers assez considérable pour en faire un sacrifice à leur vengeance[70]. Ce récit est la tâche la plus pénible qui me reste à remplir. J'aurais pu le passer sous silence ; mais non : il faut apprendre[c] aux hommes, par les plus terribles leçons, de quels crimes notre espèce est capable, quand l'éducation ne vient pas développer ce précieux germe de sensibilité que la nature a placé dans tous les cœurs.

Le jour de ces horribles boucheries, Biassou faisait rassembler toute

---

[*] Les grands planteurs, et même la plupart des grands négociants, avaient donné la dénomination insultante de petits blancs, à tous ceux qui n'avaient pas comme eux les moyens de dire, ma sucrerie, mes esclaves, ma maison de campagne et mes chevaux, en oubliant qu'ils avaient été eux-mêmes petits blancs, et que cette fortune qui les rendait si vains, n'était souvent que le prix des plus affreux forfaits.

l'armée sur un seul point, situé à un petit quart de lieue[a] du quartier général. C'était une petite savane ou prairie, dont tous les alentours étaient bordés d'une espèce de tertre naturel, formant amphithéâtre. Tous les nègres se plaçaient sur ce tertre, et laissaient, de cette manière, dans le milieu, un champ libre et assez vaste pour les exécutions. Les malheureux blancs étaient amenés nus, les mains liées sur le dos, pêle-mêle, sans distinction d'âge ni de sexe.

Les vieillards étaient destinés aux supplices les plus cruels ; et les nègres alléguaient pour justifier cette insigne barbarie, que ces blancs étant plus anciens dans la colonie, ils avaient tourmenté les nègres plus longtemps que les autres. En conséquence, ces malheureux étaient accrochés par le menton, à des morceaux de fer pointus et recourbés, saillants d'environ vingt pouces, et fichés dans des poteaux de huit pieds de hauteur. Là, ces misérables attendaient quelquefois plus de douze heures de suite, que la mort vînt terminer d'inexprimables souffrances, parce que les bourreaux, par un raffinement de cruauté, décrochaient de temps en temps leurs victimes, et les raccrochaient ensuite, pour qu'elles ressentissent avec plus d'amertume toutes les angoisses de la plus douloureuse des morts[71].

Les blancs qui n'habitaient l'île que depuis une dizaine d'années, étaient placés, deux à deux, entre des planches de leur hauteur, liés fortement ensemble, et posés sur un échafaud, comme une pièce de charpente, pour être livrés ensuite aux scieurs de long, qui les partageaient en deux[72].

Ceux qui n'étaient arrivés que depuis deux ou trois ans, avaient d'abord les yeux arrachés avec des tire-bouchons, et étaient ensuite achevés à coups de sabre[73].

Quant aux malheureuses femmes, les bourreaux variaient le genre de leurs supplices, suivant les affreux caprices du grand chef. On les a vus souvent s'acharner sur des mères de famille, et arracher de leurs entrailles palpitantes les tendres fruits de leur union, qu'ils coupaient par morceaux, en forçant les malheureuses victimes de leur cruauté à manger de cette chair révoltante, qu'ils enfonçaient par violence jusqu'au fond de leur estomac[74]. Les jeunes filles étaient martyrisées d'une autre manière non moins cruelle encore, puisque ces brigands ne les abandonnaient qu'au moment même où ils s'apercevaient qu'ils ne tenaient plus dans leurs bras qu'un cadavre insensible[75].

Pour les enfants, ils étaient plongés dans de vastes chaudières à sucre, remplies d'eau bouillante, ou couchés sur des grilles placées exprès sur un foyer ardent.

Il est temps de laisser tomber le voile épais du silence sur cet épouvantable tableau. Oui, j'épargne au lecteur une foule de détails non moins effroyables encore, mais qui ne serviraient qu'à lui inspirer la haine des hommes, et un profond mépris pour l'humanité. Mon but n'est pas de flétrir son cœur en révoltant son imagination ; et le récit du fait suivant, en offrant un aliment savoureux à sa sensibilité, lui prouvera que l'homme, même le plus farouche, le plus altéré du sang de son semblable, est susceptible, par intervalles, de se laisser attendrir, aux seuls accents de l'innocence, de la faiblesse et de l'ingénuité.

Un jour que Biassou avait ordonné au bon nègre Adonis de le suivre, pour le rendre témoin de ses cruautés, afin qu'il pût rendre compte à ses maîtres du sort qui les attendait s'ils étaient assez audacieux pour le trahir, il vit deux petits blancs, âgés d'environ cinq ou six ans, tout nus, et qu'on faisait avancer pour subir le supplice qui leur était destiné. Ces tendres victimes tenaient par la main leur bourreau, qui, marchant à grands pas, leur faisait traverser en courant l'espace qui les séparait du foyer fatal qui allait les dévorer. Ils allaient arriver au dernier terme de leur courte existence, quand on vit se détacher du tertre, deux négrillons du même âge, qui, accourant de toutes leurs forces, vinrent se précipiter dans les bras des petits blancs en s'écriant à la fois : Ah v'là toi, *Joseph* ! ah v'là toi, *Paulin* ! et les petits blancs de s'écrier à leur tour, et dans le même langage : Ah v'là toi, *Zéphir* ! ah v'là toi, *Zozo* ! et aussitôt ils tombent dans les bras de leurs amis, se serrent, s'embrassent, se caressent, sautent, et font retentir l'air de leurs cris de joie. Biassou était présent à ce spectacle ; il le regardait même avec une sorte d'étonnement mêlé d'intérêt, quand, pour achever de l'émouvoir, le négrillon *Zozo* se détache de ses petits amis, et va se jeter à ses pieds, en lui criant de toutes ses forces, et d'une voix suppliante : « Grand papa-nous[a], grand monsié nègre, grand zénéral, n'a pas tuer *Zozeph*, n'a pas tuer *Paulin* ; c'est bons blancs qui pas zamais tuer nègres ; c'est maman à moi, qui nourrice à eux. T'en prie, grand maître à tout le monde, grand zami à bon Dieu, pardon pour eux, si vous plaît, et pour l'amour à bonne Vierge ». Biassou, qui avait résisté aux larmes de tant de milliers de familles, qui avait repoussé avec dureté les supplications touchantes d'une foule de jeunes filles, de mères tendres et de respectables vieillards, ne put résister à ce premier cri de la nature, de l'innocence et de l'humanité : son cœur fut ému, peut-être pour la première fois de sa vie ; des sanglots l'oppressèrent, et des larmes abondantes inondèrent son visage. Plus la sensibilité avait eu de peine à se faire jour dans son cœur, plus son explosion fut forte et expansive... Ah ! si dans ce précieux moment, un philosophe éloquent et courageux eût pu lui faire entendre les sublimes accents de l'humanité, la voix touchante de la nature, c'en était fait du fléau destructeur de Saint-Domingue, et cette île allait renaître pour le bonheur, la justice et la paix ; mais hors Adonis, qui était comprimé par un profond sentiment de terreur, Biassou n'était environné que de nègres qui s'efforçaient de le surpasser en férocité.

Cependant, cédant à la force du sentiment qui le pénétrait, il s'avance vers ces enfants, les saisit, et, d'un bras vigoureux, il élève ce groupe intéressant au niveau de sa poitrine, en les pressant avec force sur son cœur ; puis, se retournant, après les avoir embrassés, vers ceux de ses satellites qui étaient le plus près de lui, il leur dit, en les déposant dans leurs bras : « Qu'on porte ces enfants dans mon palais, qu'on les soigne, et qu'on les respecte comme s'ils étaient mon sang »[76].

Joseph et *Paulin*, *Zéphir* et *Zozo*, étaient frères de lait. Ces pauvres enfants avaient tous été élevés ensemble. Les deux premiers appartenaient à un charpentier blanc, qui avait été arrêté dans la montagne de Vallière, en voulant s'échapper ; et la Providence permit que les deux négrillons, qui étaient au camp de Biassou depuis quinze jours avec leur mère, reconnussent leurs petits amis au moment même qu'on les conduisait au supplice.

Ô enfance ! tes charmes sont donc bien puissants, puisqu'ils ont désarmé, attendri jusqu'à l'homme le plus farouche qu'on eût vu jusqu'alors ! Eh qui pourrait, en effet, résister à l'intérêt produit par ce touchant mélange de faiblesse, de candeur et de naïveté, qui rendent un jeune être aussi aimable qu'intéressant ? Ô Français ! s'il s'élevait jamais dans votre sein un nouveau Néron, présentez-lui sa patrie sous l'emblème d'un tendre enfant, et, quelque féroce qu'il soit, il n'aura jamais le courage de la poignarder ![a]

Telle était la position de l'armée noire, depuis le départ d'Adonis. Qu'on juge donc, d'après des exemples aussi terribles, et aussi fréquemment renouvelés, jusqu'à quel point la terreur et la servitude s'étaient ancrées dans l'âme des révoltés ! Aussi jamais despote ne fut mieux obéi que l'exécrable Biassou ; et tout ce qu'on raconte des tyrans de l'Asie, n'approche pas encore du pouvoir que ce nègre avait acquis sur ses malheureux frères.

Les choses étaient en cet état, quand, un matin, on annonça l'arrivée d'un *père*[*] au quartier général. C'était le père *Philémon*, ancien curé d'une des paroisses de la plaine du Nord, nommée *la Grande-Rivière*. Cet homme arrivait de la partie espagnole de l'île, où il s'était d'abord réfugié au moment de l'insurrection ; mais, comme il était intrigant, ambitieux et fanatique, il s'était chargé de se servir de toute l'influence de son caractère pour favoriser le parti de Blanchelande, et détruire celui qui paraissait attaché à la Révolution française. Il s'était lié avec une foule d'émigrés, qui lui avaient donné les conseils les plus perfides avant de partir[77].

Il se présenta donc à Biassou, avec une lettre de Blanchelande, dans laquelle ce gouverneur dépeignait d'une manière touchante et pathétique les

---

[*] Les nègres donnaient toujours, et indistinctement, le nom de *père* à tous les prêtres réguliers et séculiers qui venaient dans la colonie.

vertus du saint homme. C'est le Ciel qui vous envoie, lui mandait-il, pour vous diriger dans les nouveaux efforts que vous allez faire pour la défense de *notre bon roi* et de *notre sainte religion*. Que l'on juge, d'après une pareille recommandation, de l'accueil que dut lui faire le plus superstitieux des nègres.

Philémon fut donc le grand aumônier de l'armée noire, et le dispensateur des grâces du Très-Haut[78]. Jamais homme ne sut abuser de son ministère avec plus d'adresse, pour satisfaire à la fois toutes les honteuses passions qui le tourmentaient. Il ne baptisait, mariait, confessait et enterrait les nègres, qu'à force d'or. Les mères lui adressaient leurs jeunes filles, qu'il recevait jusque dans sa couche, sous prétexte de les endoctriner *dans la science du Seigneur* (c'était son mot) ; et les mères regardaient comme un bonheur insigne pour leurs filles, quand elles avaient obtenu l'honneur de coucher avec *le saint père*.

Philémon pouvait braver impunément toutes les lois sociales et naturelles, car il avait affaire à l'espèce la plus ignorante, la plus craintive, la plus abrutie. S'il n'avait été qu'ambitieux et cynique, il n'eût été que méprisable ; mais il était cruel et sanguinaire. Croira-t-on que ce monstre poussait la barbarie jusqu'à faire cultiver son jardin potager par des jeunes filles blanches de quinze ou seize ans, qui avaient été faites prisonnières, en exigeant qu'elles fussent entièrement nues, exposées aux rayons brûlants d'un soleil enflammé, et à la lubricité de ses regards criminels ? Celles qui refusaient avec courage d'obéir à ses volontés, étaient livrées sur-le-champ à des nègres bourreaux, qui déchiraient toutes les parties de leur corps à coups de lanières d'un cuir dur, coupant, qui faisait ruisseler leur sang à gros bouillons[79].

Ce méchant prêtre mit tous ses soins à s'emparer entièrement de l'esprit du général noir. Il le confessait deux fois par semaine, et le faisait communier exactement tous les dimanches. Aussi Biassou ne fut bientôt plus que le premier soldat d'une armée dont Philémon s'était fait chef.

Il s'était fait construire une petite maison, séparée du quartier général. Il avait sa table particulière, ses valets, ses chasseurs, ses pêcheurs et ses approvisionneurs. Il exigea bientôt des gardes du corps, qui lui furent accordés ; et pour faire plus d'impression sur l'esprit faible des noirs, il ne sortait plus dans le camp que revêtu de ses habits sacerdotaux. Plus Biassou voyait Philémon se faire rendre des honneurs, et plus il s'imaginait que la grâce du *Très-Haut* descendait sur son cher directeur, qu'elle l'enveloppait de sa toute-puissance et de son inviolabilité. Les nègres poussaient le fanatisme jusqu'à se coucher sous ses pas pour lui faire un parquet de leur corps, et empêcher que la poussière ne souillât les pantoufles du *saint homme* : humilité que Philémon souffrait avec une sorte de résignation d'autant plus criminelle, qu'il avait toujours l'air de rapporter tout à DIEU, *le grand maître de tous les hommes*[a].

Tant que d'Hérouville fut seul auprès de Biassou, il ne porta aucun ombrage à Philémon, parce que ce trop sensible colon, qui avait appris à connaître à ses dépens toute la perversité du cœur humain, avait préféré paraître la dupe de cet hypocrite que de devenir sa victime ; mais quand sa jeune et belle épouse fut au camp, Philémon, qui ne tarda pas à la convoiter, chercha bientôt dans sa tête tous les moyens d'éloigner ou de perdre d'Hérouville, afin de pouvoir satisfaire avec plus de facilité la passion qu'il avait conçue pour cette mère tendre et respectable.

Malgré toute la perfidie de ce *père*[b], son projet n'était pas de facile exécution, attendu que Biassou avait mis toute sa confiance dans d'Hérouville, et qu'il était difficile, dangereux peut-être, de lui insinuer des soupçons sur son compte ; il chercha donc un expédient plus favorable à ses desseins. Le BASILE[80] des Antilles[c] pouvait-il en manquer ?

Un jour il fut trouver Biassou dans son palais, et lui dit d'un air triste et rêveur, qu'un objet de la dernière importance le forçait à lui faire la demande de d'Hérouville, pour le charger d'une mission délicate et épineuse qu'il ne pouvait confier qu'à lui seul. C'était, lui fit-il entendre, afin de l'envoyer dans la partie espagnole, pour assister à une conférence d'où dépendait le sort de l'armée noire, et dans laquelle on devait agiter les grands intérêts du roi et ceux de son général à Saint-Domingue. A ce seul mot, Biassou témoigna combien il était flatté qu'on eût jeté les yeux sur d'Hérouville, qui lui paraissait très dévoué, et lui répondit qu'il pouvait en disposer à toute heure. Nous pouvons l'employer avec d'autant plus d'assurance, répliqua le prêtre[d], que nous avons entre nos mains, les gages les plus précieux de sa fidélité. Je désirerais seulement, continua-t-il, que vous empêchassiez son nègre Adonis de le suivre ; car cet homme montre une sensibilité pour les blancs qu'on *justicie*[e], qui me le rend tout à fait suspect. Biassou promit de faire en tout sa volonté. Je me charge, dit encore Philémon, de le faire accompagner par deux valets fidèles et sûrs, qui me répondront de toute espèce de trahison de sa part. Après ce dialogue, il retourna dans sa maison, où on ne tarda pas à lui envoyer d'Hérouville.

Philémon l'accueillit avec l'air de la cordialité, le fit dîner à sa table, et lui communiqua bientôt son projet. Je vais vous envoyer, dit-il, à *San-Miguel*, gros bourg espagnol, situé à plus de vingt lieues d'ici. Comme il n'y a pas de grande route tracée pour s'y rendre, je vous donnerai pour domestiques, pendant votre mission, deux hommes sûrs et fidèles, qui connaissent parfaitement les chemins de traverse, et qui vous serviront de guides pour vous y conduire et vous ramener. Quant à Adonis, il faut laisser cet *excellent* sujet pour servir et consoler votre épouse pendant votre absence. Vous ne vous refuserez pas sans doute, ajouta-t-il avec un sourire sardonique, à mes petits arrangements[a] ?

Le trop crédule d'Hérouville, qui n'avait pu pousser la défiance jusqu'à soupçonner que cette prétendue mission cachait un piège affreux, et qui depuis longtemps avait perdu l'espoir de sauver sa famille de l'horrible séjour où il était enseveli, accepta l'offre du perfide curé avec[b] d'autant plus d'enthousiasme, qu'il crut qu'elle pourrait lui fournir les moyens de se ménager un jour une heureuse évasion. Il écouta donc avec une attention particulière toutes les instructions que lui donnait Philémon pour mieux le tromper, et il fut convenu qu'il se tiendrait prêt à monter à cheval le surlendemain.

Quand Philémon[c] eut fait ces premières démarches, il fit venir les nègres *Jean-Pierre* et *Azaca*, qui lui étaient très dévoués, et leur dit d'un ton inspiré, que Dieu les avait choisis pour venger sa *sainte religion*, si indignement outragée par les blancs, et particulièrement par d'Hérouville, dont la présence au camp des noirs attirait la malédiction du Ciel sur toute l'armée. Voyez, ajouta-t-il, si ce misérable impie s'est approché[d] une seule fois des sacrements depuis que je suis parmi vous. Oui, mes enfants, si ce scélérat[e] reste encore longtemps au camp, je ne réponds plus de rien ici, et les blancs finiront par vous vaincre et par vous manger. Mais vous saurez mettre un terme aux calamités qui nous menacent tous, vous délivrerez la terre de ce fléau corrupteur, et vous mériterez la grâce du Ciel, ainsi que les bienfaits et la reconnaissance de son ministre. Alors il initia ces deux noirs dans le projet qu'il avait conçu pour se défaire de d'Hérouville, en leur faisant entendre que ses dépouilles seraient leur partage aussitôt qu'ils l'auraient poignardé[f] dans la forêt de *San Raphaël*, à dix lieues des frontières.

La Providence voulut que le noir *Azaca*, amant favorisé de la négresse Zerbine, eut la faiblesse de raconter tous les projets du père à sa maîtresse, en lui promettant d'avance l'argent et les bijoux dont il allait devenir possesseur. Celle-ci, enchantée de posséder un secret si précieux, résolut d'en tirer avantage pour satisfaire enfin une passion qui faisait le tourment de sa vie. Elle vola[g] donc sur-le-champ vers le bon nègre, qu'elle adorait toujours en secret, mais qui la payait de la plus froide indifférence, et lui tint ce langage : « Adonis, si toi aimer maîtres à toi, si cœur à toi pas assez dur pour préférer sagesse à toi à la vie à eux[h], écoute Zerbine, et songe que c'est elle qui une dans monde capable de rendre à toi service aussi grand ». Après ce préambule, elle lui fit part de tout ce qui se tramait contre d'Hérouville, et même contre lui, et termina par implorer à genoux, et lui demander comme une grâce, qu'il récompensât son zèle en payant sa tendresse de retour. Adonis se précipita d'abord dans ses bras, pour lui témoigner toute sa reconnaissance ; puis il lui dit : « Ah Zerbine ! c'est pas pour moi, car la mort c'est rien pour Adonis ; mais pauvres maîtres à moi qui avoir petits enfants dans la misère, c'est eux seuls qui faire moi[a] la peine. Toi vouloi[b] moi aimer toi avec tendresse : ah ! pourquoi Adonis n'être pas capable de voir cœur à Zerbine aussi bon que corps à elle être beau ! Mais quand moi après songer que elle servir de femme à grand bourreau à blancs, Zerbine venir laide tout de suite dans yeux à moi, et l'amitié s'envoler dans cœur à moi tout comme un zoizeau devant chasseur ».

Amour ! que ne fais-tu pas ? A peine Adonis eut-il achevé ces paroles, que la passionnée Zerbine conçut l'espérance de s'en faire aimer. Elle se jeta à ses genoux, les baigna de ses larmes, et jura que ç'avait toujours été malgré elle qu'elle était devenue la maîtresse de Biassou ; qu'elle le détestait, et que la peur seule la retenait auprès de lui. « Mais, ajouta-t-elle avec tendresse, si Adonis veut donner conseils à Zerbine, li va voir comment moi mettre tout cœur à moi pour faire volonté à lui ». Le bon nègre qui était pressé de la quitter pour aller prévenir son maître, les lui promit, et lui donna même une lueur d'espérance de s'unir un jour à elle, si elle voulait lui donner des preuves de son repentir en épiant les démarches du père Philémon, et en lui rapportant avec zèle tous les discours que ce prêtre[c] ou Biassou tiendraient sur le compte de ses maîtres. Zerbine, transportée, lui baisa les genoux et les mains, en lui jurant de lui être à jamais fidèle. Adonis vola chez d'Hérouville, et s'empressa de lui dessiller les yeux sur les menées criminelles de Philémon. Ce sensible blanc frémit d'horreur au récit de son noir, et se mit de suite au lit, d'après le conseil de son nègre, en s'enveloppant la tête comme s'il eût été malade, afin de gagner seulement assez de temps par ce stratagème, pour aviser aux moyens d'échapper aux poignards assassins qui le menaçaient. Il cacha cependant ce fatal secret à son épouse, dont il voulait ménager la sensibilité, et s'abandonna à cette éternelle Providence qui l'avait conservé jusqu'à ce jour, et aux soins généreux de son bon et toujours fidèle Adonis.

Mais il y avait à peine quatre heures que ces événements s'étaient passés, quand il arriva un courrier noir venant de la partie espagnole, lequel annonça à Biassou, que le lendemain à quatre heures du matin il y aurait une attaque générale de la part des blancs ; que les paroisses* du *Gros-Morne*, de *Vallière*, du *Fort-Dauphin*, du *Cap*, de *Plaisance* et même des *Gonaïves*, devaient descendre à la fois, et cerner le quartier général ; qu'il était arrivé des troupes de France, et que le général Blanchelande n'avait eu que le temps de faire donner cet avis au général noir, dont le *parti des patriotes*[d]

---

* Je me sers du mot *paroisse*, parce que c'était sous ce nom qu'on désignait les différents corps de troupes blanches.

avait juré la perte.

Aussitôt l'alarme passa du cœur de Biassou dans tous les rangs de son armée. Il fit battre la générale, rassembler tous ses chefs, et tâcha de leur inspirer un courage qui déjà l'abandonnait[a]. Enfin, pour mieux assurer la victoire, il invita le révérend père Philémon à bénir[b] les armes de ses soldats. Philémon parut bientôt avec tous les attributs de son ministère. Comme il parlait très bien le langage des nègres, il leur fit un discours véhément, et qui fit tant d'impression sur eux, qu'ils demandèrent d'une voix unanime que le père Philémon vînt aussi à la guerre, afin que *le bon Dieu*, *la bonne Vierge*, *les anges* et *tous les saints*, n'abandonnassent pas l'armée dans ses combats. Ce vœu fut si fortement prononcé que l'astucieux prêtre[c], malgré toute son adresse, ne put s'y refuser. On lui prépara le plus beau cheval de l'armée[d] et il affecta un courage qu'il était loin d'avoir. Toute la nuit se passa dans les préparatifs, et chaque nation noire attendit[e] à sa manière le signal du combat. Les *Ibos* et les *Mondongues* en passèrent une partie à chanter et à se gorger de viandes et de liqueurs, les *Mozambiques* à préparer leurs armes, les *Congos* à pleurer, à prier, et la plus grande partie des autres à rire et à danser.

Pendant ce temps, d'Hérouville ne quitta pas le lit, et son épouse ainsi qu'Adonis avaient l'air de lui prodiguer tous les secours qu'exige un homme dangereusement malade.

Dès minuit, Biassou se mit en marche avec toutes ses troupes, et accompagné de son curé[f]. Comme il connaissait parfaitement le degré de bravoure des différentes nations qui composaient son armée, il forma autour de son quartier général cinq cordons de soldats, qu'il plaça à une grande distance les uns des autres, en mettant toujours les plus intrépides en arrière et les moins braves en avant. Il ne dut son salut qu'à cette simple et heureuse tactique, que son génie naturellement guerrier lui avait seul inspirée.

A peine avait-il fait ces dispositions militaires, qu'il entendit commencer l'attaque à un petit quart de lieue de la gauche de son armée. Bientôt le ronflement du canon, le bruit de la mousqueterie et les cris des combattants ne lui laissèrent plus de doute sur les mouvements de l'ennemi. Il vola du côté du danger avec une assurance fanatique, persuadé que rien ne pourrait lui arriver de fâcheux tant qu'il aurait à ses côtés l'homme de Dieu protecteur des combats. Mais son intrépidité se ralentit un peu devant une colonne composée des soldats de *Walch*[81], qui avançait au pas de charge sur son armée, à travers une grêle de balles et une nuée de flèches empoisonnées. Philémon prit la fuite à toute bride ; mais un détachement de cavalerie blanche qui descendait de la montagne, fondit sur lui avec tant de célérité, qu'il n'eut pas même le temps de s'enfoncer dans les bataillons noirs de Biassou, et qu'il fut atteint sans coup férir, et sans avoir reçu seulement une blessure.

Il fut bientôt conduit au Cap, et emprisonné, jusqu'à ce qu'on pût instruire son procès devant la *commission prévôtale* que Blanchelande avait établie[a] dans cette ville.

Cependant l'attaque fut bientôt générale, et la résistance des noirs fut on ne peut plus opiniâtre. Les blancs, après avoir enfoncé, défait et dispersé les trois premiers cordons de l'armée ennemie, crurent la bataille décisive pour eux, et ne s'imaginèrent plus rencontrer d'obstacles assez puissants pour les empêcher de pénétrer jusque dans le quartier général de l'armée noire ; mais quel fut leur étonnement quand ils arrivèrent jusqu'au cordon des *Mozambiques*, nègres forts, adroits, courageux, et qui, brûlant depuis longtemps du désir de se mesurer avec leurs ennemis, fondirent sur eux avec une fureur dont ils n'avaient pas encore vu d'exemple ! La mêlée devint générale presque sur tous les points ; on se battait corps à corps. Les nègres vainqueurs endossaient sur-le-champ même les dépouilles des blancs vaincus, et ce fut ce qui mit le désordre et la confusion dans l'armée blanche. On s'était battu toute la journée avec une rage et un acharnement extraordinaires, le soleil s'approchait du terme de sa course, la retraite des blancs devenait déjà difficile, quand le général blanc la fit sonner ; elle s'effectua avec une perte considérable de part et d'autre. Les noirs comptèrent parmi les morts plus de cinq mille des leurs ; et les blancs, en proportion de leur plus petit nombre, en avaient perdu presque autant. Enfin le calme se rétablit dans la plaine, qui n'offrit, le lendemain, à l'œil épouvanté que l'horrible spectacle d'un vaste champ de carnage.

Cette bataille, une des plus sanglantes qui aient eu lieu pendant les trois années que les nègres révoltés se sont maintenus maîtres de la plaine du Nord, avait considérablement affaibli et découragé le parti blanc, qui sentit enfin que les forces de son ennemi n'étaient plus aussi à mépriser qu'il l'avait cru jusqu'alors ; de leur côté, les nègres se crurent invincibles après avoir échappé aux vastes combinaisons de tous les habitants blancs réunis[82].

Quelques jours après, on apprit au camp de Biassou que le père Philémon avait été condamné à être pendu, et que son exécution s'était faite sur la place d'armes, au Cap, en présence de tous les citadins rassemblés[*83b].

* *Note de l'auteur.* J'étais au Cap Français, quand on condamna le prêtre Philémon à la peine de mort. La curiosité me porta à voir l'extérieur de cet homme accusé de si grands crimes, et convaincu même par des prisonniers blancs qui s'étaient sauvés à la faveur du désordre qu'occasionna dans le camp de Biassou la nouvelle d'une attaque subite et générale. Jamais physique ne m'a plus frappé que le sien. Il semblait être le crime personnifié. Petit, noir, teint jaune et livide, excessivement maigre, il avait des yeux noirs, et perçants comme ceux d'un lynx, qui peignaient tour à tour la rage, l'hypocrisie et le désespoir. Il poussa la scélératesse jusqu'à dire

Biassou fit faire une cérémonie funèbre en la mémoire du père Philémon[a], qui fut considéré comme un martyr de la religion et de *la bonne cause*[b]. Les vêtements qu'il avait laissés au camp furent coupés par parcelles, et chaque nègre en porta un morceau sur lui, comme un talisman capable de le préserver même de la mort.

Que l'on juge de la joie de d'Hérouville, quand il apprit que son plus cruel ennemi était tombé au pouvoir des blancs ; mais elle fut modérée par les murmures des noirs, qui se plaignirent de sa présence au camp. Philémon n'était plus, mais son génie infernal poursuivait encore d'Hérouville sur la terre. Ces plaintes de la part des nègres n'étaient que les cruels fruits de la prévention qu'il avait inspirée aux noirs *Jean-Pierre* et *Azaca*, lesquels avaient répandu partout, que le père Philémon regardait ce blanc comme un *impie*, et la cause de tous les revers et de tous les maux qui accableraient l'armée noire. Il n'en fallait pas tant, avec des hommes aussi superstitieux qu'ignorants et cruels, pour mettre les jours de d'Hérouville en danger. Aussi Biassou eut-il beaucoup de peine à s'opposer aux menaces des plus fougueux et aux complots des plus méchants. Dès lors, plus de sûreté pour le malheureux d'Hérouville. Il ne pouvait même aller respirer l'air pur et rafraîchissant du matin, sans s'exposer au plus grand des dangers. Enfin, ce trop sensible et infortuné colon ressentant plus que jamais toutes les horreurs de sa captivité, résolut de faire un dernier effort pour y arracher, au moins, sa malheureuse famille. « Que les moyens, dit-il un jour à Adonis, qui t'ont servi à conduire ici mon épouse et mes enfants, soient encore mis en usage pour sortir de ces lieux. Tâchons, cher ami, tâchons encore une fois de nous échapper de ce séjour affreux : il est temps de mettre un terme à nos malheurs ; et si la mort doit être le prix de cette tentative, nous ne ferons que hâter ce moment horrible, mais inévitable pour chacun de nous. – Maître, répondit le bon nègre, Adonis doit être toujours prêt à mourir pour sauver la vie à vous ; et si méchant Biassou avait voulu racheter sang à blanc avec sang à nègre, il y a longtemps déjà que toute famille à d'Hérouville serait libre en France. Mais moi pas capable accomplir volonté à vous, parce que moi pas pouvoir procurer à moi lianes sauvages et bois de campêche, sans sortir du camp ». En effet, Adonis ne pouvait faire sa teinture sans ces ingrédients indispensables ; mais il profita de cette occasion pour mettre l'amour et la fidélité de Zerbine à la plus forte de toutes les épreuves.

Zerbine était jeune, légère, ardente pour tous les plaisirs de son âge, et peu scrupuleuse sur le choix de ses amis. Née avec les plus belles formes possibles, elle avait été gâtée dès son enfance, par les louanges que lui

---

d'une voix haute et forte, en montant au gibet : « Mon Dieu, qui vois mon innocence, pardonne à mes bourreaux, comme je leur pardonne ».

prodiguaient les nègres *candiots*[*84], et par les caresses des blancs. Elle était hautaine, capricieuse, et même un peu coquette. Ses camarades, qui ne pouvaient la rivaliser en grâces, ni en beauté, rendaient même hommage à son heureux physique ; et ce concours si doux pour une femme, d'admirateurs de tout sexe, de tout âge et de toutes couleurs, n'avait pas peu contribué à la rendre vaine et orgueilleuse[85]. Adonis en appréciant tous ses charmes, n'avait pu se dissimuler ses défauts ; mais s'étant aperçu de la passion violente qu'il lui avait inspirée, passion qu'il partageait, peut-être, dans le fond de son cœur, il résolut d'en profiter pour la rendre digne de lui, s'il en était possible encore ; mais principalement pour sauver la vie à ses maîtres, et les rendre à la liberté.

Un jour donc, que Zerbine l'entretenait de ses amours, et cherchait à le convaincre du bonheur qui l'attendait, s'il voulait devenir le maître de son cœur, elle lui fit la description des plaisirs qu'elle lui ferait partager, l'énumération des biens dont elle le rendrait possesseur, et des bijoux de prix dont elle l'enrichirait, s'il voulait lui être attaché et fidèle. C'était à ces propositions qu'Adonis l'attendait depuis longtemps. « Va, lui répondit-il, toi pas connais moi, pour faire à moi propositions semblables ; et faut qu'Adonis bien méprisable dans yeux à toi, pour croire lui capable faire une chose aussi honteuse. Quand moi voir Zerbine sortir de baigner dans rivière, moi trouver elle cent fois plus belle avec beauté à nature, que quand elle paraître avec boucles d'oreilles en perles, colliers de diamants, et bracelets aussi. Toutes belles bijoux-là déchirer cœur à moi, quand moi songer que pour mettre eux dans oreilles, dans cou et dans bras à Zerbine, il a fallu tuer bonnes femmes blanches avec petits à eux, qui pas jamais faire mal à personne ». Zerbine n'était pas méchante ; elle n'avait jamais beaucoup approfondi les causes inattendues qui lui avaient procuré tant de richesses ; et comme les effets lui étaient favorables, elle n'y trouvait rien d'extraordinaire. Aussi répondait-elle souvent au bon nègre : « *C'est pas faute à moi* ». Adonis lui dit enfin, que tant qu'elle s'offrirait à ses regards dans son costume naturel, il la verrait avec plaisir, mais que tous les joyaux dont elle s'ornait lui feraient toujours horreur.

Quelle révolution fit cette dernière entrevue dans le cœur de Zerbine ! Jusqu'à ce moment, elle n'avait trouvé que des cœurs avides, des âmes intéressées ; et les derniers moyens à l'aide desquels elle croyait s'assurer à jamais la conquête d'Adonis, étaient précisément ceux qui avaient failli le lui faire perdre sans retour. Mais elle aimait trop passionnément le bon nègre, pour n'être pas persuadée qu'il avait raison, et que le tort était de son côté.

---

[*] *Candiot* signifie petit-maître, recherché dans ses habits et dans ses manières.

Aussi, après les plus rudes combats que puisse soutenir une belle femme luttant avec sa coquetterie, ses charmes et son amour-propre, l'amour enfin remporta la victoire, et Zerbine fit le sacrifice de ses plus chères parures.

Adonis la veillait sans cesse ; il la suivait dans les calindas qu'on lui donnait aux *calalous** où elle était invitée, et partout il la voyait dans ce costume simple et modeste qui la rendait plus piquante encore que les pierreries dont elle était naguère surchargée. Enfin le bon nègre, charmé de ce changement, ne put s'empêcher de lui en exprimer toute sa joie. « En voilà assez, lui dit-il un jour, et cœur à moi content. *Négresse candiote* qui capable de mépriser beaux atours pour l'amour[a] de son ami, mérite toute confiance et toute amitié d'Adonis ». Et après la déclaration d'amour la plus tendre, il lui fit part du projet qu'il avait de teindre en noir son maître, sa maîtresse, leurs enfants, et de les sauver tous, à la faveur d'une nuit obscure, en traversant les bois de la montagne de Plaisance pour aller gagner ensuite le bord de la mer, à son endroit le plus prochain. « Vois, ajouta-t-il, si cœur à toi assez fort pour suivre Adonis dans tous périls qu'il va courir et pour finir jours à toi avec lui, dans misère peut-être, mais toujours content si lui mourir auprès de ses bons maîtres ».

Depuis longtemps, Zerbine ne s'amusait plus au camp de Biassou ; et les discours du bon nègre, qui lui avait fait sentir que son état ne pouvait durer, qu'elle finirait par être confondue et punie avec les brigands, l'avaient surtout frappée. En effet, Adonis lui disait toujours dans son langage naïf : Vois si, avec tes richesses, tu peux acquérir ici un seul morceau de terre, te faire un petit jardin, et dire c'est à moi ? Ah ! crois-moi, il n'y a pas de propriété là où tout est anarchie, désordre et confusion. Et comment veux-tu trouver le bonheur sur cette terre arrosée de sang et de larmes, où tous ceux qui l'habitent ne sont consumés que du désir affreux de manger leurs semblables ? Fuyons, Zerbine, fuyons ce pays malheureux, cette île proscrite, et allons sous un autre hémisphère, labourer s'il le faut, et ne manger qu'un pain sec, mais qui sera toujours délicieux, puisqu'il n'aura coûté de larmes à personne. Aussi Zerbine ne balança-t-elle pas à accepter avec transport les propositions d'Adonis. Elle se précipita dans ses bras, et lui dit qu'elle était prête à tout entreprendre et à tout faire pour l'amour de lui et de ses vertus. « Oh ! c'est bien vrai, ajouta-t-elle toute attendrie, bonheur être doux, mais c'est quand il ne cause de chagrin à personne ».

---

* On appelait *calalous*, à Saint-Domingue, des repas ambigus où l'on servait des herbages hachés et des viandes salées, du poisson frais et des fruits, des gâteaux et du laitage. Les créoles mélangeaient plusieurs de ces mets dans un même plat, qu'ils relevaient avec des piments et du jus de citron. Alors ce mélange devenait le véritable *calalou*.

Le bon nègre, après s'être ainsi assuré de sa fidélité, de sa discrétion et de son dévouement, n'hésita plus à lui désigner les graines et la qualité du bois dont il avait besoin pour faire sa composition, et Zerbine se chargea de les lui procurer. Il la quitta pour retourner auprès de d'Hérouville, et l'exhorta à prendre courage, en lui racontant tout ce qu'il venait d'apprendre, tout ce qu'il allait tenter.

Alors la famille de d'Hérouville comblée de joie et ranimée par l'espérance, ne s'occupa plus que des moyens préparatoires capables d'assurer la réussite de cette entreprise aussi hardie que périlleuse, et d'une exécution d'autant plus difficile qu'à chaque instant d'Hérouville était appelé par son service au cabinet de Biassou.

Cependant la teinture était faite, et on n'attendait plus qu'une occasion favorable pour s'en servir, quand la Providence permit que le chef de l'armée noire prévînt secrètement Zerbine qu'il allait faire, la nuit prochaine, une tournée générale pour visiter tous ses postes, et qu'il s'avancerait même jusqu'auprès des fossés de Bréda, pour reconnaître s'il n'y aurait pas moyen de tenter bientôt une escalade nocturne sur le camp des blancs. « Je t'ordonne, ajouta-t-il, de venir demain au-devant de moi ; nous irons nous baigner ensemble dans la rivière des Goyaviers, et nous rentrerons ensuite au palais, où tu présidera au grand bal que je donne à mon état-major ». Zerbine affecta la plus grande joie, et lui répondit que désirant se promener dès le grand matin dans la plaine, elle partirait dès quatre heures ; mais qu'il était nécessaire qu'elle sût le mot d'ordre pour n'être pas arrêtée aux avant-postes. Biassou, quoique très défiant, était loin de soupçonner qu'on voulût, qu'on osât même le tromper ; il dit à Zerbine : « Retiens bien ces paroles : *tête à roi, cœur à blanc, ventre à nègre**, et tu passeras partout ».

Aussitôt que Zerbine put s'échapper de la présence de Biassou, elle vola auprès du bon nègre pour lui faire part de tout ce qui se passait, et il fut bientôt arrêté qu'immédiatement après le départ du chef noir, on se tiendrait aussi prêt à partir dans la famille de d'Hérouville.

Tout favorisait leur évasion : la nuit était obscure, Adonis avait le mot d'ordre, et ils allaient fuir par une route opposée à celle que tenait leur farouche geôlier ; de sorte que quand le jour viendrait à paraître, il y aurait déjà une distance d'environ huit lieues entre eux et leur tyran. Que leur journée leur sembla longue à tous, et particulièrement à Zerbine, qui témoignait encore plus d'impatience que les autres !

Enfin, le moment désiré arriva. Il était dix heures du soir quand Biassou

---

* Il paraît que ces mots d'ordre étaient de l'invention de Biassou, qui y attachait, sans doute, un sens que je n'ai jamais pu bien comprendre. *(Note de l'auteur).*

monta à cheval, accompagné seulement de quatre aides de camp, et se mit en marche pour visiter ses postes les plus éloignés. Aussitôt Zerbine courut prévenir Adonis de son départ. D'Hérouville et sa femme prirent, avec la couleur, le costume des nègres créoles : Zerbine déguisa pareillement son sexe. Adonis arma son maître d'une excellente paire de pistolets qui appartenait à Biassou : chacun fut chargé en outre d'un fusil de chasse. Zerbine avait lié derrière son dos, à la manière des négresses, un des enfants de d'Hérouville : Adonis s'était chargé de l'autre ; et ainsi disposés, ils défilèrent tous en silence et dans l'ordre d'une patrouille qui fait sa ronde. Ils passèrent les barrières de la triple enceinte qui fermait le camp, sans être reconnus. Déjà ils s'avançaient à grands pas dans la plaine pour gagner le morne de Plaisance, quand ils aperçurent à travers l'obscurité une lumière qui paraissait approcher d'eux avec la vitesse d'un cheval qui court au galop. La peur saisit au même instant l'épouse de d'Hérouville et Zerbine ; mais Adonis et son maître conservèrent leur sang-froid, et parurent même redoubler de courage et d'intrépidité. Il fut résolu cependant qu'on sortirait un moment de la grande route, et qu'on s'accroupirait pour attendre, arrêter, ou laisser passer l'objet de l'inquiétude commune. On ne tarda pas à s'apercevoir que c'étaient deux nègres, officiers, qui avaient attaché à la tête de leurs chevaux des petits fanaux de reconnaissance pour prévenir les premiers postes de leur arrivée. Ils avançaient à grands pas, et ils allaient dépasser nos malheureux fugitifs, quand le cheval de l'un d'eux, extrêmement ombrageux, fit tout à coup un saut en arrière si précipité, qu'il pensa désarçonner celui qui le montait. A ce mouvement violent, subit et inattendu, l'épouse de d'Hérouville ne put s'empêcher de laisser échapper un cri perçant, qui vint retentir aussitôt à l'oreille des cavaliers. – Qui vive ? s'écrièrent-ils ensemble en sautant sur leurs pistolets. Alors Adonis se levant avec courage, répondit sur le même ton : *Patrouille, et gens du roi.* – Avance qui a l'ordre, répliqua un des officiers en se mettant sur la défensive ; et Adonis s'avança seul jusqu'auprès de lui pour lui donner le mot de passe ; mais quel fut son étonnement, quand à la lueur des fanaux il reconnut distinctement les cruels et fanatiques *Jean-Pierre* et *Azaca.* C'est Adonis, dit avec la plus grande surprise ce dernier, qui l'avait aussi reconnu ; j'ai entendu les cris d'une femme, je parie que le traître m'enlève ma Zerbine : et sans attendre de réponse il saute au collet du bon nègre, et lui pose le canon de son pistolet sur la poitrine ; mais d'Hérouville, qui le couchait en joue dans le même instant, l'étendit mort sur la place. Il était à peine tombé, qu'Adonis s'était déjà emparé de sa monture ; l'autre officier voulut fuir : « *Arrête !* lui cria Adonis, *ou tu es mort* » ; et aussitôt ce brigand épouvanté cria grâce, et demanda la vie. Adonis le fit descendre, lui lia les mains et les pieds avec les longes des chevaux, lui banda les yeux avec un mouchoir, et le traîna hors du grand chemin, en disant à son maître qu'il n'y avait pas un instant à perdre ; qu'il fallait monter sur les chevaux et se sauver à toute bride, attendu que l'alarme allait se répandre au camp et qu'on viendrait certainement à leur poursuite. D'Hérouville monta donc sur un des chevaux, prit sa femme derrière lui et plaça un de ses enfants sur le devant de la selle. Adonis en fit autant de Zerbine et de l'autre enfant ; puis ainsi montés ils quittèrent la grande route, prirent à droite, à travers la plaine, et s'éloignèrent avec toute la vitesse que pouvait permettre la charge des chevaux. Ils marchèrent pendant une heure et demie sans presque se rien dire, et, poussant leurs montures autant que possible, ils arrivèrent enfin au bord de la forêt plantée sur le morne même de Plaisance. Là, les chevaux leur devinrent absolument inutiles ; ils descendirent, et leur premier mouvement fut de se jeter à genoux et de rendre grâce à l'Eternel. Adonis dessella les chevaux, qui étaient rendus de fatigue, et les laissa paître à l'abandon. Il cacha les harnais dans la forêt, et engagea son maître et sa maîtresse à gravir le morne à travers les lianes, les arbres et les broussailles qui leur fermaient à chaque instant le passage. Ils avaient été obligés de laisser deux de leurs fusils sur la route ; mais d'Hérouville et le bon nègre ayant conservé les leurs, ils s'en servirent pour se frayer un chemin à travers les épines et les branchages qui, tout en les empêchant d'avancer, favorisaient cependant d'autant mieux leur fuite, qu'ils cachaient à mesure qu'ils marchaient jusqu'à la trace de leurs derniers pas, en se redressant dans leur position naturelle.

La crainte de retomber au pouvoir des brigands, l'espérance d'échapper enfin à leurs bourreaux, le besoin impérieux de terminer leurs longs malheurs, et le plaisir d'être tous réunis, leur firent faire des efforts surnaturels.

Adonis marchait le premier, et brisait les plus forts obstacles qui se trouvaient devant lui. Son maître le suivait, et l'aidait de toutes ses forces ; les deux femmes venaient ensuite, tout occupées à préserver elles et les enfants des atteintes, des chutes et des meurtrissures[a]. Ces infortunés percèrent ainsi la forêt pendant plus de deux heures, sans ressentir la moindre fatigue, et ne s'arrêtèrent que quand ils furent au sommet du morne, qu'ils avaient monté dans sa ligne la plus perpendiculaire, après avoir été forcés de se traîner plus d'une fois et de ramper sur la terre pour y parvenir.

Ils étaient presque en lieu de sûreté, quand un bruit sourd et lointain réveilla toute leur attention, renouvela leurs alarmes, et replongea les femmes dans les cruelles angoisses de la crainte. Adonis mit son oreille près de la terre, et distingua bientôt le son des tambours, des *lambis*[*], et les cris

---

[*] *Lambis*, gros coquillage de mer formant le pain de sucre. Les nègres en cassent le

des noirs qui s'y mêlaient. Afin de pouvoir s'assurer de la cause réelle de ce mouvement extraordinaire, il monta sur un énorme *mapou** qui se trouvait près de là, et qui dominait de plus de vingt pieds les plus hauts arbres de la forêt. Quand il en eut atteint la cime, sa vue plongea sur la vaste et déplorable plaine où Biassou exerçait depuis longtemps ses fureurs. Il vit une multitude de flambeaux mouvants, et portés dans chacune de ses extrémités avec une célérité qui ne lui laissa aucun doute sur l'apparente inquiétude de l'armée noire. En effet, le silence de la nuit ayant contribué à porter jusqu'aux avant-postes le bruit qu'avait fait l'explosion du fusil de d'Hérouville, les nègres avaient donné l'alarme au camp, et tous les corps d'armée s'étaient mis à la recherche de cette cause inattendue. Adonis descendit, et fit sentir combien il était important de se reposer en silence, et d'attendre le retour de la nuit prochaine pour se remettre en marche, parce qu'il n'y avait aucun doute que Biassou n'envoyât dès le lever du soleil ses chasseurs pour les découvrir. Aussitôt ce bon nègre cassa une assez grande quantité de petites branches, et forma à ses maîtres un lit de feuillage au pied du mapou protecteur, sur lequel Adonis se proposa bien de renouveler le lendemain ses observations. Il s'était muni d'une large *macoûte***, qu'il avait trouvée suspendue à la selle d'un des chevaux des officiers, et Zerbine portait en outre un assez grand flacon d'osier rempli de vieux tafia. Là, cette intéressante famille, après avoir pris un peu de nourriture, céda à l'impérieux besoin du sommeil en attendant le retour de l'aurore, qui ne tarda pas à paraître. Ils étaient tous endormis quand les sourds aboiements d'un chien vinrent réveiller Adonis. Le bon nègre sauta légèrement sur l'arbre auprès duquel reposaient ses maîtres, et s'aperçut que plusieurs nègres armés de fusils et suivis de quelques chiens se disposaient à gravir la montagne par différents côtés. Comme il ne doutait plus que d'Hérouville ne fût l'objet de leurs recherches, sans se laisser abattre par l'apparence d'un aussi grand danger, il descendit, et éveilla adroitement son maître qu'il instruisit bientôt de tout ce qui se passait autour d'eux. D'Hérouville, surpris, ne put s'empêcher d'abord de témoigner de l'effroi ; mais le bon nègre l'encouragea en ces termes : « N'a pas avoir peur, maître ; aidez-moi seulement, et nous sommes sauvés ». En effet, il se mit à couper de nouveau une

---

petit bout, soufflent dedans, et en tirent des sons qui s'entendent à plus de quatre lieues à la ronde.

* *Mapou*, arbre d'une grosseur extraordinaire, qui croît à Saint-Domingue, dans les mornes, et sur lequel il est d'autant plus facile de monter, que les branches commencent à s'échapper du tronc à hauteur d'homme.

** *Macoûte*, espèce de bissac fait en paille de latanier, dans lequel les nègres mettent leurs provisions de bouche, quand ils sont en route.

foule de petites branches, et à couvrir entièrement de feuillages les corps de sa maîtresse, des enfants et de Zerbine, que la fatigue et la fraîcheur du lieu tenaient plongés dans le plus profond sommeil. Cette opération heureusement achevée, Adonis fit monter son maître sur le mapou, il y monta lui-même, et armés l'un et l'autre de leurs fusils à deux coups, ils résolurent de faire feu sur tout ce qui tenterait de pénétrer dans leur retraite, persuadés que c'était le seul et dernier moyen qui leur restât encore pour ne pas retomber au pouvoir des brigands. Ils entendirent quelques coups de fusil tirés des différentes parties de la montagne, et ils présumèrent que c'étaient les chasseurs qui s'amusaient à tuer quelques pièces de gibier. Après quelques instants, ils entendirent à une proche distance d'eux, les voix distinctes de deux nègres qui s'entretenaient ensemble. L'un d'eux disait à l'autre : « Moi pas voudrais être dans peau à *Barthélemi*[*] pour cent portugaises ; oui, *compère*[**] Nago, moi sûr que tête à lui va sauter quand grand général va rentrer dans le camp ». Et l'autre répliqua : « Oui, compère, le père Philémon avait raison de dire que blanc-zécrivain là, c'était l'enfant à diable. Comment li faire donc pour sauver corps à lui, femme à lui et petits à lui dans mains nous ? ». Et l'autre reprenait : « Oh ! si nous capables d'attraper eux, c'est bon récompense qui va tomber dans mains à nous ! mais moi croire que eux passer par la coupe à Gonaïves[***] ; ainsi, compère, puisque nous avoir provisions dans macoûte à nous, faut marcher par là ; peut-être nous va trouver eux sur grand chemin ». Et en achevant ce dialogue, ils descendirent un peu la montagne, et enfilèrent des sentiers frayés par les animaux qui vont paître sur ces mornes. Alors d'Hérouville et son bon nègre commencèrent à respirer un peu plus librement, quand ils virent leurs ennemis s'éloigner d'eux ; mais ce qui flattait davantage ce tendre époux, c'était d'avoir épargné à sa famille des angoisses qu'elle n'eût peut-être pu supporter sans éprouver quelque fâcheuse révolution. Enfin, après être restés encore environ trois heures en vedette sur leur arbre, ils ne virent et n'entendirent plus rien qui fût capable de leur causer de l'inquiétude. « C'en est fait, dit d'Hérouville, si cette matinée se passe sans que nous soyons découverts, nous sommes sauvés ». Ils descendirent pour se reposer des fatigues de l'attitude pénible dans laquelle ils avaient été contraints de rester si longtemps. Zerbine, les enfants, et l'épouse de d'Hérouville, se réveillèrent étonnés de se trouver ensevelis sous un monceau de feuillage ; mais le bon colon blanc leur raconta bientôt les

---

[*] C'était le noir qui commandait le camp, en l'absence de Biassou.

[**] Compère, nom d'amitié que se donnent les nègres entre eux.

[***] *La coupe de Gonaïves*, grand chemin fait dans le morne des Gonaïves.

causes qui les avaient forcés d'employer ce stratagème.

Ces bonnes gens avaient tout perdu, ils allaient être livrés bientôt à toutes les horreurs de la plus hideuse misère, et cependant ils avaient tant souffert chez Biassou, qu'il leur semblait à tous renaître au bonheur, à l'aisance et même à la richesse. Adonis s'écarta quelques instants, afin de chercher des fruits pour désaltérer les enfants, car ils manquaient d'eau dans cet endroit ; il revint chargé d'oranges, de pommes d'acajou[86], de cayemites[87], de pommes cannelles[88], et même d'un de ces beaux ananas que la nature, prodigue sous ce fertile climat, fait croître avec profusion jusque sur les mornes les plus élevés.

Ils ne savaient dans quelles mains le hasard allait les faire tomber, mais ils se livraient tous et d'avance à la joie la plus douce comme la plus pure. « Hélas ! disait d'Hérouville à son bon nègre, il ne nous reste pas même de quoi payer notre passage en France ; mais si quelque capitaine humain et charitable veut nous recevoir comme matelots, et passer mes enfants, Zerbine et mon épouse, en récompense de notre zèle et de nos peines, tu verras, Adonis, combien cette France si belle, si riche, si heureusement située, renferme encore d'âmes sensibles, douces, charitables, hospitalières, et d'hommes instruits, vertueux et philosophes. Ô ma patrie ! disait-il en pleurant, aurai-je le bonheur de te revoir ? – Oh ! reprit aussitôt Zerbine en tirant de sa poche un collier de diamants d'une assez forte valeur, n'as pas être inquiet, bon maître, pour passer en France. Avec ça, nous va trouver capitaines humains ». Adonis dit : « Eh quoi ! toujours vilains diamants suivre toi partout ! – Oh ! répondit Zerbine, il y a sept ans que moi avoir collier là à moi, et lui pas coûter la vie ni larmes à femmes blanches ; car c'est premier maître à moi, et en même temps premier amant[a] blanc qui me l'a donné. Moi quitter au camp toutes[b] les autres bijoux ; car depuis Adonis fait moi connaître la vérité à bon Dieu, moi n'étais plus capable de toucher eux avec mains, ni de regarder eux avec zyeux ». Et le bon nègre tout attendri se jetait sur ses mains, qu'il baisait avec transport, en voyant combien Zerbine était changée, et se rendait de plus en plus digne d'être son épouse. Ce fut en faisant mille chimériques projets sur leur bonheur futur, que toutes ces bonnes gens passèrent ainsi la plus douce et la plus agréable des journées.

Adonis, du haut de son vacillant observatoire, avait remarqué avec soin le côté par où il devait diriger ses pas pour sortir le plus promptement possible du pays des insurgés, et rentrer dans la partie de l'île encore soumise à l'ordre, en se rapprochant autant qu'ils le pourraient du bord de la mer.

Quand la nuit fut donc venue, ils se mirent tous en route, en marchant toujours vers l'ouest de l'île. De temps en temps, ils trouvaient des bouts de chemin frayés par les chevaux et les bœufs, où ils avaient moins d'obstacles à vaincre pour avancer. Ils se reposaient toutes les demi-heures pendant quelques instants, puis ils reprenaient leur marche avec un nouveau courage ; car il leur semblait que chaque pas qu'ils faisaient les conduisait au bonheur suprême : tant les moindres jouissances sont douces pour l'être qui a été longtemps malheureux ! Enfin, après des efforts constants faits avec une ardeur infatigable, ils se trouvèrent dès le matin au pied du revers de la montagne de Plaisance, et d'une foule d'autres petits mornes qu'ils avaient traversés et descendus sans savoir où ils étaient. Adonis, qui avait souvent voyagé dans cette partie, se reconnut bientôt, et prévint son maître qu'il allait le faire passer par la vaste mais stérile plaine de *la Désolée*, attendu que cette partie était entièrement inhabitée, et qu'une fois parvenus à la traverser, ils seraient à l'abri de tout danger de la part des nègres de Biassou, qui n'osaient jamais s'avancer aussi loin dans le pays des blancs. Ils virent bien à l'écart, et sur leur gauche, une petite habitation bâtie au milieu d'un champ de cotonniers ; mais le bon nègre, craignant d'y rencontrer quelques-uns des chasseurs du général noir, ne jugea pas à propos de s'exposer à rendre visite à ceux qui l'habitaient.

Ils descendirent donc dans cette plaine, à laquelle on a donné le nom de *Désolée*, parce que son sol sablonneux et sec ne produit rien que des ronces et des épines[89]. Elle a sept lieues de long, sur une largeur à peu près égale. Les voyageurs s'y égarent souvent, parce que le plus léger vent y efface jusqu'à la trace des voitures et au frai des animaux qui les traînent. On a souvent aussi trouvé des nègres morts de soif et de lassitude, qui s'y étaient perdus sans avoir pu retrouver leur chemin. Les ronces qui la couvrent sont d'une hauteur si grande, qu'une fois parvenu dans le plus large sentier, il est impossible de reconnaître par où on y a pénétré. Cette plaine, avant l'insurrection des noirs, était le refuge des nègres marrons[*], qui y arrêtaient souvent les passants pour les dévaliser ; mais depuis la formation du camp de Biassou, tous les nègres marrons avaient été se ranger sous les bannières des révoltés.

Telle était cependant la seule route sûre et convenable qui restât à nos voyageurs pour ne pas retomber aux mains de leurs bourreaux. D'Hérouville témoigna son inquiétude sur la difficulté de traverser dans le plus fort de la chaleur, une plaine qui n'était même arrosée par aucun filet d'eau[a] ; mais Adonis le rassura en lui disant qu'il lui donnerait quelque chose qui l'empêcherait de ressentir la soif. En effet ce nègre fut couper[b] des

---

[*] On appelait nègre marron, celui qui se sauvait de chez son maître par paresse, ou pour éviter un châtiment, et qui se tenait caché dans les bois pour y vivre de chasse ou de rapines.

raquettes[*90], dont il arracha la peau et les piquants qui les couvraient, et leur en donna à chacun un morceau, en leur recommandant de le tenir constamment dans leur bouche, sans le mâcher ni l'avaler[91]. Après s'être reposés pendant quelques heures des fatigues de la nuit, ils se remirent en route, et s'avancèrent avec d'autant plus de légèreté, que, marchant en plein jour dans un pays très plat, leur voyage était pour ainsi dire une longue et agréable promenade. Adonis les pilotait avec attention ; mais la douzième heure du jour s'approchant, l'excessive chaleur les contraignit encore de se reposer pour prendre quelques rafraîchissements et *faire leur méridienne*, c'est-à-dire, céder au sommeil qui provoque presque tous les habitants du pays pendant ces deux ou trois heures de la journée. Ils choisirent un endroit un peu écarté, où quelques buissons d'épines leur donnèrent[a] de l'ombrage, et chacun s'endormit bientôt ; mais le soleil qui dardait à plomb sur leurs têtes, et l'immobilité de l'air qui n'était agité par le plus léger vent, réveillèrent bientôt d'Hérouville qui, malgré la bienfaisante racine qu'Adonis lui avait procurée, se sentit dévoré par une soif si ardente que rien ne pouvait le soulager. Il vit autour de lui sa famille, son bon nègre et Zerbine, qui goûtaient les douceurs du repos ; et ce tableau touchant suspendit un moment le besoin impérieux qui le tyrannisait. « Êtres sensibles qui m'entourez, s'écria-t-il avec épanchement, que vous m'êtes tous chers !... On calomnie partout la vertu, ajouta-t-il avec réflexion, et c'est la vertu qui nous a tous sauvés. Parce que j'ai été juste et bienfaisant, Adonis s'est attaché à moi. Mon épouse, avec sa jeunesse et sa beauté, a méprisé les séducteurs, repoussé leurs tentatives, et exposé ses jours et ceux de ses enfants pour venir partager les dangers d'un mari sans lequel elle ne croyait plus trouver de bonheur sur la terre. Zerbine née légère, plongée dès son enfance dans les débordements de la vie la plus licencieuse, a tout sacrifié pour suivre un homme infiniment bon à la vérité, mais sage dans sa conduite, mais austère dans ses mœurs, et qui ne lui promet que le bonheur de la vertu, si peu attrayant pour un cœur flétri par le venin des passions et le poison du vice. Et cependant il me semble que je n'ai fait aucun effort pour la pratiquer, cette vertu, dont les hommes croient les maximes si difficiles à suivre : car ce n'est pas tant du bien que j'ai fait dans ma vie dont je puis me réjouir, que de la consolation de n'avoir jamais fait le mal avec l'intention de nuire ». Et en achevant ces mots, il couvrit avec précaution ceux des voyageurs dont les corps étaient le plus exposés aux rayons d'un soleil embrasé. Toujours tourmenté par la soif, d'Hérouville s'écarta un moment

---

[*] Raquette, espèce de nopal sauvage, semblable à celui sur lequel on éduque la cochenille. C'est une plante émolliente et mucilagineuse qui renferme, en assez grande abondance, un jus très rafraîchissant.

pour chercher quelques raquettes qui pussent l'apaiser. Il avait à peine contourné quelques touffes de ronces, qu'il aperçut un énorme poteau d'acajou, présentant quatre faces d'égale largeur, sur chacune desquelles on lisait d'abord un de ces mots gravés au frontispice dans la position qu'ils indiquaient : NORD, MIDI, EST, OUEST ; et au-dessous on lisait encore distinctement ceux-ci : *AU VOYAGEUR ÉGARÉ, TOURMENTÉ PAR LA SOIF. Marche quinze pas face à mon côté ouest, tu trouveras une fontaine en pierre qui te donnera de l'eau en poussant un piston de fer qui doit se trouver sur le côté qui me fait face, si la méchanceté des hommes n'a pas détruit cette œuvre de l'humanité*[a].

D'Hérouville craignit d'abord d'être la dupe d'un songe, tant son étonnement fut extrême. Il palpait tour à tour le poteau et lui-même pour tâcher de se convaincre de la réalité de ce qu'il voyait. Enfin, certain qu'il était éveillé, il suivit l'indication qu'il venait de lire, et aperçut en effet une masse de pierre en forme de tombeau, mais entourée, défendue et recouverte par une si grande quantité de ronces, qu'il était impossible de parvenir au piston si désiré sans un instrument propre à se faire jour jusqu'à ce monument.

D'Hérouville, transporté de plaisir, courut prévenir sa famille de cette découverte. Adonis dit qu'il connaissait bien ce poteau ; qu'il y en avait encore trois pareils dans la plaine ; mais que, ne sachant pas lire, il avait toujours cru que c'était une *invention à blancs* pour reconnaître leur chemin quand ils viendraient à s'égarer. Ils allèrent vers la fontaine ; et le bon nègre s'étant enveloppé les mains, il commença à couper les ronces par le pied, en priant son maître de les écarter avec le canon de son fusil, à mesure qu'elles tomberaient à terre. En moins d'un quart d'heure Adonis découvrit la principale façade de la fontaine ; et d'Hérouville se jeta précipitamment sur le piston, qui fut à peine poussé qu'on vit jaillir en abondance d'un petit tuyau de fer une eau d'abord mousseuse, mais aussi fraîche que limpide. A cette vue d'Hérouville ne se contint plus : il avait éprouvé un plaisir bien doux à sauver sa famille et lui-même d'entre les mains des brigands ; il avait goûté d'autres plaisirs non moins satisfaisants pour son cœur sensible ; mais il avoua lui-même n'avoir jamais ressenti de jouissance aussi vive, aussi forte, aussi piquante que celle de se désaltérer à cette fontaine, et d'éteindre avec ses eaux bienfaisantes l'incendie qui dévorait sa poitrine desséchée : tant il est vrai que le bien-être moral tient de près à la satisfaction de nos besoins physiques ! Chacun apaisa sa soif et rafraîchit son sang enflammé par de longs chagrins, la crainte, les angoisses et la fatigue.

D'Hérouville fut curieux de connaître le bienfaisant mortel qui avait pu sacrifier des sommes aussi[b] considérables pour diriger l'eau de la montagne des Gonaïves dans des canaux souterrains, et former un réservoir assez vaste pour fournir de l'eau aux voyageurs altérés qui traversaient journellement la plaine. Il fit de nouveaux efforts, renouvela les procédés du bon nègre, et parvint en peu de temps à découvrir les trois autres façades de la fontaine, où il lut sur chacune d'elles les inscriptions suivantes :

Première. *Jacques ISNARD, natif de Marseille, persécuté en France pour ses opinions religieuses*[92], *vint s'établir sur le morne des Gonaïves en 1770, où il jura une haine éternelle aux hommes.*

Deuxième. *Le silence, l'étude et la réflexion l'ayant rendu aux sentiments de la nature, il reconnut son erreur, et vit que les crimes qu'il attribuait à l'humanité n'étaient que ceux des hommes qui la tyrannisaient sous prétexte de la gouverner. Résolu de réparer son injustice avant de mourir, il sacrifia en 1790 le fruit de sa fortune à l'érection de cette fontaine*[93], *dont il lègue l'entretien aux âmes sensibles et bienfaisantes.*

Troisième. *Passant, qui te désaltères avec ces eaux, et qui lis ces inscriptions, plains les longues erreurs d'Isnard, mais ne maudis pas sa mémoire ; car tout son crime*[a] *ne provint que de son ignorance.*

Chaque phrase que lisait d'Hérouville arrachait des larmes de ses yeux et des sanglots de sa poitrine. Quand il eut achevé de lire ces inscriptions si touchantes, il se prosterna au pied de ce monument, et en bénit[b] le fondateur[94]. Adonis ne pouvait se lasser d'entendre la lecture de ces paroles qui avaient tant attendri son maître et sa famille, et de temps en temps il s'écriait avec douleur : « Et peut-être que nègres à Biassou ont encore tué ce bon blanc-là ! ». Ce poteau, cette fontaine et ces inscriptions, venaient de réveiller tous les sentiments philanthropiques de d'Hérouville. Son cœur était d'autant plus délicieusement satisfait, que tout ce qu'il venait de voir était l'œuvre d'un Français : il était pour ainsi dire orgueilleux d'être de la même nation qu'Isnard ; et dans sa douce émotion, il répétait avec complaisance ces paroles qui faisaient tant de plaisir à Adonis : « Tu le vois, ô mon ami ! la bienfaisance est commune parmi nous !... Oh oui !... et quoique j'aie tout perdu sur la terre, je ne puis m'abandonner au désespoir, car je trouverai de puissantes ressources dans mon courage et dans la sensibilité de mes compatriotes »[95].

L'épouse de d'Hérouville et Zerbine se trouvant accablées de fatigue, on n'eut pas de peine à convenir qu'on passerait le reste du jour et la nuit entière, auprès de cette bienfaisante fontaine. Adonis, après en avoir donné le conseil le premier, consulta le reste de ses provisions, et dit qu'on pourrait entrer le lendemain dans la riche plaine de l'*Artibonite*, couverte d'habitations florissantes, où l'on pourrait demander l'hospitalité à quelque propriétaire blanc de ce canton ; qu'ensuite on se rendrait sans peine à la ville de *Saint-Marc*, qui, recevant dans son port une foule de bâtiments de toutes nations, offrirait sans doute à son maître une occasion favorable de rentrer dans le sein de sa patrie. Ces petites conventions ainsi arrêtées, on ne s'occupa[a] plus que des moyens de passer la nuit le plus commodément possible. Ils n'avaient plus à craindre d'être surpris ; car depuis que Biassou avait levé l'étendard de la révolte, les communications par terre ayant été coupées entre les villes de Saint-Marc et du Cap Français, personne ne traversait plus *la Désolée*.

Adonis crut que l'inaction et le repos où l'on allait se livrer, lui fournissaient l'heureuse occasion d'éclaircir enfin quelques doutes qui le tourmentaient depuis longtemps, et qui semblaient mettre les discours de d'Hérouville en contradiction avec ses propres principes[b]. « Maître, lui dit-il donc avec ingénuité, vous après dire à moi toujours, que c'est l'ignorance qui fait hommes méchants ; et moi trouver que cela est vrai, puisque nègres être méchants. Mais pourquoi donc blancs qui être instruits, savants, et qui font avec mains à eux tout ce que leur esprit vouloir, pourquoi blancs-là sont-ils méchants ? ». Et il cita à l'appui de son raisonnement, l'officier blanc P***, qui passait[c] pour avoir beaucoup de connaissances dans l'artillerie et le génie, et qui était méchant, puisqu'il aidait le perfide Blanchelande[d] à faire tuer et les nègres, et les blancs. Il cita encore le père Philémon, qui savait le latin, le grec, l'espagnol, l'anglais, qui lisait dans les astres comme dans son bréviaire, et qui avait été si méchant. D'Hérouville sentit toute la délicatesse de la question ; et pour se rendre intelligible à son bon nègre, il s'exprima en ces termes : « Avant de te satisfaire, ô mon ami ! j'exige d'abord que tu ne me donnes plus un nom qui m'afflige, celui de *maître*. L'homme est né libre, et il n'y a qu'un esclave qui puisse avoir la bassesse d'appeler ainsi un autre homme ; de même qu'il n'y a qu'un esclave qui puisse souffrir qu'on le nomme ainsi. J'espère un jour développer à ton entendement, et d'une manière lumineuse, cette vérité si simple, mais que les passions des hommes ont rendue si abstraite. Je me contenterai de te rappeler, dans ce moment, que la conformité de nos principes, de nos malheurs, que les services innombrables que tu m'as rendus et le peu de bien que je t'ai fait, ont dû effacer entre nous jusqu'à la dernière trace de ces distinctions chimériques qui ne sont que le produit de l'orgueil d'une part, et de l'ignorance de l'autre. Il ne doit désormais exister entre Adonis, mes enfants, Zerbine, mon épouse et moi, d'autres rapports que ceux de la plus douce, de la plus tendre et de la plus sainte amitié. Adonis, si je te suis cher, appelle-moi donc *ton ami*, et mon cœur te sera reconnaissant d'un titre aussi doux »[96]. Le bon nègre fondant en larmes, se précipita sur la poitrine de d'Hérouville, et le serrant fortement dans ses bras, s'écria pour la première fois de sa vie, et d'une voix entrecoupée : « *ô mon bon... ami !* ». – D'Hérouville satisfait continua ainsi : « Tu veux savoir, ô bon nègre ! pourquoi le blanc civilisé qui te paraît instruit, est plus méchant même que le noir brute, ignorant et sauvage. Ecoute, Adonis ; en voici la raison.

« La peinture et les mathématiques, la sculpture et la poésie, la chimie et la musique, l'astronomie et la navigation, sont des sciences et des arts faits pour contribuer à rendre l'homme bon et heureux sur la terre, quand il sait les réunir et les combiner avec la première, la plus belle, la plus grande, la plus utile, mais malheureusement la plus négligée de toutes les sciences, CELLE DE LA MORALE ».

Ce terme était neuf pour le bon nègre. Il suivait naturellement les lois sacrées de la morale la plus pure, mais il n'avait jamais entendu prononcer son nom ; et à la vérité on eût dit à Saint-Domingue, que ce mot était vide de sens. D'Hérouville s'aperçut de l'embarras d'Adonis, et il fut au-devant de ses questions, en continuant ainsi : « La morale consiste à ne faire pendant sa vie qu'une série d'actions louables, et qui ne soient nuisibles à personne. Elle est innée chez tous les hommes ; et l'Africain le plus farouche en porte aussi bien le germe dans son cœur, que l'Européen le plus sensible. Mais chez les nations civilisées, comme parmi les peuplades les plus sauvages, ce germe précieux est étouffé, dès la naissance, par une foule d'institutions futiles, légères, et d'autant plus dangereuses, qu'elles ne servent qu'à développer toutes les passions de l'homme avec une sorte de fureur, sans lui laisser même le pouvoir d'y mettre ensuite un frein salutaire.

« Quoique je t'aie dit que nous apportions avec nous le germe de ce premier des biens, il n'en est pas moins vrai que c'est une science dont il faut apprendre les premiers éléments avec un maître, jusqu'à ce que nous ayons fait assez de progrès pour nous en passer, et pouvoir nous servir ensuite de nos lumières, pour notre plus grand avantage, qui se trouve toujours être aussi celui de la société dans laquelle nous vivons. Tu conçois donc aisément, ô mon ami ! qu'un homme peut savoir très bien calculer, peindre, chanter, lire dans les astres, parler différents langages, et être un méchant homme, et d'autant plus méchant, qu'il peut faire contribuer toutes ses connaissances à satisfaire ses mauvaises inclinations ».

Ici, je suis forcé par la nature même de cette conversation, de la continuer en forme de dialogue.

ADONIS

Mais, puisque blancs savent que morale être si nécessaire pour rendre hommes heureux, pourquoi donc eux ne pas donner maîtres à petits à eux, comme ils donnent maîtres de danse, de guitare, et autres ?

D'HÉROUVILLE

Il n'y a qu'un très petit nombre de blancs qui savent cela, ô mon ami ! et quand ils l'apprennent, il est déjà trop tard pour qu'ils puissent en profiter eux-mêmes. Leurs passions, leurs habitudes ont pris le dessus ; et les découvertes qu'ils font dans cette science sublime, les rendent souvent plus malheureux que leur ancienne ignorance, puisqu'en reconnaissant la véritable route du bonheur, ils n'ont ni la force, ni le courage de la parcourir. Tu dois sentir, d'après cela, que les maîtres de morale sont très rares, ou plutôt, qu'il n'en existe peut-être pas parmi les hommes, un seul vraiment digne de ce nom.

ADONIS

Mais, ô bon... il allait dire *maître*, quand un regard affectueux de d'Hérouville lui rappela ses promesses. Il reprit donc ainsi : Ô bon ami à moi, s'il n'y a point de maître de morale dans monde, qui donc a écrit sur papier les premières leçons dont vous parlez ?

D'HÉROUVILLE

Qui ? des hommes qu'un heureux concours de circonstances a conduits à la découverte de ces premières leçons, et qui, dans l'espoir d'être utiles à leurs semblables et pour réparer leur longue erreur, comme le bienfaisant fondateur de cette fontaine, ont inséré ces leçons dans des livres qui deviendront peut-être un jour la source du bonheur universel.

ADONIS

Oh ! moi comprendre un peu tout cela. Mais un homme qui pas avoir les autres sciences que vous avoir déjà nommées, et qui être ignorant comme moi, peut-il apprendre la morale sans apprendre les autres, et devenir après bon et heureux pour le restant de sa vie ?

D'HÉROUVILLE

Oh ! assurément oui, mon ami, et je te citerai toi-même pour exemple. Il y a plus de moralité dans ta conduite, dans tes actions et dans tes principes, qu'il n'en existe peut-être dans les actions, les principes, et même les écrits d'une foule de savants de toutes nations, qui remplissent pourtant le monde de leur renommée.

ADONIS

Mais, comment donc arranger ça avec ce que vous avoir dit tout à l'heure ? Pour apprendre morale, il faut un maître ; et vous dites que moi connais morale : et pourtant moi pas jamais avoir maîtres d'aucune sorte.

D'HÉROUVILLE

(après avoir souri de sa naïveté)

Si tous les enfants n'avaient que de bons exemples sous les yeux, Adonis, ils n'auraient pas besoin de maîtres de morale ; car, comme je te l'ai déjà dit, le germe de cette science se développerait de lui-même, et avec tant de force, qu'il n'aurait bientôt plus à redouter aucune mauvaise influence. Mais, par malheur, le vice domine partout, et corrompt tout ce qui l'entoure. Voilà pourquoi il faut à l'enfant un maître, qui, comme un médecin habile, veille sans cesse sur son existence, et préserve sa faiblesse de l'air brûlant, corrosif et contagieux des passions, qui le dévorerait[a] bientôt.

Pour toi, qui suis naturellement les doux préceptes de la morale, tu ne dois ce bonheur insigne qu'à l'heureux hasard qui a fait naître autour de toi des gens simples et bons qui n'ont point émoussé les deux plus précieux sentiments qui honorent l'homme, et qui l'élèvent au-dessus de tout sur la terre, *la conscience* et *la sensibilité*.

Comme ceci devenait un peu abstrait pour le bon nègre qui paraissait absorbé dans ses réflexions, d'Hérouville, pour se rendre plus intelligible, continua ainsi :

Quand tu vois quelqu'un souffrir, que fais-tu ?

ADONIS

Oh ! moi courir pour soulager lui, si moi capable.

D'HÉROUVILLE

Eh bien ! c'est le sentiment qui te porte à secourir ton semblable, que j'appelle *sensibilité*.

ADONIS

Oh ! moi bien comprendre *sensibilité*, à cette heure. Mais l'autre mot ?

D'HÉROUVILLE

Quand tu es parvenu à donner du soulagement à quelqu'un qui souffre, que ressens-tu au-dedans de toi-même ?

ADONIS

Ah ! dame ! cœur à moi bien content.

D'HÉROUVILLE

Eh bien ! c'est ce sentiment de satisfaction intérieure que je nomme *conscience*.

ADONIS

Oh ! à cette heure, moi bien comprendre *conscience* aussi.

D'HÉROUVILLE

De même donc que la morale de la nature te porte à faire du bien à tes frères, et qu'elle t'en récompense aussitôt par la joie que tu en ressens, non seulement dans le moment même, mais encore chaque fois que ta mémoire te le rappelle ; de même aussi ta conscience et ta sensibilité se révoltent, à la vue d'une mauvaise action ; et comme cette révolte te fait éprouver un sentiment pénible et douloureux, tu sens que l'action est mauvaise, par cela même qu'elle ne te procure aucun plaisir.

ADONIS

Oh ! cela est bien vrai, et moi bien comprendre cette raison-là. Cependant, si moi sentir plaisir à faire bonnes actions, pourquoi tous les hommes, noirs et blancs, ne sentiraient-ils pas plaisir-là aussi ?

D'HÉROUVILLE

Tout le monde ressent aussi du plaisir à faire le bien. Mais je te l'ai déjà dit : quand l'homme n'a pas étudié la morale, les passions le tyrannisent au point qu'il fera le mal, non par méchanceté, mais pour satisfaire son penchant pour le vin, le jeu, les femmes, les honneurs et les richesses, croyant toujours, au bout de tout cela, rencontrer le bonheur, dont il s'écarte cependant en proportion de la grandeur du mal qu'il fait, ou dont il est la cause.

ADONIS

Ainsi donc tous les hommes en général, grands comme petits, noirs comme blancs, beaux comme laids, seraient tous heureux si eux connaissaient et suivaient morale ?

D'HÉROUVILLE

N'en doute pas, ô mon ami !

ADONIS

Cependant, il y en a occasion[a] où hommes bons être contraints d'être méchants. Vous, par exemple, ô bon ami à moi ! n'avez-vous pas été forcé de tuer le nègre-brigand *Azaca* ?

D'HÉROUVILLE

Hélas ! tu n'as que trop raison, ô mon pauvre Adonis ! et quoiqu'il ne me restât que ce seul parti pour sauver ma femme, mes enfants, toi, Zerbine et moi, je n'en ai pas moins commis un crime affreux ; et tels seront les forfaits qui souilleront l'humanité, tant que la morale n'éclairera pas, ne dirigera pas tous les hommes. Le bon sera obligé de repousser par la force les agressions du méchant, qu'il ne pourra ramener par la persuasion ; et c'est ce qui nécessite l'établissement des lois pénales et des tribunaux, parce que, si les hommes avaient le droit de se faire justice eux-mêmes, l'univers ne serait bientôt plus qu'un vaste champ de carnage où le plus fort triompherait seul de tous les autres.

ADONIS

Ô cher ami à moi ! comme vous savant dans morale ! vous avoir donc eu un maître dans jeunesse à vous ?

D'HÉROUVILLE

Non, mon ami ; mais j'ai d'abord été élevé à la campagne, et avec simplicité. Mon goût pour la lecture m'a seul porté à approfondir cette science, qui offrait des charmes à mon cœur neuf encore et peu corrompu.

Plus j'y ai fait de progrès, et plus j'ai senti que toutes les autres n'avaient, pour ainsi dire, été inventées que pour recréer l'homme sur la terre, diversifier ses jouissances, et lui procurer des plaisirs qui pussent s'adapter à sa conformation physique ; et c'est d'après cette observation que je les ai toutes comprises sous le nom de *science de* L'ART[a] ; tandis que j'ai donné à la morale, dont l'étude est essentiellement nécessaire au bonheur de l'homme, celui de *science de* LA VÉRITÉ[b]. C'est cette dernière qui m'a aidé, soutenu, consolé[c] dans les moments les plus critiques de mon existence ; c'est elle qui m'a empêché d'être vain, orgueilleux et méchant dans ma prospérité, comme elle m'empêche d'être lâche, servile et craintif dans le malheur. C'est la morale qui m'aide à traverser gaîment le sentier de la vie ; c'est encore elle qui me fait envisager le bonheur, ou tout au moins le repos, au bout de ma carrière[d]. Et pourquoi quitterai-je[e] ce monde avec tristesse, quand rien ne m'empêche de porter dans un autre un front calme et serein ? Ô mon ami ! combien je plains les hommes qui la négligent, cette science précieuse qui procure des jouissances si pures et exemptes de tout remords ! Que j'envie peu le bonheur chimérique dont les hommes veulent presque tous s'enivrer, et qui ne leur procure pas même vingt-quatre heures de suite d'une heureuse illusion !

Adonis attendri écoutait en silence, en se promettant bien de revenir sur tout ce qui lui avait paru obscur, afin de s'instruire, autant qu'il le pourrait, dans la science *de la vérité*. Il termina ce dialogue par la question suivante :

ADONIS

Moi voudrais bien connaître cependant, pourquoi blancs qui, comme vous, sont parvenus à devenir savants dans la science *à vérité*, ne se sont pas réunis pour faire écrire beaucoup, beaucoup bons livres-là, pour mettre eux dans les mains à tout le monde, et pour faire connaître la morale à tous ceux qui savent lire ?

D'HÉROUVILLE

Quoique tu ne sois pas encore assez instruit pour en bien comprendre toutes les raisons, je vais pourtant répondre à ta question, mais en t'invitant d'avance à me faire toutes les objections que tu croiras propres à éclaircir tes doutes.

Deux puissantes causes se sont toujours opposées à la promulgation des découvertes faites dans la science de *la vérité*. La première est la forme de gouvernement sous lequel est asservie une grande partie du genre humain. Cette forme de gouvernement étant arbitraire[f], tyrannique et odieuse, ceux qui croient avoir intérêt de la maintenir telle, pour leur plus grand bonheur, ne veulent pas que les *philosophes*, c'est-à-dire les savants en morale, répandent les vérités qu'ils ont eu le bonheur de découvrir, parce que la morale n'étant autre chose que la justice, et la justice étant égale pour tous, elle ne reconnaît ni maîtres, ni esclaves, ni tyrans, ni bourreaux, ni victimes ; et conséquemment ni abus de pouvoir, ni arbitraire, ni vexation, ni pillage, ni crimes, ni politique. Elle respecte la dignité de l'homme dans toutes les positions où le sort l'a fait naître ; elle ne souffre aucune de ces distinctions qui tendent à élever une partie de l'espèce pour dégrader, avilir l'autre ; et tu sens bien que ceux qui tiennent l'humanité asservie, sont trop corrompus pour souffrir que le flambeau de la vérité vienne éclairer leurs turpitudes[97]. C'est à peu près par la même raison, qu'avant l'insurrection des nègres, tu as vu s'élever contre moi tous les colons blancs de mon canton, qui m'accusaient de vouloir m'ériger en *réformateur*, parce que je n'avais pas voulu imiter leur injustice, leur cruauté, leur révoltante barbarie.

La comparaison fit aussitôt comprendre à Adonis la première partie de la réponse de d'Hérouville, qui continua en ces termes :

La seconde cause découle naturellement de la première. Les tyrans qui gouvernaient les peuples s'opposant de toutes leurs forces à l'introduction des lumières, les *philosophes*, pour présenter la vérité, furent obligés de la vêtir[a], afin de l'offrir aux regards des hommes, sans courir de danger. Les uns la cachèrent sous d'ingénieux emblèmes ; d'autres parlèrent d'elle en termes si pompeux, dans un style si haut, si relevé ou si emphatique, qu'ils se rendirent inintelligibles aux trois quarts et demi[b] de leurs auditeurs. Qu'en arriva-t-il ? La vérité, quoique introduite dans la société, ne fut presque reconnue de personne ; et la plus grande partie de ceux qui avaient saisi quelques-uns de ses traits divins, en firent aux autres un portrait si faux, si ridicule et si outré, que les uns la prirent pour une chimère, et les autres pour une divinité atrabilaire, farouche et inabordable. Ô mon pauvre Adonis ! si on avait pu la faire voir aux hommes telle qu'elle est, toute radieuse de son éclat, de sa beauté, de sa douceur et de ses grâces enchanteresses, tous les mortels, en tombant à ses pieds, eussent fixé à jamais la paix et le bonheur sur la terre. Mais[c] le tort de la plupart des écrivains qui en ont parlé, est de n'avoir jamais su mettre ses vertus à la portée du *peuple*, c'est-à-dire de cette classe née dans l'indigence par les effets d'un mauvais gouvernement, et trop illettrée pour sentir toutes les beautés du langage poétique et fleuri dans lequel les philosophes ont chanté ses perfections[98].

Adonis comprit encore une partie de cette seconde cause qui faisait allusion à la nécessité dans laquelle il s'était trouvé de teindre sa maîtresse en noir, pour la faire pénétrer dans le camp de Biassou ; mais, comme il voyait que d'Hérouville était entraîné par la beauté de son sujet, il ne jugea pas à propos de l'interrompre, et il écouta dans le plus respectueux silence la fin de sa réponse, ainsi conçue :

Oui, mon ami, si on avait dit aux hommes de tous les états : Etudiez la morale ; c'est la science du bonheur ; ses préceptes sont déjà dans vos cœurs, et le sexagénaire peut devenir son écolier, comme l'enfant qui commence à se connaître. Elle n'exige point d'accessoires, car ils ne servent qu'à obstruer l'entendement. Pauvres ou riches, jeunes ou vieux, libres ou esclaves, heureux ou malheureux, dans quelque état que la nature, le sort, la fortune ou l'injustice des hommes vous ait placés, vous pouvez entrer dans son temple et sacrifier à ses autels ; elle vous prodiguera ses bienfaits, ses richesses. Plus vous la cultiverez cette science, et plus vous deviendrez braves, sobres, économes et hospitaliers. Elle vous apprendra à ne vous laisser éblouir de rien, à apprécier à leur juste valeur les choses comme les circonstances ; vous ne serez plus émerveillés des actions les plus simples, et vous ne vous attellerez plus au char d'un fripon adroit qui vous aura séduits.

Elle vous donnera la juste opinion que vous devez avoir de vous-même et des autres. Elle centuplera jusqu'à vos jouissances physiques, et votre vieillesse vous paraîtra aussi douce que les plus beaux jours de votre printemps. Votre carrière finira comme le soir d'une belle journée, et vous vous endormirez doucement dans le sein de l'Eternel, sans crainte d'être réveillé par la honte, les remords, et la crainte des châtiments.

Mais, comme je te l'ai déjà dit, *le peuple* est si avili, qu'il ne se croit pas même fait[a] pour y prétendre. Aussi[b] son nom seul lui cause-t-il[c] tant d'ennui, de dégoût, que je suis persuadé que si jamais le récit de mes malheurs venait à être publié, tout agréable qu'il serait, même pour les gens qui ne veulent qu'on n'alimente que leur curiosité, les trois quarts des lecteurs n'auraient pas le courage de lire ce dialogue qui vient de s'établir entre nous deux, parce que le mot de *morale*, si choquant[d] pour eux, viendrait se présenter à leurs yeux comme une barrière qu'il leur serait impossible de franchir. Cependant, Adonis, honneur à ceux qui auraient la patience de le lire tout entier ! car ce serait un signe certain que leurs cœurs ne seraient pas tout à fait corrompus, qu'ils pourraient étudier avec succès la science de *vérité*. Honneur[e] aussi au gouvernement qui répandra avec profusion parmi le peuple les éléments de la morale ! car ce sera la preuve qu'il est basé sur la justice, et que son institution, ses vœux les plus chers et son but, ne tendent qu'à perfectionner l'humanité abrutie par l'ignorance, l'injustice et les préjugés.

Ici se termina ce dialogue, qui fut entendu par l'épouse de d'Hérouville avec un profond sentiment d'admiration, et par Zerbine avec autant d'intérêt que de surprise et d'inquiétude[f].

Le reste de la journée se passa dans une conversation à peu près semblable, mais plus courte, plus détachée et plus générale. La pauvre Zerbine qui, par moments, avait compris quelque chose à leurs discours, était dévorée de curiosité, et suppliait le bon nègre de lui expliquer tout cela en *créole*, ce qu'Adonis faisait avec la meilleure grâce et du mieux qu'il lui était possible. Enfin, le soleil approchant du terme de sa course, d'Hérouville profita de ses derniers rayons pour laisser sur la fontaine le témoignage de sa reconnaissance. Il commença donc à graver ces mots sur la corniche : A ISNARD ; puis il mit au-dessous le nom de sa famille, ceux de son bon nègre et de Zerbine, et ajouta au-dessous en plus gros caractères[a] : LEURS CŒURS RECONNAISSANTS.

Chacun adressa des louanges à l'auteur de la nature, et on se livra aux douceurs du sommeil.

Le lendemain, ils se mirent en marche au lever du soleil, et arrivèrent sur les trois heures de l'après-midi dans la plaine de l'Artibonite. Ils se trouvèrent bientôt auprès d'une sucrerie de belle apparence, où d'Hérouville se décida à entrer.

Comme il se doutait bien que l'évasion de son épouse hors de la ville du Cap n'aurait pas peu contribué à rallumer les soupçons et à fortifier les inquiétudes de Blanchelande[b], il se donna garde de se présenter sous son vrai nom au propriétaire[c] de cette sucrerie, qui se trouva être précisément un chaud partisan de ce général, dont il avait tout à redouter. D'Hérouville se fit passer pour un de ces pauvres ouvriers blancs qui parcouraient la colonie pour chercher de l'ouvrage d'habitation en habitation, lorsque traversant la montagne de Vallière, avec sa femme, ses enfants et ses deux esclaves, il avait eu le malheur de tomber au pouvoir des brigands commandés par Biassou, à la fureur desquels il n'était échappé, ainsi que sa femme, qu'en se travestissant comme il le voyait.

Le colon sucrier le reçut avec dureté et méfiance, lui répondit qu'on ne savait plus à qui s'en rapporter ; que depuis quelque temps la colonie était infectée d'un tas de brigands qui apportaient de France ces principes détestables de liberté et d'égalité, subversifs des propriétés et de tout ordre social[99].

D'Hérouville dit qu'il était à Saint-Domingue dès avant la Révolution[d] ; et ce mot suffit pour tranquilliser son hôte, qui parut un peu s'humaniser.

On les fit rafraîchir et manger. D'Hérouville, après s'être frotté le corps, d'huile de *palma-christi*, revint bientôt à sa couleur primitive et naturelle, ainsi que sa famille : aussi l'habitant, qui découvrit alors la beauté de son épouse, lui adressa-t-il un quolibet grossier, qu'il laissa pourtant échapper comme une de ces émanations précieuses et comme un effort surnaturel de son génie sublime. – Ta femme n'est pas mal, lui dit-il avec cette impertinence qui faisait alors tout le mérite de ses pareils, mais pas du tout mal pour une femme de charpentier. Je connais dix de mes voisines qui ont chacune cinquante mille écus de rente, et qui se feraient honneur d'une tête, des yeux et d'un teint comme ceux-là. – Ah ! que voulez-vous, monsieur ? répondit d'Hérouville avec une niaiserie feinte, la nature est comme ça ; elle a toujours l'air de faire tout à tort et à travers. – Oh ! c'est bien vrai, reprit l'habitant, rien n'est aussi gauche, aussi bizarre que ses productions. Par exemple, j'examine ton nègre et sa femme ; ils sont moulés !... Ah ! si j'avais eu une jambe et des épaules comme ça, lors de mon dernier voyage à Paris, quelle fortune n'eussé-je pas faite à la cour ?... Eh bien, non !... c'est à ces animaux-là qu'elle va prodiguer tous ses dons... En vérité, il y a de quoi devenir incrédule, misanthrope, pessimiste et athée ![a] –Quoi ! monsieur, vous êtes donc sans fortune ? – Non, mon ami, non ; mais en a-t-on jamais trop ?... Or ça, puisque nous en sommes sur le chapitre de tes nègres, dis-moi un peu, que prétends-tu en faire, maintenant que tu as tout perdu jusqu'aux outils de ton métier ? – Ce que je prétends en faire ? mais ce que la reconnaissance et la probité m'ordonnent, leur donner la liberté en récompense des services qu'ils m'ont rendus en sauvant la vie à ma famille. – Ah ! la reconnaissance... la probité... reprit l'habitant en secouant la tête, tout cela est fort beau, mais cela ne donne pas de pain. Ils ont sauvé la vie à ta famille[b] ; c'est excellent !...[c] Mais, au bout du compte, ils n'ont fait que leur devoir[100]. Tiens, ils me conviennent : je suis assez riche pour ne pas marchander ; mets-y un prix raisonnable, et ils sont à moi ». D'Hérouville, que le mépris et l'indignation agitaient intérieurement, sut pourtant se contraindre, et dire encore avec modération, qu'il ne voulait pas s'en défaire ; qu'il lui restait quelques amis qui l'aideraient, et qu'il tenait à l'amitié de ces bonnes gens. L'habitant insista ; d'Hérouville tint bon. Le colon, outré de tant de résistance, se leva comme un furieux, et dit : « Toute cette canaille de *petits blancs* est partout la même[d] ; une fois qu'elle s'est *enégraillée*[e], on n'en peut plus rien faire : c'est de l'attachement... de la probité... de la reconnaissance, et un tas d'autres platitudes semblables, qu'ils se fourrent dans la tête, et... Ces misérables-là finiront par perdre la colonie. Je l'ai prédit depuis longtemps ». En achevant ces mots, il sortit, et monta dans sa voiture pour aller souper chez un habitant de son voisinage.

D'Hérouville attendit le lendemain avec impatience, et l'aube du jour commençait à peine à paraître qu'il était déjà à plus d'une lieue de la sucrerie. Il arriva de bonne heure dans la ville de *Saint-Marc* ; mais, par malheur, il n'y avait aucun bâtiment français prêt à mettre à la voile. Comme il craignait toujours que Blanchelande n'eût envoyé son signalement, il profita du départ d'un bâtiment américain qui retournait à Philadelphie, et s'arrangea avec son capitaine pour le passage de sa famille, d'Adonis et de Zerbine[101].

Le lendemain, dès quatre heures on mit à la voile avec un petit vent de terre qui seconda leur sortie du port, et bientôt ils cinglèrent vers la capitale des Etats-Unis de l'Amérique septentrionale.

Tous ces infortunés, échappés comme par miracle à la férocité des nègres et à l'injustice des blancs de cette île malheureuse, rendaient au Ciel des actions de grâces, et se réjouissaient de leur heureuse délivrance. Déjà[a] les plus doux projets venaient consoler leurs âmes depuis si longtemps flétries par la douleur. D'Hérouville se proposait d'unir Adonis à Zerbine par les liens sacrés du mariage, non seulement pour dédommager cette bonne négresse de tous les sacrifices qu'elle avait faits pour sa famille ; mais encore pour qu'elle ne fût point trahie dans sa plus chère espérance, et qu'elle fût récompensée par l'amour de son retour à la vertu : car il n'ignorait pas qu'Adonis l'adorait. « Oui, mes enfants, s'écriait cet homme sensible, nous ne nous quitterons plus. Nous partagerons désormais nos peines et nos plaisirs. Nous sommes tous jeunes et vigoureux ; il me reste encore en France très peu de bien à la vérité ; mais nous saurons tellement le faire valoir par notre travail, notre tempérance et notre économie, qu'il deviendra peut-être un jour la source d'une fortune assez considérable pour mettre notre vieillesse à l'abri des besoins et de la misère. Ô mes enfants ! j'étais riche, vous le savez ; mais le Ciel m'est témoin que je ne regrette point cette fortune, qui n'avait été acquise qu'au prix de la liberté de plusieurs centaines d'hommes ; qui n'était basée que sur le crime, l'injustice, et sur une longue suite d'outrages et d'attentats faits à la nature, à l'humanité »[*102].

Il y avait déjà trois jours qu'ils naviguaient avec un vent favorable, quand, en passant devant les petites îles *Lucayes*, ils virent venir vers eux un bâtiment d'une marche supérieure, qu'ils reconnurent bientôt pour un pirate *providencier*[**]. Aussitôt la crainte, le découragement et le désespoir

---

[*] Je pressens que les colons qui liront cet ouvrage, diront qu'il m'a été facile de faire tenir ce langage à d'Hérouville ; que les blancs qui ont perdu leurs propriétés à Saint-Domingue ne sont pas tous, comme lui, dans l'âge de la vigueur[b], et qu'il en est une foule qui sont en proie aujourd'hui à la plus horrible détresse, accablés en outre par les glaces de l'âge et les infirmités. Je leur répondrai que mon intention n'a pas été d'insulter à leur misère, ni de les accuser d'un crime qui est plutôt celui de leur siècle que le leur propre ; mais que j'ai saisi cette occasion pour répéter encore une fois cette éternelle vérité : *que tout ce qui est institué contre les lois de la nature, de la morale, de la justice et de l'égalité*, ne peut durer longtemps, et finit toujours par une catastrophe terrible pour les instituteurs, ou pour ceux qui les ont soutenus, protégés ou soufferts.

[**] *La Providence* est une petite île située dans ces parages[c], et sous la domination des

s'emparèrent de tous les passagers. D'Hérouville dit à ses amis, qui l'entouraient : « Rassurez-vous ; ces gens-là n'en veulent qu'à l'argent ; et comme nous n'en avons plus, nous n'avons rien à craindre de leur rapacité ». Le pirate fut bientôt auprès de l'Américain. Une trentaine de brigands, armés jusqu'aux dents, montèrent à son bord, et commencèrent les fouilles. Ils descendirent dans l'entrepont, et enlevèrent en un moment tous les ballots, malles, marchandises et effets qu'ils trouvèrent. La terreur avait tellement consterné l'équipage, qu'il garda le plus profond silence pendant tout le temps que dura l'expédition. Quand ils se furent emparés de tout ce qu'il y avait de plus précieux, ils furent visiter la *cambuse*[*], et se gorgèrent de rhum, de vin et de viande. Le capitaine américain attendait avec une triste impatience leur départ, pour continuer sa route, quand ces misérables complotèrent l'enlèvement d'Adonis et de Zerbine, dont la beauté les avait frappés, pour aller les vendre à *Tabago*[103] ou à la *Jamaïque*, où ils espéraient en tirer une forte somme[104]. Ils remontèrent donc sur le tillac, et se jetant sur leur proie avec une fureur de cannibales, de leurs bras vigoureux ils les firent passer en un clin d'œil sur le fatal bâtiment qui allait peut-être les séparer à jamais de d'Hérouville et de sa chère famille. En effet, à peine les deux victimes furent-elles à bord du pirate, qu'il coupa d'un coup de hache le câble qui le retenait attaché à l'Américain, et cingla en pleine mer par une route opposée à la sienne.

Qu'on se dépeigne, s'il est possible, le chagrin, la douleur et le désespoir de d'Hérouville, dans ce moment d'une aussi cruelle séparation. Toutes ses facultés semblaient anéanties ; on eût dit que le pirate avait emporté jusqu'à son existence. Revenu à lui, il passa successivement des accès de la rage aux doux épanchements de la sensibilité. Il pleura la perte de ses amis, dont il s'accusait d'avoir causé les malheurs. Sa famille partageait son affliction, et

---

Anglais. Elle est renommée par la barbarie et la rapacité des pirates qui sortent de son sein, et qui dans tous les temps courent indistinctement sur tous les vaisseaux qu'ils rencontrent, pour les piller. On assure que le cabinet de Saint-James n'y envoie pour la commander, que de ces hommes qui se signalent par leur profonde immoralité, leur despotisme et leur cupidité. Ils sont non seulement chargés de tolérer la piraterie, mais encore de l'encourager et de la protéger. Il est vrai qu'ils ont une forte part dans le butin qui se fait, et qu'ils sont chargés en outre d'en faire refluer une autre partie dans les coffres de quelques lords de l'amirauté. Ce fait n'est qu'un léger échantillon de la moralité du gouvernement actuel de la nation britannique !... Ô peuple généreux et brave !... quand secoueras-tu donc le joug honteux que t'imposent encore d'aussi lâches tyrans ?...[a]

[*] Endroit du vaisseau qui renferme les boissons, vivres, et généralement les provisions de bouche destinées à être consommées pendant le cours du voyage.

le capitaine de leur bâtiment, homme très flegmatique, ne pouvait concevoir comment il était possible de se désoler de la sorte pour la perte de *deux valets*. Un Français passager, et qui parlait anglais, raconta à ce capitaine les raisons qu'avait d'Hérouville de regretter Adonis et Zerbine. Ce marin, malgré son apparente insensibilité, fut tellement ému au récit des événements extraordinaires arrivés à cette intéressante famille, qu'il pria le Français de lui en faire une petite *relation* traduite en anglais. Le vent contraire força le bâtiment d'entrer dans la baie de *Chéseapeack*[105], et de relâcher à Norfolk, ville et port de mer de la province de Virginie. A peine débarqué, le capitaine fit aussitôt imprimer la relation des malheurs de d'Hérouville, et la répandit lui-même chez des négociants de sa connaissance et chez des magistrats de la ville ; elle produisit bientôt l'effet qu'il s'en était promis. Le touchant intérêt et la tendre compassion passèrent dans toutes les âmes, et attendrirent tous les cœurs en faveur de notre bon colon, qui était resté en rade sur le bâtiment, livré à sa douleur profonde, et ne se doutant pas de ce qui se passait à terre à son sujet.

Le colonel Wilson, commandant les milices de la province, homme fort riche[a], mais cependant[b] fort humain, proposa à ses amis une collecte pour secourir d'Hérouville, et l'ouvrit lui-même par un don de vingt-cinq guinées. Son exemple fut suivi par une foule d'habitants de la province. Bientôt les dons s'accumulèrent à tel point, qu'ils produisirent une somme d'environ quinze mille livres de notre monnaie[106]. L'estimable Wilson voulut se procurer le plaisir si doux de les offrir lui-même à d'Hérouville. Il pria le capitaine américain de le faire descendre à terre, et de l'amener dans sa maison. Il avait préparé pour le recevoir un repas auquel il avait invité[c] ses meilleurs amis.

D'Hérouville, accompagné de son épouse et de ses deux enfants, parut au milieu de cette société respectable, qui l'accueillit avec des transports de joie et d'admiration. Ce bon colon, étourdi pour ainsi dire de cette réception, à laquelle on ne l'avait pas préparé, était resté confus, interdit et muet d'étonnement. Sa famille imitait son silence ; mais Wilson le rompit, en lui disant : « Brave et estimable Français, nous connaissons et vos malheurs et vos vertus ; vous ne devez pas être étonné en voyant ici des républicains qui y ont été sensibles[107]. Mais ne pouvant réparer vos pertes et terminer vos souffrances, nous avons tâché au moins de les adoucir. Vous voyez ici (en lui montrant des sacs d'argent) une somme assez considérable, et qui vous appartient bien légitimement, puisque ces sacs ne contiennent pas une seule pièce qui n'ait procuré à celui qui vous l'a donnée, mille fois plus de plaisir que vous n'en éprouverez à vous en servir. Rouvrez donc votre cœur à la joie et à l'espérance ; vos peines touchent à leur terme, et peut-être deviendront-elles pour vous une source de bonheur. Voici, ajouta Wilson en montrant le capitaine américain, l'homme à qui nous sommes redevables du plaisir de vous avoir secouru. – Oh ! non, répondait *Adams* en riant de tout son cœur, et baragouinant ces mots en français : *Ce n'être pas moi que j'ai faite toute cela, c'est le petite relachion qui a parlé beaucoup dans le cœur de mes compatriotes* ». Et tous les convives attendris se jetaient tour à tour dans les bras de Wilson, de d'Hérouville et du capitaine, en les baignant des larmes produites par le plaisir le plus pur et les plus généreux sentiments. On se mit à table ; le repas ne pouvait manquer d'être gai et touchant, puisque l'humanité, la bonne foi, la franchise, la sensibilité et toutes les vertus républicaines semblaient[a] y être réunies. On parla beaucoup de la Révolution de France : d'Hérouville semblait en dévorer le récit, tant il sentait le besoin d'entendre des nouvelles de sa patrie ![b] On porta différents *toasts*, à l'affranchissement du peuple français ! à la consolidation de la liberté américaine ! aux mânes de Rousseau, Voltaire, Franklin[108] ! etc. enfin[c], Wilson engagea d'Hérouville à porter un toast aux personnes ou aux choses qui lui feraient le plus de plaisir. Ce bon colon, dont le cœur était dilaté par la joie, s'écria aussitôt avec enthousiasme : « *AU BON NÈGRE ADONIS, l'ami des blancs, de l'humanité et de la vertu, et à sa compagne Zerbine !* ». Et Wilson ajouta aussitôt : « *Puisse le Ciel favoriser les démarches que j'ai fait faire auprès du gouverneur de la Providence, pour obtenir la liberté de ces deux nègres, que je brûle de remettre entre les bras de leurs amis !* ». A ces paroles inattendues, d'Hérouville ne put contenir sa joie ; il se précipita dans les bras du bon Wilson, et tous deux se pressèrent fortement l'un contre l'autre, en versant des larmes de plaisir et de reconnaissance. Le repas fini, le capitaine Adams prit congé de la société, en disant que le vent était favorable pour se rendre à Philadelphie, et qu'il allait partir pour sa destination. On se doute bien que ses adieux avec le sensible d'Hérouville furent touchants.

Le colon et sa famille restèrent donc chez le colonel Wilson, qui, dès le lendemain même, tint à d'Hérouville le langage suivant : « Puisque vous avez perdu tout votre bien, et que votre infortune vous laisse, pour ainsi dire, le maître de choisir une patrie qui vous convienne, ah ! de grâce daignez adopter la nôtre : elle fut le berceau de la liberté[d], la patrie de Franklin ; elle est encore celle du généreux *Washington*[109]. Pourrait-elle ne pas vous plaire ? – Le pays qui produit des *Wilson*, reprit d'Hérouville avec chaleur, aura toujours des attraits pour moi. Oui, brave homme, je passerai quelques années parmi vos généreux compatriotes[110], mais à condition que vous me laisserez la liberté d'aller mourir sur cette même terre où je reçus la vie ; car cette idée seule fera la consolation de ma vieillesse ». Wilson promit de l'y accompagner.

Quelques jours après, le colonel fit l'acquisition d'une jolie métairie, garnie de ses ustensiles, bestiaux et instruments aratoires. Il y conduisit d'Hérouville et lui dit : « Vous êtes chez vous, faites valoir votre bien ; et si vous avez besoin de Wilson, rappelez-vous toujours qu'il n'est qu'à cinq lieues de votre demeure ».

D'Hérouville se mit bientôt avec ses garçons de ferme, au courant des travaux champêtres de sa nouvelle habitation. Il y avait à peine huit jours qu'il y était, quand un courrier de Wilson vint lui annoncer l'arrivée d'Adonis et de Zerbine dans la rade de Norfolk, arrivée qui lui avait été signalée par trois coups de canon, ainsi qu'il en était convenu avec le capitaine qui les amenait. A cette nouvelle inespérée, d'Hérouville pensa perdre connaissance, tant la joie qu'il en ressentit fut poignante. Sa famille partagea son délire. Ils volèrent à Norfolk, et trouvèrent en effet leurs libérateurs dans la maison de Wilson, qu'entourait un peuple immense qui s'était précipité sur leurs pas pour voir ces infortunés, dont l'aventure avait fait tant de bruit dans la ville.

Après la première explosion des cœurs, Adonis raconta comment il était parvenu à forcer les brigands de respecter Zerbine, en leur faisant accroire qu'ils avaient, l'un et l'autre, le secret de s'étouffer avec leur langue[*111], si on leur faisait la moindre violence. Les pirates, dans la crainte de perdre le fruit de leurs rapines, ne les avaient pas même séparés, et avaient eu toutes sortes de soins de leurs personnes, afin qu'ils arrivassent sains et bien portants à la Providence, où ils étaient restés jusqu'au moment où, par ordre du gouverneur, on les avait livrés au capitaine américain qui venait de les ramener à Norfolk.

Le mariage d'Adonis et de Zerbine se fit bientôt d'une manière solennelle. Le généreux Wilson en fit tous les frais, et invita à leurs noces les principaux magistrats et citoyens de la province. Ces bons noirs furent si longtemps étourdis de leur bonheur, qu'ils ne trouvaient plus de gestes, de signes, ni d'expressions pour témoigner leur reconnaissance à ces généreux Américains. Enfin, ils furent habiter avec d'Hérouville qui ne voulut accepter la propriété de la métairie, qu'à condition que l'acte en serait commun entre lui et Adonis. Toutes ces bonnes gens y vivent encore au milieu de la paix, à l'abri des besoins, et unis par les doux liens de l'amitié, de la franchise et de la reconnaissance.

P.S. Il y aura bientôt quatre ans qu'étant à la Nouvelle-Angleterre, et dans la province de Virginie, où me trouvant entraîné dans une partie de chasse, je m'égarai dans une forêt immense, au bout de laquelle le hasard me fit

---

[*] Il y a en effet quelques nations africaines dont les nègres parviennent à s'arracher la vie par ce moyen.

découvrir la ferme de d'Hérouville. Je résolus d'y entrer pour acheter du laitage, et m'y reposer. Mon étonnement fut extrême de trouver une famille de Français noirs et blancs. Je leur témoignai la satisfaction qu'éprouve toujours un bon Français à la vue d'un compatriote en pays étranger, et j'en fus accueilli avec cette cordialité franche, apanage des bons cœurs. A cette époque, la Nouvelle-Angleterre était déjà infectée par des émigrés français et par une foule d'ennemis de la Révolution[a] échappés des Antilles, qui exerçaient une espèce de tyrannie contre tous ceux qui manifestaient des opinions favorables au nouvel ordre de choses[b]. Ces bonnes gens, qui craignaient leurs persécutions, n'osèrent trop s'ouvrir à moi ; mais la nature de la conversation, qui ne tarda pas à s'établir entre nous, les rassura bientôt. Ils m'engagèrent à coucher chez eux, me racontèrent leurs malheurs, et me firent passer, au milieu de leurs enfants et de leurs domestiques, trois jours de délices et de vrai bonheur[112].

Je m'étais promis de publier leur histoire. On vient de la lire. Si j'ai omis quelques particularités, il faut en accuser ma mémoire ; car c'est elle qui, d'accord avec mon cœur, a seule conduit ma plume. Que n'est-elle tombée entre les mains d'un littérateur distingué, cette histoire touchante ! Il en eût sans doute tiré un parti plus avantageux que moi ; mais j'ai fait tout ce que j'ai pu pour rendre intéressant *mon bon nègre* : c'est aux bons cœurs, c'est aux âmes sensibles à faire le reste[c].

NOTES

Page 193.

1. Rouxel de Blanchelande (1755-1793), nommé gouverneur de Saint-Domingue en novembre 1790, royaliste, renvoyé par les commissaires civils en France, où il doit rendre compte de sa conduite, le 3 novembre 1792. Il est décrété d'accusation par la Convention le 30 novembre, condamné à mort pour trahison et exécuté le 5 avril 1793.

Le texte d'*Adonis* fait référence aux pièces du procès de ce gouverneur (l'*Interrogatoire et jugement du tribunal criminel révolutionnaire de B!anchelande, auteur des massacres* etc.), qui apportent une caution à la thèse d'une conspiration contre-révolutionnaire fomentée par Blanchelande.

Page 194.

2. Bernardin de Saint-Pierre est convoqué comme modèle à titre d'« écrivain philosophe », comme l'indique la note de l'auteur – en raison du « charme entraînant et philosophique » de ses écrits. Par « philosophie » il faut entendre, dans ce roman de 1798, l'adhésion à des valeurs morales de simplicité et d'humanité, qui peuvent conduire à une forme d'engagement politique. *Paul et Virginie* met en scène, conformément à cet idéal, deux « enfants de la nature », et les relations vertueuses unissant des blancs et des esclaves noirs. L'antiesclavagisme de Bernardin de Saint-Pierre, qui se manifeste dans le roman de façon partielle et peu cohérente, trouve des expressions justes dans le *Voyage à l'île de France* (1773). Par delà le discours moral de condamnation de l'esclavage, Bernardin de Saint-Pierre est favorable à une politique d'abolition graduelle (*Vœux d'un solitaire* (1789), *O.C.*, éd. L. Aimé-Martin, Paris, P. Dupont, 1826, t.11, p.126).

3. Ce propos liminaire doit être interprété comme une concession au public colonial, auquel le roman fait maintes fois référence : dans la suite du texte, en effet, la question de la couleur n'est plus évoquée ; l'Africain Adonis se voit attribuer une moralité supérieure à celle de nombre d'Européens.

Le texte se livrerait à un pastiche du style domingois ; voir par exemple le propos de ce colon sauvé par ses esclaves, qui se souvient avec émotion du sacrifice de l'un d'entre eux : « Ô Jean, qui caches sous ta peau noire une âme digne d'honorer toutes les couleurs ! », *Histoire des désastres de Saint-Domingue*, Paris, Garnery, an III, 1795, p.196.

4. Cette idée sera discutée et corrigée par les personnages mêmes du roman.

L'argument de l'« instruction » évoque le discours des partisans de l'abolition graduelle, et constitue un compromis dans le débat qui oppose esclavagistes et abolitionnistes radicaux : selon Condorcet, les noirs dégradés par la servitude, partiellement privés de l'usage de la raison, auraient besoin d'être préparés à la liberté (*Réflexions sur l'esclavage des nègres, et autres textes abolitionnistes* (1781), présentation de David Williams, L'Harmattan, « Autrement Mêmes », 2002, p.25).

Page 195.

5. L'esclavage est aboli le 29 août 1793 par le commissaire civil à Saint-Domingue, Sonthonax, dans la partie Nord de l'île ; le 21 septembre 1793 le commissaire civil Polverel confirme l'abolition pour l'Ouest et le Sud de Saint-Domingue ; le 4 février 1794 un décret généralise l'abolition de l'esclavage à toutes les colonies françaises.

A l'abolition immédiate, qui implique une révolution violente, le texte oppose non le maintien de la servitude, mais l'abolition progressive, conformément au programme élaboré par la Société des Amis des Noirs et maintenu par Brissot après l'annonce de l'insurrection : « L'esclavage *éternel* doit être le foyer le plus actif des crimes, parce qu'il est lui-même le plus grand des crimes. Songez donc, non pas à rendre subitement la liberté à vos esclaves, mais à la préparer, et à adoucir leur sort », *Discours de J. P. Brissot, député, sur les causes des troubles de Saint-Domingue, prononcé à la séance du premier décembre 1791.* Imprimé par ordre de l'Assemblée nationale, p.61.

6. Le texte se distingue idéologiquement du discours colonial, esclavagiste, et des discours abolitionnistes les plus avancés, dont Garran, président de la commission des colonies à la Convention, se fait l'écho dans son *Rapport.* Mettant en balance les avantages du décret d'abolition et les violences qu'il occasionne, Garran aboutit, contrairement à Picquenard, à une conclusion favorable à l'abolition : « l'abolition de la servitude [...] épargnera annuellement plus de meurtres aux nations européennes, que la lutte des factions diverses, celle des oppresseurs et des opprimés, la vengeance et la trahison n'en ont produit à Saint-Domingue depuis la révolution. On a déjà remarqué que plus d'une moitié des esclaves qui sont l'objet de la traite mourait avant d'arriver dans les colonies, que plus d'un neuvième des noirs y périssait annuellement ; ce qui donne une mortalité plus grande que celle des guerres les plus terribles », Garran-Coulon, *Rapport sur les troubles de Saint-Domingue, fait au nom de la Commission des colonies, des Comités de salut public, de législation et de marine, réunis,* 1796-1797, t.4, p.644.

7. A la guerre entre noirs et blancs s'ajoutent les conflits entre habitants libres de Saint-Domingue –blancs entre eux, blancs contre métis – qui se réclament du principe de liberté pour défendre des causes plus ou moins légitimes.

8. Allusion probable au « serment du Bois-Caïman », et au « pacte de sang vaudou » : les noirs se seraient réunis secrètement la nuit du 14 août 1791 au Bois-Caïman ; après avoir procédé sous les auspices d'une prêtresse au sacrifice rituel

d'un cochon, dont ils auraient bu le sang, ils auraient juré d'exécuter les ordres de leur chef, le nègre Boukman, et d'exterminer les maîtres (J. Thibau, *Le Temps de Saint-Domingue. L'esclavage et la Révolution française*, Editions Jean-Claude Lattès, 1989, p.268-269). Ce serment évoqué par des témoignages contemporains serait selon les historiens modernes en partie légendaire (voir David Geggus, « La cérémonie du Bois Caïman », *L'Insurrection des esclaves de Saint-Domingue (22-23 août 1791)*, sous la direction de Laënnec Hurbon, Paris, Karthala, 2000, p.149-167).

Page 196.

9. L'insurrection des esclaves de la plaine du Nord commence dans la nuit du 22 au 23 août 1791. Nous avons remplacé exceptionnellement le texte fautif de 1798, qui porte « dans le mois de janvier 1791 », par celui de 1836. En janvier 1791, une révolte d'esclaves éclate non dans la plaine du Nord, mais à Port-Salut dans le Sud ; elle est réprimée ; en juillet une autre révolte d'esclaves, également maîtrisée, se déclare dans l'Ouest. Picquenard semble avoir confondu dans sa première version les soulèvements précurseurs et l'insurrection générale qui marque le début de la Révolution de Saint-Domingue.

10. Le nombre des victimes de la Révolution de Saint-Domingue est difficile à établir, mais le chiffre avancé de 200 000 morts est certainement très excessif. La population de l'île en 1788 compte 500 000 esclaves, 30 000 blancs, 30 000 mulâtres ou nègres libres. Pierre Pluchon estime qu'à la fin de l'année 1792 il y aurait eu 20 000 morts noirs et 2000 morts blancs (*Histoire de la colonisation française*, Paris, Fayard, 1991, t.1, p.931) ; l'auteur de l'*Histoire des désastres de Saint-Domingue* évalue à 60 000, en 1795, le nombre de ceux que la guerre ou les maladies ont emportés depuis l'insurrection de 1791, *op. cit.*, note p.53.

11. Le général en chef des insurgés est le noir Jean-François ; Biassou, réputé pour sa férocité, est son lieutenant général.

12. Chiffre excessif : en septembre-octobre 1791 écrit Garran-Coulon, les insurgés « étaient, disait-on, déjà au nombre de 12 à 15 000 ; [...] mais ce nombre déjà si alarmant, était grossi par la frayeur et les rapports exagérés de ceux qui se réfugiaient dans la ville : des lettres du temps le portent à 40 et 50 000 », *op. cit.*, p.214-215.

Certains auteurs comme Gros sous-évaluent le danger pour minimiser l'importance de la révolte – et mieux charger l'autorité politique : « Biassou et Boukman ayant réuni leurs forces s'avançaient vers le port Margot à la tête de plus de dix mille combattants », Gros, *Précis historique des principaux faits qui ont précédé, et suivi la journée du 26 octobre 1791...*, s.l, s.d.[1793 ?], p.68-69. P. Pluchon juge irréaliste le chiffre de dix mille insurgés avancé par un grand planteur en décembre 1791 (Pamphile de Lacroix, *La Révolution de Haïti*, éd. présentée et annotée par P. Pluchon, Paris, Karthala, 1995, p.90).

13. Récit très analogue de Garran-Coulon : dans les premiers jours de l'insur-

rection, les révoltés marchent sur le Cap ; « on fut donc réduit à se tenir sur la défensive, en se fortifiant et en occupant le bourg du haut du Cap, qui seul pouvait livrer aux noirs un passage par terre. On y plaça un camp, en entourant la ville de palissades et de chevaux de frise pour prévenir un coup de main », *op. cit.*, t.2, p.217.

14. Le Cap est « la capitale de fait » de Saint-Domingue, la ville la plus peuplée et la plus commerçante. Port-au-Prince a pris le titre de capitale pour des raisons de stratégie militaire (Moreau de Saint-Méry, *Description topographique, physique, civile, politique et historique de la partie française de l'île de Saint-Domingue* (1797), éd. B. Maurel et E. Taillemite, Paris, Société française d'histoire d'Outre-Mer, 1984, t.1, p.294, 482).

Page 197.

15. Propriétaire d'une caféterie, le héros du roman occupe un rang moyen dans la hiérarchie sociale, qui distingue les habitants blancs en fonction de leur poids économique : il se situe au-dessous des grands planteurs, et au-dessus des « petits-blancs », qui n'ont ni propriété ni esclaves. La culture du café n'exige qu'un équipement modeste et un personnel de quelques dizaines de personnes, à la différence de la production du sucre de canne, qui requiert un investissement de capitaux considérable à long terme, des bâtiments industriels, cent à trois cents esclaves (Pluchon, *Histoire de la colonisation française*, t.1, p.401).

16. Les maîtres attribuent souvent aux esclaves un nom nouveau : nom courant en France (Vincent, Jacques, Thomas etc.), ou emprunté à la mythologie (Mercure, Diane, Hector, Télémaque, Adonis, Ariane, Narcisse etc.), à la littérature (Zaïre, Azor), à l'histoire ancienne (César). Certains esclaves gardent leur nom africain (Jean Fouchard, *Les Marrons de la liberté*, Paris, l'Ecole, 1972, p.291-298).

Page 198.

17. La « Compagnie David Gradis et fils », importante maison de commerce en relation étroite avec les colonies françaises des Antilles. Même mention dans *Le Nègre comme il y a peu de blancs* de Lavallée, au moment où un habitant de Saint-Domingue achète le narrateur noir : mettant « sur la table les papiers qu'il avait tirés de son porte-feuille, il ajouta une, deux, trois, quatre et cinq ; toutes à vue, sur Gradis de Bordeaux » (1789, t.1,p.204).

18. Le roman suggère l'existence d'une opposition de classe doublée d'un divorce idéologique entre la petite ou moyenne bourgeoisie représentée par d'Hérouville, et la grande bourgeoisie, l'aristocratie des planteurs, composée notamment par les sucriers.

19. Le programme tracé par le colon correspond à celui du girondin Brissot et de la première Société des Amis des Noirs qui, entre 1788 et 1791, recherche des moyens graduels pour arriver à une lente extinction de l'esclavage ; voir *La Société*

des Amis des Noirs, 1789-1799. Contribution à l'histoire de l'abolition de l'esclavage, M. Dorigny, Bernard Gainot, Editions UNESCO, « Mémoires des peuples », 1998.

Page 199.

20. Le créole d'*Adonis* est effectivement très épuré. Moreau de Saint-Méry, qui cite longuement une chanson en créole authentique, accompagnée d'une traduction, a pu jouer un rôle dans la valorisation d'une langue méprisée : « il est mille riens que l'on n'oserait dire en français, mille images voluptueuses que l'on ne réussirait pas à peindre avec le français, et que le créole exprime ou rend avec une grâce infinie » ; ce langage « a son génie » ; et pour répondre aux contempteurs du « jargon » des nègres, tel Girod de Chantrans, « j'en appelle, dit Moreau de Saint-Méry, aux séduisantes créoles, qui ont adopté ce patois expressif pour peindre leur tendresse ! », *op. cit.*, t.1, p.81 (voir Girod-Chantrans : « le langage créole de cette colonie [Saint-Domingue] n'est jamais que le français remis en enfance. On y trouve presque toujours l'infinitif du verbe, précédé et suivi de pronoms personnels ; peu d'adjectifs et beaucoup d'adverbes ; [...] il faut convenir qu'il est faible, maussade et embrouillé », « dépourvu de grâce et d'énergie, à quelque espèce de sujet qu'on l'applique » (*Voyage d'un Suisse dans différentes colonies d'Amérique...*, Neuchatel, Imprimerie de la Société typographique, 1785, p.189, 191).

21. Les habitants de Vallière se sont maintenus dans leurs habitations selon le témoignage de Gros, procureur de Vallière, source privilégiée du romancier. Aux motivations intéressées des acteurs historiques le texte d'*Adonis* substitue les raisons nobles du personnage fictif : dès les premiers jours de l'insurrection, la plupart des habitants prirent la fuite et se réfugièrent au Cap, mais « les citoyens de Vallière agirent avec bien plus d'énergie [que ceux des paroisses voisines], il se rassemblèrent de suite, et jurèrent de mourir à leur poste, plutôt que d'abandonner leurs foyers. Ceux du Dondon les imitèrent, et sans les desseins perfides de Blanchelande, la partie Est de la dépendance eût été garantie de l'insurrection » (Gros, *Précis historique des principaux faits* ...,p.68).

Page 200.

22. Certains esclaves ont sauvé leurs maîtres pendant les troubles : « dès le commencement de septembre, écrit Garran, toute cette magnifique plaine du Cap, la plus riche de la colonie, fut réduite en cendres. Tout à l'entour de cette ville, dans un rayon de cinquante milles, presque tous les blancs qui n'eurent pas le temps de se sauver furent égorgés : quelques-uns furent préservés par l'attachement de leurs esclaves », *op. cit.*, t.2, p.214. L'auteur de l'*Histoire des désastres de Saint-Domingue* évoque un cas précis : « Un petit atelier de vingt-cinq noirs, de l'habitation Gélibert, au Margot, reçut une visite des révoltés qui voulurent les forcer à les suivre : le commandeur, jeune nègre de vingt-deux ans, et quelques autres

auxquels il avait donné le mot, tombèrent sur les premiers à coups de houe, en assommèrent sept, et mirent le reste en fuite », *op. cit.*, p.219. Le commandeur est affranchi, décoré par l'assemblée coloniale d'une médaille destinée à récompenser les belles actions. Le roman a pu également s'inspirer de journaux tels que la *Chronique de Paris*, qui reproduit une lettre d'un habitant du Cap datée du 14 octobre 1791, signée Ribié : « J'ai eu l'avantage de faire la traversée avec un des principaux personnages de cette pièce [ce drame], qui est M. de Seine, gérant de l'habitation Noé, qui fut une des premières incendiées. Ce brave patriote est couvert de plus de trente blessures, il n'a échappé au fer des assassins, et ne doit son salut qu'au dévouement d'un jeune nègre, qui fait maintenant l'admiration de Saint-Domingue » (*ibid.*, 6 décembre 1791, p.1370).

23. L'*Histoire des désastres de Saint-Domingue* pourrait avoir inspiré le choix d' « Adonis » : un esclave nommé Adonis tue son maître le jour de l'insurrection pour se venger d'une punition reçue des années auparavant, sans considération pour les témoignages d'affection du propriétaire. « J'ai vu le testament de Châteauneuf [le maître], dit l'auteur, il léguait à Adonis la liberté, sa garde-robe et 10 000 livres ! » ; une note rapportant des actes de dévouement corrige l'image des esclaves, dégradée par cette anecdote, *op. cit.*, p.196. *Adonis, ou le bon nègre* a peut-être été conçu à l'origine comme un contre-récit visant à tempérer un discours colonial défavorable aux noirs, par une amplification de l'exemple « sensible ».

Page 201.

24. Réécriture du discours du noir révolté, toujours repris dans les fictions coloniales dérivées d'*Oronoko*. L'argumentation de d'Hérouville rappelle celle de Phédima dans les *Lettres africaines* (L.30, p. 186-187).

25. Allusion à la *Déclaration des droits de l'homme et du citoyen* adoptée par l'Assemblée le 26 août 1789, et en particulier à l'article 1er, qui commande en principe l'abolition de l'esclavage : « Les hommes naissent et demeurent libres et égaux en droits ».

26. Le *Rapport* de Garran-Coulon relate des faits identiques mais insiste sur le mimétisme dans la violence : « Malheureusement un grand nombre de noirs avait conservé la férocité que donne presque toujours la servitude au maître et à l'esclave, et les exécutions sanglantes qu'on faisait partout de ceux que l'on prenait n'étaient propres qu'à augmenter ces dispositions cruelles. [...]. A l'exemple des blancs, qui exposaient à la porte de leurs camps les têtes des principaux nègres qu'ils avaient tués, les noirs fichaient celles des blancs sur les glacis de leurs camps », t.2, p.257.

Page 202.

27. Nous avons remplacé exceptionnellement le texte de 1798, fautif, par celui de 1836 ; la version originale est la suivante : « mais, *soit que Biassou eût donné* des ordres particuliers pour qu'on eût soin de lui, on vint bientôt lui offrir quelques

aliments qu'il refusa ».

28. La côte de Guinée s'étend de la Sierra Leone à l'Angola.

Page 203.

29. Les Congos viennent du Congo, du Zaïre et d'Angola. Toutes les descriptions d'esclaves africains comportent des typologies des caractères ; voir par exemple Moreau de Saint-Méry : les Congos sont « d'une douceur et d'une gaieté qui les fait rechercher. Aimant le chant, la danse et la parure [...] », *op. cit.*, t.1, p.53.

30. Les « Mozambiques » viennent du Mozambique et de la Tanzanie actuels ; ce furent les seuls apports de l'Afrique de l'Est.

31. Les Nagos viennent de l'actuelle Nigeria de l'Ouest, les Ibos de la Nigeria du Sud.

Les Mondongues viennent de l'intérieur du Congo.

Les Nabos et les Ibos auraient selon Moreau de Saint-Méry des mœurs seulement « sanguinaires » ; les Mondongues seraient proprement anthropophages, des « bouchers de chair humaine », reconnaissables à « leurs dents incisives, toutes sciées en autant de canines aiguës et déchirantes », *op. cit.*, t.1, p.50, 53.

32. Gros, prisonnier dans le camp des insurgés, décrit l'apparat vestimentaire de certains noirs : Jean-François, « chef suprême de l'armée africaine, était toujours bien costumé ; son habillement consistait en un habit de superbe drap gris, parement jaune, et enrichi d'un crachat : il portait la croix de Saint-Louis et le cordon rouge : il avait également douze gardes du corps, ceints d'une bandoulière remplie de fleurs de lys [...] ; plusieurs autres chefs subalternes, étaient décorés de la croix et des épaulettes », *Récit historique sur les événements qui se sont succédé dans les camps de la Grande Rivière, du Dondon, de Sainte-Suzanne ...*, Baltimore, S. et J. Adams, 1793, p.45.

33. Le préjugé favorable aux noirs créoles, jugés meilleurs que les « bossals » (ou noirs arrivant d'Afrique), est très répandu ; voir Moreau de Saint-Méry : « les nègres créoles naissent avec des qualités physiques et morales, qui leur donnent un droit réel à la supériorité sur ceux qu'on a transportés d'Afrique » ; leur intelligence surtout est appréciée, *op. cit.*, t.1, p.59.

34. Le texte transpose dans le camp de Biassou la description du camp de Jean-François dans le Récit historique de Gros : « Jean-François, qui avait une petite cour, se plaisait à donner des fêtes », *Récit historique sur les événements qui se sont succédé dans les camps de la Grande Rivière, du Dondon, de Sainte-Suzanne ...*, p.28.

Page 204.

35. L'officier P*** (dans la note de l'auteur) est vraisemblablement Pichon, capitaine en second du régiment du Cap, incriminé par Gros : « lié aux princes de Coblentz », il divise les forces des habitants de Vallière et les expose sans canon aux

révoltés ; « Vallière succomba par les intrigues du Sieur Pichon » (*Précis historique des principaux faits ...*, p.74). C*** pourrait être le colonel de Cambefort, suspecté par Gros ; toutefois la mention de l'exil aux Etats-Unis ne s'accorde pas avec la biographie de cet officier.

36. Les noirs insurgés se disaient « gens du roi », selon tous les témoignages ; les noirs devaient au roi quelques mesures d'humanisation de l'esclavage, et lui en prêtaient d'autres, tels les trois jours de congé hebdomadaires, que la rumeur avait fait circuler : « on leur avait entendu déclarer [aux nègres] dès 1791, « qu'ils étaient armés pour le roi, que les blancs avaient détrôné parce qu'il avait accordé aux esclaves trois journées franches par semaine ; qu'ils combattaient pour leurs droits et pour le roi ; que parmi les blancs le général seul (Blanchelande) qui tenait pour le roi n'était pas un bandit » », Garran, *op. cit.*, t.2, p.344.

L'expression « gens du roi » a pu être interprétée toutefois comme la preuve d'une manipulation des esclaves révoltés par les royalistes contre-révolutionnaires ; voir par exemple ce texte « anti-blanchelandiste » de 1793 : « Que disent, écrit le colon P.-F. Page, les blancs échappés des camps des révoltés ?

Que *le gouvernement, que l'aristocratie ont révolté les nègres* et les hommes de couleur ; que ces révoltés n'ont que des drapeaux blancs, des cocardes blanches ; que leurs devises sont : « Vive Louis XVI, roi de France et de Navarre » ; que *leur cri de guerre est « Gens du roi »* ; qu'ils se disent armés pour « rétablir le roi sur son trône, la noblesse et le clergé dans leurs privilèges » » (P.-F. Page, *Blanchelande, ex-gouverneur de Saint-Domingue, convaincu de trahison par ses propres moyens justificatifs*, s.l., 1793, p.5, non souligné dans le texte).

37. Picquenard adopte, avec une partie des colons, la thèse discutable d'un complot des contre-révolutionnaires, coupables d'avoir favorisé l'insurrection noire. Il allègue, comme le colon Pierre-François Page, notamment, qui s'est spécialisé dans le réquisitoire anti-Blanchelande, d'une part le cri de ralliement des esclaves insurgés, qui s'appelaient « gens du roi », d'autre part, et surtout, les défaites militaires des blancs, imputées à la trahison du gouverneur. « Blanchelande, écrit P.-F. Page, n'a pas mérité l'échafaud, parce qu'il était royaliste : car nul n'est comptable de ses opinions ; mais il a mérité l'échafaud, parce qu'il a fait révolter nos nègres, incendier nos habitations, égorger nos familles », *Essais sur les causes et les effets de la Révolution*, Paris, Quillau, an III (prairial), p.69.

Les royalistes auraient escompté, à l'intérieur même de Saint-Domingue, une réaction des colons contre les principes égalitaires de l'Assemblée nationale, facteurs de désordre (Garran-Coulon, *Rapport*, t.2, p.264) ; et ils auraient espéré anéantir, en France même, les manufactures dépendant du commerce colonial, « porter à l'insurrection sept ou huit millions d'hommes que ces manufactures alimentent, et provoquer la guerre civile » (Page, *Blanchelande, ex-gouverneur de Saint-Domingue, convaincu de trahison par ses propres moyens justificatifs*, s.l., 1793, p.6).

En démasquant les complots des royalistes, le but de Picquenard est uniquement de discréditer ces ennemis de la France et de la République, non de dénier aux noirs une dynamique autonome, et une aspiration collective à la liberté. Le colon Pierre-François Page infère de l'action des blancs royalistes l'absence d'une « cause noire », que les révoltés auraient voulu défendre : « On se représente toujours, écrit-il, les nègres et les hommes de couleur combattant pour la liberté ; cependant il est bien démontré qu'ils n'ont jamais été que les instruments de ceux qui leur ont mis les armes à la main » (*Essais sur les causes et les effets de la Révolution*, p.3). Picquenard, au contraire, évoque dès la première page la sensibilité des noirs à la « voix éloquente et majestueuse » de la liberté. Il établit explicitement un lien de causalité entre l'oppression exercée par les blancs et le soulèvement des esclaves ; il dénonce dans *Zoflora* le Code noir, la conduite des colons, plus barbare que ne le sont les prescriptions révoltantes du Code, et place cette conclusion dans la bouche d'un personnage « philosophe », vivant à Saint-Domingue en 1750 : « Un pareil ordre de choses ne pourra longtemps exister [...] ; et malheur à ceux qui seront témoins de l'horrible catastrophe qui l'anéantira ! car ils en seront sans doute aussi les victimes. Malgré l'état d'abrutissement dans lequel on tient les noirs, ils auront un jour le sentiment de leurs forces, et plus de 500 000 hommes briseront la tyrannie de quelques milliers de blancs, dont quelques-uns, surtout, se sont signalés par une férocité épouvantable », *Zoflora ou la bonne négresse, anecdote coloniale*, Paris, Didot jeune, 1800, p.82.

Page 205.

38. Gros, principale source de cet épisode, raconte de manière circonstanciée comment, prisonnier des insurgés, il est devenu le secrétaire du chef Jean-François, pour échapper à l'emploi de canonnier que les nègres lui avaient assigné : « Incapable de faire une cartouche, de manœuvrer à une pièce de canon, je faisais mille projets pour me soustraire à ce service, entre autres il me vint dans l'idée de briguer le secrétariat de Jean-François », *Récit historique sur les événements qui se sont succédé dans les camps de la Grande Rivière, du Dondon, de Sainte-Suzanne ...*, p.26. « Secrétaire breveté de Jean-François, et investi de sa confiance » (*ibid.*, p.29) Gros aurait ainsi rédigé une adresse des chefs noirs à l'assemblée coloniale.

Le cas de Gros n'est pas isolé : les chefs insurgés « savaient dans l'occasion, écrit Garran, recourir à ceux des hommes de couleur réunis à eux qui avaient quelque éducation, ou même à leurs prisonniers blancs ». A propos d'une lettre « très bien faite » adressée à l'assemblée coloniale, signée par Biassou, Garran dit qu'elle était certainement rédigée par un autre, étant donné « la grossière ignorance dans le style et l'orthographe » des chefs de l'insurrection, *op. cit.*, t.2, p.312, 311.

Page 206.

39. Les accusations de trahison dirigées contre Blanchelande furent particulièrement vives après la défaite militaire de ce gouverneur contre les insurgés dans le Sud, au camp des Platons, en août 1792 : l'assemblée coloniale soutint alors

formellement « que Blanchelande et les grands planteurs de son parti étaient d'accord avec les nègres pour sacrifier les blancs dans cette expédition, afin de trouver dans le mauvais succès un prétexte pour rétablir l'ancien régime sur la ruine des troupes de ligne et de tout ce qu'il y avait de patriotes dans la province du Sud ; on a surtout invoqué pour cette opinion la manière dont l'entreprise fut exécutée, les fatales méprises qui firent présenter successivement à la boucherie les trois colonnes à des jours différents, au lieu de les faire attaquer simultanément [...] ; et l'on assure même « qu'au moment où l'on hissait le pavillon rouge [au camp des nègres], et qu'on montrait une tête au bout d'une pique, les révoltés crièrent à plusieurs reprises *vive le roi, vive Blanchelande* » » (Garran-Coulon, *op. cit.*, t.2, p.590-591). Voir également le témoignage de Gros : « Le découragement gagnait indispensiblement [*sic*], augmentait même par la certitude qu'on avait d'être trahi par les chefs qu'on savait bien être d'intelligence avec les brigands », (Gros, *Précis historique des principaux faits* ..., p.70).

L'alliance des royalistes et des noirs insurgés n'a jamais pu être établie. Les défaites des blancs s'expliquent plus vraisemblablement, selon Garran-Coulon, par l'inertie des autonomistes de Saint-Domingue, prétendument patriotes, qui ont saboté les opérations militaires dirigées par Blanchelande en refusant des troupes à ce gouverneur, dans le seul but de le perdre. La haine du « despotisme ministériel », traditionnelle dans la colonie, serait donc la principale cause du désastre ; à cela se seraient ajouté la faiblesse des effectifs des blancs, le défaut d'entraînement et, selon le conventionnel Garran-Coulon, un facteur idéologique décisif, l'inégalité du combat entre la tyrannie et « les enfants de la liberté ».

Picquenard se fait l'écho des croyances des colons de Saint-Domingue dans la mesure où elles rejoignent ses convictions antimonarchistes.

40. De nombreux témoins rapportent des faits similaires : « On parle d'une carte trouvée sur un noir, où le nom du Roi, infidèlement employé, amènerait à croire que des contre-révolutionnaires ont eu quelque part à cette révolte », Brissot, *Discours de J. P. Brissot, député, sur les causes des troubles de Saint-Domingue...*, p.70

41. Le cordon rouge est un ruban qui sert d'insigne aux membres de l'ordre de Saint-Louis, ordre royal et militaire institué par Louis XIV ; la croix de Saint-Louis distingue certains de ces membres. La source est Gros : « Quant à Biassou, il portait seulement la croix de Saint-Louis et le cordon rouge », à la différence d'autres insurgés qui accumulaient les insignes royalistes (*Récit historique sur les événements qui se sont succédé dans les camps de la Grande Rivière, du Dondon, de Sainte-Suzanne* ...,p.45).

Page 207.

42. L'anglophobie du narrateur peut s'expliquer à la lumière du conflit avec l'Angleterre, ultérieur au moment où se déroulent les événements racontés ; toutefois, il y eut effectivement appel des colons à l'Angleterre, qui envoya quelques secours, peu considérables, en septembre 1791 ; alors, écrit Garran-Coulon,

« l'assemblée [coloniale] vota des remerciements au ministre Pitt, à l'amirauté d'Angleterre, au gouverneur, à l'amiral et à l'assemblée générale de la Jamaïque.

La lettre à Pitt est à peu près la seule que l'on connaisse. Elle se trouve dans les procès-verbaux de l'assemblée générale ; et malgré sa date reculée, qui est du 25 septembre 1791, elle ne laisse que trop percer des sentiments d'affection pour le gouvernement anglais et d'aversion pour celui de la mère-patrie » (*Rapport*, t.2, p.244).

Le texte de Picquenard rejette sur le gouverneur Blanchelande la faute de cette « trahison » qui est le fait, surtout, des colons eux-mêmes.

Les termes de la lettre du roi d'Angleterre évoquent des négociations qui eurent lieu non en 1791, mais fin 1792, et qui aboutirent en février 1793 aux accords Malouet-Dundas – conclus entre le fondé de pouvoir des colons de Saint-Domingue, le royaliste Malouet, et Dundas, ministre des Colonies anglaises – ; la trahison supposée dans le roman est en deçà de la réalité, puisque ces accords concèdent le statut de colonie anglaise à Saint-Domingue, et ne prévoient pas de retour automatique à la France après la fin de la Révolution : « Les habitants de Saint-Domingue, ne pouvant recourir à leur légitime souverain pour les délivrer de la tyrannie qui les opprime, invoquent la protection de sa Majesté Britannique et lui prêtent serment de fidélité, la suppliant de conserver leur colonie et de les traiter comme bons et fidèles sujets jusqu'à la paix générale, époque à laquelle Sa Majesté Britannique, le Gouvernement de la France et les puissances alliées décideront entre elles de la souveraineté de Saint-Domingue » (cité par P. Pluchon, *op. cit.*, t.1, p.938-939).

La lettre fictive renvoie également au débarquement des Anglais en septembre 1793 sur les côtes domingoises, en application d'une convention avec les colons français ; les Anglais occupent facilement une partie du Nord et de l'Ouest ; la fièvre jaune qui décime leurs troupes les oblige à se retirer en 1798.

43. Les accusations de trahison portées par le narrateur contre le gouverneur royaliste peuvent éventuellement être mises en relation avec le renouvellement du péril contre-révolutionnaire en 1797-1798 dans la métropole même. Le coup d'Etat du 18 Fructidor (4 sept 1797) perpétré par les Directeurs républicains vise à prévenir toute tentative des royalistes de rétablir légalement la monarchie, après une victoire électorale obtenue grâce aux subsides de l'Angleterre, en avril 1797, qui autorise des espoirs de Restauration.

44. Les îles sont dotées d'assemblées coloniales en 1787 par le maréchal de Castries, ministre de la marine chargé des colonies, comme en France depuis Necker on met à l'épreuve des assemblées provinciales.

45. Blanchelande n'a fait en réalité que souscrire aux initiatives de l'assemblée coloniale, qui lui a imposé ses vues. Cette assemblée réunie au Cap est dominée par le parti des séparatistes extrémistes, ex-députés de l'assemblée de Saint-Marc dissoute en octobre 1790 par l'Assemblée nationale.

46. Les témoignages s'accordent à souligner l'importance symbolique de ces gestes, qui signalent le désir de rupture avec la métropole ; voir notamment Garran-

Coulon : « Il paraît que dès la translation de l'assemblée coloniale au Cap, la scission avec la France était décidée par le parti qui dominait cette assemblée. L'un des premiers travaux des commissaires qu'elle avait envoyés fut d'effacer de la salle de l'assemblée coloniale cette inscription, *la nation, la loi et le roi*. Le président [de l'assemblée coloniale] Cadush arbora la cocarde noire » (*op. cit.*, t.2, p.218) ; l'abandon de la cocarde nationale tricolore est interprété par Garran-Coulon comme le signe d'un ralliement à l'Angleterre et, en outre, comme la preuve d'une adhésion à la contre-révolution. Voir également P.-F. Page : « Alors furent effacés par les soins de Gauvain, négociant du Cap, ces mots, *la nation, la loi*, etc. qui ornaient le temple où se réunissait l'assemblée coloniale. Alors des orateurs malveillants ou égarés blasphémaient l'Assemblée nationale ; et cent mille révoltés, couverts du sang des blancs, la torche et le poignard à la main, leur paraissaient moins dangereux que l'Assemblée nationale » (*Discours historique sur la cause des désastres de la partie française de Saint-Domingue*, s.l., 1793, p.15).

Il semble toutefois que l'initiative de ces actes, et en particulier le port de la cocarde noire, reviennent à l'assemblée coloniale, et à son président Paul de Cadush, plutôt qu'à Blanchelande ; c'est la thèse défendue par Garran-Coulon, assez indulgent envers le gouverneur, et par l'historien Pierre Pluchon : Blanchelande « est débordé par les agitateurs de la seconde assemblée coloniale, dont finalement il est l'exécutant plutôt que le maître » (*op. cit.*, t.1, p.885).

47. Les repères chronologiques disséminés dans le récit conduisent à identifier ces « commissaires » aux premiers commissaires civils nommés par le roi, arrivés au Cap fin novembre 1791, MM. de Mirbeck, de Saint-Léger et Roume de Saint-Laurent. Les nouveaux commissaires arrivés dans l'île en septembre 1792, Sonthonax, Polverel et Ailhaud, font cesser les manœuvres des contre-révolutionnaires de façon plus décisive en renvoyant Blanchelande en France.

48. Les considérations sur le préjudice économique que représente la perte de Saint-Domingue, « la perle des Antilles », la plus riche des îles à sucre, sont un lieu commun des écrits contemporains sur « l'affaire de Saint-Domingue ». Elles s'accordent mal, cependant, avec d'autres jugements du narrateur dirigés contre l'institution de l'esclavage et la valorisation de l'argent.

49. La figure du nègre médecin est récurrente dans les récits de voyages ; un esclave de la Martinique guérit les morsures de serpent, dans un récit du père Labat (*Nouveau Voyage aux îles de l'Amérique*) ; les Africains ont le secret de remèdes meilleurs que ceux des blancs, selon des Marchais (voir Annexe II, texte 2).

Page 208.

50. Traduction de l'anglais d'Aphra Behn : l'Africaine Imoinda destinée à épouser Oronoko est appelée « Black Venus », *Oroonoko, or the Royal Slave* (1688), edited by Catherine Gallagher with Simon Stern, Bedford / St. Martin's, Boston, New York, 2000, p.44.

Adonis, personnage mythologique, est l'amant de Vénus.

51. Les femmes noires sont entourées des assiduités des cadres blancs, d'autant plus, explique l'historien P. Pluchon, que le rapport entre les sexes parmi les blancs est de 20 000 hommes pour 10 000 femmes (*op. cit.*, t.1, p.397).

52. Les considérations sur le tempérament impérieux des femmes créoles sont un lieu commun ; voir par exemple Moreau de Saint-Méry, à propos des créoles blanches : « L'état de désœuvrement dans lequel les femmes créoles sont élevées ; les chaleurs presque habituelles qu'elles éprouvent ; les complaisances dont elles sont perpétuellement l'objet ; les effets d'une imagination vive et d'un développement précoce ; tout produit une extrême sensibilité dans leur genre nerveux [...]. Accoutumées à vouloir impérieusement, elles s'irritent à raison des obstacles », *op. cit.*, t .1, p.40.

Page 209.

53. Point de vue favorable à la métropole, qui distingue *Adonis* des écrits des colons.

Page 210.

54. La situation romanesque du « fils sauveur » a pu être empruntée à Ducray-Duminil. Adonis se voit confier une mission dangereuse qui lui vaudra la reconnaissance du « père », comme dans *Victor ou l'enfant de la forêt*, le jeune Victor, fils adoptif du baron de Fritzierne, joue un rôle d'intermédiaire entre ce baron et les ennemis qui menacent leur château. « Tu ne saurais croire, mon fils, dit Fritzierne à Victor, combien je me suis repenti de t'avoir laissé partir avec une mission aussi délicate. [...] Enfin c'est fait, te voilà, nous te serrons dans nos bras, et nous oublions le danger que tu as couru pour ne jouir que du bonheur de te revoir.

Le père le plus tendre n'emploierait pas des expressions plus touchantes, en parlant à son enfant. Victor fut pénétré jusqu'aux larmes des marques d'affection du baron. Il l'embrassa avec effusion », Ducray-Duminil, *Victor, ou l'enfant de la forêt*, Paris, Le Prieur, an V, 1797, t.1, p.136.

Page 211.

55. Camp du Haut-du-Cap, commandé par le maréchal de camp de Rouvray, dit Camp Bréda, du nom d'une famille de planteurs de Saint-Domingue, qui y possédait une habitation. On sait que Toussaint Louverture s'appelait, quand il était esclave, Toussaint Bréda, du nom de l'habitation où il est né.

56. Les esclaves soupçonnés d'intelligence avec les révoltés étaient systématiquement mis à mort : « On crut qu'on étoufferait la révolte par le supplice des nombreux prisonniers qu'on faisait et des nègres du Cap qui témoignaient quelque insubordination ; partout on dressa des échafauds [...]. Presque tous [les prisonniers] étaient indistinctement condamnés à mort. Chaque jour était marqué par des

boucheries de ces malheureux. Il y avait en permanence sur la place du Cap cinq potences, et deux échafauds pour le supplice de la roue », Garran, *op. cit.*, t.2, p.253-254.

Page 212.

57. Les divisions politiques telles qu'elles sont présentées ici calquent l'opposition entre Aristocrates contre-révolutionnaires et Patriotes de la métropole au début de la Révolution française, et ne reflètent que partiellement les conflits qui déchiraient Saint-Domingue.

Ce découpage idéologique se retrouve dans l'*Histoire des désastres de Saint-Domingue*, mais il est exceptionnel. L'auteur de l'*Histoire* présente ainsi les petits blancs « patriotes » comme des partisans de la Révolution, tout en soulignant la vacuité de leur discours, et la contradiction ruineuse entre le système de valeurs esclavagistes d'une part, et les principes révolutionnaires d'autre part.

Des auteurs plus autorisés en revanche, et les historiens modernes à leur suite, expliquent que le principal clivage à Saint-Domingue séparait non « la droite » et « la gauche », ou les grands propriétaires et les pauvres, mais le parti du gouvernement et le parti séparatiste, abusivement appelé parti des « Patriotes ». Ainsi, Garran-Coulon ne parle que des « prétendus patriotes » : ils ont si peu d'attachement à « la mère-patrie » qu'ils souhaitent majoritairement livrer la colonie aux Anglais ; ils détestent tous les agents de la métropole sans distinction, le gouverneur, représentant du roi, aussi bien que les commissaires civils, envoyés par l'Assemblée nationale.

Les indications sur la composition sociale du parti patriote sont également très partielles : les « marchands » et les petits blancs sont entraînés en réalité par les grands planteurs « saint-marcois » partisans d'une autonomie de l'île qui les délivrerait des diktats de l'Assemblée nationale et des contraintes économiques de « l'Exclusif », imposées de tout temps par la métropole.

58. Allusion à l'assassinat en mars 1791 du colonel de Mauduit, proche de Blanchelande, commandant du régiment et de la place du Port-au-Prince, par un de ses grenadiers qui l'abat d'un coup de sabre, dans un contexte de troubles provoqués par les « saint-marcois », séparatistes extrémistes, dits « patriotes ». L'assassinat en août 1790 de Codère, major pour le roi, soupçonné d'appartenir au parti du gouvernement, relève de la même série d'attentats commis par les « saint-marcois » (Garran-Coulon, *op. cit.*, t.2, p.276).

59. Les hommes de couleur libres ont été recrutés principalement par les royalistes : « Dès 1791, peut-on lire dans le *Rapport* de Garran, le parti de l'ancien gouvernement, trop faible pour lutter contre ces novateurs couverts du manteau de la popularité [les patriotes], se ligua avec les hommes de couleur ; il ne réussit que trop à faire partager à beaucoup d'entre eux leurs principes de royalisme et leur haine contre le nouvel ordre de choses qui menaçait déjà les uns et les autres de la perte de leurs esclaves. Ce fut sans doute un étrange spectacle de voir les agents de l'Ancien

Régime réclamer la déclaration des droits en faveur des hommes de couleur, contre les prétendus patriotes des assemblées de la colonie », t.4, p.641.

60. La municipalité est effectivement « patriote », mais dans le sens particulier que ce mot revêt à Saint-Domingue : elle est opposée aux agents du gouvernement, autonomiste et fidèle à l'esprit de l'ex-assemblée de Saint-Marc (Garran, *op. cit.*, t.2, p.369). La présence de petits blancs parmi les patriotes, et la confusion entre le « patriotisme » jacobin de la métropole et celui de Saint-Domingue, peuvent expliquer l'indulgence du narrateur à l'égard de ce parti.

Page 213.

61. Sur le conflit entre *le gouverneur* et *la municipalité*, voir la note précédente.

Un autre conflit oppose *l'assemblée coloniale* et *la municipalité* : il recouvre d'une part des dissensions idéologiques – la municipalité entièrement « saint-marcoise » étant marquée par des tendances séparatistes plus extrémistes –, et d'autre part une rivalité politique, l'assemblée coloniale jugeant excessive la concentration aux mains de la municipalité de pouvoirs qui incluent notamment le commandement des troupes de terre et de mer.

Enfin, *Blanchelande* et *l'assemblée coloniale* sont présentés à juste titre comme des adversaires politiques : minoritaires, les partisans de Blanchelande à l'assemblée doivent s'effacer devant les autonomistes.

Page 214.

62. L'expression « nègres congos » (dans la note) désigne de façon générique tous les noirs nés en Afrique – par opposition aux noirs créoles.

Page 215.

63. Certains blancs « se noircissent » pendant la période des troubles de Saint-Domingue ; le roman a pu s'inspirer de faits rapportés dans les journaux : « Les rebelles sont commandés par des chefs barbouillés ou masqués qui entendent les manœuvres » (*Chronique de Paris*, 23 novembre 1791, p.1317).

Page 218.

64. Le personnage d'Adonis imite une fois de plus Victor, l'enfant trouvé qui, dans le roman de Ducray-Duminil, sauve une femme et un nourrisson, poursuivis dans la forêt par des brigands.

Page 219.

65. L'intérêt porté à l'enfance et à la naïveté du langage enfantin évoque les

romans de Ducray-Duminil ; voir notamment *Lolotte et Fanfan, ou les aventures de deux enfants abandonnés dans une île déserte*, Paris, Le Prieur, an III, 6e édition, 2 vol.

Page 220.

66. La source est le récit de captivité de Gros : le noir Raynal, de retour d'une mission au Cap, porteur de mauvaises nouvelles, est sur le point d'être exécuté par Biassou ; les prisonniers blancs sont enveloppés dans la même condamnation : « Biassou, dans les élans de la plus violente colère, ordonna de nous rassembler, et ayant pris ses armes, il nous fit mettre sur une ligne, pour nous fusiller » ; « plein de confiance en Biassou, écrit Gros, je cherchai à lui rappeler ma conduite passée et les services que je lui avait rendus ; tout fut inutile, il m'accusa, en me menaçant, de m'être entendu avec l'assemblée [coloniale], à qui, disait-il, j'avais en secret, dicté la conduite qu'elle devait tenir à leur égard. Je fus comme les autres placé sur la ligne, où nous n'attendions que l'instant fatal qui devait à jamais terminer tant de maux », *Récit historique sur les événements qui se sont succédé dans les camps de la Grande Rivière, du Dondon, de Sainte-Suzanne ...*, p.43-44. Le dénouement de l'épisode est identique à celui que présente le texte-source : les prisonniers sont graciés. « Biassou reposait : ce ne fut que le lendemain qu'il vint à moi et me fit des excuses, en me disant que son emportement de la veille n'avait été occasionné que par l'imprudence de Raynal [...] », *ibid.*, p.44.

67. L'assimilation de la fiction et de la réalité et les appels à la participation émotionnelle du lecteur sont des procédés typiques du roman populaire (J.-Cl. Vareille, *Le Roman populaire français (1789-1914). Idéologies et pratiques*, Nuit blanche Editeur, « Littératures en marge », 1994, p.171-191).

La phrase « Je laisse pour quelques instants ces amants fidèles [...] » décèle plus précisément une confusion entre temps de l'histoire et temps de la narration ; G. Genette parle à ce sujet de métalepse narrative (raconter en changeant de niveau), et donne l'exemple d'un passage des *Illusions perdues* de Balzac : « *Pendant que* le vénérable ecclésiastique monte les rampes d'Angoulême, il n'est pas inutile d'expliquer... », *Figures III*, Paris, Seuil, « Poétique », 1972, p.244.

Page 221.

68. La source est peut-être le *Mémoire sur la situation de Saint-Domingue à l'époque du mois de janvier 1792* de Cormier : « on a vu les révoltés se choisir une multitude de petits despotes, et ceux-ci se partager, non des terres qu'ils ne veulent pas cultiver, mais leurs nouveaux sujets sur lesquels ils exercent, comme en Afrique, le droit arbitraire de vie et de mort » (*Mémoire sur la situation de Saint-Domingue...*, Paris, Imprimerie Migneret, 1792, p.24).

Le texte de Picquenard semble surtout reproduire un lieu commun de la pensée politique des Lumières, selon lequel les chefs révolutionnaires finissent par restaurer, sous de nouvelles formes, les structures politiques qu'ils combattent ; la figure paradigmatique est Cromwell, révolutionnaire devenu tyran. *Adonis* se distingue en effet du discours colonial de Cormier : il n'y a pas d'atavisme spécifiquement africain, mais une fatalité liée à l'action politique.

69. Garran évoque dans des termes analogues le cycle des représailles : « on lit dans la déclaration de plusieurs blancs, qu'à la prise d'Ouanaminthe, Henri Thibaud, colonel des mulâtres, leur avait dit « qu'il savait fort bien *que les blancs dans leur camp avaient détruit les femmes et les enfants de sa classe* ; qu'en son particulier il en faisait autant vis-à-vis des blancs, et qu'il leur faisait souffrir de plus cruels supplices que *les blancs pouvaient en avoir faits aux personnes qu'ils avaient prises* », t.2, p.336, souligné dans le texte.

70. Le récit des supplices est fondé sur les témoignages des prisonniers blancs évadés, qu'il est impossible de vérifier en les confrontant à la version des noirs. Ainsi Garran aborde-t-il avec plus de prudence que le narrateur d'*Adonis* ce chapitre de l'Histoire : « un [prisonnier] d'entre eux qui s'était échappé des mains des nègres, assure qu'il a vu pendre 54 blancs dans le camp de Jean-François : d'autres attestent que les femmes et les enfants n'étaient pas épargnés » ; mais « il est vrai qu'on n'a aucune pièce de contradiction de la part des insurgés du Nord sur cet objet, comme sur presque tous les autres faits relatifs à leur soulèvement. On trouve même dans les déclarations de divers prisonniers délivrés, lors des négociations entamées par les commissaires civils, qu'ils n'avaient vu aucun meurtre dans les camps de Jean-François et de Biassou, quoiqu'ils rendent compte des atrocités commises par Jeannot », *op. cit.*, t.2, p.334.

Plus favorable que Picquenard aux insurgés, Garran ajoute : « l'impartialité nous fait une loi de rappeler qu'indépendamment des terribles exécutions des commissions prévôtales qu'on avait partout établies, les blancs dans leurs expéditions fusillaient souvent tous les nègres qu'ils rencontraient, ceux mêmes qui étaient tranquilles sur les ateliers, sans calculer les suites déplorables de leur barbarie », *ibid.*, t.2, p.335.

Page 222.

71. Le texte transpose dans le camp de Biassou les actes de cruauté du nègre Jeannot, général de l'armée de l'Est : « il [Jeannot] mutilait les uns ; il en suspendait d'autres à des crocs par le menton, après les avoir fouettés horriblement ; d'autres étaient brûlés ou écorchés vifs », Garran, *op. cit.*, t.2, p.259.

72. « Le charpentier Robert fut scié vif entre deux planches, par les nègres de l'habitation Flaville, où il demeurait », Garran, *op. cit.*, t.2, p.258..

73. Actes attribués à Candy : ce chef d'hommes de couleurs révoltés, « marchant sur les traces de l'infâme Jeannot, porta la cruauté jusqu'à arracher les yeux de ses prisonniers avec un tire-bouchon », Garran, *op. cit.*, t.2, p.325-326.

74. « La postérité aura peine à croire aux excès commis en la personne de Madame Séjourné habitante de la partie de Jérémie, [...], on coupa par morceaux ses

jeunes enfants, on lui jeta sur la figure leurs membres sanglants et palpitants, et pour consommer cette scènes d'horreur ils [les nègres] lui ouvrirent le ventre et jetèrent aux cochons le fruit de son hymen », Gros, *Précis historique des principaux faits* ..., p.70.

75. Récit comparable dans le *Rapport* de Garran : « Des filles furent violées en présence de leur père, et tuées ensuite avec lui. D'autres nègres, pour imiter la lubricité de leurs anciens maîtres, faisaient servir les femmes blanches à leur lubricité, et les traitaient avec le même mépris que ceux-ci avaient montré pour les négresses qu'ils avaient abusées », t .2, p.258.

Page 224.

76. Le récit concorde avec un texte postérieur de l'historien Métral relatif à Biassou : « Un sang bouillant qui coulait dans ses veines rendait sa colère impétueuse et implacable. [...]. De sang-froid il avait des vertus : rien n'égalait sa bienfaisance et sa générosité ; il adoucissait le sort des malheureux qui tombaient entre ses mains ; ses crimes étaient plutôt ceux de l'insurrection que ceux de son cœur, une espèce de génie sauvage animait ses actions ennoblies par une clémence ouverte et ternies par une malheureuse fureur », Antoine Métral, *Histoire de l'insurrection des esclaves dans le Nord de Saint-Domingue*, Paris, F. Scherff, Rey et Garnier, Delaunay , et Genève, Manget et Cherbuliez, 1818, p.51.

77. Le père Philémon est selon toute vraisemblance un personnage historique ; Jacques Thibau cite la relation d'un procureur d'une habitation de Saint-Domingue qui consacre quelques développements à ce prêtre : « Le père Philémon, curé du Limbé, qui depuis le principe de l'insurrection était, parmi les nègres révoltés, leur pasteur ou pour mieux dire comme celui de la petite Anse [le père Cachetan] leur instigateur, se rendit coupable de plus d'un crime », cité par J. Thibau, *op. cit.*, p.310.

Page 225.

78. L'engagement de plusieurs prêtres aux côtés des esclaves insurgés reste pour une part inexpliqué. Laënnec Hurbon parle d'une division de l'Eglise confrontée à la tourmente révolutionnaire, sur la scène métropolitaine comme sur la scène coloniale ; les religieux de Saint-Domingue, Capucins, faisaient partie du bas clergé et avaient intérêt au renversement de l'Ancien Régime (L. Hurbon, « Eglise et esclavage au XVIIIe siècle à Saint-Domingue », *Les Abolitions de l'esclavage de L.F. Sonthonax à V. Schœlcher, 1793, 1794, 1848*, textes réunis et présentés par M. Dorigny, Presses Universitaires de Vincennes / UNESCO, 1995, p.87-100).

Quant aux esclaves noirs ils sont sensibles à la notion d'un salut spirituel offert à tous les hommes sans distinction et se montrent, partout dans les Amériques, attachés au christianisme.

Les églises de Saint-Domingue furent des lieux de réunion favorables à la diffusion de mots d'ordre pour les fréquentes révoltes ; dans la province du Nord, seize prêtres sur vingt-quatre participèrent activement à l'insurrection noire (L. Hurbon, « Le clergé catholique et l'insurrection de Saint-Domingue », *L'Insurrection des esclaves de Saint-Domingue (22-23 août 1791)*, ouvr. cit., p.29-39).

79. Le récit concorde avec le témoignage anonyme d'un procureur de Saint-Domingue : « les révoltés maîtres absolus du quartier n'eurent rien de plus pressé que de s'emparer de toutes les malheureuses femmes éparses et isolées sur leurs propriétés. Ils les reléguèrent au presbytère de la paroisse où le père Philémon fut institué leur gardien.

Mais que n'ont pas souffert ces infortunées tant de la part des brigands que de ce scélérat de Philémon ? Chacune d'elles fut l'objet de leurs infâmes récréations, le jeune sexe même n'a pas été exempt de cette abominable servitude ! Après les avoir fait travailler toute la journée au jardin ou à la cuisine, commandées par les négresses, on les renfermait dans l'église où le père Philémon, comme dans un sérail, venait choisir le soir celle avec qui il devait passer la nuit », cité par J. Thibau, *op. cit.*, p.311.

Le *Rapport* de Garran donne une version légèrement différente, mais comparable, de l'implication de certains prêtres dans les affaires de viol, notamment dans le camp de Biassou : « des hommes qui se disaient les envoyés de Dieu et les distributeurs d'une morale révélée, excitaient les généraux nègres à ce dernier excès du brigandage [le viol de femmes blanches]. Le curé de Limbé en particulier, le P. Sulpice, s'était chargé de l'infâme emploi de déterminer les malheureuses blanches qui étaient prisonnières de Biassou, à se prostituer à lui », Garran, *op. cit.*, t.2, p.258.

Voir également Gros : « Les prêtres n'ont pas joué un moindre rôle dans tout ce qui s'est passé dans la colonie : presque tous les curés demeurèrent au milieu des brigands, et à la prise du camp du Limbé on s'empara du curé de cette paroisse, qui fut atteint et convaincu de tous les crimes réunis. Il disait à Biassou chef des révoltés, dans une lettre qui fut trouvée dans le camp : « J'ai disposé la dame une telle à vous recevoir cette nuit. Vous n'avez jamais eu de telle jouissance mon cher Biassou, que celle qui vous attend ce soir [...]. Ce malheureux reçut le prix de tant de crimes. Il fut pendu peu de temps après son arrivée au Cap », Gros, *Précis historique sur les principaux faits...*, p.73.

Page 226.

80. Personnage de Beaumarchais, type du calomniateur.

Page 229.

81. Les régiments prennent au dix-huitième siècle le nom de l'officier qui les commande.

Page 230.

82. La fiction opère une synthèse à partir de deux faits historiques distincts. Les lieux évoqués et la date (novembre 1791, voir note suivante) conviennent à l'expédition de grande envergure entreprise contre les noirs de la province du Nord ; mais à l'issue de cette opération qui prend la forme d'attaques simultanées, non d'une bataille rangée, les blancs victorieux réussissent à refouler l'armée des noirs. Le nombre élevé de morts, la défaite des blancs et la mention du régiment Walsh font penser à une rencontre militaire plus célèbre en août 1792, dans la province du Sud, qui fut un désastre retentissant pour les blancs. 1500 hommes sont conduits par Blanchelande, dont 120 hommes du régiment Walsh. Les noirs rejettent une colonne de blancs dans un défilé, où elle est massacrée ; occupant des positions en hauteur, ils font rouler des quartiers de roche sur une autre colonne, qui doit battre en retraite (Colonel H. de Poyen, *Histoire militaire de la Révolution de Saint-Domingue*, Paris, Nancy, Berger-Levrault et Cie, éditeurs, 1899, p.13-14, 17-19). La stratégie prêtée aux noirs dans le texte de Picquenard semble fantaisiste.

83. L'exécution de Philémon et la mort de Boukman, un des chefs de l'insurrection, étant exactement contemporaines cet épisode peut être situé de façon précise : Boukman a été tué en novembre 1791 par les hommes du colonel de Cambefort dans le cadre d'une attaque contre les insurgés de l'Acul (Colonel H. de Poyen, *op. cit.* p.14).

Sur la simultanéité des deux exécutions, voir le récit d'un habitant de Saint-Domingue : le 11 novembre 1791, « le père Philémon curé du Limbé atteint et convaincu d'avoir entretenu les nègres dans la révolte et d'avoir correspondu avec leurs différents chefs, ainsi qu'avec les Espagnols, fut pendu sur la place d'armes à quatre heures de l'après-midi. La tête de Boukman était apposée sur la potence pour parodier la liaison intime qui avait existé entre lui et ce chef », J. Thibau, *op. cit.*, p.319.

Page 232.

84. Décrivant les mœurs des esclaves Moreau de Saint-Méry écrit : « Il est aussi des nègres, espèces de séducteurs à la mode, comme on en voit parmi les blancs, à l'égard desquels les négresses se disputent le plaisir de les faire paraître plus élégants », *op. cit.*, t.1, p.76.

85. Le portrait du personnage s'accorde avec les longues considérations de Moreau de Saint-Méry sur la coquetterie des esclaves les plus privilégiées : « On aurait peine à croire jusqu'à quel point, la dépense d'une négresse esclave peut aller [...]. La plus grande marque d'amour qu'on puisse donner à une négresse, c'est de lui faire *couper des cotes* ; c'est-à-dire, de la conduire ou de l'envoyer chez un marchand, pour choisir les superbes mousselines, les indiennes et les perses, dont elle se fait des jupes. Combien d'entre elles savent, par un manège étudié, inspirer

l'espoir à de crédules amants, déjà dupes depuis longtemps, lorsqu'ils s'aperçoivent que leurs présents ne leur acquièrent aucun droit ! », *op. cit.*, t.1, p.77.

Page 239.

86. Fruit de l'anacardier ; amande qui se mange comme la cacahuète.

87. Le « caymite » est un arbre qui donne un fruit en longueur de la grosseur d'un doigt : « sa pulpe est blanche, moelleuse et pleine de sève. On la compare à du lait épaissi qui tourne en fromage », Prévost, *Histoire générale des voyages*, Paris, Didot, 1746, t.12, p.235.

88. Autre nom du corossol écailleux ; le fruit ressemble à la pomme de pin ; l'intérieur du fruit a une odeur de cannelle avec une petite pointe de girofle (Ph. Fermin, *Histoire naturelle de la Hollande équinoxiale* [Surinam], Amsterdam, 1765, p.227-228).

Page 240.

89. La plaine de la Désolée forme un canton dans la paroisse des Gonaïves ; l'image qui en est donnée est conforme à la description de Moreau de Saint-Méry : « on trouve dans la savane de la Désolée le tableau que promet son nom. [...] [Le voyageur] que quelque chagrin consume, a encore de la peine à se mettre à l'unisson avec ce site, où il se croit trop soudainement rapproché du tombeau », *op. cit.*, t.2, p.801.

Page 241.

90. Sorte de cactus.

91. Moreau de Saint-Méry évoque ces végétations étranges qui poussent dans la plaine de la Désolée : « L'on ne se lasse pas de chercher le but de la nature, en jetant sur ce sol qui semble dire à l'homme de le fuir, des plantes qu'on pourrait considérer comme autant d'éponges dépositaires d'un fluide qui compose toute leur substance, et qu'il semble impossible qu'elles aient tiré du terrain desséché où elles vivent. Leur extérieur verdâtre, leurs épines d'un jaune tendre, leurs formes presque toujours bizarres, mais qui retracent quelquefois celles d'immenses candélabres, auxquels on est presque fâché de trouver quelque chose de majestueux, tout semble disparate dans ce séjour », *op. cit.*, t.2, p.801.

Page 243.

92. Maximin Isnard, girondin, député à l'Assemblée législative et à la Convention nationale par le département du Var, élu président de la Convention le 16 mai 1793, pourrait être le modèle du personnage fictif « Jacques Isnard ». Ce girondin persécuté non pour ses opinions religieuses, mais pour des raisons politiques, par

Robespierre et par la Commune de Paris, au moment où la Terreur commence à se mettre en place, proclame son innocence dans un écrit publié en l'an III, la *Proscription d'Isnard* ; il y évoque dans un registre pathétique son existence de proscrit pendant la Terreur : « Voici quinze mois que j'erre de souterrain en souterrain ; presque sans communication avec les hommes et la nature, répandant autour de moi la contagion du supplice, vivant pour ainsi dire dans la fosse de la mort » (*ibid.,* Paris, chez l'auteur et chez les marchands de nouveauté, p.3).

Il est possible de lire le nom de « Jacques Isnard » comme une reprise partielle de celui de Jean-Baptiste Picquenard, et de voir dans cette paronomase le signe d'une identification partielle au constructeur bienfaisant de la fontaine d'une part, au député de la Gironde d'autre part. Jacques est aussi le deuxième prénom de Jean-Baptiste Picquenard.

93. Nous remplaçons exceptionnellement le texte de 1798 par la version corrigée de 1836. Le texte original est le suivant : « *Résolu de réparer son injustice avant de mourir. Il sacrifia en 1790 le fruit de sa fortune à l'érection de cette fontaine* ».

94. La *Description topographique [...] de la partie française de l'île de Saint-Domingue* de Moreau de Saint-Méry évoque longuement le problème de la sécheresse et les entreprises coûteuses que représentent les constructions de fontaines. La fontaine d'*Adonis* est, par son architecture, tout à fait d'époque : au Cap, peut-on lire dans la *Description,* « on vient d'élever en 1789 une fontaine composée d'un socle et d'un piédestal quadrangulaire, faisant face aux quatre points cardinaux. [...] Les quatre côtés du piédestal ont des inscriptions, et ceux du socle contiennent chacun un masque dont la bouche est un robinet ». Le caractère exceptionnel de la fontaine romanesque tient à la nature des inscriptions, qui relèvent de l'écriture autobiographique, très différentes du style académique qui est de règle pour les monuments. Sur les faces d'une fontaine figurent généralement les armes de la France, de la ville, du gouverneur général, et l'écusson de l'intendant ; les inscriptions en latin célèbrent le roi (*ibid.*, t.1, p.327-328).

95. Pour Isnard également l'exil et le refuge forcé au sein de la nature se sont accompagnés d'une renaissance de l'espoir ; il raconte dans sa *Proscription* une conversion comparable à celle que connaît le héros de Picquenard : « j'ai senti le bonheur naître de l'infortune [...]. Il m'est impossible d'exprimer quelles jouissances m'ont procuré ce silence, ce recueillement absolu [...], cette adoration croissante et sincère de la vertu, cette élévation intellectuelle vers les objets grands et sublimes et surtout, vers l'auteur de la nature, ce culte libre et pur que je lui adressais sans cesse », *op. cit.*, p.22-23.

Page 244.

96. La relation qui unit d'Hérouville et Adonis évoque celle que Victor entretient avec le jeune domestique Valentin ; dans les deux cas l'affectivité tend à abolir les barrières sociales ; Victor appelle Valentin « mon ami », Ducray-Duminil, *Victor ou l'enfant de la forêt*, 1797, t.4, p.13.

Page 251.

97. Le contexte des années 1790 donne sans doute une signification nouvelle à la condamnation de la raison d'Etat, lieu commun de la philosophie des Lumières. Le langage anti-politique pourrait être dirigé contre les tyrans révolutionnaires autant et plus que contre les monarques. Une fois de plus, le texte d'Isnard, victime de « la dictature de Robespierre », et « panthéonisé » au terme de ce dialogue entre d'Hérouville et Adonis, autorise cette relecture du texte de Picquenard : « Quoi ! écrit le girondin, des hommes qui, par la monstruosité de leurs forfaits, ont reculé les limites du crime, vivent en paix, et je reste proscrit moi, qui me suis dévoué pour le salut de tous... Ô justice ! as-tu donc brisé ta balance ... ? » ; « c'est presque toujours un crime *irrémissible*, aux yeux des tyrans, d'avoir *trop raison* », Isnard, *op. cit.*, p.43, 50, souligné dans le texte.

98. Sans doute faut-il comprendre ces considérations moitié stylistiques, moitié politiques, sur le langage de la vérité, défiguré pour des raisons de prudence, comme une apologie a contrario d'une éloquence révolutionnaire violente et rude à l'occasion, qui valut à Isnard, le « Danton de la Gironde », la proscription. Elles redoublent ainsi le propos d'Isnard, qui justifie son style jugé trop énergique : « je fus brusque, peut-être ; mais nourri dans les Alpes maritimes, j'ai la voix du paysan du Danube ». « Ô Paris, ! ton meilleur ami, c'est moi, qui, dédaignant de te flatter comme tant d'autres, t'ai présenté le miroir de la vérité, t'ai donné l'éveil de la trahison de tes magistrats sacrilèges [...]. Gardons-nous de blâmer, dans le tribun, tout ce qui tient à la hardiesse du discours, à l'énergie du caractère, à la fierté de l'âme, à la témérité du courage, parce que ce sont là des qualités républicaines, fléaux de la tyrannie. Les réponses, même outrageantes, sont dignes d'éloge, lorsqu'on apostrophe, ainsi que moi, des hommes redoutés, des hommes puissants », Isnard, *op. cit.*, p.93-94.

Page 253.

99. La représentation satirique du colon marque suffisamment la distance qui sépare le texte d'*Adonis* et les sources utilisées, composées par des colons (Page, Cormier, l'auteur de l'*Histoire des désastres de Saint-Domingue* etc.) ou par des habitants négrophobes (Gros).

Page 254.

100. Le texte reproduit des « scies » du discours colonial, comme « le devoir des esclaves » ; voir l'*Histoire des désastres de Saint-Domingue* : « Parmi les traits nombreux de férocité qui signalèrent l'insurrection des noirs, on en vit briller cependant quelques-uns d'un attachement et d'une *fidélité pour leurs devoirs* et pour leurs maîtres, dont on ne verrait peut-être pas d'exemple si les esclaves blancs,

retenus dans les bagnes d'Alger ou de Tunis, parvenaient à briser leurs chaînes », *op. cit.*, p.219, non souligné dans le texte.

101. Le trajet programmé par le personnage est celui qu'ont emprunté nombre d'habitants de Saint-Domingue à la même époque ; voir par exemple ce témoignage d'un habitant pendant les troubles : « Je partis sur un bâtiment américain [...] pour me rendre dans ma patrie par la voie de l'Amérique continentale, où j'espérais trouver un convoi », *Extrait d'une lettre sur les malheurs de Saint-Domingue en général, et principalement sur l'incendie de la ville du Cap Français*, Paris, an II, p.21.

Page 255.

102. La note de Picquenard répond à un discours « colon » que l'*Histoire des désastres de Saint-Domingue* illustre parfaitement : on vous peint comme des bourreaux, dit cet ancien propriétaire d'esclaves aux planteurs, « vous qui n'avez plus ni familles, ni biens, et qui, en petit nombre, n'avez sauvé de vos malheurs qu'une existence sans moyens ». « Les malheureux habitants de Saint-Domingue, ruinés, calomniés, dénués de ressources et de protecteurs, ne trouvent, au lieu de compassion, que froideur et indifférence. Tel est le préjugé fortement imprimé contre ces infortunés ! ». « Le colon qu'on peint dur, cruel et impitoyable, est généralement humain, sensible et généreux », *op. cit.*, p.37, 28-29, 31.

Page 256.

103. Tobago, île des Petites Antilles au nord-est du Venezuela.

104. L'épisode des pirates, traditionnel dans le roman d'aventures, s'inspire ici de faits authentiques ; voir notamment le *Rapport* de Garran : « Il eût été désirable que le gouvernement fédéral [américain], au lieu de justifier sur un prétendu droit des gens les pirateries des corsaires anglais, eût employé cette énergie à reprocher au cabinet de Londres sa violation du droit des nations, ses attentats contre l'indépendance des Etats-Unis, et l'odieux pillage que ces corsaires avaient fait sur les bâtiments neutres des dernières ressources que les réfugiés de Saint-Domingue avaient sauvées du Cap », t.4, p.352.

Les incidents maritimes se multiplient après la déclaration de guerre de l'Angleterre en février 1793, provoqués non seulement par les pirates, mais par des bâtiments militaires : « La guerre avait concentré aux Antilles des forces anglaises importantes. Des goélettes et des frégates anglaises surveillaient le trafic de la colonie avec les Etats-Unis et avec Cuba. Elles capturent nombre de nos bâtiments de commerce, presque jamais escortés, qui rentrent en France et arrêtent sur les navires américains les Français qui « se retirent » sur le continent. Ils sont amenés à la Jamaïque », Philip Wright et G. Debien, *Les Colons de Saint-Domingue passés à la Jamaïque (1792-1835)*, *Notes d'histoire coloniale,* n°168, 1975, p.33.

Page 257.

105. Baie de Chesapeake, sur la côte est des Etats-Unis, dans le Maryland et le nord de la Virginie ; Norfolk se situe à l'extrémité sud de la baie.

106. Les témoignages célèbrent unanimement l'hospitalité du peuple américain, qui offrit aux Français de Saint-Domingue victimes de l'insurrection de la nourriture, des logements, et de l'argent récolté au moyen de souscriptions. « Je ne puis passer sous silence, écrit un réfugié français, la générosité et l'humanité avec lesquelles les Américains nous traitèrent. Sitôt qu'ils apprirent les malheurs de Saint-Domingue, ils nous prodiguèrent tous les secours et tous les soins qu'on attendrait à peine de ses meilleurs amis », *Extrait d'une lettre sur les malheurs de Saint-Domingue en général, et principalement sur l'incendie de la ville du Cap Français*, Paris, an II, p.21.

Le *Rapport* de Garran confirme l'étendue de ce mouvement de solidarité : « La position de tant d'infortunés, hommes femmes et enfants, échappés à l'incendie de leurs propriétés, dans un dénuement presque absolu, ne pouvait manquer de faire impression sur le peuple américain ; il leur prodigua tous les soins de l'humanité. Presque tous les colons qui avaient des connaissances dans les Etats-Unis furent accueillis par elles avec une hospitalité touchante ; les autres furent secourus de la manière la plus généreuse par les habitants des principales villes ». « Partout, disait Genet [ambassadeur de France aux Etats-Unis] dans une de ses lettres aux commissaires civils, on a fait des souscriptions pour secourir ces malheureux, et le peuple américain a montré dans cette circonstance combien il était bon et reconnaissant envers la France », t.4, p.356, 357.

107. Les sentiments francophiles des Américains sont renforcés par la communauté idéologique qui relie les deux peuples depuis l'avènement de la Révolution française : « Dans la plupart des Etats-Unis, le peuple, partageant notre enthousiasme, avait paru se souvenir qu'il devait aux Français le succès de sa révolution », écrit Garran, *op. cit.*, t.4, p.307. « Dans quelques Etats, tels que la Caroline du Sud, la République française avait été reconnue publiquement, dès qu'on avait été assuré de son établissement, au commencement de janvier 1793, trois mois avant la notification officielle [...] ; on assure que les milices du pays avaient arboré le drapeau tricolore. [...] Partout on célébrait les triomphes de nos armées avec enthousiasme », *ibid.*, p.308.

Page 258.

108. Benjamin Franklin (1706-1790), modeste imprimeur devenu savant, philosophe, homme politique. Il négocie l'alliance franco-américaine sous Louis XVI ; il est un des artisans de la Révolution américaine. Franklin est aussi abolitionniste.

109. Georges Washington (1732-1799) prend en 1775 la tête des Insurgents ; il est élu deux fois à la présidence des Etats-Unis (1789, 1792).

Il dénonce l'alliance franco-américaine pendant la Révolution française, pour se rapprocher de l'Angleterre ; Washington est aussi un planteur virginien esclavagiste ; ces deux éléments peuvent expliquer la « délégation » de la mention enthousiaste de Washington à un Américain.

110. Le personnage « républicain » de Picquenard demeure en Amérique pour des raisons idéologiques, très différentes de celles qui déterminent la plupart des réfugiés français pendant la Révolution de Saint-Domingue. Selon les historiens Georges Debien et René Le Gardeur, les colons français aux Etats-Unis constituent « de forts groupements maintenus par l'attente d'un retour aux Antilles et par l'insécurité des voyages en mer en temps de guerre » ; les réfugiés établissent quelquefois de nouvelles plantations en Amérique avec les esclaves qu'ils ont emmenés, et se tiennent prêts à récupérer leurs propriétés à Saint-Domingue, le moment venu (*Les Colons de Saint-Domingue réfugiés à la Louisianne (1792-1804)*, *Notes d'histoire coloniale*, n°211, 1981-1982).

Page 259.

111. La plupart des relations de voyage évoquant la traite atlantique au dix-huitième siècle signalent cette forme de suicide à laquelle les Africains réduits en esclavage ont recours de manière privilégiée ; voir par exemple Moreau de Saint-Méry : « on n'est que trop instruit de la facilité qu'ont certains Africains à s'étouffer avec leur langue », *op. cit.*, t.1, p.78.

Page 260.

112. La séquence finale reproduit le mode d'énonciation et le scénario du dénouement de *Ziméo* : le narrateur européen témoigne du bonheur des héros réfugiés dans un espace de liberté préservé de la corruption environnante.

VARIANTES

Note sur les variantes

Les variantes sont relevées dans l'édition de 1836, identique à celle de 1817[1]. Les différences par rapport à l'édition originale sont de deux sortes :
1) Corrections stylistiques, grammaticales ; nous n'avons retenu, parmi les nombreuses modifications relatives à la ponctuation, que celles qui affectent la structure grammaticale des phrases, soit les ajouts et suppressions de points ; nous avons omis de signaler les changements typographiques : les italiques de l'édition originale sont dans leur grande majorité remplacés par des caractères normaux dans les éditions de 1817 et 1836.
2) Remaniements à caractère idéologique : ils concernent principalement a)Blanchelande, dont le nom est effacé du texte, à l'exception d'une seule occurrence ; b)le traître royaliste P*** dont l'initiale est totalement effacée ; c)le prêtre Philémon dont l'identité est partiellement masquée : la substitution de « Phil... » à « Philémon » étant systématique nous avons omis de la signaler dans les variantes ; d)les patriotes de Saint-Domingue ; e)l'Angleterre.
L'évolution de l'auteur dans le sens d'une réserve et d'une défiance plus grande à l'égard de l'idéologie révolutionnaire, anticléricale, anglophobe des années 1790 est attestée dans *Zoflora* et les *Campagnes de l'abbé Poulet.* Tout porte à croire que les remaniements reflètent fidèlement l'évolution de la pensée de Picquenard.

Page 193.
(a) lui eussent *fait donner le titre* de roman
(b) mais quand je puis *compter* mes autorités....
(c) les archives *du Cap* et *les mémoires du temps* viennent à son appui
(d) le fond et le détail n'en *sont pas moins réels*
(e) une imagination *romantique*
(f) consolante idée qui m'a déterminé
(g) l'épouvantable récit de crimes qui se sont commis dans cette île malheureuse.

---

1. L. Pignon, *Adonis ou le bon nègre*, édition critique avec introduction et commentaire, présentée comme thèse de 3e cycle à l'Université de Paris VIII, 1973, p.4. L'auteur a consulté un exemplaire rare de l'édition de 1817 conservé à la Bibliothèque Arras.

Page 195.
(a) La liberté, ce premier *des biens*

Page 204.
(a) Suppression de la note infrapaginale.
(b) par l'organe de son gouverneur, ...
(c) Suppression de la note infrapaginale.

Page 205.
(a) que le grand général Biassou et le gouverneur aient lieu de s'en applaudir
(b) les paquets du gouverneur.

Page 206.
(a) Humanité sainte !
(b) Note de l'auteur surajoutée : *Tout ce qui se trouve écrit contre le gouvernement anglais n'a trait qu'au parti ministériel qui gouvernait alors l'Angleterre.*

Page 207.
(a) *Mais* les vaisseaux
(b) déjouer ces manœuvres

Page 209.
(a) avec l'émissaire *du gouverneur*
(b) L'officier blanc dont il a déjà été question

Page 210.
(a) *Cet émissaire*
(b) *L'officier*, chagrin
(c) quelques *récompenses pécuniaires*
(d) et *que, s'il n'était pas de retour au bout de ce temps, il ferait trancher la tête à d'Hérouville.*
(e) mais *le gouverneur, que l'on trompait, qui trompait à son tour et les blancs et les noirs*, craignant...

Page 212.
(a) l'un était celui *du gouverneur*, qui était le plus nombreux
(b) des propositions de *l'officier blanc*. Quelques personnes, qui soupçonnaient *le gouverneur de trahison,* en avaient avidement recueilli tous les détails, pour en former *contre lui une espèce de dénonciation.*
(c) les *prétendus* patriotes
(d) *l'officier blanc*
(e) *Le gouverneur*
(f) *Le gouverneur*

Page 213.
(a) *l'officier blanc*
(b) le gouverneur somma
(c) les ordres *d'un chef qu'ils regardaient comme un traître*
(d) le parti se disant *patriotique*
(e) des intrigues *de son agent*
(f)qui paraissait *près d'*embraser

Page 214.
(a) *prétendus* patriotes

Page 217.
(a) des *antipatriotes*

Page 219.
(a) respecté des *révoltés*
(b) *continua* son chemin
(c) du gouverneur ; ...

Page 220.
(a) les *petits blancs* ont poussé l'audace
(b) La famine s'était introduite dans l'armée de ce chef imprévoyant*; le* mécontentement de ses soldats s'était manifesté par des insurrections partielles *; ses* nègres Ibos et Mozambiques avaient formé le projet de nommer un autre chef ; ...

Page 221.
(a) ... au bout de *trois mois*).
(b) le plus pauvre des fantassins *: aussi*, pendant un temps
(c) mais il faut apprendre

Page 222.
(b) situé à un quart de lieue

Page 223.
(a) Grand papa *à* nous

Page 224.
(a) sous l'emblème d'un tendre enfant, et *peut-être parviendrez-vous à la sauver.*

Page 226.
(a) Le passage qui commence p.224 par « Les choses étaient en cet état » est entièrement remanié :
... on annonça l'arrivée d'un *moine* au quartier général. *Il semble qu'un pareil événement venait apporter quelque consolation dans tous les cœurs, et les rouvrir à*

l'espérance ; mais le père Phil..., peu pénétré de la sainteté de son état, loin de voir, dans les partis qui divisaient Saint-Domingue, des hommes, des frères de différentes couleurs, qu'il devait ramener à des principes plus sages et plus modérés, prouva bientôt aux malheureuses victimes de Biassou qu'il n'était venu au milieu des révoltés que pour faire tourner au profit de son avarice et de ses passions l'ignorance et la superstition des noirs. Ô sainte religion ! toujours si douce et si consolante, tu deviens entre ses mains impies un instrument de fureur, de haine et de vengeance !

Il s'était présenté à Biassou avec une lettre du gouverneur, comme un homme investi de toute sa confiance, connaissant le fond de sa pensée, et propre à diriger le général noir dans les nouveaux efforts que l'on allait faire pour la défense du roi et de la religion. Que l'on juge de l'accueil que lui fit le plus farouche, mais aussi* le plus superstitieux des nègres.

Phil... fut bientôt nommé le grand aumônier de l'armée noire, et le dispensateur des grâces du Très-Haut *; et, comme il s'était promptement aperçu que les nègres possédaient de grandes sommes d'argent, fruit de leurs pillages, il ne voulut bientôt plus baptiser, marier, confesser et enterrer les nègres qu'à force d'or ; il vendait même, aux plus crédules, des places dans le ciel.*

Il pouvait impunément braver toutes les lois divines et sociales ; car il avait affaire à l'espèce la plus ignorante, la plus superstitieuse et la plus abrutie ; aussi mit-il tous ses soins à s'emparer de l'esprit du général noir, et parvint-il à l'assujettir à ses volontés. Biassou ne fut plus bientôt que le premier soldat d'une armée dont *ce moine* était le véritable chef.

Pour faire une impression plus grande sur l'esprit des noirs, il se fit construire une maison séparée du quartier général. Il avait ses valets, ses chasseurs, ses pêcheurs, ses jardiniers et ses approvisionneurs. Il demanda des gardes du corps, qui lui furent accordés, et ne sortit plus que revêtu de ses habits sacerdotaux. Plus Biassou voyait le père Phil... se faire rendre d'honneurs, et plus il s'imaginait que la grâce de la Divinité descendait sur son cher directeur, et le couvrait de sa toute-puissance et de son infaillibilité. Les nègres, à son égard, poussaient le fanatisme jusqu'à se coucher sous ses pas pour lui faire un parquet de leurs corps ; en un mot, il devint l'âme et le chef des révoltés, dont il dirigeait à son gré tous les mouvements.

Tant que d'Hérouville...

(b) ce *moine*

(c) Le *Tartuffe* des Antilles

(d) le *moine*

(e) les blancs *dont vous faites justice*

---

* *De tout temps, les motifs les plus nobles, les noms les plus sacrés ont servi de prétexte aux passions des fanatiques, des ambitieux et des fripons. Les nègres révoltés massacraient leurs anciens maîtres au nom de Dieu et du roi, et les blancs massacraient les noirs au nom de la liberté et de l'égalité. Que l'espèce humaine devient vile et misérable, quand elle abandonne un moment les voies de la raison, de la justice et de l'humanité !*

Page 227.
(a) à *ces* arrangements ?
(b) l'offre du perfide avec …
(c) Quand *le moine* eut fait
(d) si *ce misérable* s'est approché
(e) si *cet impie*
(f) *mis à mort*
(g) de sa vie *; elle* vola
(h) *sagesse à toi à la vie à eux*

Page 228.
(a) *à* moi
(b) *vouloir*
(c) ce *moine*
(d) le parti des *prétendus* patriotes

Page 229.
(a) qui *semblait déjà l'abandonner*
(b) il invita le révérend père à bénir
(c) l'astucieux *moine*
(d) le plus beau cheval *de Biassou*
(e) *attendait*
(f) accompagné de son *grand aumônier*

Page 230.
(a) la commission *militaire* que *le gouverneur* avait établie
(b) La note de l'auteur est intégralement remaniée :
Le supplice de ce moine n'est pas une fiction ; le gouverneur ne put jamais le sauver, et il fut condamné sur le témoignage d'une foule de prisonniers blancs, qui dénoncèrent tous les crimes dont il s'était rendu coupable envers les malheureux colons pendant son séjour au camp des révoltés. S'il a été pénible pour nous de dépeindre le caractère odieux de cet homme, combien il nous est agréable de rendre justice au clergé de Saint-Domingue en général, dont la conduite et le dévouement ont été au-dessus de tout éloge dans ces temps de calamités, et notamment celle des pères de la Charité.

Page 231.
(a) de *ce moine*
(b) et de *la royauté*

Page 233.
(a) pour amour

Page 236.
(a) des atteintes et des meurtrissures

Page 239.
(a) premier *zamant*
(b) *tout*

Page 240.
(a) qui n'était *pas arrosée par le moindre* filet d'eau
(b) *alla* couper

Page 241.
(a) *donnaient*

Page 242.
(a) cette œuvre *de bienfaisance*
(b) *assez*

Page 243.
(a) car son crime
(b) *il* en bénit

Page 244.
(a) on ne *s'occupe* plus
(b) ses principes
(c) l'officier blanc, qui passait
(d) le perfide *gouverneur*

Page 247.
(a) le *dévoreraient*

Page 249.
(a) il y a occasion

Page 250.
(a) *sciences* de l'art
(b) *la* science de la vérité
(c) aidé, consolé
(d) envisager le bonheur *au-delà de ma carrière.*
(e) *quitterais*-je
(f) étant *assez généralement* arbitraire

Page 251.
(a) la *déguiser*
(b) *au plus grand nombre*

(c) sur la terre *; mais* le tort

Page 252.
(a) *les hommes, pour la plupart, sont si avilis, qu'ils ne se croient pas même faits*
(b) y prétendre *: aussi* son nom
(c) *leur* cause-t-il
(d) si *fatigant*
(e)la science de vérité *: honneur* aussi
(f) de surprise.

Page 253.
(a) ajouta en plus gros caractères
(b) les inquiétudes *du gouverneur*
(c) se présenter au propriétaire
(d) à Saint-Domingue avant la Révolution

Page 254.
(a) incrédule, misanthrope, athée.
(b) Ils ont sauvé ta famille
(c) c'est *bien* !
(d) *pourtant* la même
(e) *ennégraillée*

Page 255.
(a) leur heureuse délivrance *: déjà*
(b) *la vigueur de l'âge*
(c) les parages *de la Nouvelle-Angleterre*

Page 256.
(a) Suppression des dernières phrases de la note à partir de « On assure que le cabinet de Saint-James ».

Page 257.
(a) homme *très* riche
(b) *et pourtant*
(c) *étaient invités*

Page 258.
(a) toutes les vertus semblaient
(b) Suppression de toute la phrase (« On parla de la Révolution de France … »).
(c) Franklin *etc. ! enfin*
(d) elle fut, *pour ce nouveau monde,* le berceau de la liberté

Page 260.
(a) une foule *de réfugiés français*
(b) des opinions *contraires aux leurs*
(c) Substitution au dernier paragraphe des phrases suivantes :
Je me promis, à mon retour dans ma patrie, d'écrire leur histoire.
C'est elle qu'on vient de lire ; elle serait moins imparfaite, sans doute, si j'avais pu mettre mon style au diapason de mon cœur.

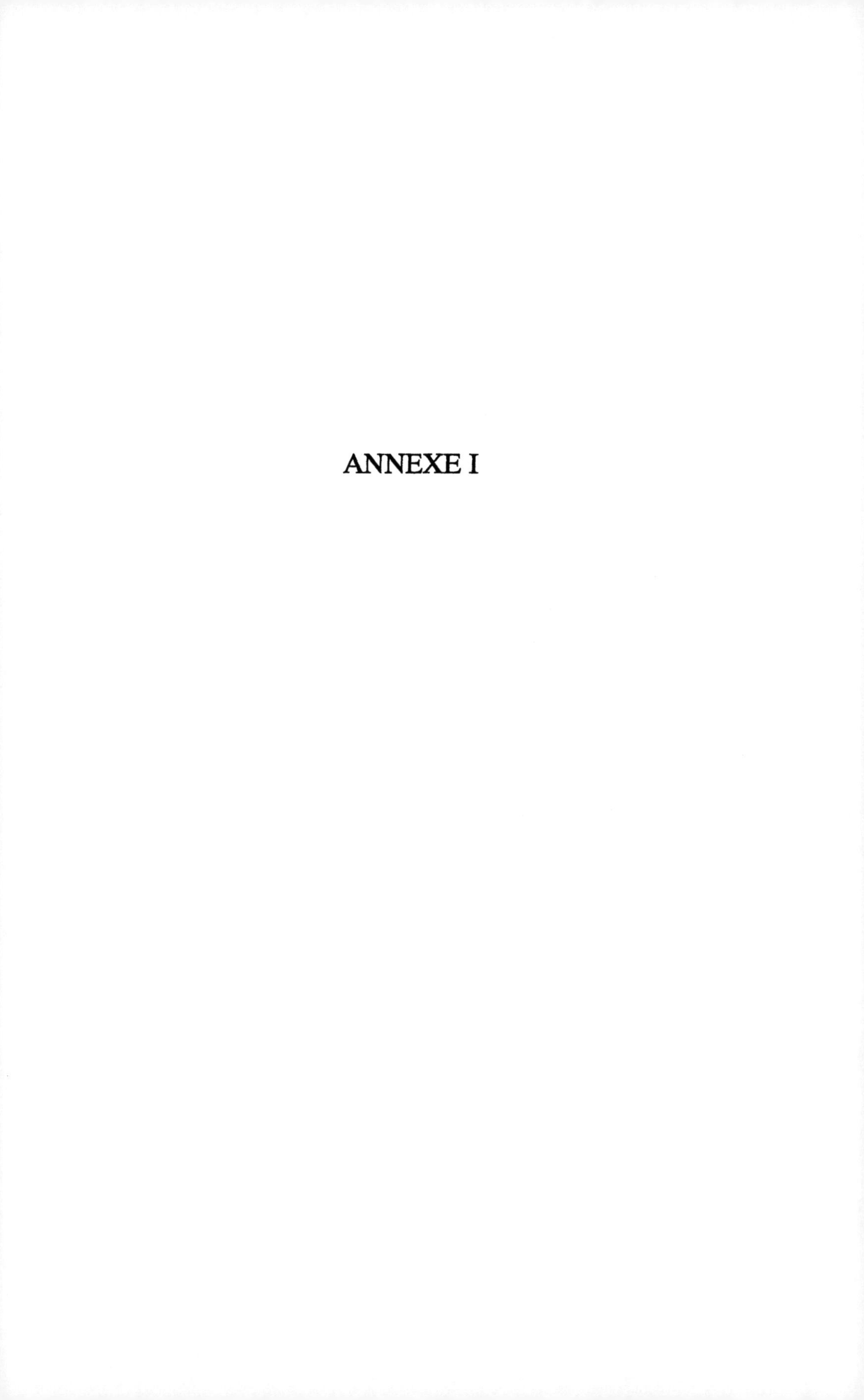

ANNEXE I

Nous présentons ici des extraits des comptes rendus de *Ziméo* et des *Lettres africaines* rédigés par Dupont de Nemours, parus dans les *Ephémérides du citoyen, ou bibliothèque raisonnée des sciences morales et politiques*. Cette revue physiocratique qui diffuse la pensée du « maître », François Quesnay, est dirigée dès 1768 par Pierre-Samuel Dupont de Nemours, auteur de la plupart des articles. Le journal a été fondé par un économiste, l'abbé Nicolas Baudeau, rédacteur en chef de 1765 à 1768 ; le marquis de Mirabeau y a publié des textes. Les comptes rendus d'œuvres littéraires, tels *Ziméo*, les *Lettres africaines*, et en 1769 les *Saisons*, constituent une exception, l'espace du journal étant exclusivement dédié à l'économie et à la politique. La lecture sélective des écrits poétiques et fictionnels y est ouvertement assumée : le journaliste fait l'impasse sur « les beautés purement littéraires » des ouvrages, dont il ne retient que la portée idéologique[1]. Les articles consacrés à Saint-Lambert et Butini se donnent pour but de seconder l'effet produit par ces écrivains, la littérature étant créditée d'un pouvoir social considérable, ne serait-ce qu'en raison de son succès auprès du public, très supérieur à celui des traités de politique[2].

Futur membre de la Société des Amis des noirs au moment de la fondation de ce groupe en 1788, Dupont de Nemours fait campagne dans son journal, avec constance, pour l'abolition de l'esclavage dans les colonies. Les deux articles de 1771 dont nous publions de larges extraits s'inscrivent dans le contexte d'un dialogue entre Dupont et Turgot au sujet de l'esclavage, suite à la parution dans les *Ephémérides* de 1769 d'un ouvrage de Turgot, les *Réflexions sur la formation et la distribution des richesses*. L'auteur des *Réflexions* déplore l'insertion intempestive, qui trahit l'esprit de son texte, d'un « morceau d'éloquence » contre l'esclavage des noirs par Dupont de Nemours, éditeur infidèle, qui s'est permis d'« amender » par endroits l'œuvre original. Institution inhumaine selon Turgot, l'esclavage devient également, sous la plume de Dupont, une structure *contre-productive*. « Je voudrais fort, écrit Turgot à Dupont de Nemours en 1770, que vous eussiez raison de soutenir que l'esclavage n'est bon à personne, car c'est une abominable et barbare injustice, mais j'ai bien peur que vous n'ayez tort, et que cette injustice ne soit quelquefois utile à celui qui la commet. Le genre humain n'est pas assez heureux pour que l'injustice soit toujours punie sur-

1. *Ephémérides*, 1769, t.4, p.87-134, compte rendu des *Saisons* ; « notre objet n'est point ici la littérature ».
2. *Ibid.*

le-champ » ; « dans nos îles, il y a un avantage à avoir des esclaves, non pour la colonie, mais pour le possesseur qui veut avoir des denrées d'une grande valeur vénale pour faire une prompte fortune par le commerce »[1]. Les comptes rendus de *Ziméo* et des *Lettres africaines* incluant la démonstration de la non rentabilité économique du système esclavagiste sont à beaucoup d'égards une réponse à Turgot.

La thèse de Dupont de Nemours n'est pas totalement inédite ; Benjamin Franklin la formule dans un texte que Turgot et Dupont connaissent, qui ne réclame pas l'abolition, mais qui établit seulement le caractère peu concurrentiel de l'économie esclavagiste américaine comparée à l'économie anglaise. Les dépenses et les pertes occasionnées par l'esclave rendent le travail servile plus coûteux que le travail rémunéré[2]. Conduit de manière bien plus systématique et scientifique que dans le texte de Franklin, le raisonnement économique, chez Dupont de Nemours, est au service d'une cause morale et politique.

NOTE :
Les articles procédant à des calculs de coût supposent connues des équivalences monétaires que nous rappelons ici :
1 franc = 1 livre
1 écu = 3 livres
20 sols = 1 livre
240 deniers = 1 livre
1 liard = 3 deniers

1. *Œuvres de Turgot* et documents le concernant, avec biographie et notes de Gustave Schelle, Paris, Félix Alcan, 1919, t.3, p.378, 375.
2. « 'Tis an ill-grounded opinion that by the Labour of Slaves, America may possibly vie in Cheapness of Manufactures with Britain. Anyone may compute it. [...] Slaves one with another cost 30 l. sterling by Head. Reckon then the Interest of the first Purchase of a Slave, the Insurance of Risque on his Life, his Clothing and Diet, Expences in his Sickness and Loss of Time, Loss by his Neglect of Business (Neglect is natural to the Man who is not to be benefited by his own Care or Diligence), Expense of a Driver to keep him at Work, and his pilfering from Time to Time, almost every Slave being *by Nature* a Thief, and compare the whole Amount with the Wages of a Manufacturer of Iron or Wool in England, you will see that Labour is much cheaper there than it ever be by Negroes here », B. Franklin, *Observations concerning the increase of mankind, peopling of countries etc.*, dans William Clarke, *Observations on the late and present conduct of the French ...*, Boston, London, 1755, p.46.

Texte 1
***Ephémérides du citoyen*, 1771, t.6, 2e partie, p.178-246, extraits.**

Le conte est reproduit intégralement à partir de « John, ou plutôt Ziméo » jusqu'à la fin, exception faite du passage mêlant érotisme et anthropophagie, qui est résumé.

Voilà ce que dit M. de Saint-Lambert, et nos lecteurs se félicitent sans doute de ce que nous n'avons point essayé de le redire autrement. Voici ce que nous croyons devoir y ajouter. Mais qu'on ne s'attende plus à trouver ici les charmes d'une éloquence entraînante et rapide. M. de Saint-Lambert est un poète sublime ; nous sommes des calculateurs, non pas froids, mais sévères. Heureusement que les gens que nous avons à persuader ne sont pas moins sensibles au calcul de leur intérêt qu'au tableau de leurs devoirs.

Jamais on n'a prétendu sérieusement qu'il fût bien et louable de mettre ses semblables à la chaîne, de les traiter comme des bêtes de somme, qui n'obtiennent de nous, dit le bon La Fontaine, que « Force coups, peu de gré, voilà tout leur loyer ». Les particuliers qui ont des esclaves, les gouvernements qui le tolèrent, en rougissent en secret. Mais ils croient que c'est une grande économie ; que le travail des esclaves auxquels on ne paie ni gages, ni salaires, est à bien plus bas prix que ne pourrait être celui des hommes libres, auxquels il faudrait en payer ; enfin que si l'on employait ceux-ci à la culture de nos colonies, le sucre serait trop cher.

Quand la chose serait vraie, il n'y aurait point à balancer, il faudrait se résoudre à payer le sucre plus cher, ou même à s'en passer, plutôt que de violer si cruellement les droits de l'humanité. Dire qu'il serait licite de faire un homme esclave pour avoir son travail à meilleur marché, c'est dire qu'il serait licite de l'assassiner sur un grand chemin, pour avoir son argent à peu de frais. Il y a des hommes dépravés et désespérés qui tiennent cette conduite. Il n'y en a point qui mentent assez à leur conscience pour tenter seulement de la justifier.

Mais les particuliers et le gouvernement se trompent. L'injustice est une mauvaise ménagère ; elle achète tout trop cher. C'est la justice qui ne paie rien (comme le mot l'emporte) qu'à son juste prix. C'est la bienfaisance qui a tout à bon marché.

[...] Eclairons donc l'intérêt, montrons, démontrons qu'il est même, dès ce monde, toujours d'accord avec la justice la plus sévère, et presque toujours avec la bienfaisance, et nous couperons par la racine l'oppression et la méchanceté, qui ne viennent jamais que de l'intérêt mal entendu. L'homme n'est point né pour mal faire. Le plus vil des scélérats, s'il voyait un intérêt égal à faire le bien qu'à commettre un crime, ne se rendrait pas criminel. Cependant, plus on observe la nature, et plus on reconnaît qu'elle a attaché non seulement cet intérêt égal, mais un beaucoup plus grand intérêt aux bonnes actions qu'aux mauvaises. C'est donc l'ignorance de leur propre intérêt qui fait les coupables*. Nous le prouverons aujourd'hui par rapport à l'esclavage des nègres. Mais qu'on nous propose tout autre problème d'économie politique, et nous prouverons demain qu'il a la même solution.

On a bien vite dit que le travail des nègres esclaves ne coûtait rien que leur nourriture, et par conséquent, qu'il était à fort bon marché, à beaucoup meilleur marché que celui des hommes libres.

Pourquoi a-t-on dit cela, qui est une grossière erreur ? C'est qu'on n'a pas fait réflexion aux frais d'achat du nègre, qui sont perdus par sa mort ; à la courte durée de la vie qu'il traîne dans les fers ; à la nécessité de recommencer à sa perte un nouvel achat ; à l'intérêt des fonds que cela consume ; à l'obligation d'avoir sur un petit nombre de nègres, un autre nègre oisif, pour lutter à coups de fouet contre la paresse inhérente à tout esclave, et qui est son premier moyen de se venger du maître qui l'opprime ; au danger que font courir les marrons ; aux frais de la guerre qu'on ne peut éviter avec eux ; au temps inévitablement perdu par les esclaves en mille occasions ; à leur ineptie naturelle et volontaire, etc.

Essayons d'estimer quelques-uns de ces articles, et l'on verra si le travail des nègres est réellement à vil prix.

Un nègre, *pièce d'Inde* (selon la barbare expression en usage dans nos colonies)[1], coûte actuellement dans ces mêmes colonies *dix-huit cents francs*, argent des îles, qui reviennent à *douze cents francs* argent de France. Ce nègre occupe donc un capital de *douze cents francs* qui, à *dix* pour *cent*,

---

* Cette maxime ne souffre aucune exception, par rapport aux crimes qui touchent à la société en général, ou qui exigent un concert de plusieurs. Elle n'en souffre qu'une par rapport aux particuliers isolés. C'est le cas où des passions dominantes peuvent égarer la raison de quelques individus, et les mettre dans un véritable état de démence. Mais de toutes les passions, il n'y en a que deux, la colère et l'amour, qui puissent produire cet effet funeste, cet égarement complet de la raison humaine ; encore ne le peuvent-elles que sur quelques individus ; encore ne le peuvent-elles que pendant des instants assez courts ; encore ne produiraient-elles que peu ou point de désordres chez un peuple qui, par une bonne éducation nationale, aurait inspiré à tous les hommes un très haut respect pour la dignité de leurs semblables, et pour la sainteté des contrats, qui les aurait accoutumés de bonne heure à se maîtriser eux-mêmes, et qui punirait sérieusement les délits constatés.

1. *Pièce d'Inde* : modèle de référence par rapport auquel est établie la valeur marchande des esclaves. Trois enfants, ou une femme et un enfant sont comptés pour un nègre ; un esclave peut être compté pour deux nègres.

taux du commerce, et taux qui n'est même pas haut pour le commerce d'au-delà des mers, équivaut à une rente annuelle de *cent vingt livres*, ci par an..120 livres.

Les nègres qui arrivent dans nos îles sont ordinairement au désespoir : on en exige un travail suivi auquel ils ne sont point accoutumés, on les nourrit mal, on les bâtonne bien ; rien de cela n'est consolant. Le plus grand nombre se dépitent, les uns se pendent, les autres s'étouffent avec la langue, d'autres se noient, d'autres s'empoisonnent, d'autres désertent et deviennent *marrons* ; quelques-uns restent, agacés par des femmes avec lesquelles ils gagnent des maladies sourdes et dangereuses ; très peu vivent vieux. Des gens qui ont habité nos Antilles, et des négociants qui font ce commerce, nous ont assuré que, pour que ces colonies prospèrent, il faut y porter tous les ans environ un huitième en sus des nègres qui y sont. Nous pourrions inférer de ce calcul que les nègres importés ne durent communément, et compensation faite de tous les risques et de toutes les pertes par mort, maladies ou marronnage, que *huit ans* au travail. Mais de peur d'exagération, nous estimerons leur durée moyenne à *dix ans*. Au bout de dix ans, voilà un nouveau capital de *douze cents francs* qu'il faut mettre dehors. L'ancien est perdu, et cette perte répartie sur les dix années, donne pour chacune *cent vingt livres*, ci par an 120 l. qui, joints aux *cent vingt livres* pour l'intérêt de l'argent, forment déjà une perte annuelle de *deux cent quarante livres*, ci par an...240 livres qu'on pourrait appeler le fonds des gages de chaque nègre, mais qui n'en forme pas la totalité.

Compensation faite des diverses cultures, et de la diverse sorte des entreprises, on estime que généralement, sur dix nègres, il y a un commandeur demi-piqueur, demi-bourreau, qui ne travaille peu ou point, mais qui presse les autres à l'ouvrage, les tyrannise le long du jour, et les fouette le soir pour sa récréation. Ce commandeur est un nègre bien dressé, bien assoupli, bien rompu, bien corrompu par les mœurs de la servitude, bien lâche, bien dur, bien fripon, dont les féroces talents sont à beaucoup plus haut prix que ceux d'un nègre encore sauvage. On n'a point de commandeur un peu capable, à moins de *deux mille quatre cents* ou *deux mille sept cents livres*, argent des îles, qui font *seize* ou *dix-huit cents livres*, argent d'Europe. L'intérêt de ce capital est de *cent quatre-vingts livres* par an, qu'il faut répartir sur *dix nègres* ; ce qui ajoute à la dépense annuelle de chacun *dix-huit livres*, et ce qui porte cette dépense que nous appelions *les gages*, non pas payés au nègre, mais perdus annuellement à cause de lui, à *deux cent cinquante-huit livres*, ci...258 livres.

Un commandeur est ordinairement un homme acclimaté ; il mène une vie moins misérable que les autres nègres ; il n'a ni tant de fatigue, ni tant de chagrins ; il est un peu mieux nourri, et un peu mieux vêtu. Il vit plus longtemps. Supposons que c'est moitié plus longtemps, le capital de son acquisition ne sera perdu qu'au bout de quinze ans de durée moyenne. Ce n'est que *cent vingt livres* de perte par an, qui, réparties sur *dix nègres*, portent la perte annuelle que chacun d'eux occasionne, de *deux cent cinquante-huit livres* à *deux cent soixante-dix* : ci par an pour chaque nègre, sans la nourriture ni le vêtement, ...270 livres.

On estime à *cent francs* par an l'un dans l'autre, la nourriture et le vêtement de chaque nègre de travail ; mais, comme nous l'avons remarqué, le commandeur est un peu mieux nourri et un peu mieux vêtu. On peut passer pour lui ces deux articles au moins à *cent vingt livres* par an, qui, partagées entre les dix nègres qu'il commande, et ajoutées aux *deux cent soixante-dix livres* que nous avions déjà calculées, forment précisément *deux cent quatre-vingt-deux livres* de perte annuelle que cause chaque nègre esclave, à la place des gages que pourrait exiger un homme libre : ci par an 282 l. à quoi joignant, selon ce que nous venons de voir, cent francs par an pour la nourriture et le vêtement, ce qui certainement est peu de chose, on aura déjà un total de *trois cent quatre-vingt-deux livres* par an, ou environ *vingt-quatre sols* par jour de travail, de dépense effective pour chaque nègre esclave, ci...382 livres.

Ce n'est pas tout. Il est impossible d'avoir des nègres esclaves sans avoir des marrons. Il est impossible d'avoir des marrons, sans courir le risque plus ou moins grand de voir son habitation brûlée, et ses nègres fidèles égorgés, et même celui qui est un peu plus grave, d'être égorgé soi-même. Pour s'opposer à ce danger, il faut entretenir une force militaire assez coûteuse, et qui cependant n'en garantit pas suffisamment, puisque nous voyons par les papiers publics, qu'il ne passe point d'année sans qu'un assez grand nombre d'habitations et de possesseurs soient immolés, dans les colonies anglaises, hollandaises, portugaises, espagnoles, françaises, à la vengeance des nègres *marrons* ou révoltés.

C'est aux possesseurs de nègres à savoir quelle importance ils attachent à ce danger, dont l'estimation ne peut pas être partout la même, et qui doit être plus ou moins grand selon la nature du pays. Cependant, comme indépendamment des frais et des pertes, il y va de la tête, nous croyons que cet article doit être d'un certain poids ; et qu'en l'estimant à la valeur d'*un dixième* en sus des dépenses effectives que chaque nègre occasionne, nous n'exagérons pas. Pour le savoir, il faudrait demander à nos colons s'ils ne donneraient pas bien un dixième de ce que leur coûtent annuellement leurs esclaves, pour être physiquement sûrs de n'être jamais égorgés par eux ou par les *marrons*, de n'essuyer aucun dégât de leur part, et de n'avoir aucune autre dépense à faire, ni aucune autre attention à prendre pour conserver leur vie et leurs biens. S'ils ne veulent pas du marché, notre estimation est trop chère ; s'ils en veulent, elle n'est que juste, et peut-être pas assez forte.

Le dixième de *trois cent quatre-vingt-deux livres* est *trente-huit livres* qui, jointes aux *trois cent quatre-vingt-deux livres*, forment un total de *quatre cent vingt livres*, ci par an..420 livres ou *vingt-huit sols* par jour de travail, de dépense absolument inévitable pour chaque nègre esclave : le tout argent de France, qui ferait, argent des îles, *six cent trente livres* par an, ou *quarante-deux sols* par jour de travail.

Arrêtons-nous ici : passons sous silence la perte sur les outils et les instruments que l'esclave gâte par impéritie ou mauvaise volonté ; la perte sur les récoltes qu'il fait mal et sans soin ; et tant d'autres pertes et tant d'autres dépenses qui pourraient grossir ce calcul, qui sont nécessairement liées avec l'esclavage, et que nous réservons pour fermer la bouche à ceux qui voudraient contester les résultats que nous allons résumer.

Suit un récapitulatif des dépenses annuelles qu'entraîne un nègre esclave, sous forme de liste.

Nous demandons à présent si, existant comme il existe en Europe, *vingt* à *vingt-cinq millions* d'âmes qui ont à peine *dix écus* ou *trente livres* par an pour subsister, il manquerait jamais d'hommes libres qui fussent disposés à aller gagner *quarante-deux sols* par jour, valant *vingt-huit sols* de France dans les îles ? nous demandons s'il est besoin, pour avoir des ouvriers à ce prix, de faire violence à personne ? et s'il ne suffirait pas de faire afficher en quel lieu se trouve l'ouvrage, et par quel port on peut s'embarquer ?

On nous dira que les blancs ne pourraient pas travailler sous le climat brûlant des Antilles. Mais cette objection tant rebattue aujourd'hui, fera rire ceux qui se souviendront que ces mêmes colonies des Antilles ont été commencées par des blancs de toutes les nations de l'Europe ; *flibustiers*, qui résistaient aux plus grandes fatigues ; *boucaniers*, qui couraient sans cesse les bois pour tuer des buffles, qui ne vivaient que de la chair de ces animaux, qui les écorchaient, qui en préparaient eux-mêmes les peaux, occupation dégoûtante et malsaine ; *planteurs* de tabac, qui exécutaient eux-mêmes leurs défrichements et tous les travaux de leur culture. Ces aventuriers, perdus de débauches antérieures, recouvraient la santé dans ces îles, où ils menaient la vie la plus laborieuse et la plus dure*, précisément peut-être parce qu'ils

---

* Voyez l'*Histoire des flibustiers* [d'Exquemelin]

menaient une vie dure. Ils se portaient mieux que nos colons d'aujourd'hui, précisément peut-être parce qu'ils étaient plus laborieux.

Il faut convenir d'une chose : l'homme blanc d'Europe, quand il est exercé par le travail du corps, est une des espèces les plus vivaces et les plus robustes que le Ciel ait placée sur la terre. Il l'emporte à cet égard sur le nègre, sur l'Asiatique indien, et sur les naturels de l'Amérique*, même dans leur propre climat. C'est donc un préjugé de croire qu'il ne pourrait soutenir en liberté le même travail que ceux-ci supportent dans les fers et sous le bâton, qui sont, de tous les régimes, le plus contraire à la santé.

Mais ce n'est pas seulement à la santé que cet odieux régime est contraire ; il l'est encore évidemment au succès du travail. L'esclave est paresseux, parce que la paresse est son unique jouissance, et le seul moyen de reprendre en détail à son maître une partie de sa personne, que le maître a volée en gros. L'esclave est inepte, parce qu'il n'a aucun intérêt de perfectionner son intelligence. L'esclave est mal intentionné, parce qu'il est dans un véritable état de guerre toujours subsistant avec son maître. Ce qu'il empêche de naître par la mauvaise culture qu'il donne aux productions, sans qu'il soit possible de le trouver en faute, est inappréciable.

Il n'en serait pas de même des ouvriers libres de leur personne, et propriétaires de leurs gains. L'envie d'accroître leurs gains et de mériter la préférence sur leurs concurrents, les rendrait actifs et intelligents. Ils feraient dans le même temps, à moins de frais, avec moins de fatigue, parce que le chagrin et l'ennui n'en seraient pas ; ils feraient, par de meilleures méthodes qu'ils perfectionneraient chaque jour, au moins le double de l'ouvrage que font les nègres esclaves ; et puisqu'ils ne coûteraient pas plus cher, comme nous venons de le voir, leur salaire comparé avec le produit de leur travail, serait donc environ de moitié meilleur marché. Il y aurait donc un très grand profit à les employer, quand même on devrait les payer beaucoup plus cher qu'on ne paie les nègres esclaves aujourd'hui ; ce qui nous paraît impossible, vu le prix actuel des salaires en Europe.

Nous prions qu'on fasse attention à ces calculs, et puis qu'on nous dise comment il faut nommer l'acte de violer de la manière la plus dure les droits de ses semblables, quand, loin d'y gagner, on y perd soi-même immensément. Qu'on nous dise comment il faut nommer un crime, horrible devant Dieu, qui défend aux hommes de s'opprimer et d'usurper sur les droits les uns des autres, atroce envers ceux qui en sont les victimes, et nuisible et ruineux pour ceux qui le commettent.

---

* Voyez les *Recherches sur les Américains* [de Cornelius de Pauw].

Ce crime ne se borne point à la servitude dans laquelle on retient injustement les nègres, et aux mauvais traitements qui en sont la suite. L'occasion de vendre ces malheureux, entretient des divisions, et fomente des guerres perpétuelles entre les divers peuples de la côte d'Afrique ; et le sang coule depuis deux cents ans sans interruption, afin que nous puissions nous emparer, pour de l'argent, d'une partie de ceux qui survivent à leur défaite.

C'est ainsi que les Européens semblent n'avoir tiré de leur esprit, de leurs arts, de leur industrie, que l'odieux privilège de mettre tout en combustion et de causer les malheurs de leurs semblables, d'un bout de la terre à l'autre. A la fois ingénieux et barbares, notre demi-civilisation nous a rendus propres à nuire à tout le monde, sans jamais servir ni les autres, ni nous-mêmes. Nous avons dévasté l'Amérique ; après en avoir exterminé les habitants qui n'auraient pas mieux demandé que de nous donner à très bon compte les productions de leur pays, nous avons enfin songé à cultiver ce pays devenu désert par nos forfaits. Ce projet, hélas ! trop tardif, mais sage en lui-même, nous n'avons pu prendre sur nous de l'exécuter sagement. Nos efforts se sont tournés vers la canne à sucre, qui n'y réussit pas aussi bien à beaucoup près qu'en Afrique, où elle croît sans culture, et où nous avons été chercher nos plants. [...]

Encore une fois, pour fournir à notre honteux commerce d'hommes, il faut que les Africains soient toujours en guerre, et qu'il en périsse dans les combats une infinité que nous n'achetons point. De ceux plus malheureux qui nous sont vendus, il en meurt la moitié sur les vaisseaux pendant la traversée, et les autres expirent peu de temps après dans les horreurs de la servitude, en cultivant mal des cannes dégénérées. Voilà quel a été l'essor de l'intelligence atroce des peuples européens ; mais personne d'entre eux ne s'est avisé de peser que puisque le Ciel avait mis les cannes et les nègres à la côte d'Afrique, il ne fallait pas tant de peines, de dépenses et de cruauté pour avoir du sucre ; qu'il suffisait seulement de faire quelques établissements pacifiques à la côte ; d'y envoyer des artisans, des fabricateurs de moulins et de chaudières, de dire aux nègres : *amis, vous voyez bien ces cannes, coupez-en, passez-les entre les deux rouleaux que nous vous offrons, faites-en bouillir le jus dans les chaudières que voici, et nous vous paierons bien le sirop qui en proviendra.* Sans doute ils eussent mieux aimé nous vendre le suc de leurs cannes que le sang de leurs frères. Sans doute il leur eût coûté moins cher ; car l'esclave fait acheter la victoire à laquelle il cède. Nous eussions perfectionné leurs mœurs et les nôtres ; nous les eussions rendus cultivateurs et industrieux ; nous ne fussions pas devenus des oppresseurs non moins insensés qu'avides. La culture du sucre établie chez les nègres, et par eux-mêmes, dans leur pays où ils consomment peu, où leur intelligence est libre, où ils se prêtent des secours réciproques, où la nature fait presque tous les frais de la production, n'aurait coûté que très peu de chose, et nous aurions semblablement aujourd'hui le sucre tout raffiné pour *six liards* la livre, ce qui est sa valeur à la Cochinchine, où il est cultivé par des mains libres*.

Le premier souverain qui prendra le parti de montrer aux nègres à faire du sirop, et de leur en acheter au lieu d'esclaves, forcera bientôt les autres nations de l'imiter. Il sera le bienfaiteur de l'Europe et de l'Afrique, le réformateur des noirs et des blancs ; il sera agréable à Dieu et aux hommes ; son nom ne sera prononcé qu'avec amour et bénédiction ; ses vertus et ses lumières attireront les récompenses du Ciel, les dons de la nature sur ses Etats et sur ceux de ses voisins.

Mais alors, va-t-on dire, on ne pourra plus cultiver le sucre dans les colonies américaines, puisque la côte d'Afrique y étant plus propre, il y reviendra à meilleur marché. La chose est vraisemblable. Que feront dans ce cas les possesseurs des terres dans ces colonies ? Ils se livreront à d'autres cultures ; aussi bien leurs terres, épuisées par les cannes, demandent-elles à changer de production.

Au reste, soit qu'ils veuillent continuer cette culture, ou en essayer de nouvelles ; ce qu'on ne peut trop leur répéter, ce que nous croyons leur avoir prouvé avec évidence, ce que d'autres prouveront quand ils le voudront, et peut-être beaucoup mieux que nous, est qu'ils ne peuvent en aucun cas employer des ouvriers plus coûteux et moins bons que les esclaves. L'humanité et la philosophie crient depuis longtemps qu'il est abominable d'en avoir. L'arithmétique politique commence à prouver que cela est absurde, que des ouvriers libres ne coûteraient pas plus, seraient plus heureux, n'exposeraient point aux mêmes dangers, et feraient le double d'ouvrage. Espérons que ces vérités deviendront si communes, que les gouvernements, après avoir favorisé l'instruction si nécessaire sur ce qui est juste, honnête et utile, ne souffriront plus qu'on abuse de leur nom pour autoriser la violation perpétuelle des droits les plus précieux de l'espèce humaine, confiés par la Providence à leur garde spéciale. Espérons qu'ils ne voudront plus que l'ignorance étaie l'injustice, et que l'injustice protège l'ignorance ; espérons qu'ils mettront leur gloire à ne commander dans toute l'étendue de leur domination, qu'à des sujets libres et heureux ; et finissons en invitant tous les citoyens éclairés et sensibles à hâter par leurs discours et par leurs écrits une si désirable révolution.

---

* Voyez les *Voyages d'un philosophe* [de Poivre], Paris, veuve Dessaint.

Texte 2
***Ephémérides du citoyen*, 1771, t.8, 2e partie, p.68-117, extraits.**

Dupont de Nemours présente les Lettres africaines *: « Cette brochure est un petit roman plein de chaleur, qui amène l'exposition d'un projet pour remettre en liberté les nègres esclaves de nos colonies. C'est la sixième tentative qu'on ait faite à cet égard depuis assez peu de temps » ; suit une bibliographie succincte de l'antiesclavagisme, qui comprend l'*Esprit des lois *de Montesquieu, l'article « Traite des nègres » du chevalier de Jaucourt dans l'*Encyclopédie, *un article de l'abbé Baudeau,* Ziméo, *le compte rendu des* Ephémérides *[voir Annexe I, Texte 1], et un texte de l'abbé Roubaud. « Nous espérons, écrit le journaliste, par le moyen de ce recueil contribuer à répandre les lumières de la raison, en particulier en ce qui concerne l'esclavage des nègres ».*
L'article résume l'action du roman. Il comporte une reproduction partielle de la lettre 24 de Phédima évoquant la condition des esclaves et le projet d'affranchissement secondé par Sir Bevil ; une reproduction intégrale de la lettre 25 de Sir Bevil ; une alternance de citations de la lettre 26 de Sir Bevil et de commentaires de Dupont de Nemours.
Après avoir rappelé la première objection selon laquelle la rémunération des travailleurs noirs entraînerait un renchérissement des denrées fatal à l'économie coloniale, l'article complète la réfutation attribuée au personnage de Sir Bevil.

Sir Bevil répond à cette objection par un calcul, dans lequel il établit très bien que *cent francs* de gages donnés à chaque nègre devenu libre, ne reviendrait qu'à *quinze deniers* par livre pesant[1] de sucre, et à *cinq deniers* seulement par livre pesant de cacao.

Pour donner à ce calcul, déjà très frappant, toute la force dont il est susceptible, il faut le joindre avec celui par lequel nous avons prouvé [*Ephémérides*, t.6, voir Annexe I, texte 1] qu'outre la nourriture et le vêtement, estimés actuellement à *cent francs*, il n'y a pas de nègre esclave qui ne coûte à son maître environ *trois cent vingt livres* par an, qui tiennent, en quelque façon, lieu des gages que le maître est obligé de donner à des domestiques libres.

Pourvu que le travail des nègres mis en liberté ne lui revienne pas à plus de *quatre cent vingt livres* par an, il n'éprouvera aucune perte, et il jouira au contraire du profit qui résultera de leur intelligence et de leur activité, excitées et perfectionnées par la concurrence.

---

1. Livre pesant : 500 g. environ.

Le nègre libre doit, sans doute, être, et sera mieux nourri et mieux vêtu que l'esclave. En supposant que la consommation personnelle se monte, comme en France celle de l'ouvrier moyen, à *cinquante écus* ; *cent francs* de gages ajoutés à cette somme, pour les dépenses qu'il peut avoir à répandre au dehors, et pour le commencement de son pécule, ne seraient cependant que *deux cent cinquante livres* par an, ou environ *dix-sept sols* de France, qui font *vingt-cinq sols* des îles, par jour de travail, pour la femme, ou pour le nègre de force ou de talent médiocre ; car, afin que, les prenant en totalité, chaque tête ait *dix-sept sols*, comme à présent chaque tête en fait dépenser *vingt-huit*, il faut que telle soit à peu près la paie de la femme, que le père de famille ait environ la moitié en sus, et les enfants moins.

A ce prix, il y aurait *cent soixante-dix livres* par an de profit pour le maître sur l'ouvrage de chaque travailleur, dont le bien-être néanmoins serait augmenté dans la proportion de cinq à deux.

Les jouissances physiques des nègres seraient presque triplées, sans parler de la jouissance morale si douce que donne la liberté ; et le cacao reviendrait aux propriétaires à huit deniers, et le sucre à deux sols de moins par livre.

Il est à croire que tel pourrait être l'état du premier moment qui suivrait cette désirable révolution. Mais plus elle deviendrait ancienne, et plus tout le monde y gagnerait. Les talents et l'application des travailleurs libres augmenteraient chaque jour par l'émulation qui les porterait chacun en particulier à vouloir mériter la préférence. Les plantations, le sarclage, le recépage et les récoltes, faits avec plus de soin, produiraient infiniment davantage.

Bientôt ces travailleurs mériteraient un plus fort salaire, et l'on aurait du profit à le leur donner. Il est même vraisemblable que ce salaire deviendrait enfin aussi considérable que la dépense qu'entraîne aujourd'hui l'esclavage des nègres. Il est impossible qu'il devienne plus haut, parce que la concurrence des pauvres de l'Europe, qui sont en si grand nombre, s'y opposerait. Mais les ouvriers perfectionnés au point de faire monter le salaire jusqu'au niveau de la dépense actuelle des nègres esclaves, feraient le double d'ouvrage, et par conséquent alors le sucre et les autres productions américaines se trouveraient coûter environ moitié moins, tandis que l'aisance de ceux qui le cultivent serait quadruplée. Nous disons que la concurrence des pauvres de l'Europe empêcherait le salaire des nègres libres, de se monter jamais plus haut que la dépense actuelle que ces nègres occasionnent à leurs possesseurs, et qui est de *vingt-huit sols* par jour de travail. En effet, il y a tant de gens en Europe qui touchent aux dernières extrémités de la misère, qu'il n'y a point de doute qu'ils ne se transportassent avec plaisir, et qu'ils ne travaillassent avec ardeur dans le lieu quelconque où il y a de tels salaires à gagner. Cela serait très préférable pour eux, à la honteuse ressource d'une mendicité souvent infructueuse pour ceux qui ont le plus besoin de secours.

Ce n'est pas à dire qu'il faille arrêter les pauvres de l'Europe, les mettre en prison, les conduire ensuite de force dans les colonies, et traiter ainsi les blancs en esclaves, tandis qu'il s'agit d'affranchir les noirs. Toute opération dans laquelle il entre de la contrainte faite à des hommes qui ne sont point coupables, est par cela même une mauvaise opération, nuisible à la société, attentatoire aux droits du genre humain, criminelle devant Dieu, qui nous a faits pour les services réciproques, et non pour la violence.

Ce n'est pas à dire non plus qu'il faille exciter les hommes à la transmigration en Amérique, ni en Afrique. Il est incontestable que, s'ils peuvent trouver à s'occuper sur le territoire de la nation, et que si elle a des avances à consacrer au paiement de leurs travaux chez elle, ils lui seront plus profitables dans son sein qu'à dix-huit cents lieues. Mais cette préférence que mérite la mère patrie lui est assurée par le dégoût, la fatigue et les dépenses qui accompagnent l'expatriation. Toutes choses égales, elle n'a nul droit et nul intérêt de retenir dans la souffrance des hommes qui lui seraient à charge, et qui le sont à eux-mêmes. Elle leur doit protection dans tout ce qu'ils veulent entreprendre de juste pour leur propre bien ; et lorsqu'elle a épuisé tous les moyens de retenir ses pauvres par des travaux utiles et payés, loin de les enchaîner, ou d'envier le meilleur sort qu'ils pourraient trouver dans ses colonies ou ailleurs, c'est à elle à les instruire des ressources que la nature offre, en quelque lieu que ce soit, à leur industrie laborieuse. Ce qui nous importe, ce qui importe à tous les peuples en général, et à chaque peuple en particulier, est que la plus grande liberté de travailler, de se transporter, d'acquérir, de conserver son bien, et d'en disposer, égalise le plus possible le sort de tous les salariés ; afin que la misère ne fasse nulle part de trop grands ravages, que nulle part elle ne détruise les hommes qui sont nos frères, et dont les travaux ou les dépenses auraient directement ou indirectement contribué à nos jouissances et à notre bonheur.

Revenons aux objections de Sir Darnley, et aux réponses qu'y fait M. Butini sous le nom de Sir Bevil.

L'article cite la deuxième objection et de la réponse, qui préconise la poursuite provisoire de la traite la création d'une agence de « location » de travailleurs.

Nous avouons que ce projet nous paraît beaucoup moins digne d'éloges que le reste de l'ouvrage de M. Butini. Si, par cet arrangement, le sort des nègres se trouvait moins dur dans nos colonies, nous n'en serions pas moins injustes envers ceux que nous irions chercher dans leur pays, pour les amener malgré eux jouir d'une demi-liberté, en cultivant nos terres. On ne pourrait d'ailleurs faire un tel marché sans qu'il fût profitable à la Compagnie qui se chargerait d'en remplir les conditions ; mais dès qu'il lui serait profitable, on peut assez compter sur l'intelligence des Compagnies, pour prévoir qu'elle saurait prolonger très longtemps l'apparence de son utilité, et que les horribles achats de la côte d'Afrique, et l'impôt sur les propriétaires, par tête de nègres qu'ils emploieraient, risqueraient d'être longtemps perpétués. Cet impôt ne serait pas un encouragement pour les porter à l'affranchissement de leurs esclaves, et nous pensons qu'on pourrait proposer à la compagnie dont il s'agit, des emplois plus utiles de ses fonds.

L'article cite la troisième objection.

La troisième objection de Sir Darnley semble la plus forte, parce qu'elle paraît dériver du droit de propriété. Mais on doit songer que le droit de propriété d'aucun homme ne peut s'étendre qu'autant qu'il ne viole pas le droit de propriété d'un autre homme. Or, comme le droit de propriété que chaque homme a sur sa personne, est essentiellement inaliénable, il est clair qu'aucun autre ne peut acquérir une véritable propriété sur cette même personne, et que le droit de quelque maître que ce soit sur son esclave, est naturellement, civilement et légalement nul. Il faut donc écarter toute idée de droit de la part des maîtres ; aucun de ceux d'entre eux qui raisonnent n'oserait en réclamer. Il ne s'agit ici que de l'intérêt sans droit, c'est-à-dire, de la chose du monde la plus méprisable.

Cependant, grâce à l'inviolable union que la Providence a mise entre l'intérêt bien entendu et la justice, il se trouve qu'on peut satisfaire à cette dernière sans attenter en rien au premier ; c'est le sens de la réponse que M. Butini fait à cette dernière objection.

L'article cite la réponse de Sir Bevil et le récit de l'affranchissement des esclaves de la lettre 27.

ANNEXE II

NOTE

Nous publions dans cette section des textes qui entrent en résonance avec les fictions coloniales du dix-huitième siècle ; nous nous sommes donné pour règle de présenter des extraits d'ouvrages non réédités ; la plupart des écrits philosophiques relatifs à l'esclavage étant disponibles en librairie, seuls figurent ici des textes à caractère historique.

1

L'AFRIQUE

Texte 1

Labat, *Voyage du chevalier des Marchais en Guinée, îles voisines, et à Cayenne, fait en 1725, 1726 et 1727, contenant une description très exacte et très étendue de ces pays, et du commerce qui s'y fait*, 1730, extrait.

Capitaine au service de la Compagnie des Indes le chevalier des Marchais est un négrier qui allie traite et étude scientifique. Il est l'auteur en 1706 d'un rapport intitulé « Remarques sur la déclinaison de l'aiguille aimantée observée par M. des Marchais dans son voyage de Guinée et d'Amérique aux années 1704, 1705, 1706 » lu à l'Académie des sciences, et d'un manuel d'astronomie à l'usage des navigateurs, « Le Secrétaire des astres, marquant leurs cours à perpétuité... Examiné et approuvé par l'Académie royale des sciences » composé vers 1724[1]. Il met à profit des voyages effectués entre 1725 et 1727 à la côte de Guinée et à Cayenne pour tenir un journal destiné, selon J.-Cl. Nardin, au révérend père Truchet, membre de l'Académie des sciences, et repris par Labat, qui utilise ce riche matériau inédit lorsqu'il rédige le *Voyage du chevalier des Marchais*.

Le père Labat ne connaît pas l'Afrique ; mais ce missionnaire a vécu parmi des Africains dans les Antilles pendant douze ans, de 1693 à 1705. Il publie en 1722 son *Nouveau Voyage aux îles de l'Amérique*, et en 1728 un premier ouvrage sur l'Afrique, la *Nouvelle Relation de l'Afrique occidentale contenant une description exacte du Sénégal et des pays situés entre le Cap-Blanc et la rivière de Serrelione* fondée sur les mémoires de directeurs de la Compagnie royale du Sénégal. Le *Voyage du chevalier des Marchais* complète l'information sur l'Afrique occidentale offerte dans le précédent livre.

La préface de Labat nous apprend que le missionnaire et le capitaine négrier se sont rencontrés et entretenus après le retour en France de des Marchais en 1727. Elle souligne la qualité des observations ethnographiques de des Marchais : « La connaissance et la facilité de parler la plus grande partie des langues différentes qui sont en grand nombre dans ces différents

1. Jean-Claude Nardin, « Que savons-nous du chevalier des Marchais ? », *De la traite à l'esclavage*, Actes du colloque international sur la traite des noirs, Nantes, 1985, édités par Serge Daget, Centre de Recherche sur l'histoire du monde atlantique, Société française d'histoire d'outre-mer, t.1, 1988, p.325-345.

Etats, lui a fait faire des découvertes, auxquelles ceux qui ont toujours besoin d'un interprète ne peuvent jamais arriver » ; « c'est un témoin oculaire qui parle, qui rapporte ce qu'il a vu plus d'une fois, en habile homme et incapable de prendre le change »[1]. Des quatre volumes qui composent l'ouvrage les deux premiers portent sur la Guinée, les derniers sur Cayenne. A l'instar des récits de voyages de l'époque, le livre mêle description géographique, données météorologiques, histoire naturelle, description des mœurs, de la religion, des gouvernements, et histoire militaire.

Le texte proposé ici est extrait d'un chapitre intitulé « De la religion du royaume de Juda [Ouidah] ». « Les grands de Juda les plus spirituels ont quelque idée confuse de l'existence et de l'unité d'un Dieu », écrit Labat, qui encourage les missionnaires à investir cette terre africaine. Toutefois les habitants du royaume sont, de fait, polythéistes, et adorent quatre divinités principales : le premier rang revient au serpent, le deuxième aux arbres, le troisième à la mer, le quatrième à Agoye, dieu des conseils.

L'interprétation des rites et les jugements de valeur font entendre en permanence la voix de l'auteur. Le passage présente une oscillation caractéristique, qui structure toute l'évocation des peuples africains, entre la dépréciation des « sauvages » superstitieux, barbares, et la valorisation des ressources naturelles ou culturelles de l'Afrique. Ces deux tendances servent une même visée colonialiste, puisqu'elles mettent en évidence la nécessité de civiliser les indigènes, et le profit que les Européens peuvent recueillir de cette entreprise. Cela n'empêche pas la manifestation d'une réelle attention portée à la singularité de l'Autre.

[Extrait du *Voyage du chevalier des Marchais*, par le R. Père Labat, de l'Ordre des Frères Prêcheurs, Paris, Saugrain, 1730, t.2, p.163-165]

Nous avons dit que la mer est la Divinité du troisième ordre ; lorsqu'elle est agitée extraordinairement et qu'elle empêche le débarquement ou l'embarquement des marchandises, on consulte le grand Sacrificateur, et selon l'oracle qu'il prononce, on égorge sur ce bord de la mer un bœuf ou un mouton, dont on fait couler le sang dans l'eau, et on jette un anneau d'or dans les flots le plus avant qu'il soit possible de le faire avec la main. L'anneau et le sang sont perdus, les corps des bêtes immolées appartiennent au Sacrificateur, qui les porte chez lui et en fait son profit.

Il n'en coûte pas tant pour se rendre favorables les arbres qui sont les Divinités de la seconde espèce. Ce sont d'ordinaire les malades qui ont recours à eux ; leur pouvoir, comme tout homme de bon sens voit sans peine,

1. Labat, *Voyage du chevalier des Marchais en Guinée*, t.1, p. VI, VIII.

est bien petit, ou plutôt n'est rien du tout, mais on se guérit l'imagination en leur faisant un sacrifice, et comme elle est souvent le siège de la maladie, dès qu'elle est guérie, il est immanquable que le malade se porte mieux. On ne sacrifie aux arbres que des pains de mil, de maïs ou de riz ; le Marabout les met au pied de l'arbre auquel le malade a dévotion, et les y laisse quelque temps, après quoi il les emporte, à moins que le malade ne s'accommode avec lui pour les y abandonner jusqu'à ce que les chiens, les cochons ou les oiseaux s'en soient emparés.

Au reste, rien ne marque mieux la barbarie de ces peuples, que l'abandonnement où ils laissent les personnes qui leur doivent être les plus chères quand elles sont malades. C'est un usage établi parmi eux de ne leur pas donner le moindre secours, les femmes abandonnent leur mari, les enfants leur père, à moins qu'ils n'aient des esclaves pour se faire servir ou de quoi payer ceux dont ils exigent quelque service. Cela, dis-je, est tellement d'usage parmi eux qu'ils ne s'en formalisent pas. Le hasard, leur forte complexion, ou les simples que l'on emploie ne les ont pas plus tôt guéris, qu'ils vivent de la même manière avec ceux qui les avaient abandonnés, comme s'ils en eussent été secourus avec la plus tendre affection.

Il ne faut pas oublier qu'il y a des médecins et chirurgiens nègres, qui, sans avoir fait leurs cours ni endossé la robe de Rabelais, ne laissent pas de faire des cures dont nos Esculapes d'Europe se feraient un honneur infini. Ils connaissent des simples admirables, dont les sucs, les feuilles ou les écorces font des cures incroyables, mais ils en font un mystère que rien au monde n'est capable de pénétrer. Ils ne se font pas prier pour les employer pour les blancs, mais ils ont un soin extrême de les défigurer, de manière qu'il est impossible de les reconnaître. Le Chevalier des M.*** [des Marchais] avait lié une étroite amitié avec un des ces médecins, dans la pensée de découvrir quelqu'un de ses secrets ; il lui faisait des présents, il le faisait boire, il lui a fait plusieurs fois des offres très avantageuses, sans en avoir jamais pu rien tirer ; ils se laisseraient plutôt tuer que de rien découvrir. Les pères laissent leurs connaissances à l'aîné de leurs enfants, après en avoir exigé un serment solennel sur ce qu'ils ont de plus sacré, qu'ils ne le déclareront jamais.

Texte 2

Prévost, traducteur de Green, *Histoire des Voyages* (1746-1759), extrait.

L'« histoire générale des voyages » en quinze volumes, qui a Prévost pour maître d'œuvre, est entreprise à l'instigation de Maurepas, ministre de la Marine, et du chancelier d'Aguesseau[1]. Les sept premiers volumes constituent une traduction de l'ouvrage anglais de John Green, *A New general collection of voyages and travels*, paru dès 1743 sous forme de cahiers hebdomadaires ; quand cesse de paraître la collection anglaise qu'il traduisait au fur et à mesure, Prévost continue seul jusqu'au quinzième volume, selon le plan prévu initialement, en assumant l'entière responsabilité de la composition de l'*Histoire*.

L'ouvrage adopte un ordre mixte, alternativement monographique et synthétique. Il restitue sans mélange la partie biographique de chaque récit de voyages, centrée sur les aventures du voyageur, de manière à préserver la singularité des textes-sources. Il associe en revanche la partie historique et descriptive d'un récit de voyages aux observations d'autres voyageurs sur les mêmes régions, élaborant ainsi un nouveau texte historique exhaustif. La préface de John Green indique les avantages méthodologiques de la démarche synthétique : « cette collection devient *un système de géographie moderne et d'histoire,* autant qu'un corps de voyages ». En outre la confrontation des textes-sources permet de sélectionner les informations les plus sûres, de démasquer les « fables », et de repérer les plagiats, fréquents dans ce type de littérature.

L'extrait présenté ici relève de l'exposé descriptif ; c'est une traduction, l'Afrique figurant exclusivement dans les premiers tomes de l'*Histoire générale des voyages* ; il se situe au livre XI, intitulé « Voyages dans la Guinée et au royaume de Bénin, contenant la description du royaume de Bénin [...] », au chapitre I, article 2 de ce livre, « Religion et gouvernement du royaume de Bénin ».

Green utilise un récit de voyage de Nyendal inséré dans l'ouvrage de William Bosman, le *Voyage de Guinée*, qu'il soumet à un travail de réécriture, corrigeant le style, et conférant surtout au texte une organisation plus systématique. Ainsi, l'extrait réunit deux morceaux disjoints dans la relation de Nyendal, où le système pénal en vigueur au Bénin est abordé épisodiquement, sans souci de méthode.

---

1. Jean-Paul Mas, « Introduction », dans *Œuvres de Prévost*, sous la direction de J. Sgard, Presses universitaires de Grenoble, 8 vol., 1985, t.7, p.397-407.

Le destin de la description de Nyendal, qui émigre d'œuvre en œuvre, s'insère dans des contextes linguistiques et littéraires différents, après avoir subi des corrections, des réagencements, et des reformulations multiples, paraît typique de celui de bien des textes de la littérature des voyages, qui ont un statut particulier d'unités autonomes, toujours susceptibles d'être séparées de l'ensemble où elles apparaissent et réemployées ailleurs.

Cette description, telle que la livre l'*Histoire des voyages*, se veut manifestement scientifique. L'« effet d'objectivité », qui explique sans doute l'immense succès de l'*Histoire* au dix-huitième siècle, peut être analysé ici à deux niveaux. Sur le plan lexical, il est produit par la neutralité axiologique de l'énonciateur. Sur le plan thématique, il résulte d'un équilibre entre l'idéalisation de l'Autre et la disqualification du barbare : d'une part, en effet, le texte est parcouru par une tentation utopique, qui conduit à insister sur la rareté des meurtres et des vols au Bénin, sur l'équité du système pénal, sur la proportionnalité des délits et des peines etc. ; d'autre part, l'absence totale d'explication, dans certains passages, fait surgir l'image du barbare, et provoque un sentiment d'étrangeté absolue face à l'irrationalité d'une société esclavagiste où l'exécution d'un esclave innocent rachète le crime du maître. Excès et défaut d'interprétation se compensent mutuellement pour créer en définitive, au prix de quelques dissimulations, l'apparence lisse d'un document ethnographique.

[Extrait de *Histoire des voyages*, Paris, Didot, t.4 (1747), Livre IX, p.421-422 ; traduction par Prévost de *A New General collection of voyages and travels*..., de John Green, London, Thomas Astley, 1745, vol. 3, p.102]

Nyendal[1] nous apprend les différentes punitions des crimes. Quoique les nègres de Bénin n'aient pas autant de penchant pour le vol que ceux de plusieurs autres pays, un voleur convaincu est obligé de restituer ce qu'il a pris et de payer une amende. S'il n'a point assez de bien pour satisfaire à la loi, il est puni corporellement. Le vol commis dans la maison des Grands, ou sur quelque chose qui leur appartient, est puni de mort. Mais on en voit peu d'exemples.

Le meurtre est encore plus rare à Bénin que le vol. Il est puni de mort. Cependant si le meurtrier était d'une haute distinction, tel qu'un des fils du roi ou quelque Grand du premier ordre, il serait banni sur les confins du royaume et conduit dans son exil par une grosse escorte. Mais comme on ne voit jamais revenir aucun de ces exilés, et qu'on n'en reçoit même aucune

---

1. David Van Nyendaal ; sa description du Bénin est insérée dans le *Voyage de Guinée* de W. Bosman (traduit en 1705 en anglais et en français), 21e lettre, sous le titre : « Description de la Rivière Formosa et de celle de Bénin ».

nouvelle, les nègres sont persuadés qu'ils passent bientôt dans le pays de l'oubli*. S'il arrive à quelqu'un de tuer son ennemi d'un coup de poing, ou d'une manière qui ne soit pas sanglante, le meurtrier peut s'exempter du supplice à deux conditions ; l'une, de faire enterrer le mort à ses propres dépens ; l'autre, de fournir un esclave qui soit exécuté à sa place. Il paie ensuite une somme assez considérable aux trois ministres ; après quoi il est rétabli dans tous les droits de la société, et les amis du mort sont obligés de paraître satisfaits.

Tous les autres crimes, à l'exception de l'adultère, s'expient avec de l'argent, et l'amende est proportionnée à la nature de l'offense. Si les criminels sont insolvables, ils sont condamnés à des peines corporelles**.

Il y a plusieurs punitions pour l'adultère. Parmi le peuple, un homme qui soupçonne sa femme emploie toutes sortes de moyens pour la surprendre, parce qu'elle ne peut être punie sans conviction. S'il réussit, il acquiert un droit certain sur tous les effets de l'adultère, en esclaves, en bujis[1], en ivoire et en marchandises, avec le pouvoir de s'en saisir aussitôt et de les employer à son usage. La femme coupable, après avoir essuyé une rude bastonnade, est chassée de la maison et réduite à chercher fortune. Personne n'ayant d'empressement pour l'épouser dans cette situation, elle se retire dans quelque lieu où elle ne soit pas connue, pour trouver un autre mari en qualité de veuve, ou pour y vivre de quelque métier qu'elle n'ait pas besoin d'apprendre.

Les nègres riches tirent à peu près la même vengeance d'une femme adultère ; mais ses parents, pour éviter le scandale, s'efforcent d'apaiser le mari offensé avec une somme d'argent, et rétablissent ordinairement la paix entre les deux parties. La femme rentre alors dans tous les droits de la fidélité et de la vertu, sans qu'il soit permis au mari de lui reprocher sa faute.

---

* Ils entendent apparemment la mer, qui est, comme on l'a vu, leur Enfer et leur Paradis.

** Nyendal, *ubi sup.* p.448.

1. Les bujis, ou kowris, souvent appelées bauges en français, sont de petites coquilles qui servent de monnaie.

2

LA TRAITE

> Nombre de témoignages – du côté des bourreaux comme des victimes – viennent d'hommes et de femmes ordinaires [...]. L'une des leçons d'Auschwitz, c'est qu'il est infiniment plus ardu de comprendre l'esprit d'un homme ordinaire que celui de Spinoza ou de Dante (Giorgio Agamben, *Ce qui reste d'Auschwitz. Homo sacer III*).

Texte 3

William Bosman, *Voyage de Guinée contenant une description nouvelle et très exacte de cette côte où l'on trouve et l'on trafique l'or, les dents d'éléphant, et les esclaves*, 1705, extrait.

Employé de la Compagnie hollandaise des Indes occidentales, Bosman séjourne en Afrique pendant treize ans, de 1688, date de son départ à l'âge de seize ans pour la Côte d'or, dans le Ghana actuel, où il devient directeur particulier des comptoirs d'Axim et de Mina, jusqu'à son retour en Hollande en 1701. La préface du *Voyage de Guinée* met en évidence les deux visées colonialiste et épistémologique du texte. « Je n'ai publié cet ouvrage, écrit Bosman, que pour donner une juste idée de ce pays ici, à ceux qui dans la suite du temps auraient envie d'y venir chercher leur fortune, et de détruire les différents sentiments que nous en avons eu jusqu'ici ». D'une part, le livre fait office de guide pour les futurs voyageurs, commerçants, administrateurs de passage en Afrique, et se met ainsi au service de l'expansion coloniale ; l'auteur assure en outre, dans une adresse liminaire aux directeurs de la Compagnie des Indes occidentales, qu'il indique dans l'intérêt de la Compagnie certains dysfonctionnements de cette société observés sur place. D'autre part, Bosman présente un témoignage authentique, qui détruit les « fables » forgées par des ouvrages antérieurs sur l'Afrique. La principale fonction des relations de voyages, considérées du point de vue du lecteur, est selon lui de répondre à un pur désir de connaissance : « nous apprenons à connaître les mœurs des peuples étrangers, et nous satisfaisons notre curiosité, qui semble être naturelle à tous les hommes ». Bosman confie que l'envie de découvrir des pays lointains lui a été communiquée par les récits de voyages lus dans sa jeunesse.

Le plan d'abord projeté par l'auteur devait présenter de façon méthodique une description géographique de la Côte d'or, une description des mœurs, de la religion et des gouvernements, un chapitre sur le commerce, un autre sur la faune et la flore, et enfin une description de royaumes voisins de la Côte d'or. Le *Voyage de Guinée* a pris finalement la forme d'un ouvrage épistolaire, que caractérisent un ton personnel, la présence (purement rhétorique) d'un destinataire, et un certain désordre thématique. Récit d'une expérience individuelle, le livre est nécessairement limité dans son information géographique sur une région très vaste ; d'où l'insertion de textes d'autres voyageurs relatifs à des territoires que Bosman n'a pas lui-même visités.

L'extrait présenté ici constitue un témoignage terrible sur la traite, à laquelle Bosman a collaboré, on ne sait dans quelle proportion. Comparé aux récits de des Marchais, et surtout de William Snelgrave, négrier qui se présente comme un civilisateur, qui justifie l'esclavage, et donne aux noirs des cours d'humanité, le texte est marqué par une certaine retenue énonciative, à mi-chemin entre la présence intempestive d'un Snelgrave, et un degré zéro de l'intervention narratoriale, sans doute impossible à atteindre.

[Extrait de *Voyage de Guinée*, Utrecht, Antoine Schouten, 1705, p.385-388]

Il y a beaucoup de gens parmi nous qui s'imaginent, que les pères vendent ici leurs enfants, les maris leurs femmes, et les frères leurs frères, mais ils se trompent. Cela n'arrive jamais que par nécessité et pour quelque crime ; la plupart des esclaves qu'on nous amène sont des gens qui ont été faits prisonniers à la guerre, et que le vainqueur regardant comme son butin, fait vendre pour en retirer du profit.

Quand ces esclaves sont arrivés à Fida [Juida], on les met tous ensemble dans une prison ; et lorsque nous voulons les acheter, on nous les amène dans une grande place, où après qu'ils ont été mis tous nus sans distinction de sexe, ils sont visités jusqu'au moindre de leurs membres par nos chirurgiens. On met à part ceux qui ont été trouvés en bon état, et pour ceux à qui il manque quelque chose, ils sont mis parmi les impotents, qu'on appelle ici *Macrons* ; comme par exemple, ceux qui ont plus de trente-cinq ans, ceux qui sont estropiés aux bras ou aux jambes, ceux qui ont perdu une dent, qui ont des taies sur les yeux, ou qui ont une maladie honteuse.

Après avoir ainsi séparé ces *Macrons* ou esclaves de rebut, on compte les autres, et on écrit le nom de ceux qui les ont livrés. Cependant il y a au feu un fer avec les armes ou le nom de la Compagnie, et on applique ce fer chaud sur la poitrine de ceux que l'on a choisis.

Ce qui se fait afin de distinguer nos esclaves d'avec ceux des Anglais et des Français, qui marquent aussi les leurs de leurs armes ; car ils sont tous dans la même prison. C'est aussi afin que les nègres ne changent pas nos bons esclaves pour de méchants, ce qu'ils savent faire fort adroitement.

Cela vous paraît sans doute cruel et barbare, mais il faut le faire, puisqu'il y a de la nécessité ; cependant nous avons soin de n'enfoncer pas le fer bien avant, et surtout aux femmes, qui sont ordinairement les plus délicates.

Nous ne sommes pas longtemps à faire marché de ces esclaves, le prix en est réglé, et les femmes valent un quart ou un cinquième moins que les hommes. Toute la dispute, que nous pourrions avoir avec les maîtres de ces esclaves, serait qu'ils voudraient en paiement des marchandises que nous ne voudrions pas leur donner, et particulièrement des *bousies*, que j'ai déjà dit être l'argent de ce pays-ci, et qu'ils aiment beaucoup. Mais nous partageons nos marchandises afin de nous défaire de toutes ; outre que les esclaves qu'on paie en *bousies*, coûtent beaucoup plus à la Compagnie, que ceux qu'on paie en autres marchandises[1].

Lorsque nous avons fait notre accord avec les maîtres de ces esclaves, on les remet dans la prison, où ils vivent à nos dépens ; on peut nourrir un esclave pour deux sols par jour, mais ils n'ont, comme les criminels, que du pain et de l'eau ; ainsi pour éviter la dépense nous les envoyons à la première occasion à bord de nos vaisseaux. Leurs maîtres leur ôtent avant cela tout ce qu'ils ont, et ils entrent dans les vaisseaux tout nus, tant hommes que femmes, et demeurent dans cet état, à moins que les maîtres de navire n'aient assez de compassion pour leur donner de quoi couvrir ce que la pudeur ne permet pas de voir.

Vous seriez étonné de voir comment ces esclaves vivent dans les vaisseaux ; car quoiqu'il y en ait quelquefois jusqu'à six ou sept cents dans un navire, tout y va en si bon ordre, par la bonne conduite de nos maîtres, que cela paraît incroyable ; et au lieu que les navires français, anglais et portugais sont toujours sales, les nôtres sont toujours également propres.

On leur donne trois fois le jour à manger, et la nourriture qu'on leur distribue est assez bonne, toujours est-elle meilleure que celle qu'ils ont eue dans leur propre pays. Ils couchent deux à deux, les hommes à part, et les femmes à part ; ainsi, vous pouvez juger qu'ils doivent être bien pressés.

Nous avons quelquefois beaucoup de peine avec les esclaves d'un certain pays assez éloigné de la Côte ; car ces pauvres innocents s'imaginent que nous ne les achetons et transportons, que pour les engraisser, et ensuite en faire bonne chère.

---

1. Le paiement en *bousies* se fait en présence du roi de Juida, qui prélève une taxe de trois écus par esclave ; les ventes effectuées dans le cadre d'un marché parallèle sont moins onéreuses pour les Européens, qui versent un écu seulement par esclave aux marchands africains.

Lorsque par malheur nous avons un bon nombre de cette sorte d'esclaves, ils trament un complot ensemble, dans lequel ils font entrer les autres esclaves, de [*sic*] se rendre maîtres du navire, de massacrer les Européens, et de faire échouer le vaisseau sur le rivage, afin (comme ils disent) de ne pas nous servir de viande.

Cela m'est arrivé deux fois ; la première fois fort malheureusement, lorsque j'y pensais le moins ; mais je le prévins à temps, car après que le maître et moi eûmes fait tuer d'un coup de fusil l'auteur de ce complot, les autres se tinrent en repos.

La seconde fois les choses allèrent encore plus loin dans un autre vaisseau, et cela par la faute du maître ; car ayant mis dans le trou, où les hommes esclaves couchaient, une ancre d'un vaisseau anglais qu'il avait pêchée, ces drôles, qui sans qu'on s'en fût aperçu avaient attrapé un marteau, rompirent presque tous leurs fers sur cette ancre, et étant montés en haut ils attaquèrent notre monde, dont ils en blessèrent quelques-uns ; ils se seraient sans doute rendus maîtres du vaisseau, sans qu'il y avait [*sic*] à côté de nous un vaisseau anglais et un français, qui ayant remarqué par un coup de canon, que nous tirâmes, qu'il y avait quelque trouble dans le nôtre, nous envoyèrent tout aussitôt leurs chaloupes avec de leurs gens, qui rechassèrent les esclaves en bas, mais avant qu'ils se fussent remis en repos, il y en eut une vingtaine de tués.

Les Portugais n'ont pas eu tant de bonheur que nous ; car dans l'espace de quatre ans ils ont perdu trois vaisseaux de cette manière.

Texte 4

Labat, *Voyage du chevalier des Marchais en Guinée,* extrait, éd. cit., t.2, p.141-142, 145.

Abordant le chapitre de la traite, l'ouvrage indique la manière de bien choisir les esclaves, le caractère et le prix des nègres, les précautions à prendre pour éviter les pertes pendant la traversée. Le *Voyage du chevalier des Marchais* se présente à cette occasion comme un manuel à l'usage des négriers, prodiguant les recommandations aux marchands débutants, donnant les moyens de lutter contre la concurrence anglaise et portugaise.

Parmi les causes de mortalité des captifs noirs, « la mauvaise qualité des vivres qu'on embarque en Europe pour eux » :

Si la compagnie voulait faire la dépense seulement de six barils de lard, et de deux ou trois cent livres d'huile de palme pour joindre au sel dont on assaisonne ces légumes [fèves, riz, pois, maïs], on peut l'assurer que ses cargaisons d'esclaves arriveraient bien plus entières qu'elles ne sont aux îles de l'Amérique, et que ce surcroît de dépense, si peu considérable en lui-même, serait abondamment récompensé par le bon état où ses esclaves se trouveraient quand on les exposerait en vente.

La mauvaise nourriture produit le chagrin dans les esclaves qui sont embarqués, ou la mort, et souvent ces deux choses. Il faut pour les éviter bien nourrir les captifs, et les traiter le plus humainement qu'il est possible, sans cependant cesser d'être sur ses gardes de jour et de nuit ; la nuit surtout, parce que c'est ordinairement ce temps-là qu'ils prennent pour se soulever quand ils en ont formé le dessein.

Il faut en gagner quelques-uns de ceux qu'on remarque les plus indifférents pour leur liberté, observant que les autres n'aient aucune connaissance du bien qu'on leur fait, de crainte d'exciter leur jalousie, et que se défiant d'eux ils ne cachent leurs projets, et qu'on n'en puisse être averti.

Il faut tous les soirs fermer les caillebotis avec des barres de fer, et ne laisser qu'un écoutillon ouvert, pour que les nègres qui sont enchaînés deux à deux puissent y passer et monter sur le pont quand ils en ont besoin pour quelque nécessité, et n'en laisser monter que deux ou trois couples à la fois, et quand ceux-là sont descendus en laisser monter d'autres.

[...] Dès qu'on est en vue des terres de l'Amérique, il faut avoir soin de leur faire raser la tête et la barbe, leur faire donner de l'huile de palme pour se frotter, augmenter leur nourriture et leur boisson, les faire danser et chanter, les caresser et mettre tout en œuvre pour les tenir dans la joie, et leur promettre qu'on ne les mettra qu'entre les mains de gens qui les traiteront bien.

3

ANTILLES ET GUYANE

Texte 5
Charles Leslie, *Histoire de la Jamaïque* (1739), 1751, extraits.

L'*Histoire de la Jamaïque* est la traduction d'un ouvrage anglais intitulé *A New and exact account of Jamaïca...* paru en 1739, de Charles Leslie, réédité en 1740 sous un titre différent, *A New History of Jamaïca, from the earliest accounts, to the taking of Porto-Bello by vice-admiral Vernon, in thirteen letters from a gentleman to his friend*, encore attribué aujourd'hui dans les catalogues de bibliothèque à l'amiral Edward Vernon, illustre homme de guerre. En France, l'*Histoire de la Jamaïque* est attribuée, du moins depuis Barbier, à Hans Sloane, célèbre naturaliste et médecin, auteur en 1707 d'un *Voyage to the islands Madera, Barbados [...] and Jamaïca*. Le texte semble à la recherche d'une paternité prestigieuse ; mais il faut se résoudre à l'identifier comme l'ouvrage estimable d'un auteur inconnu, Charles Leslie. Prévost lui emprunte des passages dans l'*Histoire générale des voyages*, de même que Raynal dans l'*Histoire des deux Indes* ; il sert toujours de source à des historiens modernes de la Jamaïque, comme Mavis C. Campbell.

La forme épistolaire adoptée dans le livre implique un récit à la première personne du narrateur, voyageur anglais conduit à séjourner en Jamaïque ; les lettres présentent une certaine unité thématique, hormis les premières centrées sur le voyage de l'épistolier, mêlant des observations diverses sur la flore, faune, la météorologie, les inondations etc. Reproduisant dans l'ensemble le découpage des matières traditionnel dans ce type d'ouvrages, l'*Histoire de la Jamaïque* déroule l'histoire des conflits entre puissances coloniales, celle des conflits internes entre l'autorité politique et les habitants, et celle des révoltes des noirs contre les blancs ; des exposés synchroniques présentent les structures administratives de l'île, les principales lois, la population, le commerce etc.

Dans son discours sur l'esclavage le livre diffère radicalement de celui de Hans Sloane, qui passe sous silence le phénomène du marronnage, très développé dans l'île, pourtant, dans la deuxième moitié du dix-septième siècle, au moment du séjour du naturaliste anglais ; les révoltes des nègres, en revanche, rythment de façon récurrente l'histoire de la colonie dans le récit de Charles Leslie. Sloane décrit la condition des esclaves noirs, et s'attarde sur les châtiments qui leur sont réservés, sans manifester la moindre compassion ; les interventions du narrateur dans le texte de Leslie ne permettent pas d'oublier le caractère pour le moins problématique de l'ordre politique et social institué dans l'île.

[Extraits de *Histoire de la Jamaïque*, traduite de l'anglais, par M*** [Raulin], ancien officier de dragons, Londres, Nourse, 1751 ; texte 5 a, t.2, L.8, p.75-78 (traduction de *A New History of Jamaïca...*, London, J. Hodges, 1740, p.252-254) ; texte 5 b, t.2, L. 11, p.163-166 (traduction de *A New History of Jamaïca...*, p.305-306)].

5 a

En 1690, le comte d'Inchiquin fut nommé au gouvernement de l'île et vint aussitôt en prendre possession. Les nègres commencèrent alors à faire du désordre. Les fugitifs et les descendants des esclaves espagnols[1] qui n'avaient jamais été soumis, firent une irruption et pillèrent les plantations voisines de leurs forts, et commirent des cruautés inouïes. Ils avaient des lieux de retraite si impénétrables, que tous les efforts qu'on fit pour les en déloger furent inutiles. Les blancs qui l'entreprirent y échouèrent : les uns y furent massacrés, et ceux qui échappèrent revinrent excédés de fatigues. Le mauvais succès de leur expédition fit naître à nos esclaves le dessein de se révolter. On s'aperçut de la disposition où ils étaient, et l'on prit de si bonnes précautions qu'ils n'osèrent remuer, excepté dans les plantations de M. Sutton. Quatre cents noirs s'y soulevèrent, forcèrent la maison de leur maître, qu'ils égorgèrent lui et tous les blancs qui y étaient, se saisirent de cinquante mousquets, mousquetons et autres armes, de beaucoup de poudre et de plomb, de quatre petites pièces de campagne et de beaucoup d'autres provisions. Avec cet appareil de guerre ils allèrent attaquer la plantation voisine, où ils exterminèrent tous les blancs.

Tous les districts voisins prirent l'alarme. Cinquante cavaliers ou fantassins marchèrent contre eux, et arrêtèrent leurs progrès. Toutes les plantations se tinrent sur leurs gardes et empêchèrent d'autres rebelles de se joindre aux esclaves armés. Cependant ils avaient l'avantage du nombre ; mais comme une certaine terreur accompagne toujours le crime, ils n'eurent pas le courage de tenir ferme. Ils se retirèrent dans la grande maison de M. Sutton, où ils se préparèrent à se défendre ; mais à peine y étaient-ils entrés qu'un gros corps de blancs vint les y attaquer : ils ne se défendirent presque

1. Au moment de la conquête anglaise de l'île les colons espagnols partis précipitamment avaient laissé derrière eux leurs esclaves, dont un grand nombre avaient repris leur liberté.

point, et s'enfuirent en faisant partout le plus de dégât qu'ils pouvaient, et brûlant toutes les cannes à sucre qu'ils trouvaient sur leur chemin. Un parti de blancs les atteignit dans leur retraite, les dispersa et les poursuivit plusieurs milles. Beaucoup de noirs y périrent ; deux cents mirent bas les armes, et se soumirent : le reste fut ensuite passé au fil de l'épée ou pris. Notre perte, non compris les blancs tués dans les plantations, ne monta qu'à seize hommes. Du côté des esclaves, il y en eut environ deux cents d'assommés : fort peu obtinrent grâce, et du nombre de ceux qui se soumirent, la plupart furent punis du supplice qu'ils méritaient.

5 b

Le texte est extrait d'une lettre qui abandonne l'ordre chronologique pour présenter un tableau des institutions et des habitants de l'île.

N'examinons point si l'esclavage de ces infortunés blesse ou non les droits de la nature. Quelque dur que cela soit, ils sont réduits à servir toujours et à supporter un travail pénible, pour le profit des autres, sans en tirer le moindre avantage pour eux-mêmes. Heureuse Angleterre, l'esclavage vous est inconnu, et dans votre sein la liberté et l'indépendance consolent de toutes les infortunes. Ce n'est point ici qu'on peut se glorifier d'un pareil bonheur : pour un homme, on y compte dix esclaves. Je voudrais, par la considération que je dois à plusieurs maîtres, passer légèrement sur les peines qu'endurent ces malheureux ; mais je ne puis en dérober entièrement l'horrible détail. La plus petite faute est punie du fouet de façon à faire trembler. J'ai vu des noirs traités avec la dernière cruauté, uniquement pour satisfaire la barbare fantaisie d'un inspecteur, qui est celui qui d'ordinaire ordonne les punitions. J'ai vu leur corps tout couvert de sang, leur dos dépouillé de la peau, du poivre pilé[*] et du sel jetés dans leurs blessures, et des bâtons de cire d'Espagne entiers fondre et tomber goutte à goutte sur eux. Est-il étonnant que des tourments si affreux les portent à se révolter ! Il faut convenir d'un autre côté qu'ils sont généralement méchants. Ce qui provient des misères auxquels ils sont assujettis, et des mauvais exemples qu'ils voient journellement.

Leurs maîtres mettent à part une petite partie de terre pour chacun d'eux, et leur donnent les dimanches pour la cultiver. Ils y sèment ou plantent le

---

[*] Cela s'appelle laver avec une pimentade : c'est de la saumure dans laquelle on a écrasé du piment et de petits citrons. C'est moins pour les faire souffrir qu'on les en lave, quoique cela leur cause d'horribles douleurs, que pour prévenir la gangrène qui ne se manquerait pas de se mettre dans leurs plaies.

plus souvent du maïs, du bled de Guinée, du plantin, de l'iam [igname], du cacao etc., voilà de quoi ils se nourrissent. Ceux d'entre eux cependant qui ont un peu plus d'industrie que les autres, élèvent de la volaille qu'ils portent au marché le dimanche, seul jour de marché dans l'île : et de la petite somme qu'ils en retirent, ils achètent du bœuf salé, du poisson ou du porc, pour faire leurs pipperpots[1]. On aurait peine à croire à quels expédients ces malheureux sont réduits. Vous les verriez tous les jours vers le midi qu'ils reviennent de leur travail, jusqu'à deux heures qu'ils y retournent, aller à la porte de leurs maîtres, déterrer dans des tas de fumier des os qu'ils brisent ensuite fort menus, pour les faire bouillir et en boire le bouillon.

La plupart sont amenés ici des côtes de Guinée. A leur arrivée on remarque que ce sont d'innocentes et simples créatures ; mais bientôt ils deviennent malins, et lorsqu'on les châtie, ils se servent de l'exemple des blancs pour excuser leurs fautes.

1. Terrine au poivre ; ragoût de volaille et d'herbes bouilli avec de l'huile de palmier et du poivre.

Texte 6

Poivre, *Voyages d'un philosophe, ou observations sur les mœurs et les arts des peuples de l'Afrique, de l'Asie et de l'Amérique*, 1768, extrait.

Quand paraissent les *Voyages d'un philosophe* Pierre Poivre est intendant des colonies des îles de France et de Bourbon (aujourd'hui île Maurice et Réunion). Ses connaissances en matière d'histoire naturelle et de botanique lui valent également d'être correspondant de l'Académie des Sciences. Préoccupé par les questions d'agriculture, il a notamment recueilli en Cochinchine, où il avait été envoyé afin d'y établir un comptoir français, des plantes susceptibles d'être naturalisées dans l'île de France – le poivrier, le cannelier, des arbres de teinture et des arbres fruitiers –, de sorte que, pour reprendre la formule de Dupont de Nemours, son biographe, « il avait été le bienfaiteur de cette île avant même d'en être l'administrateur »[1]. Il semble que Poivre ne soit pas responsable du titre, ni même de la composition de l'ouvrage ; l'éditeur a réuni dans les *Voyages d'un philosophe* des textes du savant qui avaient rencontré une certaine audience, deux mémoires lus en 1764 et 1765 à la Société Royale d'Agriculture de Lyon, et en 1766 à la Société d'Agriculture de Paris[2]. Selon les *Ephémérides du citoyen*, qui consacrent au livre un compte rendu très élogieux, les observations empiriques de Poivre le conduisent à « retrouver » spontanément les principes physiocratiques de Quesnay ; les *Voyages* passant en revue les territoires extérieurs à l'Europe, et considérant le développement de l'agriculture comme le critère principal d'évaluation de la prospérité économique et du gouvernement politique d'un pays, constituent « la science économique démontrée par les faits ».

Poivre ne parle qu'incidemment des Antilles, où il ne semble pas qu'il se soit jamais rendu. L'extrait s'inscrit dans un exposé consacré à la Cochinchine ; il manifeste le besoin de concilier l'esprit de rationalisation du système colonial, qui tend à prévaloir dans les bureaux de l'administration, et l'idéal philosophique.

[Extrait de *Voyages d'un philosophe,* Yverdon, 1768, p.93-95]

Il faut remarquer, Messieurs, que la Cochinchine qui produit cette denrée [le sucre] en si grande abondance et à si bas prix, étant un royaume nouveau,

---

1. Dupont de Nemours, « Notice sur la vie de P. Poivre », p.1-71, dans *Œuvres Complètes de P. Poivre, intendant des îles de France et de Bourbon, correspondant de l'académie des sciences* ..., Paris, Fuchs, 1797, p.17
2. *Ephémérides du citoyen*, 1768, t.6, p.166-217.

doit être regardé en quelque manière comme une colonie ; remarquons aussi que la canne à sucre y est cultivée par des hommes libres, que tous les travaux de la cuite et de la raffinerie sont exécutés par des mains libres. Comparons ensuite le prix de la denrée cochinchinoise, avec celui de la même denrée cultivée et préparée par de malheureux esclaves dans les colonies européennes, et jugeons si, pour tirer du sucre de nos possessions, il était nécessaire d'autoriser par une loi l'esclavage des Africains transportés en Amérique.

Après ce que j'ai vu en Cochinchine, je ne puis douter que des cultivateurs libres, auxquels on aurait partagé sans réserve les terres de l'Amérique, ne leur eussent fait rapporter le double du produit qu'en tirent les esclaves.

Qu'a donc gagné l'Europe policée, l'Europe si éclairée sur les droits de l'humanité, en autorisant par ses décrets les outrages journaliers faits à la nature humaine dans nos colonies, en permettant d'y avilir les hommes au point de les regarder absolument comme des bêtes de charge ? La loi de l'esclavage a été aussi contraire à ses intérêts qu'à la loi naturelle et à son honneur ; je l'ai remarqué plusieurs fois.

La liberté et la propriété sont les fondements de l'abondance et de la bonne agriculture ; je ne l'ai vue florissante que dans les pays où ces deux droits de l'homme étaient bien établis. La terre qui multiplie ses dons avec une espèce de prodigalité sous des travailleurs libres, semble se dessécher même par la sueur des esclaves. Ainsi l'a voulu l'Auteur de la nature, qui a créé l'homme libre, et lui a abandonné la terre avec ordre que chacun cultivât sa possession à la sueur de son front, mais avec liberté.

Texte 7
Raynal, *Histoire des deux Indes*, 1770, extraits.

L'*Histoire philosophique et politique des établissements et du commerce des Européens dans les deux Indes* retrace les grands moments de l'expansion européenne et constitue à certains égards une reprise, à vingt-quatre ans d'intervalle, du projet qui avait présidé à la rédaction de l'*Histoire générale des voyages* de Prévost. Raynal, le maître d'œuvre, confère au nouvel ouvrage un aspect plus systématique, en abandonnant l'ordre monographique du « recueil de voyages » de 1746, et en effaçant la trace visible des textes-sources, pour suivre exclusivement l'ordre synthétique d'un « système » d'histoire et de géographie. Le texte de Raynal connaît un « dédoublement » générique qui le distingue davantage de son modèle : il obéit aux règles du genre historique, mais il présente aussi des passages philosophiques, qui peuvent prendre les formes du commentaire, du discours véhément, de l'appel au lecteur, du dialogue etc., et qui constituent des lieux textuels fortement idéologisés.

L'*Histoire des deux Indes* est le produit d'un travail en équipe. Ainsi, bien que l'énonciateur s'y manifeste ouvertement, plus qu'il n'est de règle dans un ouvrage historique, il reste anonyme ; si nombre de passages rédigés par Diderot, le collaborateur le plus illustre de Raynal, ont été repérés par la critique, la plus grande partie du texte, sans doute revue et homogénéisée par Raynal, n'a pas d'auteur clairement identifié.

Le texte sur l'esclavage généralement retenu par les lecteurs contemporains de l'*Histoire,* selon Yves Benot, est celui du chapitre 11, contenant des propositions en vue d'une abolition progressive. Les extraits proposés ici, consacrés aux révoltes des esclaves de Surinam et de la Jamaïque, passent facilement inaperçus, en raison de la « stratégie de dispersion »[1] qui organise l'ouvrage, et qui détermine une lecture sélective. Il s'agit dans les deux cas de textes où la rupture provisoire avec la narration historique s'accompagne d'un déploiement du discours passionné de l'historien philosophe appelant les noirs à la révolte. Les deux extraits empruntent à la rhétorique religieuse, soit à travers la référence historique et biblique au peuple juif sorti d'esclavage, soit par la sacralisation de la justice, soit encore par le style prophétique. Le texte 7a, centré sur Surinam,

1. Y. Benot, « Traces de l'*Histoire des deux Indes* chez les anti-esclavagistes sous la Révolution », *Lectures de Raynal. L'Histoire des deux Indes en Europe et en Amérique au XVIIIe siècle*, actes du colloque de Wolfenbüttel, édités par Hans-Jürgen Lüsebrink et Manfred Tietz, Oxford, Voltaire Foundation, 1991, p.141-154.

se distingue en raison de l'alliance qu'il envisage explicitement entre les noirs insurgés et un « missionnaire » héroïque, un Las Casas de la révolte, libérateur des esclaves. La radicalisation de l'exigence morale conduit ici paradoxalement à l'apologie de la violence insurrectionnelle, en réaction contre la violence étatique.

Comme d'autres appels à des peuples colonisés, qui ne liront pas l'*Histoire des deux Indes*, ces textes posent la question du destinataire, et de l'efficacité escomptée par leurs auteurs. Il est possible de considérer, avec certains commentateurs modernes, que les prédictions de l'*Histoire* sont destinées à l'administration royale et à l'opinion éclairée, appelées à prendre conscience de l'imminence de la catastrophe et à adopter des plans de réforme. Il aurait fallu, pour donner tout son poids à cette hypothèse, que dans l'édition de 1770 les programmes réformateurs, plutôt minces, fussent plus aboutis, et affirmés avec davantage de conviction. Il nous semble que la légitimation de la révolte des noirs se rapproche du discours de justification de l'insurrection du peuple contre le souverain, qui risque également d'avoir peu de lecteurs populaires. L'essentiel, pour le locuteur, est de se situer du côté de l'opprimé. Les philosophes des Lumières ne visaient probablement pas autre chose que l'élaboration de cette position éthique ; ils ne supputaient pas les effets sur un public populaire de leurs discours extrémistes.

Nous avons privilégié l'édition de 1770 – diffusée seulement en 1772 – en raison de la proximité de la date de composition et de celle des romans de Saint-Lambert et Butini.

[Extraits de l'*Histoire des deux Indes*, Amsterdam, 1770 ; texte 7 a, t.4, p.265-267 ; texte 7 b, t.5, p.235-236.]

7 a

En 1763 la colonie hollandaise de Surinam est le théâtre d'un soulèvement de neuf mille noirs réprimé à grand-peine, grâce aux renforts militaires anglais de la Barbade ; comme en Jamaïque un traité conclu entre les autorités et les marrons assure – provisoirement – l'ordre public.

La tranquillité n'est qu'apparente dans la Guyane hollandaise, comme dans tous les pays où la révolte a une fois éclaté. Le germe de la révolution se couve et mûrit en secret dans les forêts d'Auka et de Sarmaca.

Ces déserts peuplés de tous les esclaves que la fuite a pu soustraire au joug de l'avare Hollandais, ont vu se former successivement une espèce de république, composée de dix ou douze mille âmes, partagées en plusieurs villages, dont chacun se choisit un chef. Ces peuplades errantes tombent inopinément, tantôt sur un bord de la colonie, et tantôt sur un autre, pour y piller des subsistances, pour y dévaster les richesses de leurs anciens tyrans. En vain les troupes sont dans une activité continuelle, pour contenir ou pour surprendre un ennemi si dangereux. Des avis secrets le mettent à l'abri de tous les pièges, et dirigent ses incursions vers les lieux sans défenses. Des conventions et des traités ne sauraient rassurer contre ses entreprises. Il me semble voir ce peuple esclave de l'Egypte, qui réfugié dans les déserts de l'Arabie, erra durant quarante ans, tâta tous les peuples voisins, les harcela, les entama tour à tour ; et par de légères et fréquentes incursions, prépara l'invasion de toute la Palestine. Si la nature forme par hasard une grande âme dans un corps d'ébène, une tête forte sous la toison d'un nègre ; si même un Européen ose concevoir un saint enthousiasme d'humanité, de liberté pour des nations entières foulées depuis deux siècles ; si même un missionnaire sait employer à propos l'ascendant continuel et progressif de l'opinion, contre l'empire variable et passager de la force... Faut-il que la barbarie de notre police moderne, inspire des vœux de sang et de ruine à l'homme juste et humain qui médite sur la conduite de ses frères, de ses concitoyens envers une race étrangère à nos vœux, à nos penchants !

7 b

En Jamaïque, les révoltes des noirs de 1734-1735 sont jugulées grâce à une mobilisation exceptionnelle des forces militaires coloniales.

Les esclaves, plus glorieux d'un triomphe qu'abattus de dix revers, s'enorgueillissent de ne plus voir dans leurs tyrans que des ennemis à combattre. S'ils sont battus, ce n'est pas sans vengeance. Leur sang brûle de couler et de se confondre avec celui de leurs barbares maîtres. Ils s'enfoncent à travers l'épée de l'Européen pour lui plonger un poignard dans le cœur ; et le ciel applaudit peut-être à ces moments de carnage où sa justice s'exerce. Les réfugiés forcés de plier devant le nombre ou l'adresse, se retranchent dans des lieux inaccessibles, et s'y dispersent en petites troupes, résolus de n'en point sortir, et bien assurés d'y vaincre. Après neuf mois de combats et de courses, on abandonne enfin le projet de les soumettre.

Ainsi l'emportera tôt ou tard, contre des armées nombreuses, aguerries, et même disciplinées, un peuple désespéré par l'atrocité de la tyrannie ou l'injustice de la conquête, s'il a le courage de souffrir la faim plutôt que le joug ; s'il joint à l'horreur d'être asservi la résolution de mourir ; s'il aime mieux être effacé du nombre des peuples que d'augmenter celui des esclaves. Qu'il cède la plaine à la multitude des troupes, à l'attirail des armes, à l'étalage des vivres, des munitions et des hôpitaux ; qu'il se retire au cœur des montagnes, sans bagage, sans toit, sans provisions : la nature saura bien l'y nourrir et l'y défendre. Qu'il y reste, s'il le faut des années, pour attendre que le climat, la chaleur, l'oisiveté, la débauche aient dévoré ou consumé ces camps nombreux d'étrangers, qui n'ont ni butin à espérer, ni gloire à recueillir. Qu'il descende quelquefois avec les torrents, pour surprendre l'ennemi dans ses tentes, et ravager ses lignes. Qu'il brave enfin les noms injurieux de brigand et d'assassin que lui prodiguera sans honte une nation assez lâche pour aiguiser contre une poignée d'hommes chasseurs des armes qui n'ont su que plier. Ô infamie !

Texte 8
Le Père Nicolson, *Essai sur l'histoire naturelle de l'île de Saint-Domingue*, 1776, extrait.

Le père Nicolson se situe à certains égards dans la lignée des missionnaires des Antilles, Dutertre, Labat, Charlevoix, auteurs d'ouvrages généraux portant sur les colonies américaines. Après un séjour de quatre ans à Saint-Domingue, il compose un livre où l'histoire naturelle de l'île occupe une grande place – d'où le titre –, mais qui comprend aussi les chapitres traditionnels dans ce type de publications relatifs au gouvernement civil, au gouvernement ecclésiastique, à la population, au commerce, aux manufactures, et un développement original sur les découvertes archéologiques (haches indiennes, fragments de poteries, fétiches). Le compte rendu du *Journal encyclopédique* rapporte le jugement très favorable du célèbre naturaliste Adanson au sujet des chapitres scientifiques de l'*Essai sur l'histoire naturelle de l'île de Saint-Domingue* : « La vérité, la clarté, la simplicité qui règnent dans cet ouvrage, l'ordre alphabétique sous lequel sont rangés les objets d'histoire naturelle, et les découvertes qui y sont répandues, me font penser qu'il peut servir de modèle aux voyageurs, et devenir précieux aux savants en état de les apprécier et d'en faire l'application à l'utilité publique ».[1] Le chapitre consacré aux habitants de l'île fait l'objet d'appréciations mitigées dans le journal, qui s'accorde avec Nicolson dans sa condamnation de l'esclavage, mais défend la réputation les colons, vivement attaqués dans l'*Essai*. La nouveauté radicale de l'ouvrage comparé à ceux des missionnaires antérieurs réside dans la mise en cause explicite des propriétaires d'esclaves, toujours épargnés par les religieux, même par ceux qui décrivent fidèlement la misère des noirs. Le jansénisme de l'auteur explique peut-être la sévérité du jugement moral et une certaine indépendance de ton par rapport aux grandeurs établies[2]. Condorcet a reconnu le rare mérite de ce missionnaire, qu'il salue dans ses *Réflexions sur l'esclavage des nègres* : « Quoique ministre d'une autre communion [Condorcet écrit sous le pseudonyme du « pasteur de Bienne »], nous croyons rendre justice à un moine français de l'ordre des Frères Prêcheurs. Il n'a point suivi l'exemple de ses confrères, soit évangélistes, soit romains ; et dans un ouvrage publié il y a quelques années sur la colonie de Saint-

1. *Journal encyclopédique*, février 1776, p.451-467.
2. Nicolson, *La Solitaire des rochers* (1787), Paris, Ruffet, 1862, 2 vol. ; selon le préfacier, l'abbé Dominique Bouix, Nicolson a donné dans « les erreurs du jansénisme ».

Domingue il a eu le courage de présenter un tableau vrai de l'horrible barbarie exercée contre les nègres, et une réfutation des calomnies que leurs maîtres s'occupent d'accréditer contre eux en Europe »[1].

[Extrait de l'*Essai sur l'histoire naturelle* ..., Paris, Gobreau, 1776, p.51-59]

Le texte figure dans le chapitre I, « Idée générale de Saint-Domingue », article X, « Réflexions sur l'état présent des habitants de Saint-Domingue, tant libres qu'esclaves », et fait suite à l'évocation des Indiens caraïbes.

L'île de Saint-Domingue se trouve actuellement habitée par deux sortes d'hommes qui diffèrent encore plus par la condition que par la couleur. Les uns sont libres, indépendants, et absorbent toutes les productions d'une terre féconde qu'ils ne cultivent pas ; les autres s'épuisent pour enrichir les premiers. Ils sèment et ne récoltent pas ; ils bâtissent, et ils sont sans logement ; ils répandent l'abondance, et ils meurent de faim ; ils procurent à ceux qui les emploient toutes les matières de luxe, et ils sont sans vêtement ; ils font passer les autres d'un état vil et rampant, à celui d'une aisance honnête, et même de l'opulence, et ils languissent eux-mêmes dans un affreux esclavage qui fait tous les jours frémir l'humanité : voilà leur récompense. Développons ces idées, humiliantes pour un peuple policé, mais trop sensibles pour être tues. Je ne parle que de la partie française [de Saint-Domingue] ; ses voisins indolents ne méritent aucune attention.

Ceux qui jouissent d'une liberté que la nature rend commune à tous les hommes, qui la ravissent sans remords à leurs semblables, et qui leur font sentir tous les jours, sans frémir, les peines attachées à cette privation ; en un mot les créoles se rapprochent autant des anciens naturels [les Caraïbes], par leurs vertus, qu'ils s'en éloignent par leurs vices. On voit en eux un alliage bizarre de bonnes et de mauvaises qualités ; ils ont la plupart l'esprit juste, pénétrant, disposé à acquérir les sciences les plus abstraites, quand ils veulent s'y appliquer. Les jeunes créoles, que les parents font éduquer en France, profitent au mieux des leçons qu'on leur donne ; mais ils les oublient aussi vite qu'ils les ont apprises ; ils ne portent souvent dans leur patrie que celles du libertinage et de l'irréligion, qu'ils ont soin de communiquer à ceux qui, moins fortunés, ne peuvent pas les aller puiser dans leurs sources.

Ils sont communément bien faits, lestes, généreux, obligeants, braves, fiers, magnifiques : ils aiment la dépense, l'ostentation, le faste ; ils

1. Condorcet, *Réflexions sur l'esclavage des nègres, et autres textes abolitionnistes* (1781), présentation de David Williams, L'Harmattan, « Autrement Mêmes », 2002, p. 37, note de Condorcet.

n'épargnent rien pour satisfaire leurs fantaisies ; leurs désirs s'irritent par les obstacles, l'impossibilité de les remplir les désespère. Ils sont passionnés à l'excès pour les femmes ; ils les quittent avec indifférence ; l'instinct fait tout, le sentiment n'y est pour rien. L'oisiveté, l'indolence, la négligence de leurs propres intérêts les caractérisent en tout ; on ne saurait s'y méprendre, ni les confondre avec l'industrieux et actif Européen. On les voit rarement fidèles dans leurs amours, à moins que le lien conjugal ne vienne fixer leur inconstance ; la jalousie succède alors à l'indifférence, elle les maîtrise jusque dans les plus petits détails, et il en résulte bien des troubles domestiques, surtout lorsqu'une femme, offensée par des soupçons, se livre à son humeur acariâtre : on s'injurie, on boude quelques jours, et puis on se raccommode : ainsi va le monde.

On peut dire à la louange du sexe, qu'il sait se respecter ; que l'honneur, la décence, la sagesse, sont des barrières qu'il n'a pas coutume de franchir, et qu'une femme déréglée (je ne parle que des blanches), est aussi rare que les hommes libertins sont communs ; c'est dommage que ces vertus se trouvent souvent accompagnées d'un fond de vanité, d'un ton impérieux qui gâte tout. La plupart des femmes n'ont pas le talent de s'occuper, elles sont passionnées pour la danse : lorsque cet amusement leur manque, que le jeu ou la compagnie ne viennent pas les distraire, elles passent leur temps à dormir ou à quereller leurs servantes avec un dédain, une hauteur insupportable.

Les hommes comme les femmes n'aiment pas à voir souffrir leurs animaux domestiques ; ils en prennent un soin tout particulier, et ils exercent sur leurs semblables des cruautés inouïes sans s'émouvoir : un ordre barbare, donné dans un accès de fureur, pour punir une faute souvent légère, est un arrêt irrévocable qu'il faut exécuter sur-le-champ ; rien n'est capable de les attendrir sur le sort de ces malheureux.

A l'égard de cette portion de l'humanité qui n'est méprisable que parce qu'elle est faible, rien n'est plus affreux que sa situation. On voit la plupart des nègres languir dans une extrême indigence. Ils n'ont pour demeures que des retraites incommodes et malsaines ; quelques lambeaux de grosse toile servent plutôt à les défigurer qu'à les couvrir ; leurs aliments ne sont pas distingués de ceux qu'on donne aux animaux les plus immondes, encore n'en ont-ils presque jamais suivant leur appétit. Je n'exagère ici rien : je sais qu'il est des maîtres qui prennent un peu plus de soin de leurs nègres que de leurs bestiaux ; qui leur fournissent du biscuit, lorsque les vivres de terre manquent, et cinq ou six aunes de toile par an pour s'habiller ; qui n'exigent aucun travail les jours de fêtes et dans les heures destinées au repos. Voilà ce que font les meilleurs maîtres, encore le nombre en est-il malheureusement très petit ; on les regarde dans la colonie comme des insensés, qui gâtent leurs esclaves par trop de bonté. La plupart des habitants, et surtout dans les petits quartiers, ne donnent à ces infortunés qu'un terrain inculte, pour y planter des vivres. Ils ne peuvent y travailler que les dimanches et les jours de fêtes, qui ne sont pas employés au profit du maître, ou durant les deux heures de relâche qu'on leur accorde chaque jour : aussi cette grâce, qu'on leur fait tant valoir, leur est-elle souvent plus onéreuse qu'avantageuse.

La fin du jour annonce aux bêtes de somme, le terme de leurs travaux journaliers ; l'Africain, plus infortuné, est averti seulement par là que les siens vont changer d'objets, et qu'on va l'appliquer à des ouvrages minutieux qui vont lasser sa patience, après que ceux du jour ont épuisé ses forces ; on prolonge quelquefois ses veilles jusqu'à dix heures du soir. Faut-il après cela s'étonner, si ces malheureuses victimes de la cupidité européenne succombent sous le poids de l'indigence et de la fatigue ?

On voit des négresses qui se font avorter, pour que le maître barbare qu'elles servent ne profite pas d'une postérité, dont la condition ne peut être que malheureuse ; puisqu'elle doit être semblable à la leur. Une espèce de compassion se joint au plaisir de la vengeance, pour outrager ainsi la nature. Cœurs inhumains ! ce crime atroce retombe sur vous. Vous êtes plus barbares que ces mères homicides, si vous m'entendez sans frémir d'horreur...

Un esclave, qui voit la main de son bourreau levée sans cesse sur lui, s'abandonne souvent au désespoir, et ne pense plus qu'à terminer une vie languissante, dont il peut compter les jours, par le nombre des supplices qu'on ne se lasse pas de lui faire subir. Sa résolution une fois prise est bientôt exécutée ; il fait ses adieux à sa famille, ses amis le chargent de leurs commissions, et il va se pendre dans la persuasion où il est de retourner, par sa mort, dans le pays d'où on l'a arraché. D'autres nègres, poussés par le même désespoir, ont recours au poison, pour exercer sur leurs tyrans une vengeance plus réfléchie et plus éclatante. Le suc malfaisant de certaines plantes ne leur est que trop connu ; ils s'en servent pour humilier leurs oppresseurs, qui se voient bientôt ruinés par la perte de leurs bestiaux et des esclaves qui leur sont plus nécessaires. L'assassin, pour voiler son crime, exerce sa fureur sur ce qu'il a de plus cher ; sa femme, ses enfants, ses amis, sont les premières victimes qu'il immole : les soupçons tombent-ils sur lui, est-il convaincu de ses forfaits et condamné à les expier ? il ne se déconcerte pas ; il jouit du plaisir de s'être satisfait ; il s'est assez vengé, il meurt content. L'appareil des tourments qu'on lui présente n'a rien qui l'épouvante, il voit tout avec une stupide indifférence, avec une certaine fierté qui humilie le plus brave.

On conduisait un jour au supplice un nègre de Cavaillon, qui avait assassiné son maître ; il se vit couper le poing et rouer vif sans répandre une larme, sans témoigner le moindre repentir. Il se contenta de dire : *Quan moi tuyé maître moi, ça mauvai jou pou li ; astor [à cette heure] moi alé mouri pou li, ça mauvai jou pou moi.*

Un autre qu'on allait pendre au Port-au-Prince, je ne sais pour quel sujet, fit encore paraître plus d'intrépidité. A peine le bourreau, qui est toujours un nègre, l'eut-il jeté en bas de l'échelle, que la corde cassa ; le patient se releva, et dit tranquillement au bourreau : *Toi voir, moi ben dire tantôt, corde la li pas bon ; toi dire, moi connai, li bon.* Comme celui-ci cherchait à la renouer, le nègre condamné ajouta : *qui ça toi faire encore ? si toi nouyer li, li casser encore ; ça mauvais besogne ; tin, v'là deux qualins* (c'est 20 sols de France), *toi aller acheter un bon petit corde iune fois.* Le bourreau fit ce que le nègre lui avait dit, et celui-ci se laissa pendre une seconde fois sans se plaindre.

C'est un préjugé répandu dans les îles, qu'on ne trouve point d'attachement, d'intelligence ni de sentiments dans les nègres : cette prévention est absolument fausse et démentie par l'expérience journalière. Ceux qui ont le bonheur d'être conduits par des maîtres et non par des bourreaux, leur donnent tous les jours des preuves certaines de leur fidélité et de leur attachement. On en a vu braver une mort certaine, pour les arracher du danger auquel ils les voyaient exposés. On pourrait en citer mille exemples : combien de nègres qui ont sauvé la vie à leurs maîtres dans le passage des rivières ? Cette négresse du Port-au-Prince n'avait-elle que de l'indifférence pour ses maîtres, lorsque le tremblement de terre de 1770 renversa leur maison ? Elle s'y trouvait seule avec leur enfant qu'elle allaitait ; chacun avait cherché son salut dans la fuite, elle ne pouvait les imiter sans exposer les jours de son nourrisson ; elle aima mieux lui sacrifier les siens, en faisant de son corps une espèce de voûte ; elle reçut sur elle, avec un courage inouï, les décombres de la maison, l'enfant fut conservé ; mais elle mourut quelques jours après, victime de son cœur généreux.

Moi-même j'en fais l'aveu, je dois la vie à un esclave, qui dans ce jour fatal me fit sortir de la maison où j'étais, un instant avant sa chute ; il jouit maintenant de la liberté. Je la dois à d'autres nègres, qui dans mes voyages, m'ont averti plusieurs fois des dangers que je courais sans m'en apercevoir. Ce jeune nègre n'avait-il aucun attachement pour son maître, lorsque le voyant embarqué, par ordre du gouverneur, avec défense aux domestiques de le suivre, il se fit coudre dans un matelas, pour tromper la vigilance des gardes ? Si les hommes n'oubliaient pas si vite les bienfaits, on serait surpris de voir tant de courage, de grandeur d'âme, d'héroïsme dans des esclaves.

Ils ne sont pas non plus si stupides qu'on se l'imagine : ils apprennent facilement les métiers qu'on leur enseigne. Ils sont de très bons imitateurs, et s'il faut les guider en tout, s'ils n'imaginent presque rien, c'est que l'esclavage brise les ressorts de l'âme et abâtardit tout.

4

LA RÉVOLUTION DE SAINT-DOMINGUE

Texte 9
Gros, *Récit historique sur les événements qui se sont succédé dans les camps de la Grande Rivière, du Dondon, de Sainte-Suzanne et autres, depuis le 26 octobre 1791 jusqu'au 24 décembre de la même année par M. Gros, procureur-syndic de Vallière, fait prisonnier par Jeannot, chef de brigands*, Baltimore, S. et J. Adams, 1793 [Bibliothèque municipale de Nantes, cote et fonds 54426] ; extraits.

L'ouvrage de Gros constitue un exemple rare de témoignage individuel sur les événements de Saint-Domingue. « Individuel » prend ici son sens plein : procureur d'une localité de la colonie, l'auteur n'appartient à aucune des institutions prestigieuses qui légitiment traditionnellement le récit historique ; il n'est pas général, administrateur, scientifique ou historien. Prisonnier des noirs insurgés, il a partagé, à son corps défendant, le quotidien des anciens esclaves, approché les chefs de la révolte, dont il connaît la correspondance politique, pour en avoir rédigé une partie. Gros publie le discours d'un « témoin », non l'ouvrage d'un « écrivain », comme le sont les textes de tant d'historiens des Antilles, avant et après lui, fondés dans une large mesure sur la reprise et la réécriture de textes antérieurs. L'effet d'authenticité que produit le *Récit historique* de Gros explique le fait que Garran-Coulon, Pamphile de Lacroix etc., citent ce document bien qu'ils ne partagent pas les convictions idéologiques de l'auteur.

L'esprit « colon » trouve une illustration exemplaire dans ce livre qui prend pour principale cible le gouverneur Blanchelande, agent de la métropole, accusé d'avoir causé la ruine de Saint-Domingue. L'assemblée coloniale est enveloppée dans la même condamnation, en raison de sa complicité supposée avec le gouverneur, bien qu'elle ait été dominée en réalité par les colons séparatistes. Gros est tout aussi hostile à la Révolution française, autre produit de la métropole, susceptible de subvertir, par d'autres voies, l'ordre colonial. Il déteste les mulâtres, dont l'Assemblée nationale s'est déclarée, par intermittence, la protectrice. Il va sans dire qu'il est un esclavagiste viscéral et sans nuances[1].

---

1. Voir deux autres ouvrages de Gros, *Précis historique des principaux faits qui ont précédé et suivi la journée du 26 octobre 1791, et qui doivent lui servir de*

Entre le récit des faits et la thèse du complot royaliste, responsable de l'insurrection noire, le texte établit une concordance parfaite, quasi providentielle : l'expérience de Gros vient merveilleusement à l'appui des accusations dirigées contre le parti de Blanchelande. Le lecteur ne manque pas de percevoir la partialité polémique du point de vue de l'auteur, mais il perçoit aussi – et c'est sans doute ce qui « humanise » le texte – l'inscription subjective de l'énoncé idéologique. Le sujet de l'énonciation ne s'avance pas masqué ; il avoue, pour une part, l'effroi qui détermine son système d'interprétation.

Le début de l'ouvrage présente la situation critique des habitants de Vallière, victimes du gouverneur, qui néglige d'envoyer les secours nécessaires contre les insurgés. Gros et d'autres blancs qui avaient tenté d'organiser leur défense sont pris les armes à la main, et conduits devant Jeannot, un des chefs de l'insurrection.

[Extraits de l'édition citée ; texte 9 a, p.12-16 ; texte 9 b, , p.22-24 ; texte 9 c, p.47].

9 a – Le camp des insurgés

Après notre défaite nous fûmes enchaînés deux à deux en places au milieu de la plus forte escorte de nègres et mulâtres, pour être conduits au camp général des brigands. En quittant nos foyers dans cet état affligeant, nous vîmes nos plus riches possessions dévorées par les flammes : en un instant ces barbares eurent incendié le quartier, et nous ne marchâmes qu'à la lueur des flammes. Ces scélérats se plaisaient à repaître nos yeux des cadavres mutilés de nos frères, et à nous faire un tableau des atrocités qu'ils devaient exercer sur nous à notre arrivée à la Grande-Rivière, où nous arrivâmes la même journée, après dix lieues de route, tête et pieds nus et en chemise.

Pendant la route les vieux nègres et négresses, rassemblés devant toutes les barrières, nous humiliaient en propos, et vantaient les exploits de leurs guerriers qui ne cessaient de nous maltraiter à coups de bâton.

Arrivés sur l'habitation Cardinaux, où les nègres avaient un camp considérable, nous fûmes conduits, pour un instant, sous la galerie de la grande case, où on nous distribua, après mille propos insultants, quelques gouttes de tafia. Nous nous aperçûmes qu'il régnait dans ce camp une espèce de décence, et qu'on y exigeait un silence absolu. Le commandant, nègre

---

développement, s.l., s.d. [1793 ?], et *De l'Affranchissement des noirs, ou Observations sur la loi du 16 pluviôse an II, et sur les moyens à prendre pour le rétablissement des colonies, du commerce et de la marine*, s.l., 1794.

esclave, nommé Sans Souci (très mauvais sujet), disait en faisant le tour de la case, *pai z'autres, bon pere apres dromi.* On nous conduisit ensuite à la barre, où nous couchâmes, et le lendemain matin, nous aperçûmes un prêtre sous la galerie : il vint à nous et nous fit entendre ces mots foudroyants : *mes enfants, il faut savoir mourir, notre Seigneur Jésus-Christ est mort pour nous sur la croix.* Consternés d'une pareille exhortation, à laquelle nous ne nous attendions certainement pas, nous lui demandâmes si son arrêt était sans appel, et s'il ne pouvait rien faire pour le changer ; il nous répéta en se retirant, *il faut mourir.*

Depuis, nous avons vu fréquemment ce même prêtre dans tous les camps de la Grande-Rivière. C'était le curé de cette paroisse. Si nous étions obligés de prononcer sur son compte, notre jugement ne lui serait assurément pas favorable ; et nous pouvons certifier qu'il a amassé une immense fortune et qu'au retour de l'ordre il sera le mieux partagé des brigands.

Sous prétexte d'être plus tôt rendus chez Madame Dusailly, où était le gouvernement des révoltés on nous fit monter sur des cabrouets[1] : mais le véritable but de ces barbares était de nous faire éprouver un nouveau supplice, car nous regrettâmes de n'avoir pas fait ce chemin à pied, tant nous fûmes fracassés.

Le commandant du camp général, se nommait Michaut, nègre esclave de l'habitation Armand ; il vint à nous, et sur sa physionomie, je crus découvrir un grand fond de sensibilité. Je ne me trompai pas : il a adouci nos malheurs quand il l'a pu ; et nous lui devons en partie, la liberté que nous n'obtînmes que deux mois après : cependant il fut obligé de nous mettre aux fers, en attendant l'implacable Jeannot, qui n'était pas encore de retour de son expédition, mais il nous donna quelques lueurs d'espérance, et nous promit ses bons offices.

Pour donner à mes lecteurs une juste idée des maux que nous avons soufferts, il est nécessaire que j'entre dans les moindres détails.

La description du cachot où nous fûmes jetés, suffira seule pour lui inspirer le plus grand intérêt.

Qu'on se figure deux lits de camp, placés à un pied de distance, dans une espèce de corridor ; l'un occupé par les infortunés prisonniers qui étaient aux fers ; l'autre par les nègres blessés, et par les esclaves encore fidèles aux blancs, et surpris dans les courses des brigands : ils tiennent ces derniers aux fers pendant quelques temps, et ne les relâchent qu'après les avoir suffisamment endoctrinés pour les mettre dans leur parti.

1. Charrettes.

Qu'on se figure un endroit où l'air est comprimé et chargé de vapeurs empoisonnées, un endroit où les excréments séjournaient des jours entiers sous la tête des prisonniers. Joignez à cela, les injures et les menaces dont on ne cessait de nous accabler.

Etendus sur ce lit de douleur, en butte à tous les traits de la malice la plus noire, nous formions divers projets de destruction : car, à tous ces maux, se joignait encore le plus redoutable de tous, celui de la fin la plus cruelle. Ces tigres, pour prolonger nos douleurs, nous réduisirent à trois chétives bananes par jour et un verre d'eau ; quelquefois on nous régalait d'un morceau d'oreille de bœuf, mais c'était fort rare.

Tel fut le prélude des souffrances auxquelles on nous destinait : Jeannot, qui, le lendemain de cette fatale expédition, était rentré au camp général, après avoir donné des ordres pour tout incendier, vint nous visiter : et après nous avoir reproché la mort d'Ogé[1], après s'être longuement déchaîné contre la Révolution, il nous dit que lorsqu'il s'était mis en marche pour nous attaquer, il était instruit par le sieur Pichon, de notre nombre, de la position de notre camp, et de la désertion du détachement des mulâtres. Il nous dit aussi, que huit jours auparavant, ces mulâtres s'étaient assemblés avec ceux de la Grande-Rivière et autres, à la passe[2] de M. de Maigné, et que tout avait été calculé entre eux. Après nous avoir fait toutes ces confidences, Jeannot choisit parmi les prisonniers, les premières victimes de sa rage, et ordonna qu'on en conduisît deux au gouvernement ; il nous avait déjà annoncé que nous serions sacrifiés deux à deux, et par vingt-quatre heures, pour prolonger ses jouissances. Un commandeur et un bourreau toujours en exercice, s'emparèrent de mon infortuné compagnon, nommé Antoine : on l'étendit sur une échelle, où il reçut trois ou quatre cents coups de fouet au moins, en ma présence. Après quoi la rage de Jeannot n'étant pas assouvie, il fit semer de la poudre à canon sur toutes les parties de son corps et y fit appliquer ensuite six pelles rougies préparées exprès ; mais la nature triomphant de ce nouveau supplice, le barbare Jeannot le fit reconduire au cachot, et avec une insultante dérision, demanda aux autres prisonniers s'ils reconnaissaient leur camarade.

Témoin de tant d'atrocités, et attendant le même sort, que le lecteur juge de ma position : cependant ma grâce avait été sollicitée et obtenue à mon insu, par le commandeur de l'habitation Monthelon. Jeannot me renvoya

1. Jeannot se dit le vengeur d'Ogé, justifiant ainsi sa cruauté à l'égard des blancs. Vincent Ogé est un mulâtre atrocement supplicié et exécuté au Cap en février 1791 pour avoir soutenu activement la revendication de l'égalité des mulâtres et des blancs, d'abord par des moyens pacifiques puis par la voie de la révolte armée.

2. Issue vers un mouillage.

dans les fers après m'avoir fait plusieurs questions, m'assurant sur sa parole d'honneur, que mes jours étaient en sûreté.

A mon arrivée dans le cachot, je trouvais M. Dugos que l'on amenait de Vallière : il avait combattu avec nous à Sans Souci, et avait eu le bonheur de se sauver dans le bois où il se croyait en sûreté ; mais peu de temps après il fut pris et conduit sur les glacis de l'habitation Villatte. Là les mulâtres s'emparèrent de lui, et après l'avoir fait étendre sur une échelle, lui comptèrent deux cents coups de fouet. Le fils de Le Maire de Sainte Suzanne, était un de ceux qui le taillaient[1] tandis qu'un autre pressait sa tête sous ses pieds. On le conduisit ensuite au camp général où il nous joignit. Le lendemain on conduisit le chevalier Delpeuch au camp Mazères où on lui trancha la tête par ordre d'un nègre libre, nommé Yvon, commandant de ce camp.

Notre cachot ne désemplissait pas : on venait de tous les côtés nous examiner. Les uns, mais en petit nombre, semblaient peinés de notre sort ; les autres, au contraire, s'en réjouissaient ; mais c'était principalement dans la nuit que la terreur augmentait, par les discours que nous entendions ; et les chansons lugubres, accompagnées d'instruments, semblaient être le prélude d'un nouveau supplice.

Jeannot est puni de ses crimes par Jean-François, général en chef des révoltés qui, le 1er novembre 1791, le fait arrêter et fusiller. Les prisonniers reçoivent de Jean-François la promesse de leur libération ; ils sont emmenés dans le camp de ce général, au Dondon.

9 b – Le complot contre-révolutionnaire

Dans les deux premiers jours de notre arrivée au Dondon, je m'aperçus que je ne m'étais nullement trompé sur les véritables causes de nos malheurs. Là, comme ailleurs, j'ai entendu un langage uniforme chez tous les nègres : partout on croyait à l'emprisonnement du roi, et aux ordres qu'il leur avait fait parvenir pour s'armer et lui redonner la liberté : la destruction du clergé et de la noblesse ne leur était pas inconnue et sur ce qu'il y a de plus sacré, nous pouvons en ajouter mille autres [preuves], qui toutes attesteront que la révolte des esclaves est une contre-révolution. A la barre de l'assemblée nationale, les mêmes preuves à la main, je soutiendrai cette assertion quand les circonstances exigeront de moi cette démarche. Le rapport suivant, mettra le lecteur à même de prononcer.

---

1. Tailler : fouetter.

Le dimanche 7 du mois de novembre, sur les huit heures du matin, nous promenant avec le père Bienvenu dans la salle du gouvernement (pour me servir de l'expression des révoltés) nous vîmes entrer un sergent-major d'un régiment espagnol, qu'on nous dit être sur les frontières, accompagné de trois fusilliers. Ils apportaient deux grands barils de poudre aux brigands (à peu près 300 livres) ; cet envoi avait été précédé de bien d'autres, et il ne fut pas non plus le dernier. La nature, la qualité des personnes qui l'escortaient, tout porte à n'accuser que le gouvernement de cette manœuvre criminelle, et très certainement le lecteur pourra prononcer, quand il aura parcouru ce mémoire entier.

Sur la nouvelle de l'arrivée des Espagnols, les différents chefs se rendirent au gouvernement, où l'on servit à déjeuner. Ils eurent avec eux une conversation des plus intéressantes et quoiqu'elle fût en espagnol, je compris tout ce qu'ils dirent. Ils commencèrent d'abord par s'informer de l'état des choses, et après avoir débité force nouvelles supposées de France ; après les avoir encouragés à la plus grande persévérance dans la révolte, ces malheureux firent tomber la conversation sur la Révolution française : à les entendre, c'était à eux [les noirs] à venger la royauté outragée et à ramener l'ancien état des choses. Ils nous peignaient comme une nation qui a perdu la qualité d'hommes, ne reconnaissant plus de roi, et ayant perdu toute notion de la divinité ; couverts de tous les crimes, et méritant les plus grands châtiments. Ils ajoutaient qu'ils prévoyaient bien qu'avant la fin de décembre nous souscririons, par notre extrême faiblesse, à tout ce qu'on voudrait exiger de nous.

Devenu secrétaire de Jean-François, en relation avec Biassou et « Toussaint à Bréda » – nommé par la suite Toussaint Louverture –, l'auteur persuade ces chefs de demander la paix aux commissaires civils récemment arrivés à Saint-Domingue. Jean-François va à la rencontre des commissaires pour engager des négociations qui prévoient notamment la libération des prisonniers blancs.

9 c – Libération de l'auteur

Sur les dix heures du soir, l'inquiétude se manifestait dans tout le camp, on formait le complot de nous égorger si Jean-François et son état-major n'étaient rendus le lendemain matin, et de marcher de suite contre le Cap, jurant de mettre à feu et à sang, partout où ils pénètreraient. C'est au milieu de cette agitation, que des coups de fusil, tirés au loin, nous annoncèrent le retour du cortège, qui nous parut en général très satisfait, et qui nous assura que nous serions rendus le lendemain avant midi au Cap ; effectivement, nous partîmes sur les dix heures, escortés par cent cinquante dragons, presque tous hommes de couleur ou nègres libres, et commandants des camps. Quelle dut être notre surprise, lorsque arrivés à la Tannerie [le camp de révoltés], nous vîmes les nègres s'assembler et fondre sur nous le sabre à la main, nous menaçant d'envoyer nos seules têtes au Cap, jurant contre la paix et leurs généraux[1]. Ce ne fut qu'à la fermeté de notre escorte, que nous dûmes dans cette occasion notre existence. Nous fûmes pour cette fois, convaincus d'une grande vérité, que le nègre ne rentrera jamais dans le devoir, que par la contrainte et sa destruction partielle.

Grâces soient rendues à celui qui veille aux destinées de tous les mortels ; nous fûmes enfin arrivés sur l'habitation Saint-Michel, où nous avons eu la douce consolation de voir et d'embrasser des frères et des amis. Nous avons eu surtout celle de leur annoncer la fin des calamités communes ; car très certainement, d'après l'exposé qu'on vient de parcourir, on devait s'attendre à une paix générale. Tous les chefs brigands la voulaient, et qui aurait pu donc éloigner un bien devenu si nécessaire aux deux partis ? Un monstre seul était capable d'enfanter un tel projet. Eh bien ! ce monstre ou les monstres, ne l'ont pas seulement enfanté, mais ils l'ont exécuté ; et les flammes, qui depuis le commencement de la négociation avaient perdu de leur activité, éclairèrent de nouveau cette infortunée colonie ; les incursions, les assassinats redoublèrent, et le Cap lui-même, devenu un refuge des citoyens échappés au fer des assassins, fut attaqué à son tour.

1. La masse des esclaves craint d'être trahie par ses chefs ; en 1791, cette peur n'était pas sans fondement.

BIBLIOGRAPHIE

Cette bibliographie est volontairement limitée aux publications récentes (éditions de textes ou études). Le lecteur trouvera des indications sur les écrits du dix-huitième siècle et les travaux susceptibles d'éclairer la lecture des fictions coloniales dans les excellentes bibliographies de deux ouvrages fondamentaux :

ANTOINE (Régis), *Les Ecrivains français et les Antilles, des premiers Pères blancs aux surréalistes noirs*, Paris, G.-P. Maisonneuve et Larose, 1978.

DUCHET (Michèle), *Anthropologie et histoire au siècle des Lumières* (1971), postface de C. Blanckaert, Paris, Albin Michel, « Bibliothèque de l'Évolution de l'Humanité », 1995.

I- TEXTES[1]

Roman, théâtre (17e,18e,19e siècles)

BEECHER STOWE (Harriet), *La Case de l'oncle Tom* (1851), traduction de Louis Enault, préf. de Michel Mohrt, commentaires et notes de Jean Bessière, Le Livre de Poche classique, 1986.

BEHN (Aphra), *Oroonoko, or the Royal Slave* (1688), edited by Catherine Gallagher with Simon Stern, Boston, New York, Bedford/St. Martin's, 2000.

-*Orounoko, ou l'histoire de l'esclave royal*, dans *La Belle infidèle*, traduit de l'anglais par Bernard Dhuicq, préface de Diane de Margerie, Editions Philippe Picquier, 1990.

BERNARDIN DE SAINT-PIERRE (Jacques-Henri), *Empsaël et Zoraïde ou les blancs esclaves des noirs à Maroc*, présentation de Roger Little, University of Exeter Press, 1995.

1. Sauf indication contraire, le lieu d'édition est Paris.

DUMAS (Alexandre), *Georges* (1843), éd. Léon-François Hoffmann, Gallimard, « Folio », 1974.

HUGO (Victor), *Bug-Jargal* (1826), *Œuvres complètes*, t.1, éd. Jacques Seebacher, Robert Laffont, « Bouquins », 1985.

LAMARTINE (Alphonse de), *Toussaint Louverture* (1850), présentation et notes de Léon-François Hoffmann, University of Exeter Press, 1998.

MERIMEE (Prosper), *Tamango* (1829), présentation, notes, par Caecilia Pieri, Flammarion, 2000.

PIGAULT-LEBRUN (Charles Antoine Guillaume Pigault de l'Epinoy, dit), *Le Blanc et le Noir, drame en quatre actes et en prose* (an IV, 1795) éd. Roger Little, Paris, L'Harmattan, 2001.

PREVOST D'EXILES (Antoine François, dit abbé), *Voyages du capitaine Lade en différentes parties de l'Afrique, de l'Asie et de l'Amérique... Ouvrage traduit de l'anglais* (1744), éd. John Abioyé, dans *Œuvres de Prévost*, Presses Universitaires de Grenoble, t.6, 1984.

SAINT-LAMBERT (Jean-François de), *Contes américains de Saint-Lambert : L'Abenaki, Ziméo, Les Deux Amis*, présentation de Roger Little, U.K., University of Exeter Press, 1997.

Récits de voyages, histoire, politique

ADANSON (Michel), *Voyage au Sénégal* (1757), présenté et annoté par Denis Reynaud et Jean Schmidt, Publications de l'Université de Saint-Etienne, « Lire le Dix-huitième siècle », 1996.

BERNARDIN DE SAINT-PIERRE (Jacques-Henri), *Voyage à l'île de France. Un officier du roi à l'île Maurice, 1768-1770*, La Découverte / Maspéro, éd. Yves Benot (extraits ; texte original, 1773), 1983.

CHANVALON (Jean-Baptiste, Thibault de), *Voyage à la Martinique* (1763), éd. présentée et annotée par Monique Pouliquen, Karthala, 2004.

CONDORCET (Jean-Antoine-Nicolas de Caritat, marquis de), (Dr Schwartz), *Réflexions sur l'esclavage des nègres, et autres textes abolitionnistes* (1781), présentation de David Williams, L'Harmattan, « Autrement Mêmes », 2002.

CREVÈCŒUR (Hector Saint-John de), *Lettres d'un fermier américain* (1782), traduit par Jean Lacroix et Patrick Vallon, avant-propos de P. Vallon, Paris, Lausanne, L'Âge d'homme, 2002.

DUTERTRE (père Jean-Baptiste), *Histoire générale des Antilles habitées par les Français* (1667), Paris, Edition et diffusion de la culture antillaise, 1978, 4 vol.

GIROD DE CHANTRANS (Justin), *Voyages d'un Suisse dans les colonies d'Amérique* (1785), présentation de Pierre Pluchon, Tallandier, 1980.

LABAT (père Jean-Baptiste), *Nouveau Voyage aux îles de l'Amérique* (1722 ; éd. de 1742), Fort-de-France, Martinique, Ed. des Horizons Caraïbes, 1972-1973, 5 vol.
LEBLOND (Jean-Baptiste), *Voyage aux Antilles* [...] *1767-1773* (1813), éd. Monique Pouliquen, Karthala, 2000.
MOREAU DE SAINT-MERY (Médéric-Louis-Elie), *Description topographique, physique, civile, politique et historique de la partie française de l'île de Saint-Domingue* (1797), éd. B. Maurel et E. Taillemite, Société française d'histoire d'Outre-Mer (1984), introduction de M. Dorigny, 2004, 3 vol..
RAYNAL (Guillaume Thomas François), *Histoire philosophique et politique des établissements et du commerce des Européens dans les deux Indes* (1770), avertissement et choix des textes par Yves Benot (1981), La Découverte, 2001.
STEDMAN (Jean-Gabriel), *Capitaine au Surinam. Une campagne de cinq ans contre les esclaves révoltés*, préf. de Michel Rouzé, Sylvie Messinger, 1989 (extraits de *Voyage à Surinam*...,1796).
VOLTAIRE (François-Marie Arouet, dit) , *Essai sur les mœurs* (1756), éd. René Pomeau, Bordas, Garnier, 1990, 2 vol.
WIMPFEN (Alexandre-Stanislas de), *Haïti au XVIIIe siècle. Richesse et esclavage dans une colonie française*, éd. P. Pluchon, [titre original : *Voyage à Saint-Domingue, pendant les années 1788-1790*] (1797), Karthala, 1993.
PAMPHILE DE LACROIX (Général), *La Révolution de Haïti*, éd. présentée et annotée par P. Pluchon [titre de l'édition originale : *Mémoires pour servir à l'histoire de la Révolution de Saint-Domingue*] (1819), Karthala, 1995.
La Révolution française française et l'abolition de l'esclavage [textes antiesclavagistes du XVIIIe siècle], EDHIS, 1968, t.11.

II- ÉTUDES

Oronoko

Aphra Behn studies, edited by Janet Todd, Cambridge University Press, 1996.
Laura Brown, « The romance of Empire : Oroonoko and the Trade in Slaves », *The New Eignteenth century : Theory, Politics, English Literature*, edited by Felicity Nussbaum and Laura Brown, New York and London, Methuen, 1987, p.41-61.
SPENCER (Jane), *Aphra Behn's afterlife*, New York, Oxford University Press, 2000.

Bug-Jargal

CAUNA (Jacques), « Les sources historiques de *Bug-Jargal* », *Conjonction*, n°166, juin 1985, p.23-35.
GEWECK (Frauke), « Victor Hugi et la révolution haïtienne. Jacobins et jacobites, ou les ambiguïtés du discours négrophobe dans la perspective du roman historique », *Lectures de Victor Hugo*, colloque de Heidelberg, textes réunis et présentés par M. Calle-Gruber et A. Rothe, Nizet, 1986, p.53-65.
HOFFMANN (Léon-François), « Victor Hugo, les noirs et l'esclavage », *Francofonia. Studi e ricerche sulle letterature di lingua francese*, Florence, Leo S. Olschki, n°31, 1996, p.47-90.
LAFORGUE (Pierre), « *Bug-Jargal*, ou la difficulté d'écrire en « style blanc » » (1990), *1830. Romantisme et histoire*, Eurédit, 2001, p.167-187.

Les noirs dans la littérature

La Période révolutionnaire aux Antilles. Images et résonances dans la littérature française et dans les littératures caribéennes (1750-1850), colloque du G.R.E.L.C.A.N., éd. Roger Toumson et Charles Porset, CNRS-Université Paris Sorbonne, 1988.

Les marrons dans le roman antillais contemporain

BURTON (Richard), *Le Roman marron : études sur la littérature martiniquaise contemporaine*, Paris, Montréal, L'Harmattan, 1997.
ROCHMANN (Marie-Christine), *L'Esclave fugitif dans la littérature antillaise*, Karthala, 2000.

Le roman du dix-huitième siècle

CHARARA (Youmna), *Roman et politique. Approche sérielle et intertextuelle du roman des Lumières*, Honoré Champion, « Moralia », 2004 (p.163-224 : « Le roman colonial »).
COULET (Henri), *Le Roman jusqu'à la Révolution* (1967), A. Colin, « U », 1991, 2 vol.
DIDIER (Béatrice), *Ecrire la Révolution. 1789-1799*, P.U.F, « Ecritures », 1989.
MONTANDON (Alain), *Le Roman au XVIIIe siècle en Europe*, P.U.F, « Littératures européennes », 1999.
VAREILLE (Jean-Claude), *Le Roman populaire français (1789-1914).*

Idéologies et pratiques, Nuit blanche Ed., « Littératures en marge », 1994.

L'esclavage : histoire politique et sociale, histoire des idées

Les Abolitions de l'esclavage de L.F. Sonthonax à V. Schœlcher, 1793, 1794, 1848, actes d'un colloque international tenu en 1994, textes réunis et présentés par Marcel Dorigny, P. U. de Vincennes / UNESCO, 1995.
ANSTEY (Roger), *Atlantic trade and british abolition, 1760-1810*, G.B., Gregg Revivals,1975.
BENOT (Yves), *La Modernité de l'esclavage. Essai sur la servitude au cœur du capitalisme*, La Découverte, « Textes à l'appui », 2003.
-*La Révolution française et la fin des colonies*, La Découverte, 1988.
-« Une protestation ambiguë : la conscience européenne face à la traite et à l'esclavage », *Diogène*, juillet-septembre 1997, n°179, p.83-96.
CAMPBELL (Mavis C.), *The Maroons of Jamaïca, 1655-1796. A History of Resistance, Collaboration and Betrayal*, U.S.A., Massachusetts, Bergin and Garvey Publishers, 1988.
DAVID (Brion Davis), *The Problem of Slavery in the Age of Revolution 1770-1823*, Ithaca and London, Cornell University Press, 1975.
Esclavage, résistances et abolitions, sous la direction de Marcel Dorigny, CTHS, 1999.
FOUCHARD (Jean), *Les Marrons de la liberté*, l'Ecole, 1972.
L'Histoire des deux Indes : réécriture et polygraphie, textes présentés par H.-J. Lüsebrink et Anthony Strugnell, Oxford, Voltaire Foundation, 1995.
L'Insurrection des esclaves de Saint-Domingue (22-23 août 1791), sous la direction de Laënnec Hurbon, actes de la table ronde internationale de Port-au-Prince (décembre 1997), Karthala, 2000.
Lectures de Raynal. L'Histoire des deux Indes en Europe et en Amérique au XVIIIe siècle, actes du colloque de Wolfenbüttel, édités par Hans-Jürgen Lüsebrink et Manfred Tietz, Oxford, Voltaire Foundation, 1991.
PLUCHON (Pierre), *Histoire de la colonisation française*, t.1, *Le Premier empire colonial, des origines à la restauration*, Fayard, 1991.
Raynal, de la polémique à l'histoire, *Studies on Voltaire and the Eighteenth Century*, éd. G. Bancarell et G. Goggi, Oxford, Voltaire Foundation, 2000.
SALA-MOLINS (Louis), *Le Code noir ou le calvaire de Canaan*, P.U.F, « Pratiques théoriques », 1987.
La Société des Amis des Noirs, 1789-1799. Contribution à l'histoire de l'abolition de l'esclavage, Marcel Dorigny, Bernard Gainot, Ed.UNESCO, « Mémoires des peuples », 1998.
THIBAU (Jacques), Le Temps de Saint-Domingue. L'esclavage et la révolution française, Ed. Jean-Claude Lattès, 1989.

L'altérité culturelle

COHEN (William Benjamin), *Français et Africains. Les Noirs dans le regard des Blancs, 1530-1880*, traduit de l'anglais par C. Garnier, Gallimard, « Bibliothèque des histoires », 1980.
DELACAMPAGNE (Christian), *L'Invention du racisme. Antiquité et Moyen-Âge*, Fayard, 1983.
PLUCHON (Pierre), *Nègres et Juifs. Le racisme au siècle des Lumières*, Tallandier, 1984.

TABLE

655592 - Mai 2016
Achevé d'imprimer par